高水平竞技体育管理

EDITEB BY POPI SOTIRIADOU
AND VEERLE DE BOSSCHER

主译：田 慧

译者：（以姓氏笔画为序）

于海岩 亓顺红 孙曙光 崔珣丽

北京体育大学出版社

策划编辑　佟　晖
责任编辑　佟　晖
审稿编辑　董英双
责任校对　未　茗
版式设计　佟　晖　博文宏图

图书在版编目（CIP）数据

高水平竞技体育管理/（澳）波波西提里亚杜，（比）韦尔德布罗什主编；田慧主译．－－北京：北京体育大学出版社，2018．5
高等教育体育学精品教材
ISBN 978－7－5644－2885－3

Ⅰ．①高…　Ⅱ．①波…　②韦…　③田…　Ⅲ．①竞技体育－管理体系－高等学校－教材　Ⅳ．①G80－053

中国版本图书馆 CIP 数据核字（2018）第 097480 号

高水平竞技体育管理　　田慧　主译

出　　版　北京体育大学出版社
地　　址　北京海淀区信息路 48 号
邮　　编　100084
邮 购 部　北京体育大学出版社读者服务部 010－62989432
发 行 部　010－62989320
网　　址　http：//cbs. bsu. edu. cn
印　　刷　北京昌联印刷有限公司
开　　本　787×1092　1/16
成品尺寸　260×185
印　　张　18. 75

2018 年 6 月第 1 版第 1 次印刷
定　价　70. 00 元
（本书因印制装订质量不合格本社发行部负责调换）

序

本书堪称一部里程碑之作，是体育发展指导思想与体系在其形成过程中的一个重要转折点。

以我观之，历史上的体育始于在竞赛环境中开展的具有一定组织形式的活动或游戏，其目的是为了休闲，或是为了积极运动、强身健体，增强团队凝聚力和团队认同感，或通过获胜来提升自信心。职业体育由来已久——从古罗马竞技场的角斗士到中世纪欧洲的“冠军”，角斗竞技接连不断——比赛的关注点也不可避免地从重在参与，转为重在追求优异成绩。“参赛选手”过渡到“运动员选手”，运动员个人或团队，为参加比赛而进行正规训练，包括力量、技能、战术等的专项训练。培养全职教练也变得至关重要。

与体育比赛应运而生的是体育管理体系的发展。它可以提供体育繁荣发展的构架，保护体育免遭腐蚀，或免受负面影响。用于保护个人权益、保障参赛者的健康与安全的体育道德、兴奋剂以及体育公平等问题，得到了更好的诠释与管理。由于体育已然变得更加复杂，其关注的领域已经扩大，不仅包含不同社区的参与者，而且也包括残障人士、长期病患者，以及其他（所谓）特殊兴趣群体——比如青少年儿童、老年人，甚至是妇女（会涉及诸如身体锻炼与妊娠等问题）。

在体育比赛中追求优异成绩，还需要专家提供服务和支持。而且，这些专家也正变得越来越专业化，尤其是将体育视为国家产业后更是如此。高水平竞技体育主管、行政人员、政策制定者、体育科学家、运动医学专家、教练培训专家以及体育律师等都是这种新生体育环境中的一部分。

体育对国家的重要性体现在很多方面，国际竞争力通常被视为荣誉和民族尊严的象征。高水平竞技体育发展关乎竞争力与卓越，也是实现民族抱负的基石。

高水平竞技体育是通过职业体育比赛，以及像奥运会、世界杯等国际重大赛事展示出来的。对于追求体育终极卓越，希望通过体育为整个民族创造更多机会的人来说，高水平竞技体育由群众运动到精英运动的发展已经成为他们关注的热点。

综上原因，终成此书。主编汇集世界各国的知名专家学者，旨在对高水平竞技体育的方方面面进行深思熟虑的分析，综合各方观点，提出如何运用这些基本观点，促进高水平竞技体育管理体系的发展。

本书中，运动员的发展路径贯彻始终。全书通过缜密的讨论、个案分析和延伸阅读，详尽论述如何通过提供服务及系统建设来保障竞技体育的顺利发展。

本书从宏观视角出发逐步深入，继而转向中观、微观视角，通过开展一系列讨论，引领读者系统地思考高水平竞技体育如何得到发展。

本人非常乐于向读者推荐此书。该书必将成为您的一份珍藏，为体育从业者提供源源不断的有益参考。

Peter Fricker 教授
澳大利亚勋章获得者
内外全科医学士（MBBS）
澳大利亚运动医学院理事（FACSP）
澳洲皇家内科医学院荣誉理事（FRACP）
香港体育与运动医学院荣誉理事（FFSEM）
澳大利亚体育学院院长（2005－2011）
总统办公室首席运动医学顾问
渴望基金会，多哈，卡塔尔

前　言

Popi Sotiriadou
格里菲斯大学

随着体育管理学科日渐成熟，高水平竞技体育管理也得以迅速发展。竞技体育产业和体育从业者正在发挥引领作用。因为在体育实践中，他们认识到了高水平竞技体育管理的重要意义，也认同并确立了高水平竞技体育主管对于提高运动员成绩的作用。在体育产业实践中的这些变化（即雇佣高水平竞技体育主管，重视竞技体育管理工作等）远未在其学术研究领域得到同样的重视，而学术研究能够帮助界定这一领域，区分该领域与其它领域的不同，并以实证的方法表明其重要性。Popi Sotiriadou 撰写的第一章首先探索了对于高水平竞技体育管理学科的界定，确立了高水平竞技体育主管在保障运动员成功方面所发挥的作用。

本书使用高水平竞技体育管理（HPSM）漏斗图，如（下页）图 A 所示，作为概念框架，用于对 HPSM 的分析和研究。

高水平竞技体育管理漏斗图包含三个相互关联的部分：1. 高水平竞技体育管理（本书第一部分）；2. 高水平运动员管理（本书第二部分）；3. 高水平竞技体育管理中的问题（本书第三部分）。高水平竞技体育管理漏斗图显示，运动员成绩（图 A 中处于最底端）会受到以上三个部分的影响。可以确认的是，顶尖水平的运动成绩是多方面综合作用的结果：人们生活其中的大的生态和自然环境，在体育系统中脱颖而出的机会，与生俱来的身体条件以及其他与运动员相关的问题。因此，有助于运动员在国际赛事上取得成功的因素大致可分为三个层面。宏观层面（第一部分：高水平竞技体育管理）、微观层面（第二部分：高水平运动员管理）和高水平竞技体育环境（第三部分：高水平竞技体育管理中的问题）。这三个层面的因素，在本书的各个部分都给予了系统的论述。

第一部分：高水平竞技体育管理（第 2 ~7 章）

宏观层面的因素会反映出不同的政治意识形态、社会文化因素，它们会对高水平竞技体育体系、政策及运动员发展途径产生影响。Barrie Houlihan 在第二章中指出，以上因素相互交织，盘根错节，并对国家和国际体育组织在公共、非营利或商业领域的运作产生影响。因此，高水平竞技体育的整体管理环境也比较复杂。当然，正如 Simon Shibli，Veerle De Bosscher，Maarten van Bottenburg 和 Hans Westerbeek 在第三章中所讲，这与评价竞技体育成绩或产出的复杂性也有关联。作者们列举了体育成绩的不同层面。他们

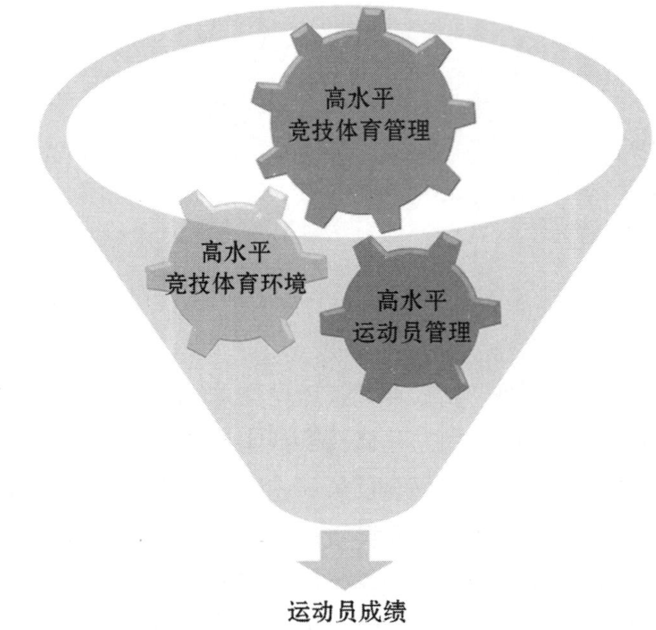

图 A　高水平竞技体育管理漏斗图

以 2008 年北京奥运会为案例，阐述了不同的成绩评估方法。由于并非所有国家都能在奥运会上夺得奖牌，因此，作者们也提出了其他的成绩评估方法，比如赛季最佳成绩。在第四章中，Veeler De Bosscher，Maarten van Bottenburg 和 Simon Shibli 重在探寻最佳的管理体育成绩的办法，并得出结论，即要借助“SPLISS”模型所展示的国家政策的九个支柱来解读国家体育成绩。SPLISS 模型对其他体育环境，如国家体育组织、俱乐部、地方体育运动甚或商业团队的水平等，也是绩效评估的有效手段。不同国家之间对于这些政策因素或支柱的“混合与搭配”各不相同。在第五章，Winston Wing Hong To，Peter Smolianov 和 Darwin Michael Semotiuk 通过对比苏联（时期）、俄罗斯、美国和加拿大的竞技体育体系，展现各国体育体系的差异，并引领读者历时观察这些国家是如何在竞技体育领域取得成功的。

本书第一部分首先探讨了高水平竞技体育的大环境和政策，继而又从组织层面阐述高水平竞技体育管理。在第六章，Jo Van Hoecke，Hugo Schoukens 和 Paul De Knop 探讨了在高水平竞技体育组织中，如国家体育组织、职业俱乐部或青训中心等，实现高质量、有效管理的原则。在第七章，Lesley Ferkins 和 Maarten van Bottenburg 进一步指出，全世界的体育组织机构（无论是地方俱乐部还是国家体育组织）、政府机构、体育服务组织或职业运动队，都需要良好的指导、管控和管理。本章作者将管理原则应用于竞技体育领域，并对组织管理和组织间管理作了重要的区分。

第二部分：高水平运动员管理（第 8～12 章）

微观层面主要涉及运动员个体的素质及与其关系密切的环境，例如运动员的父母和朋友。对于运动员个体的管理，是本书第二部分的主题。为了管理好高水平运动员，高水平竞技体育主管需要首先研制相应的体系和程序，确保可以吸引、留住并培养这些运动员。在第八章，Popi Sotiriadou 和 David Shilbury 阐述了在高水平竞技体育中，体育运动的发展过程为何是运动员发展的基础。作者基于实证研究提出了一套体育发展模型，即吸引、留住/过渡、培养流程（ARTN），并针对参与制定体育运动发展途径的利益相关者进行了讨论。在第九章，Paul Wylleman，Anke Reints 和 Paul De Knop 强调，优异体育成绩的取得，不仅需要人才，也需要体系。作者以全方位的视角描述了运动员在运动技能和学业发展时期经历的不同过渡阶段是如何影响其运动成功的。本章还帮助读者理解如何使用生命期模型，充分利用各种机会，帮助运动员顺利过渡，使其运动生涯继续得以发展。在第十章，Peter Fricker 在运动员转型这一问题中加入有关体育科学和运动医学本质的讨论，以及在高水平竞技体育环境中，如何为运动员和教练员提供专业的咨询服务。更为重要的是，第十章将教练的作用和高水平竞技体育主管的作用结合在一起讨论，并探索如何实现服务供给和高水平体育需求间的协调工作。

第十一章对于教练员职责，以及对于一名成功高水平竞技体育教练员的要求给予了进一步的关注。本章作者 Dave Collins，John Trower 和 Andrew Cruickshank 解读了教练员体系在教练员和运动员职业生涯的不同阶段所出现的变化。运动员只能在其退役前达到运动生涯的顶峰。为了解决这一问题，Anke Reins 和 Paul Wylleman 在本部分的最后一章——第十二章，探讨了有助于运动员更好地适应退役后生活的诸因素。最后，作者认识到并讨论了为运动员提供的职业转型支持服务的重要性和有效性。

第三部分：高水平竞技体育管理中的问题（第 13～15 章）

高水平竞技体育是在一个快速变化、日新月异的环境中运作的，运动员和整个团队经常要面临来自媒体、赞助商、社会、教练、同行和家庭等方方面面的压力。正如 Hans Westerbeek 和 Allan Hahn 在第十三章所述，竞技体育环境会受到经济利益的驱动，导致竞技体育在不同方面出现的商业化和全球化倾向。本章主要阐述了体育发展的主流趋势，以及体育机构、政府部门和体育企业所面临的压力和对此所作出的反应。同时，作者还进一步解释了这些发展变化如何推动竞技体育专家、体育经纪人、教练员和咨询师等子行业的产生。第十四章，Dag Vidar Hanstad 和 Svein S. Andersen 讨论了竞技体育另一个同样关键的问题，即从参赛队伍的视角探讨重大体育赛事的管理。作者通过构建框架，明确风险管理问题，实施使风险最小化的策略。在本书的最后一章，Jason Mazanov 尝试解决一个长期困扰大家的问题：如何预防在体育运动中使用提高运动成绩的药物。作者别出心裁，为高水平竞技体育主管出谋划策，通过提供必要的背景知识，帮助他们根据药物在其所负责的项目中的作用，制定管理兴奋剂的相关政策以及实施决策。

David Lavallee 在编后记中的结束语堪称全书的精华所在。在他看来，本书有可能会广泛吸引不同专业背景的读者。更重要的是，他预见到本书在理论和实践上带来的启示也会影响到高水平竞技体育管理的知识体系构建。同时，Lavallee 还指出本书将为竞技体育管理领域的研究人员、学生和从业者在知识层面带来的影响和挑战（参见图 B 第 297 页）。

作者简介

Svein S. Andersen

挪威商学院，挪威

（第十四章）

Svein S. Andersen 是挪威商学院组织行为学教授，挪威运动科学大学训练与成绩中心的兼职教授，担任奥斯陆大学欧盟研究中心主任，挪威商学院领导力与组织行为学系主任。Andersen获斯坦福大学哲学博士学位。近年来，他的研究兴趣集中在北欧高水平竞技体育的领导力和组织行为方面。

Maarten van Bottenburg

乌特勒支大学，荷兰

（第三、四、七章）

荷兰乌特勒支大学及阿姆斯特丹大学研修社会学，1994 年获社会科学博士学位，博士论文研究对象为体育社会普及程度的差异。2002 年起担任穆勒社会体育研究中心（W. J. H. Mulier Institute，Centre for Research on Sports in Society）研究主管，该中心由阿姆斯特丹大学、格罗宁根大学、蒂尔堡大学和乌特勒支大学联合创办。2004 年，博坦伯格任乌特勒支大学体育社会学教授、方提斯大学体育商业学教授，出版和发表体育社会学、体育管理类专著、文章若干。

Dave Collins

中央兰开夏大学，英国

（第十一章）

在服兵役、参与教学实践、从事竞技体育研究之后，Dave Collins 目前既担任运动成绩顾问，同时也在大学担任教授。之前在英国田径协会担任运动成绩主任时，他曾为六十多个荣获世锦赛和奥运会奖牌的运动队提供过服务，并在多个田径项目中具备职业运动员水平。他的研究兴趣涉及运动成绩提升的许多个方面，包括竞技体育文化、专业训练和专业知识、训练适应和技巧提升。

Andrew Cruickshank

中央兰开夏大学，英国

（第十一章）

Andrew Cruickshank 曾在苏格兰超级联赛希伯尼安足球俱乐部中效力，其中有两年是职业球员。之后他于 2004 年开始转而研究运动心理学。2010 年四月，他成为中央兰开夏大学运动训练与运动成绩研究所（ICAP）的研究员，目前的研究工作主要考察竞技体育专业队的文化改变过程。在实践方面，他是大学足球队的首席教练，并为多个运动项目提供运动心理咨询，其中包括高水平的赛车、柔道和山地自行车等项目。

Veerle De Bosscher

布鲁塞尔自由大学

（前言、第三章、第四章、个案研究 4.1、个案研究 6.2、个案研究 8.2）

比利时布鲁塞尔自由大学体育政策与管理学院（体育运动教育学院）教授。主要研究方向为体育政策、竞技体育政策、跨国比较研究、体育竞争力测量、国家体育竞争力评估，出版相关论文与专著若干。伯斯奇教授目前正协调一项高水平竞技体育跨国研究合作项目，即 SPLISS（国际体育成功之体育政策因素）项目，涵盖 15 个国家。SPLISS 也是她博士论文的研究对象。伯斯奇教授是欧洲体育管理协会董事会成员，也是佛兰德竞技体育筹划指导委员会成员。

Paul De Knop

布鲁塞尔自由大学，比利时

（第四、六、九章，个案研究 9.3）

Paul De Knop 获得布鲁塞尔自由大学体育教育学院体育教育学博士学位。他本科就读于该校的休闲研究专业，然后在英国莱斯特大学获得体育社会学与体育管理硕士学位。他目前是布鲁塞尔自由大学的专任教授，曾担任过体育教育系系主任。

2008 年 10 月他当选为布鲁塞尔自由大学校执行委员会委员。

他1999－2006年期间担任佛兰德斯体育局董事会主席，2002年迄今担任佛兰德斯社区教育委员会主席，2004年起任佛兰德斯体育部长内阁副主任。此外，他还是布鲁塞尔自由大学“拔尖体育与学习”项目的协调人，以及两个体育中心的项目经理。他的教学内容包括从社会－教学法的角度理解体育、休闲与体育教育。他近期的研究兴趣有：青年与体育，体育与少数民族，体育与旅游业，体育管理，体育政策与体育质量。他采用定性的研究方法研究以下问题：

- 青年体育中的伦理与品质问题；
- 弱势青年群体的体育；
- 伊斯兰少数民族女孩的体育；
- 体育旅游者的动机；
- 判断高水平体育成功的基准；
- 大学里的拔尖体育学生；
- 体育经理人的能力；
- 体育政策战略性规划；以及
- 体育教育项目评估。

Paul De Knop实现了在布鲁塞尔自由大学校园里成立两个公私合营的体育中心的构想，是佛兰德斯政府“2.5亿欧元的体育基础设施设计、建造、融资、维护（及运行）计划”的总设计师，出版了关于公私合营的专著，是校园一所公私合营宾馆项目的领导者，他还数次在会议上做过关于公私合营的主题发言和推介。

Lesley Ferkins
迪肯大学，澳大利亚
（第七章）

Lesley Ferkins博士是迪肯大学运动管理学的高级讲师，该学校位于澳大利亚墨尔本。她的研究方向是体育组织管控，这也是她教学工作的重点。Lesley与新西兰和澳大利亚的各国家体育组织董事会合作密切，曾出任澳大利亚和新西兰联合体育管理协会（SMAANZ）会长。到迪肯大学任教之前，Lesley曾在新西兰奥克兰理工大学体育与休闲学院任高级讲师并负责博士后工作，在新西兰国立理工学院（Unitech）工作过9年，担任其体育学院的项目主管和高级讲师，Lesley多次在国际学术会议上宣读论文，文章见诸世界顶级体育管理学术期刊（*Journal of Sport Management*和*Sport Management Review*）。

Peter Fricker

澳大利亚体育委员会，澳大利亚

（序，第十章）

Peter Fricker 博士现在卡塔尔多哈的渴望基金会担任首席运动医学顾问和办公室主任，主要对运动科学、运动医学的研究技术问题提供咨询。从 2005 到 2011 年他担任澳大利亚体育学院的院长，澳大利亚体育委员会的代理首席执行官。他是澳洲运动医学院的研究员（和前任校长），荣获澳大利亚皇家医学院和运动医学院（英国）的荣誉奖学金。他长期担任澳大利亚奥运团队（1988 –2004）和英联邦运动队（1986 –2006）的医务人员和医疗主任。他是澳大利亚奥委会医疗分委会委员，担任澳大利亚英联邦运动会协会医疗分委会主席；同时供职于澳大利亚体育药品医疗顾问委员会和澳大利亚兴奋剂研究小组。他被聘为澳大利亚国立大学医学系，堪培拉大学科学设计学院和北卡罗莱纳大学格林斯伯勒分校医学院的客座教授。他撰写并合编三本关于生活方式与健康的教科书和一本专著，还有多部著作中有关运动医学、运动科学的章节。他还担任多个国际期刊的编委，并在核心期刊上发表多篇有关运动损伤、运动和免疫学以及运动医学等问题的文章。他本人对运动员与遗产学这一问也颇感兴趣，曾在国际会议上对此问题发表过看法。他曾于 1993 年荣获澳大利亚秩序奖章，2001 年荣获澳大利亚体育奖章。此外，他还是澳大利亚公司董事协会的毕业生会员。

Allan Hahn

澳大利亚体育学院，澳大利亚

（第十三章和个案研究 13.2）

Allan Hahn 最近刚刚辞去澳大利亚堪培拉澳大利亚体育学院首席科学家之职，他曾在这个岗位上任职 27 年。现在，他是该学院的荣誉名誉退休教授。Allan 还是维多利亚大学体育、运动与活动研究所体育合作伙伴研究教授，堪培拉大学教授研究员，昆士兰体育学院应用体育科学卓越研究中心教练指导研究带头人。

Dag Vidar Hanstad

挪威运动科学大学，挪威

（第十四章和个案研究 15.2）

Dag Vidar Hanstad 是奥斯陆挪威运动科学大学体育管理学副教授，社会和文化学系主任，曾任挪威发行量最大的报纸《晚邮报》（Aftenposten）的体育版编辑。他的研究兴趣包括反兴奋剂政策、媒体、精英体育和志愿服务。

Barrie Houlihan

拉夫堡大学，英国

（第二章）

Houlihan 教授曾就读于利物浦大学和索尔福德大学。他在一所中学教讲授了一年的政府与社会学课程，然后到米尔班克商学院教授公共管理课程。1979 年他被斯塔福德郡工艺学院聘为公共管理专业讲师，之后他先后担任斯塔福德郡大学公共政策专业首席讲师和国际关系与政治部门主任。1994 年他出任该校社会科学学院副主任，之后担任人文社会科学学院副主任。1994 年他被任命为公共政策学科主席。Houlihan 教授曾在英格兰体育局、英国体育局及社会公平研究中心等多家机构担任委员或主席，他也为多家机构提供咨询工作，包括欧盟、青年体育基金会、文化、媒体和体育部、英国体育教育协会、英国体育教育顾问与讲师协会、教育及技能部、欧洲委员会、世界反兴奋剂组织、英国体育局、英格兰体育局、苏格兰体育局。2011 年 Houlihan 教授当选社会科学院院士。

David Lavallee

斯特灵大学，英国

（后记）

David Lavallee，教授，于 2011 年 7 月任体育学院院长。在这之前（2007 –2011），担任阿伯里斯特威斯大学体育与运动科学系主任，拉夫堡大学运动心理学教授。Lavallee 获哈佛大学的硕士学位和西澳大利亚大学博士学位。

Jason Mazanov

新南威尔士大学，澳大利亚

（第十五章）

Jason Mazanov 博士是新南威尔士大学堪培拉分校商学院的高级讲师，对体育中药物的社会学问题和体育中的丑闻管理有着浓厚的兴趣。他致力于探究提高运动成绩在体育之外的领域中的作用。Mazanov 博士是《提高运动成绩与健康》的创始主编。

Anke Reints

布鲁塞尔自由大学，比利时

（第九章和第十二章，个案分析 9.3）

Anke Reints 毕业于布鲁塞尔自由大学，获心理学博士学位，毕业论文有关退役精英运动员的职业发展和转型。2006 年她分别从（荷兰乌得勒支大学）发展心理学和（荷兰阿姆斯特丹大学）运动心理学毕业。2008 年，国际奥委会特为其关于全世界运动员职业支持服务的博士研究颁发研究津贴。她已多次在国际会议上宣读自己关于精英运动员职业发展和职业支持服务的研究。同时，她还作为一名运动心理咨询师为许多竞技体校的精英网球球员提供过服务。

Darwin Michael Semotiuk

西安大略大学，加拿大

（第五章）

加拿大西安大略大学运动学教授。1963 年获阿尔伯塔大学体育学学士学位，1965 年获文学硕士学位，1970 年获俄亥俄州立大学博士学位。在阿尔伯塔大学就读期间，连续五年被评为校橄榄球队和篮球队的优秀球员，1967 年被评为阿尔伯塔大学“年度男运动员”。1965 – 1966 年为加拿大国家篮球队效力。西莫图教授曾担任《比较体育与运动期刊》（现为《国际运动研究》，译者注）的共同编辑，曾任国际比较体育暨运动协会（ISCPES）项目协调员、会长。

Simon Shibli

谢菲尔德哈勒姆大学，英国

（第三、四章）

谢菲尔德哈勒姆大学体育管理学教授、该校体育产业研究中心（SIRC）负责人。1985 年毕业于拉夫堡大学，获体育教育学、体育科学、体育休闲管理学学位，英国特许管理会计师公会（CIMA）认证管理会计师。主要研究方向为经济学与金融学在体育及休闲产业的应用。

David Shilbury

迪肯大学，澳大利亚

（第八章）

David Shilbury 教授是迪肯大学体育管理学的创办主席，出任过管理与营销学院院长（2002 –2007）。Shilbury 博士 1990 年毕业于迪肯大学，并于 2000 年成为澳大利亚首位体育管理学教授。他有多达 90 部/篇公开出版作品，包括 9 部图书和 55 篇同行评审期刊论文。Shilbury 博士从 1995 –2001 期间任澳大利亚和新西兰联合体育管理协会创办会长，1992 –2003 期间任澳大利亚足球联盟特别法庭成员，2005 年为澳大利亚体育联合会董事会成员，2002 –2007 为上水信托公司理事。他在 2002 –2004 是 *Sport Management Review* 期刊的主编，2011 – 2012 期间为 *Journal of Sport Management* 期刊的副主编，现任该期刊的首席副主编。

Hugo Schoukens

布鲁塞尔自由大学，比利时

（第六章、个案研究 6.1）

比利时弗兰克研究生学院体育管理硕士，获英国莱斯特大学工商管理学硕士（体育管理方向）学位。Double Pass 足球咨询公司业务经理。该公司是布鲁塞尔自由大学的衍生公司，主要业务范围是体育质量绩效管理。

Peter Smolianov

塞勒姆州立大学，美国

（第五章）

美国塞勒姆州立大学副教授。前苏联时期成为优秀运动员，曾代表莫斯科迪纳摩足球俱乐部参加现代五项比赛，代表莫斯科大学参加游泳、击剑比赛；在美国代表杨百翰大学参加击剑比赛。管理高水平运动员备战 2000 年悉尼奥运会后，斯莫利亚诺夫在《*International Journal of Sport Management*》《*Sport Science Bulletin*》发表高水平竞技体育管理相关文章，并在欧洲、北美、澳大利亚和新西兰体育管理大会上做相关发言。

Popi Sotiriadou

格里菲斯大学

（前言，第一章和第八章，案例分析 8.1）

Popi Sotiriadou 教授在澳大利亚金海岸的格里菲斯大学担任高级讲师和本科教学部主任。她的研究广受好评，曾受邀担任澳大利亚体育委员会、澳大利亚骑自行车网和马来西亚砂拉越文化村体育发展问题的专职顾问。她的文章曾发表于多家权威杂志，如《*Journal of Sport Management*》《*The International Journal of Sport Policy*》《*The International Journal of Sport Management*》（*IJSM*）*and*《*the Sport Management Review*》。她担任《*International Journal of Sport Management*》《*International Journal of Sport Management recreation and Tourism*》的编委，同时担任澳大利亚和新西兰体育管理协会的副主席。

Winston Wing Hong To

西安大略大学，加拿大

（第五章）

加拿大西安大略大学在读博士生。2008 年获温莎大学学士学位，2010 年获邦德大学体育管理硕士学位。曾代表学校参加校际橄榄球赛，现为冲浪救生运动员。曾与加拿大救生协会、澳洲冲浪救生协会、黄金海岸火焰（澳洲职业篮球俱乐部）合作，担任高水平竞技体育运动员顾问。

John Trower

中央兰开夏大学，英国

（第十一章）

John Trower（特罗尔）在二十世纪七十年代末和八十年代初曾参加过标枪项目的国际赛事，后因伤病提前退役。之后从1986年起担任教练，并于1987年被评为国家级教练（青少年级别）。他从1987年开始一直担任史蒂夫·巴克雷的教练直至其在2004年雅典奥运会后退役。巴克雷作为职业运动员在欧洲区、世界级和奥运会的赛事上都非常成功，创造了两项世界级的标枪记录。他也曾担任其他男、女标枪运动员的教练，同时在其他田径项目上也有丰富的运动成绩管理经验。目前，他是名运动成绩顾问，也是中央兰开夏大学竞技体育教练实践（一个高水平的教练培训项目）的研究生导师。

Jo Van Hoecke

布鲁塞尔自由大学，比利时

（第六章、个案研究6.1）

1972年获比利时布鲁塞尔自由大学体育教育学（体育管理方向）博士学位。布鲁塞尔自由大学体育政策与管理系副教授，讲授体育管理与体育营销课程。Double Pass足球咨询公司业务/产品经理。该公司是布鲁塞尔自由大学的衍生公司，主要业务范围是体育质量绩效管理。

Hans Westerbeek

维多利亚大学，澳大利亚

（第三章、第十三章）

澳大利亚墨尔本维多利亚大学体育运动与健康生活研究所所长。维多利亚大学国际商学院体育产业学教授，比利时布鲁塞尔自由大学体育管理学客座教授。曾任拉筹伯大学体育、旅游与酒店管理学院院长。1994年移居澳大利亚之前，曾在荷兰做市场营销职业人员。韦斯特比克教授是欧洲体育管理协会、欧盟欧洲运动科学学会联盟的创始人之一，也任诸多国际组织的研究学者和顾问。

Paul Wylleman

布鲁塞尔自由大学，比利时

（第九和十二章，个案研究 9.3）

Paul Wylleman 是布鲁塞尔自由大学教授，讲授运动心理学、运动员职业发展中的心理支持、休闲的心理作用、人力资源管理和优秀运动员的生活方式管理等课程。他是“拔尖体育与学习”部门的主任，该部门为精英学生运动员兼顾学业与体育提供支持。Paul 发表同行评议论文 110 多篇，多次在国际会议上做主题发言，并多次在国际奥委会、欧洲奥委会和多个国家奥委会就优秀（青年）运动员职业与生活方式管理、运动心理支持服务的质量、优秀运动员与教练的心理调节能力等问题进行主旨发言。他合著发表的关于职业与生活方式管理的文章有《国际视角下的体育职业生涯的变迁》（Career transitions in sport：International perspectives）和《以发展的视角研究运动员面临的变迁》（A developmental perspective on transitions faced by athletes）。Paul 发起并完成了“职业支持服务”项目，为有发展前途、精英及退役的佛兰德斯运动员提供职业支持服务，重点关注学习与精英运动齐头并进和后运动职业发展。最后，Paul 在欧锦赛、世锦赛以及奥运会为优秀运动员进行心理辅导（如网球、花样滑冰、游泳、柔道、足球等项目）。

关键词

运动员发展（Athlete development）：运动员发展是一个包含运用体育科学和运动医学，进行人才选拔和训练的过程；它要求多种利益群体投身于为国家级或国际级运动健将专门制定的支持策略和培养方案；并有望促进政府、赞助商、参赛者、观众、体育支持者及运动员自身的再度参与。

董事会构成（Board composition）：指管理机构的董事会的构成方式能够确保其明确代表机构成员行使“所有权人”的管理职责。体育组织的董事会构成有三种主要模式（即，代表型、混合型和独立型）。

体育临床科学（Clinical sciences）：体育临床科学包括医学、理疗、软组织治疗与按摩、心理学以及营养学等学科，主要通过改善身体健康、提高身体素质来提升运动成绩。

高水平竞技体育管理体制比较模式（Comparative HPS model）：比较不同高水平竞技体育管理体制的研究方法，由一系列影响因素有序整合而成。

保密（Confidentiality）：保密指为透露个人信息的群体提供隐私保护。对个人信息应当给予尊重，当需要将个人信息告知第三方致使个人隐私有泄漏风险时，需要当事人提供书面授权。

精英运动员（Elite athlete）：代表国家参加重大国际体育赛事（如世界杯、奥运会）的个人。

治理（Governance）：指组织、组织网络或社会进行自我操控、资源分配及协调控制的过程（Rosenau，1995；Rhodes，1996）。

高水平竞技体育（High performance）：高水平竞技体育指运动员和教练员在各类精英水平体育运动的日常训练环境和比赛中的过程和运动成绩。

高水平竞技体育管理体制（HPS system）：一国高水平竞技体育利益相关者（如运动员、教练员、组织机构、政府等）之间的沟通模式及组织形式。

混合董事会（Hybrid board model）：董事会成员通过选举及任命两种方式产生。

独立董事会（Independent board model）：董事会成员均由任命产生，通常由委任小组任命，代表全体会员实施管理。

成员“所有制”（Member ‘ownership’）：指非营利机构法定的个人或组织成员，他们有权决定谁来治理或代表他们治理。

国家单项体育协会（National Governing Body，NGB）：常用于指各体育运动项目的管理机构（类似于“联盟”或“国家单项体育联合会”），进行本项目的资格认证、规则制定、竞赛组织。各单项体育协会管理本项目的国内竞赛，使之按其所规则进行。典型性的单项协会有：加拿大全国体育联合会（Athletics Canada）、佛兰德体操联盟（Flemish Gymnastics Federation）、草地网球协会（Lawn Tennis Association）（又称“大不列颠网联”）。

国家/地区奥委会（National Olympic Committee，NOC）：得到国际奥林匹克委员会（IOC）承认、负责在一个国家或地区开展奥林匹克运动、确保本国或本地区运动员参加奥运会的组织。例如比利时奥委会（BOIC）、英国奥委会（BOA）等。

国家体育事务主管机构（National sport agencies，NSA）：为发展体育事业或高水平竞技体育而设的国家最高体育管理机构。国家体育事务主管机构与其他相关机构协同合作，为政府、准政府或非政府性质。例如，英国高水平竞技体育管理机构为英国体育局（UK Sport）；荷兰国家奥委会与其伞形体育组织有机结合，整合成荷兰奥委会/荷兰体育联合会（NOC/NSF）。

奥林匹亚之巅（Olympiatoppen）：挪威奥林匹克和残疾人奥林匹克委员会以及体育联合会下设的主管精英体育的中枢机构，全面负责挪威高水平竞技体育成绩。

组织治理（Organizational governance）：指针对组织的治理，又称公司治理。主要包括对某一特定组织的指导、管理和负责，如对地方体育俱乐部或国家体育组织的治理。

运动成绩主管（Performance director）：在精英体育调查中，运动成绩主管是国家管理机构（或国家体育组织/联合会，参照以上定义）中精英体育部门的负责人，主要管理某一运动项目中的精英体育发展。有时候，若没有相应职位（特别是在小国家或小型国家管理机构），那么这主要指在特定体育项目中综合管理体育发展和精英体育发展（主要的九个方面）的人员或者是动作技术指导。若就整体的体育政策而言，运动成绩主管也可以是国家体育机构中负责精英体育部分的负责人。比如，Peter Keen 是英国体育协会的运动成绩主管，Peter Fricker 是澳大利亚体育局的运动成绩主管。

代表董事会（Representative board model）：董事会成员由特定会员组织选举产生，并代表这些会员组织。

风险（Risk）：不确定因素对目标产生的影响。不确定因素包括（可能发生或者可能不会发生的）事件和由于信息缺乏以及歧义造成的不确定因素。

风险管理（Risk management）：管理政策、管理程序和管理实务在一系列有关风险的任务中的系统应用，包括确立背景、风险识别、风险分析、风险评估、风险监控和通告风险。在项目风险管理文献中，风险管理的目标是将项目内不可预见的问题和意外事件的影响降至最低。因此，风险管理是一个积极主动的过程。

体育组织董事会的职责与功能（Role and function of the sport board）：董事会应设定战略方向和重点，制定政策和业绩预期，进行风险描述及管理，并代表“所有权人”及利益相关者评估和监督组织业绩（Sport and Recreation New Zealand，2006）。

运动能力发展（Sport development）：运动能力发展是一个动态的过程，在这个过程中，利益相关者的参与（投入）提供了必要的体育运动发展策略（投入效能）和路径（结果），从而促进对运动参与者的吸引、留住/输送、培养的过程（即运动能力发展的几个环节）

体育赛事（Sporting event）：体育赛事通常分为不同的种类，如标志性赛事或重大赛事（如奥林匹克运动会）、大型赛事（国际赛事、全国赛事或者地区赛事）或者当地赛事（如州高中锦标赛）。种类的划分基于不同的评定标准，如观众数量、镜像效应和成本。

体育科学（Sports science）：体育科学是涵盖所有与体育相关的各项服务与科研活动及其应用的总称，具体包括理疗、生物力学、运动表现分析、技能习得、决策、康复和部分体能训练的内容。

系统治理（Systemic governance）：指组织间治理，是在整个系统内、组织网络和机构配置间的高水平竞技体育治理。

变迁（Transition）：指与对自身或外界期望不符的重大事件或令人失望的结果，从而迫使调整个人行为及与他人的关系”（Schlossberg，1981，p.5）。

志愿组织参与体育治理体系（Voluntary sector sport governance system）：指在国家的高水平竞技体育治理系统中，由政府机构、商业组织和志愿组织联合进行管理（如澳大利亚）。

目　录

第1章 高水平竞技体育主管（HPD）在国家体育组织中的作用

Popi Sotiriado
格里菲斯大学

引　言

本章将阐述如何理解高水平竞技体育主管的作用以及高水平竞技体育主管在高水平竞技体育中的各种管理过程。这些过程包括领导力如何在高水平竞技环境中发挥作用，确保营造积极的运动队文化与运动员文化，确保团队合作与团队成功。基于对高水平竞技体育主管的角色与职责开展的定性研究的结果，本章旨在提高竞技体育领域中领导者与管理者的管理水平与成效。

高水平竞技体育的一大特点是众多因素间的有效融合与协同合作，这包括资金运作、体育管理、教练工作、体育科学、运动医学、运动员选才、运动员培养、训练场馆与设施以及体育竞赛等诸多方面的内容。各个国家在培养精英运动员的过程中也已经越来越讲求战略性（De Bosscher *et al.*，2008），因此，各国的国家体育系统也不再将体育科学和运动训练视为实现精英运动员成功的唯一的基础。各国在高水平竞技体育及其所有相关领域内出现的“新”的不同点与竞争优势在于高效的管理与协同治理（e. g. Bayle and Robinson，2007；Chelladurai，2007；Ferkins *et al.*，2005；Hoye，2007；Hoye and Cuskelly，2007），这一点已经有大量证据可以证实，并在短时间内获得认同。

在全世界许多国家，高水平竞技体育及其管理都毫无疑问地成为一个迅速发展中的行业。高水平竞技体育管理是一个身价数十亿的产业，而且其规模与复杂程度也仍在与日俱增。尽管相对于各国的人口总数来说，高水平运动员数量所占的比重也许微不足道，但是高水平竞技体育中的利益相关者（例如，专业教练员、运动队主管、运动成绩主管、行政官员、体育代理机构、体育组织、个体及受益人、赞助商及媒体、政府及其各级机构、学者及科研人员、场馆设施主管、团队老板、运动员经纪人、体育科学以及其他相关领域的科学家等）却数量庞大，并逐渐拓展为一个高度融合的产业（Sotiriadou and Shilbury，2009）。

由于高水平竞技体育产业变得日益商业化、专业化，这一产业的扩张急需一批全职专家提供专业的行政管理技巧方面的支持（Jones *et al.*，2008）。类似情况在20世纪90年代早期也出现过。当时由于体育变得日益复杂，迫切需要一批教育程度高且训练有素的体育管理者来提升体育管理质量（Shilbury and Kellett，2011）。自20世纪80年代早期开始，体育与体育管理实践专业化程度不断提高，许多国家都在高等教育课程中引入体育管理（Sotiriadou，2011）。如今，随着专业化程度的日益加深，开始引入有关高水平竞技体育管理的教学模块与课程，新一代的体育管理毕业生正为顺应潮流发展而做好了充分的准备。

对体育管理或已有过广泛的定义，但是对高水平竞技体育管理这一新生概念的理解仍不成熟，对其特征也不明确。本章内容是一项针对高水平竞技体育和高水平竞技体育主管所开展的研究成果，其目的是填补这一迅速发展的领域中的研究空缺。本章旨在阐明高水平竞技体育管理这一概念，明确高水平竞技体育主管在精英体育中所发挥的作用。

研究目的与研究方法

最初在高水平竞技体育领域，运动训练和生物力学在体育人才选拔与提高运动员成绩方面的作用是得到认可的。自此以后，其他的体育学科，包括营养学、物理治疗、心理学，以及新近出现的运动成绩分析、数据挖掘、职业指导等将高水平竞技体育与运动员成绩提升至新的高度。20世纪60年代以来，体育科学与运动医学上的一些成果使东德、前苏联等国家在人才选拔上获得巨大成功。对这种做法其他国家随后也都纷纷效仿。尽管在高水平竞技体育领域，像运动训练、体育科学、运动医学、运动员选才与运动员培养等方面都一直十分重要，但是许多国家仍在各自致力寻找新的竞争优势。对于这些国家来说，高水平竞技体育不同方面之间的协调配合，从国家计划的制定到该计划的执行及执行情况汇报，都归高水平竞技体育主管（或高水平竞技体育经理）掌控。体育专业化要求有商业背景、经验丰富的专业人员以商业模式经营体育。然而，高水平竞技体育管理仍处在发展初期，并不成熟。对高水平竞技体育主管的作用、职责描述以及与其他高水平体育利益相关者间的关系都缺乏共识、明确的界定与理解。由于对此缺乏认识，人们很难充分了解高水平竞技体育主管是如何“融入”高水平竞技体育系统的，以及他们又能在多大程度上帮助运动员获得成功。

在管理领域与商业领域有大量证据表明，如果管理者表现尚佳，所属的组织机构则更有可能成功地实现目标（例如，Fletcher and Arnold，2011；Grude *et al.*，2002）。事实上，Fletcher & Wagstaff（2009）强调了准确理解体育组织影响运动员成绩的重要性。具体来讲，他们这样总结道：“对个人的引导方式和管理方式，将成为决定国家体育组织（NSO）能否在奥运会角逐中胜出的越来越重要的因素”。（p. 433）。因此也可以认为，高水平竞技体育主管以及他们在所管理的运动项目成绩中所发挥的作用，与运动员的成功之间也存在类似的关系。所以，本研究的目的就是理解高水平竞技体育主管如何对运动员的成绩产生影响。然而在验证这一假设之前，必须要回溯、探讨以下一些问题：（1）如何定义高水平竞技体育管理；（2）如何理解高水平竞技体育主管的角色与职责。本章将阐述对这两个问题的研究成果。

由于人们对高水平竞技体育管理与高水平竞技体育主管在精英体育中的作用知之甚少，本研究认为更适合采用质性研究的方法。为此，作者收集了丰富的描述性数据，以便于使用探索性的研究方法（Silverman，2006）。为调研前面提到的两个问题，数据收集主要从两个方面进行：第一，为区分绩效管理与高水平竞技体育管理，对现有文献资料进行批判性综述和评价。这部分内容将在题为“高水平竞技体育管理与高水平运动员管理”的章节中讨论。

第二，为描述高水平竞技体育主管的概况，以及这些主管在运动员和运动队成功中所充当的角色和承担的职责，作者收集并分析了十九篇包含澳大利亚、马来西亚、加拿大和美国四国在内的十三个体育项目的职位描述文献。这十三个体育项目分别是皮划艇、马术、网棒球、羽毛球、击剑、冬季两项、壁球、水球、举重、三项全能、排球、田径和触身式橄榄球。有关这些国家、体育项目和数据的资料均是来自网络资源获取的公共文献。数据中找出的信息用来回答两个问题：“对于高水平竞技体育主管在竞技体育中的角色要有哪些重要的考量”，还有“为了引领体育组织和运动员走向成功，高水平竞技体育主管需要具备哪些素质?”。这部分内容将在题为“‘高水平竞技体育主管’——角色与职责”的章节中阐述。

为了定义绩效管理并把它与高水平竞技体育管理区别开来，作者使用演绎论证法，来审视现有的有关管理、绩效和优异运动成绩方面的文献。作者发现，使用演绎论证法更有助于定位上述研究的主题与维度。同时，运用归纳论证法分析源自十九篇职位描述文献的数据有助于在研究中创新（Neuendorf，2002）。进一步说，就是运用“主题解释型内容分析法”（Gibbs，2007）来分析文献。这一方法曾被应用于领导能力和管理能力研究（例如，Flecher and Arnold，2011），并通过主题生成法产生新的知识（Aronson，1994）。数据收集完成后，作者还在职位描述文献中提取有关高水平竞技体育主管职能及其具体要求的原始数据。原始数据分类后出现的原始主题在使用普通维度分析前纳入“高阶主题”。普通维度包括：(1) 职位总结与汇报体系；(2) 高水平竞技体育主管的关键角色与职责。

高水平竞技体育管理（本书的第一部分）以及高水平运动员管理（本书的第二部分）

高水平竞技体育管理作为管理学的新兴分支学科刚刚起步。但是由于这一领域并不是某个单一的现象，而是各种现象的集合，因此定义起来比较复杂。它包括体育管理、绩效、管理绩效评估，当然还包括高水平运动成绩评估。在体育运动中，绩效管理及其评价指标往往被误读，并且与管理高水平运动成绩相混淆。本节内容将对二者进行定义，并指出其主要差别。

绩效管理的目的是“对于既定目标达成共识，为实现目标提升个人及组织能力，为个人及组织提供必要的支持和指导，以便提高他们的绩效。”（Thorpe and Holloway，2008，p. 88）。绩效管理是确定、评估、提高个体和团队成绩的过程，并使成绩与组织的战略目标达成一致（Auginis，2009）。在一个组织内，评估是一个量化的过程（如评估指标和关键绩效指标），也是为取得成绩而采取行动的过程（Neely *et al.*，2005）。具体说来，绩效评估就是制定一整套用以描述、汇报和分析成绩的数据与指标（Marshall *et al.*，1999）。

在本章的下一小节和图表 1. 1 中，将阐释高水平竞技体育主管角色是如何体现对本章所述绩效管理的全方位理解的。

管理高水平竞技体育就是将绩效管理过程应用于高水平竞技体育领域中，以此实现并保持在竞技体育中的优异运动成绩。该过程包括对某个或某些体育组织及其所属运动员或运动队的运动成绩进行规划、实施以及监控。在这一背景下，Fletcher & Arnold（2011）的研究“强调了管理竞技体育运动成绩中涉及的多个方面，即提出愿景、运行管理、领导团队和营造文化”（p. 234）。具体说来，为使运动队保持最佳的运动成绩和竞技水平，“领导者和管理者必须明确并宣传其目标，优化资源及管理过程，支持并激励队员，转化人们的态度，加强团体凝聚力（p. 238）。通过分析职位描述的文献后，所得出的结果充分说明，高水平竞技体育主管在 Fletcher & Arnold（2011）提出的诸多领域中均有责任要取得成效。

在竞技体育中，所谓卓越，就是处于竞技水平金字塔顶端的意思。因为卓越这一术语“专指在比赛中具备最高竞技水平的运动员的运动成绩”（Lyle，1997，p. 314）。Lyle（1997）强调，尽管卓越运动成绩夸大了竞技体育中的“天分”学说，但无组织管理的行为的确无法为运动员的卓越表现提供保障。因此，我们需要有一个体育“系统”来实施掌控与引导。这一系统可定义为“旨在完成某个明确目标而集合起来的，由相互关联的各个部分组成的整体”（Lyle，1997，p. 15），而且系统内的各个相互关联的部分是作为一个整体来达成共同目标的。从概念上讲，运动成绩管理可看作是一个“投入—生产—产出”的系统（De Bosscher *et al.*，2006）。然而，通过对比国际上的不同竞技体育系统发现，体育系统不仅因体育项目而异，更重要的是还有国别差异，因而会受到不同政治、经济、文化体系的影响（De Bosscher *et al.*，2006）。为此，本书的第三部分将讨论竞技体育环境中的当代问题（如全球化，媒体，兴奋剂使用等），涉及对这些问题的管理以及它们对运动员成绩的影响。

莱尔（Lyle，1997）认为，“成绩”和“卓越”这两个术语，可以用来对较广范围的参与者进行分类，但仍需对这两个术语进一步细化，确定那些真正参与提高运动成绩的人（p. 315）。而且，有越来越多的文献认为，体育组织管理的相关问题对在奥运会上获得成功至关重要（如 Fletcher and Wagstaff，2009；Gould *et al.*，2002）。由于组织管理问题主要取决于高水平竞技体育主管，因此可以明确一点，即需要更好地理解高水平竞技体育主管所发挥的关键性作用以及他们是如何帮助运动员获得成功的。在接下来的章节中，将会阐明高水平竞技体育主管在竞技体育环境中的角色与职责。

高水平竞技体育主管的角色与职责

对高水平竞技体育主管职位描述文献分析后的结果使我们对各种岗位头衔（如高水平竞技体育主管或国家项目主管）得以深入的了解，这些头衔用于指高水平竞技体育管理中的角色以及不同职员间的汇报体系。借助这些分析结果让我们可以对不同岗位进行概述，区分竞技体育环境中不同角色的职责，提炼高水平竞技体育主管关键角色和职责的具体内容。最重要的是，分析结果凸显出对高水平竞技体育主管的职业要求，以及他们为实现个人成功和引领团队成功所必备的技能。为了明确关于高水平竞技体育主管的角色和职能方面更多的重要信息，我们仍需继续开展研究，下文中的框架则初步总结了几个方面的内容。

职位概述与汇报体系

高水平竞技体育主管（此后用 HPD），负责持续不断地制定与实施国家高水平竞技体育计划或政策，以及其中包含的训练项目。HPD 要提供全方位的领导以取得国际性的成功，例如在奥运会、世锦赛、世界杯以及其它世界级重大赛事中登上领奖台。此外，HPD 还要肩负责任，建立一个有效、可持续的培养体系，能够不断培养新一代的冠军。在选取的样本国家和样本运动项目中，HPD 直接向体育组织的总经理和（或）执行董事汇报，并通过常务董事向董事会汇报。HPD 负责监管包括项目教练以及其他教练员，国家精英发展计划协调员，国家计划主管，运动队以及支持团队，甚至包括国家级技术主管在内的所有人员。然而，并非所有 HPD 都要监管这么多人员。比如，在像比利时等一些小国家，国家体育协会（或其他类似的国家体育组织）只配备一个 HPD 和几个教练员。因此，国家体育组织的组织管理结构决定 HPD 的管理职能和角色。

对于本身包含不同大项的体育运动（如马术或田径），或在有许多州或区的国家（如澳大利亚），体育机构有时也允许在高水平竞技体系中包含另一个重要人物，即国家项目主管。进一步来说，马术的竞技体育机构中，可以包含一个盛装舞步项目（或表演）和场地障碍表演（或项目）的主管，他们均在 HPD 领导之下。同样，在澳大利亚，一个体育项目可以在每个州和区设有项目主管，他们也在 HPD 监管之下。因此，HPD 和国家项目主管角色的主要差别在于职权范围的不同。国家项目主管负责各自项目的制定和实施。他们记录运动员和运动队的训练、比赛和成绩，将其作为绩效分析系统的一部分。国家项目主管主要担任领导和管理角色，而不直接参与训练。国家项目主管与 HPD 合作，共同计划、筹备各重要赛事，比如奥运会、青年锦标赛以及其他赛事。

HPD 的角色与职责

研究结果进一步显示 HPD 的六种关键角色与职责，这些角色均围绕以下几个重要领域：（1）国家计划和国家项目，（2）人事管理，（3）预算和报告，（4）高水平竞技体育体系发展，（5）伙伴合作和其他关系，还有（6）体育赛事管理。每一角色群都包含各种职责。如图 1.1 所示，理想的 HPD 的角色和职责应包含两个重要方面，即：

■ 对内与员工合作交流和对外与客户合作交流的能力

■ 包括计划、执行、监管在内的绩效管理过程的实施（以及在管理过程中的评估。）

这两个方面塑造了一个四象限的模型。图 1.1 说明了 HPD 的角色以及这些角色运行的环境。例如，“预算和报告”属于内部工作而置于右上方的象限内，主要与执行和监管过程有关。具体说来，图 1.1 是一个改编的竞争价值框架（CVF）（Quinn and McGrath，1982），用以诠释本项研究的研究结果。CVF 是一个行为模型，可以解释“我如何看待我的角色，我的角色是否称职”以及“别人对此怎么看”这两个问题。在本研究中使用CVF，是因为其为管理者所用的量表之前已被证实过了（Vilkinas and Cartan，2006）。因此，在本项研究中CVF的应用范围是比较有限的。为确保该框架适用于高水平竞技体育管理的内容，提高表面效度和内容效度，因此在文字表述上作出调整。研究发现在图1.1中均以变量形式出现，并在下面章节逐一探讨。

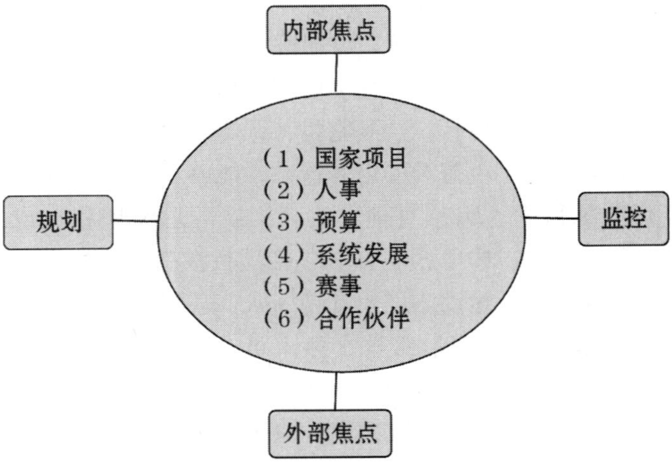

图1.1　高水平竞技体育主管的角色和职责模型图

国家计划和国家项目

HPD“负责所有国家队项目和计划的制定、管理和成果，并负责能够打造未来世界级国家队运动员发展项目的规划与实施”（加拿大冬季两项协会）。这项繁杂的任务需要履行多种职责。第一，HPD负责设计和实施国家体育精英计划，因为竞技体育的发展和计划是宏观体育政策或体育策略的重要组成部分。第二，HPD需要持续不断地评审、改良和监管相关体育计划和项目，有时也需要负责训练中心的运营。HPD需要建立并坚持某一战略，以确保团队和个人能够充分发挥才能，在国际赛场上取得卓越的运动成绩。最后，HPD必须规划所有国家队和运动员的活动，并将这些活动记录在战略性计划、四年计划及年度计划的有关高水平竞技体育章节里去。正如加拿大冬季两项协会的相关规定所述，HPD的重要职能在于“持续审核、监管已获准的竞技体育战略性计划、四年计划和年度计划中的目标，确保计划有量化结果”。确保竞技体育计划为运动员提供一个安全、体面、适宜的体育环境，使运动员和教练员具有愉悦、有益的体验，有助于他们在国际比赛中斩获成功。

人事管理

HPD负责培养、领导竞技体育团队的教练员和支持人员，而教练员和支持人员则负责在全国培养青少年运动员和精英运动员（澳大利亚皮划艇协会，加拿大冬季两项协会）。发展这样的团队需要具备员工招募的相关知识，熟悉招募事宜，包括如何细心挑选团队工作人员，以帮助体育组织和运动员取得成功。最后，HPD的工作重心都应放在保持不断的进步，在原有的高标准之上继续提高。做到这一点通常需要将目标表述清楚、沟通到位。然而，研究结果显示，仅仅挑选出“最好的”员工，有了明确的“愿景”，并不足以保证可持续的成绩和成功。HPD要成为团队中的典范，运用他们的人事管理能力，展现充分相信他人潜力的信念，采取积极措施鼓励他人发挥出自身的潜能。因此，HPD需要激励和领导其属下的员工或团队，将先进的方法运用到不同的体育项目中去。大力营造高水平竞技体育文化是非常关键的。这将鼓励运动员和教练员怀着必胜的决心进行备战和训练。正是这种文化激励着运动员为了取得个人的优异成绩而敢于冒险和尝试。

为了实现运动员和团队的成功，HPD必须向运动员讲清楚相应的规定和政策。这些规定关系到运动员在竞技体育项目中的参与，也有助于与精英运动员建立有效的交流渠道和沟通方式。当HPD与团队工作人员共事时，必须有效传达组织机构的目标，确保员工与俱乐部和国家队教练的密切合作，以帮助运动员制定合适的训练计划和参赛计划，使运动员达到设定的运动成绩。总的来说，HPD把员工和各类利益相关者联合起来，一起实现他们共同的目标。

由于可能参与到竞技体育环境中的利益相关者和体育组织内部员工的人数众多，HPD需要提高团队效率，具备应对内部竞争和解决矛盾冲突的能力，加强团队凝聚力。除了解决矛盾冲突的能力外，HPD也负责管理与运动员成绩、运动员行为或出现的其他重要问题。

预算与报告

根据职位描述文献，所有HPD都需要在预算范围内执行国家高水平竞技体育计划，计划的预算资金是由国家体育机构或国家法定体育权威机构批准分配的（例如，澳大利亚体育委员会）。在财政工作方面，使用合适的财政代表，监管竞技体育计划的财务运行情况是HPD职责内的重要内容。为了准备年度财务运行报告、年度财务援助申请和其他所有财务机构要求的财务报告，HPD需要具备优秀的财务管理技能，包括报告的撰写、财务分析的技能，并要有会计或者财务工作的经验。此外，他们还需要有强有力的组织管理能力，例如，能确定保持相应记录准确无误、及时更新，进行数据库维护，汇报运动员活动以及协调向国家体育组织（NSOs）提交财务报告的相关工作。

高水平竞技体育体系的发展

在大多数体育项目中，青少年的发展状况是精英运动员职业成长和发展的前提条件。为了加强和保障运动项目在体育产业中的主导地位，HPD需要建立一个强有力的青少年体育发展计划。HPD最重要的职责就是“指导HP（高水平竞技）体育的发展”（加拿大冬季两项）。在这一角色中，HPD要负责其体系能够具有以下职能：（1）协调、整合和指导人才选拔计划；（2）构建、改善并实施结构完善的运动员发展路径，向高水平竞技体育系统输送优秀运动员；（3）留住并培养运动员；以及（4）最大化地保证不同层级运动员和教练员的发展途径。

人才选拔，人才留用和人才输送是一个过程，在这个过程中，要为有天赋的青少年运动员提供多种机会和资源，而终极目标就是把最有天赋的运动员送入最高层级的职业比赛

(Sotiriadou, 2010)。人才输送的目的是“填补精英运动员不同等级间的空缺，通过优秀运动员的发展途径，培养大量的精英运动员，保证精英运动员的数量”(Sotiriadou, 2010)。在这一过程中，HPD与国家队教练员、竞技体育委员会密切合作，为国家队选拔优秀运动员。在运动员的选拔过程中以及选拔完成之后，HPD需保证有相应的政策、策略和做法，来改善组织的竞争结构，其中包括但不仅限于运动员排名、竞赛参与和赛事管理等方面。

确保运动员过渡到更高层次的竞技体育中并获得成功，确保运动员的发展途径畅通成功，是HPD工作内容中的重要部分。通往巅峰的行程并不会凭空出现。“具备了精英运动员的发展途径，才能实现天才运动员的保留和输送，推动运动员不断发展，使他们顺利成长为精英运动员，最终获得长期的成功。”(Sotiriadou, 2010, p. 217)

HPD角色的一个重要方面就是为运动员和官员提供资源和交际网络，扶持他们的发展。在努力向高水平竞技体育系统输送人才的过程中，HPD一直同体育机构、体育院校、州体育协会、俱乐部、学校、人才选拔项目中心及负责人保持联络，密切沟通。例如，在澳大利亚皮划艇协会，HPD们一直与冲浪俱乐部、冲浪运动学校以及相关的国家人才选拔项目负责人保持联系。HPD与各组织机构的代表建立交际网，并同澳洲海浪救生协会、州立体育学院和研究院、澳大利亚体育学院以及州体育组织保持合作关系。

伙伴合作及其他关系

很明显，HPD职责的广度和深度要求他们要有能力跟合作组织机构共同协商，达成目标，并使不同利益相关者做出他们最大的贡献。例如，对内他们需要建立、发展并保持与竞技体育教练员的有利关系，并且在适当的时候寻求他们的投入和反馈。对外，他们需要与项目伙伴建立有效的协作关系，确保运动员在国内外都享有最佳的训练环境。总的来说，HPD与运动成绩主管、国家队主教练、州立体育学院和体育协会、以及其他教练员都要密切合作，协调运动员的训练和比赛负荷。

在这一角色中，HPD需要根据既定职责和标准协调全年不同时段、不同层级教练的训练质量、训练数量和训练类型，确保运动员的成功。HPD负责在国家队、国家训练中心以及俱乐部间建立有效的交流体系、信息分享机制和运动员跟踪体系。为此，成熟的人际交流能力、口头和书面交流能力以及人事管理能力是必不可少的。HPD通过有效使用交流技巧，同内部（例如，会员协会）和外部的客户（例如，州立体育学院和澳大利亚体育学院），以及包括教练员、运动员、运动员父母、同事、员工、服务部门人员和其他利益相关者在内的不同人员进行有效的交流沟通。

体育活动及赛事管理

对运动员而言，体育比赛、体育活动以及体育联赛，是通往精英体育道路的重要阶石与发展途径。对职位描述文献分析的结果表明，HPD需要具备赛事管理能力和协调能力才能计划合适的比赛事宜，即在一年中的合适时间选出合适的运动员参加比赛。这些技能之所以必要是因为，HPD需要来组织安排训练营、讲习班、体育活动，为运动员制定年度比赛日程和训练计划。此外，HPD还可能需要帮助不同的队伍和运动员为赛事做准备。他们经常陪同运动队一起出席像世界杯、世锦赛等许多重大比赛。比赛与随队出行的管理工作都要求他们不仅要能抗压，在规定日期前完成工作，也需要他们灵活应对，愿意在非工作时间加班工作，并且可以频繁在国内外出差旅行。

讨论与总结

对 HPD 角色和职责的分析结果表明，HPD 需要承担人力资源开发的工作，要能招募、培养工作团队和运动员。分析结果也表明，HPD 需要（1）收集项目数据，（2）监测运动员和其他人员的表现，（3）评估结果、保证质量。其实，整体的研究结果都归结为 HPD 的做事能力和“把工作完成”的能力。HPD 需要确保比赛事宜组织有序，赛事活动安排妥当，确保项目计划顺利实施。HPD 的工作就是要将比赛日程安排与运动员发展计划结合起来，让年轻运动员参加合适的比赛，选择合适的运动员并提供相应的支持。此外，HPD 也担任经纪人的角色，同外部环境进行协调。他们要对职业团队施加外部影响，维护与其他组织机构和训练学校的外部联系，甚至要参加运动员研习班以招募运动员。所有这些工作（可能还有更多）都通常要在高负荷的压力下进行。这就要求 HPD 要有韧劲，办事灵活，能够经常出差，随叫随到。总的来说，这些特征说明，HPD 必须在自身角色中展现其人格的魄力和正直。HPD 需要表现出他们的韧性，独力肩负责任，努力实现组织的目标，以身作则，引领运动员走向成功。

在对比前人研究的过程中，由于缺乏管理视角下高水平竞技体育管理内容的调研，不得不更大范围地搜寻文献资料。其中一个令人耳目一新的发现是 Fletcher & Arnold（2011）的研究观点。他们从心理学视角研究了竞技体育中的领导能力和管理能力。事实上，组织心理学的科学家（e. g. Fletcher and Wagstaff，2009）似乎正在引领高水平竞技体育管理方面的研究。因此，这些研究的成果为运动心理学家传递了重要的信息，有助于更全面地了解精英运动员的心理社会学的准备情况。这些研究的另一个好处是提升和扩展了运动心理学家的能力，使他们能够给国际体育团队的管理人员提供更多有效的支持。研究结果的局限性在于其对体育管理者的适用性不够宽泛。而本研究则尝试将研究结果更广泛地应用到体育管理领域。

与 Fletcher & Arnold（2011）的研究相似，HPD“不仅确立、诠释一个团队的终极目标，还要宣传团队愿景，并以身示范，激励个人去实现目标”（p. 234）。他们发现，HPD 的主要角色之一就是负责团队内部的各种运营管理，这涉及到财务管理、比赛和训练的战略性规划、参赛运动员选拔以及明确参赛的相关规则和规定。他们进一步强调 HPD 在精英体育发展方面的管理工作，完善资源配备，改进工作进程方面的推动作用。本项研究增加了这一知识要点，因为该研究为进一步理清 HPD 的多种角色，全面解读 HPD 角色所肩负的具体责任提供了重要的观点。

Fletcher & Arnold（2011）整项研究工作中贯彻始终的主题是：高效的领导能力和管理能力包含“确立目标，激励员工，并设法使他人超越个人目标，朝着团队愿景去努力”（p. 235）。本研究对这一结果作出补充，同样也解释了，对于团队工作以及高效的体育文化来说，态度是十分重要的。两项研究都将营造团队文化视为高效的领导能力和管理能力的核心。此外，两个研究都表明，营造一种文化需要“通过培养角色意识和营造团队氛围，在团队内部形成共同的信念和期望”（p. 235）。本项研究在人事管理方面的成果与 Fletcher & Arnold（2011）的研究呈现更多相似性。人事管理包括招募最好的团队成员，给予不断的支持和培养，使他们可以为团队成功作出有意义的贡献。

针对各组织管理层面的领导力表现的研究，一直没有受到体育管理研究者的重视，他们更倾向于关注与教练相关的领导力（e. g. Chelladurai，2007；Riemer，2007）。而现在已经开始得到认可的观点是，运动员的竞技水平可能并不能完全归结为教练员的责任！HPD 在促进和提高运动员竞技水平方面的作用越来越重要。然而，并没有足够的实证研究支持这个观点。本章所描述的研究，针对与绩效管理和高水平竞技体育管理相关的观点和术语，分析了其内涵、意义和证据基础。除了致力于定义新兴的体育管理的子学科外，本章为 HPD 的角色和职责提供了证据支持。这些角色提高了工作人员的表现，改进了竞技体育的相关运作和流程，也因此提高了运动员成功的几率。在体育运动中，最不稳定的一个工作就是教练员。由于教练员的职位能否保留主要取决于团队或运动员的运动成绩，因此教练的人员更替十分频繁。由于 HPD 负责这些团队成员的招募，其中包括工作人员和运动员。那么当 HPD 看到现有团队成员有负所望时，是否就应开始留意寻找新成员呢？更重要的是，精英运动员是否应该与教练员和 HPD 共同分享获得的荣誉，或是共同分担遭遇的失败呢？

即使本项研究对高水平竞技体育管理提出了一定的见解，但是其研究结果和研究应用的范围也是有限的。这不仅仅是因为这一领域的相关文献缺乏，也因为收集到的数据中与运动成绩相关的问题数量不足。鉴于这是在高水平竞技体育管理中探索一个尚未发掘的子学科的初步研究，有必要进行更深入的研究，以便使 HPD 们对这些研究结果进行思考，讨论这些已明确的职责能否完整表现 HPD 的本身角色，或者说 HPD 要想成功是否还需要其他特质。此外，在探究 HPD 是如何认识他们自身的工作能力时，使用个人构建理论（Bannister and Fransella，1986）和性能分析（Butley，1989）方法来进行研究，将是我们为未来研究极力推荐的方法。这样的研究将产生更多具体的干预研究，关注领导者和管理者如何创造、完善和维护高水平竞技体育环境。此外，为了对 HPD 的行为，以及其他重要人物对 HPD 表现的看法有一个更加全面的了解，应该通过 360 度反馈法重新检验 CVF（竞争价值框架）。360 度反馈将包括来自 HPD 下属、同事和上司的直接反馈，也包括自我评价。这一工具可能会产生积极的行为改变，提升 HPD 的工作业绩。

在体育管理这个行业的生命周期中的某个时段，体育管理变得极其专业化，使得高水平竞技体育管理作为一个新的学科分支出现了。这一学科变化有时会使那些善于钻研的、正寻找体育管理研究新视野的研究者和从业者掉进一个“学术的死胡同”。本章无疑是一个破除学术障碍的突破口。同时，本章仅仅是这门学科研究的开始，初步定义了高水平竞技体育管理，明确了 HPD 在运动员成功中发挥的作用。借助更深入的研究和新知识的产生，我们将有信心把研究成果转化为新观点、新计划和新举措。一切静待时日！

参考文献

Aguinis, H. (2009). *Performance management* (2nd edn.). Upper Saddle River, NJ: PrenticeHall/Pearson Education.

Aronson, J. (1994). A pragmatic view of thematic analysis. *The Qualitative Report*, 2(1), 1 – 4.

Bannister, D. and Fransella, F. (1986). *Inquiring man: The psychology of personal constructs* (3rd edn.). London: Routledge.

Bayle, E. and Robinson, L. (2007). A framework for understanding the performance of national governing bodies of sport. *European Sport Management Quarterly*, 7(3), 249 – 268.

Chelladurai, P. (2007). Leadership in sports. In G. Tenenbaum and R. C. Eklund (Eds.), *Handbook of sport psychology* (pp. 113 – 135). Hoboken, NJ: Wiley.

De Bosscher, V., Bingham, J., Shibli, S., van Bottenburg, M. and De Knop, P. (2008). *The global sporting arms race: An international comparative study on sports policy factors leading to international sporting success.* Aachen, Germany: Meyer & Meyer.

De Bosscher, V., De Knop, P., van Bottenburg, M. and Shibli, S. (2006). A conceptual framework for analysing sports policy factors leading to international sporting success. *European Sport Management Quarterly*, 6(2), 185 – 215.

De Bosscher, V., De Knop, P., van Bottenburg, M., Shibli, S. and Bingham, J. (2009). Explaining international sporting success: An international comparison of elite sport systems and policies in six countries. *Sport Management Review*, 12(3), 113 – 136.

Ferkins, L., Shilbury, D. and McDonald, G. (2005). The role of the board in building strategic capability: Towards an integrated model of sport governance research, *Sport Management Review*, 8, 195 – 225.

Fletcher, D. and Arnold R. (2011). A qualitative study of performance leadership and management in elite sport. *Journal of Applied Sport Psychology*, 23(2), 223 – 242.

Fletcher, D. and Wagstaff, C. R. (2009). Organizational psychology in elite sport: Its emergence, application and future. *Psychology of Sport and Exercise*, 10(4), 427 – 434.

Gould, D., Greenleaf, C. C., Chung, Y. C. and Guinan, D. (2002). A survey of US Atlanta and Nagano Olympians: Variables perceived to influence performance. *Research Quarterly For Exercise and Sport*, 73, 375 – 385.

Gibbs, G. (2007). *Analyzing qualitative data.* London: Sage.

Grude, J., Bell, D., Dodd, G. and Parker, O. (2002). Leadership: The critical key to financial success, *Drake Business Review*, 1, 1.

Hoye, R. (2007). Commitment, involvement and performance of voluntary sport organization board members. *European Sport Management Quarterly*, 7(1), 109 – 121.

Hoye, R. and Cuskelly, G. (2007). *Sport governance.* Burlington, MA: Elsevier.

Lyle, J. (1997). Managing excellence in sport performance. *Career Development International*, 2(7), 314 – 323.

Marshall, M., Wray, L., Epstein, P. and Grifel, S. (1999), 21st century community focus: Better results by linking citizens, government and performance measurement, *Public Management*, 81(10), 12 – 19.

Neely, A., Gregory, M. and Platts, K. (2005). Performance measurement system design: A literature review and research agenda. *International Journal of Operations and Production Management*, 25(12), 1228 – 1263.

Neuendorf, K. A. (2002). *The content analysis guidebook.* London: Sage.

Quinn, R. and McGrath, M. (1982). Moving beyond the single-solution perspective: The competing values approach as a diagnostic tool. *The Journal of Applied Behavioural Science*, 18(4), 463 – 472.

Riemer, H. A. (2007). Multidimensional model of coach leadership. In S. Jowett and D. Lavallee (Eds.), *Social psychology in sport* (pp. 57 – 73). Champaign, IL: Human Kinetics. 13

Shilbury, D. and Kellett, P. (2011). *Sport management in Australia: An organizational overview* (4th edn.). Victoria, Australia: Strategic Sport Management.

Silverman, D. (2006). *Interpreting qualitative data: Methods for analyzing talk, text, and interaction* (3rd edn.). London: Sage.

Sotiriadou, P. (2010). *The sport development processes and practices in Australia: The attraction, retention, transition and nurturing of participants and athletes.* Cologne, Germany: LAPLAMBERT Academic Publishing.

Sotiriadou, P. (2011). Improving the practicum experience in sport management: A case study. *European Sport Management Quarterly*, 11(5), 525 – 546.

Sotiriadou, K. and Shilbury, D. (2009). Australian elite athlete development: An organizational perspective. *Sport Management Review*, 12(3), 137 – 148.

Thorpe, R. and Holloway, J. (Eds). (2008). *Performance management: Multidisciplinary perspectives.* Hampshire, UK: Palgrave Macmillan.

Vilkinas, T. and Cartan, G. (2006). The integrated competing values framework: Its spatial configuration. *Journal of Management Development*, 25(6), 505 – 521.

第一部分　高水平竞技体育管理

第2章 影响高水平竞技体育管理的商业、政治、社会和文化因素

B. Houlihan
拉夫堡大学和挪威运动科学大学

学习目标

阅读本章后，读者将能够：

1. 辨识出影响高水平竞技体育的主要商业、政治和社会文化因素；
2. 了解商业、政治和社会文化因素对高水平竞技体育的影响；
3. 了解这三方面因素的相互联系。

概　述

管理的定义多种多样，但通常都会强调以下两点：第一是明确战略目标，并协调资源配置以确保实现这些目标；第二是管理某一组织与其所处环境的关系。高水平竞技体育管理的这两个方面都与商业、政治和社会文化因素密切相连。这些因素影响所有体育组织的运行，无论其是公共的、非赢利的还是商业性质的，也无论其是国内的还是国际化的组织。图2.1展现了高水平竞技体育麾下广泛的组织机构。这些活跃于高水平竞技体育领域的组织性质不同（有商业的、非赢利的或公共的），其利益诉求也各不相同，有些组织的直接利益或主要利益是为了竞技体育的发展（体育俱乐部、专门的政府机构、国际单项联合会），有些组织则将竞技体育视为手段，主要目标是赢利。值得注意的是图2.1中的每个组织不仅被它所处的环境影响，并且也构成影响其他组织的环境。因此，高水平竞技体育管理所处背景复杂、牵涉机构众多、并且常常面临诸多困扰。

商业因素

尽管难以断定商业因素和政治因素哪一个对高水平竞技体育政策和运动成绩有更大影响，但毋庸置疑的是，它们携手塑造了体育的发展历程，并将继续对当今全球体育产生深远影响。经常有这样一种观点，政坛人士往往把竞技体育作为工具——籍此达到体育以外

的目标。然而，这种观点同样适用于大多数商业利益追求，高水平竞技体育的比赛成绩也常常是达到体育以外的商业目标的手段。表 2.1 列出了五种影响高水平竞体管理的商业利益驱动。此表未必穷尽所有类型，只是试图揭示与高水平竞技体育相关的各种商业利益、它们的主要目标、以及更为重要的，它们对高水平竞技体育的影响。

商业化对高水平竞技体育的影响本身无所谓好与坏，但“体育经济”的飞速发展对一系列权力关系问题产生巨大影响，其中有六种关系值得注意。

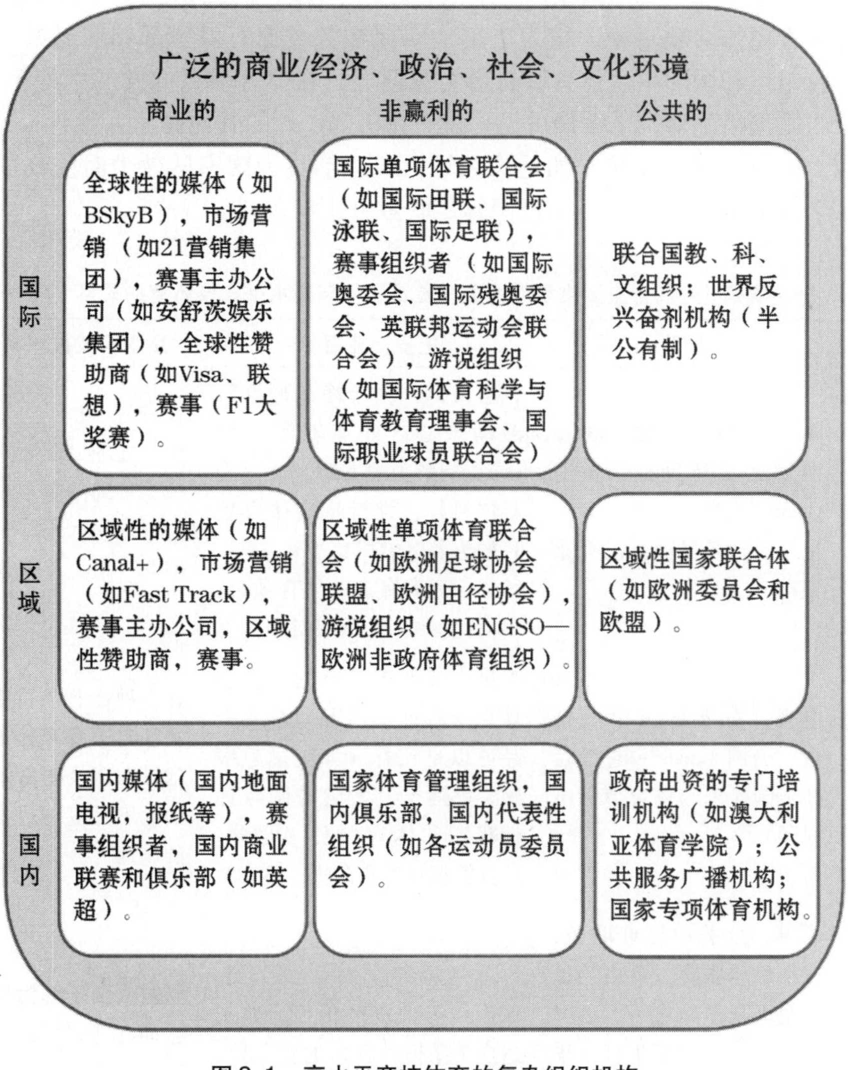

图 2.1　高水平竞技体育的复杂组织机构

第一种是运动员与国家体育组织和国际单项联合会的关系。赞助数额和奖金不断攀升以及一些项目中运动员的名人身份，增强了像高尔夫、网球这种个人项目中的运动员的权力，削弱了管理机构的权力。职业高尔夫和网球运动员都成立了巡回赛机制，这使得他们能够获得更高的收入分配。美国职业高尔夫球巡回赛（PGA Tour）20 世纪 60 年代末由职业高尔夫球手协会发展起来，职业男子网球协会巡回赛（ATP Tour）1990 年由职业网球球员协会发展而来，这两大巡回赛赋予这两项运动的运动员极大的掌控权，不但可以决定自己的收入，而且可以决定什么时间在哪儿比赛，是否参赛。随着运动员协会的成立，类似（虽然不及此深远）的权力转移也出现在团体运动项目中，如英格兰的职业足球运动员协会和美国的职业棒球大联盟球手协会。尽管运动员协会关注的焦点是收入的最大化，它们同时也关注歧视、医疗保障不足等问题。

第二种是俱乐部和联盟与国家体育组织和国际单项联合会的关系。在美国，在美式橄榄球和棒球等大型体育项目中，权力牢牢地掌握在各类拥有俱乐部和联盟的商业机构手中。国家体育组织和国际单项体育联合会力量薄弱，在体育项目的发展中处于边缘地位，这一点从反兴奋剂措施落实之缓慢可见一斑。在美国以外的其他国家，尽管程度略逊，也可以看到权力向俱乐部的偏移，如足球领域，在运动员为国家队效力时受伤的赔付问题上，14 支欧洲足球强队的俱乐部迫使国际足联做出让步。

表 2.1　几种主要类型的商业利益及它们与高水平竞技体育的关系

商业利益	例子	主要商业目标	对高水平竞技体育管理的影响
非体育公司	奥运赞助商：VISA，联想 滑雪运动赞助商：奥迪 Quattro 汽车 足球运动赞助商：巴克莱银行	普遍目标：“干净的形象”，激动人心（即能够吸引媒体），有魅力的人物 具体目标：维持特定体育项目的形象以烘托其产品 博彩：远离腐败的体育项目；保持比赛结果的不确定性	在一些运动（如自行车）中，处理兴奋剂问题的压力 独家赞助的要求增加了项目对其依赖 博彩：增大了腐败风险
体育媒体	电视（如英国天空电视台、法国 Canal + 电视台和美国娱乐与体育节目电视网）	卫星广播要求稳定的吸引全球观众眼球的产品供应。产品可以是比赛（如美国超级碗，奥运会，大满贯网球锦标赛）和体育项目（足球、英式橄榄球、高尔夫、赛车）	在多种比赛项目中，都有更关注男子赛事轻视女子赛事的倾向以及更青睐戏剧性场面而不是复杂或技术含量高的场面
体育联赛、俱乐部及个人运动员	联赛：全美橄榄球联盟，日本足球联赛，英格兰足球超级联赛 俱乐部：达拉斯牛仔、华盛顿红人、皇家马德里、拜仁慕尼黑 运动员：科比·布莱恩特、罗杰·费德勒、玛利亚·莎拉波娃	保护和扩大资产价值，如制造全美橄榄球联盟的竞争性，努力把一个地方性的足球俱乐部打造成国际知名品牌，或运动员代言一系列服装	联盟或俱乐部为保护自身利益而不愿意放队员去国家队；优秀运动员医疗条件改善；人才选拔和培养方面更多的投资；有才能的运动员的转会交易，如足球运动。

续表

商业利益	例子	主要商业目标	对高水平竞技体育管理的影响
体育设施供应商和赛事主办单位	网球学院：埃弗特网球学院、IMG 尼克·波利泰尼网球学校 训练中心：西班牙拉曼加（La Manga） 赛事组织者：世界三项全能运动协会的铁人三项系列；世界板球锦标赛，印度板球联赛，美国职业高尔夫球巡回赛	利润/收入最大化，增加的市场份额	对国际单项联合会或全国体育管理机构在人才选拔与培养项目及赛事等活动方面进行有益补充（或间接破坏），如铁人三项或板球运动中。
器材和运动服装生产商	高尔夫：Ping、卡拉威 网球：邓禄普、威尔逊、史莱辛格 游泳：速比涛 普遍性的：阿迪达斯、耐克	利润最大化，产品创新，扩大的市场规模和市场份额	为俱乐部和个人运动员提供赞助；驱动设备创新和淘汰

第三种关系是赞助商与赛事组织者、联盟及俱乐部的关系。尽管赞助收入给运动员和观众带来诸多好处，这些好处，同赞助收入一样，不是均匀分布的。很难估计年赞助总额，但从表 2. 2 可以获悉赞助收益的不均衡性。2009 年足球获得的赞助价值近 10 倍于屈居第二的联合式橄榄球获得的赞助价值，2008 年足球获得的赞助几乎等于其后 9 项运动和赛事所获赞助的总和。

第四种关系是俱乐部和粉丝的关系。随着体育经济性质的变化，很多项目都不太依赖门票收入，而是更多地依赖赞助或转播权的收入。俱乐部（或个人运动员）与粉丝的关系难以一言以蔽之。但是在诸如足球、联合式橄榄球、联盟式橄榄球和板球等多项运动中，球迷们不仅仅把自己当作观众或顾客，他们认为自己与球队有更紧密的且高度情感上的联系（Hamil *et al.*，2010；Hassan and Hamil，2010）。以足球为例，一些球迷群体变得非常强势，他们往往得到政府的支持，或在欧洲得到欧盟的支持，这些群体认为自己在“俱乐部的经营”中是主要利益相关者，而不仅仅是体育产品的购买者。然而，在大多数商业体育项目中，球迷无法影响决策的制定，并且由于一些俱乐部试图开发全球粉丝阵营，传统的、基于地域的粉丝群对俱乐部的经营策略来说越发微不足道。

表 2.2 接受赞助最多的体育项目，2009（括号内为 2008 年数据），价值单位：百万美元

体育项目	价值	
足球	2607	（2674）
奥运会	1797	（994）
联合式橄榄球	272	（335）
网球	258	（467）
方程式 1	256	（200）
棒球	237	（214）
板球	227	（170）
高尔夫	205	（308）
美式橄榄球	184	（297）
篮球	173	（不详）

数据来源：IFM 体育市场营销数据调查公司（2010）

第五种是赛事组织者和政府间的关系。可以说，在 20 世纪 90 年代以前，政府参与竞技体育的主要目的，是国家运动代表队在奥运会或残奥会等重大赛事中的表现能够达到或超出国民期望。20 世纪 90 年代初以来，各国政府都开始对举办赛事表现出极大热情，尤其是奥运/残奥会和足球世界杯。为了举办奥运会和世界杯，各国政府不惜在国际奥委会和国际足联面前卑躬屈膝，竭尽所能。正常的土地使用审批程序被免除，大街上不许出现无家可归者的身影，立法保护赞助商的投资价值使其免受埋伏营销的侵害（Giulianotti and Klauser，2009；Sugden，2012）。然而，这种总体地位失衡的表面下，埋藏着政府以及公众（其不满程度略低）对这些体育组织的不满，一旦这些组织有任何脆弱表现，这种不满立刻浮出水面。例如，2002 年盐湖城投票丑闻激起的对国际奥委会的讨伐，以及对 2018、2022 世界杯投票腐败的指责，就是明证。

最后一类权力关系是一些大型国际单项联合会和赛事组织机构的关系。作为独立组织，每个联合会都能决定自己的管理方式，该方式体现了组织内部利益关系的平衡。例如，在田径和游泳方面的两大联合会（国际田径协会联合会与国际游泳联合会）都需要平衡所管辖的各个分项彼此竞争的利益关系，而其平衡举措往往问题重重。至于赛事组织机构，一直困扰国际奥委会的问题是防止国家奥委会或国际单项联合会结成投票阵营，这一问题在 20 世纪七、八十年代间尤为严重。已采取一系列措施防止这一趋势，其一是加大国际单项联合会的代表力度，以抗衡国家奥委会不断增长的势力。尽管国家奥委会成员按要求应独立于他们所代表的国家，国际奥委会承认，许多成员，可能也是大多数成员，或明确由政府提名，或因为要靠政府支持，其独立仅是名义上的（Hill，1992；Houlihan，1994）。另一项措施是通过国际奥委会自己的体育发展部门——奥林匹克团结基金（其前身是 1961 年成立的国际奥林匹克援助委员会），提高贫穷成员国对国际奥委会的依赖程度。奥林匹克团结基金运作的目的是，通过为贫穷成员国体育发展项目提供资金，防止富

裕“体育大国”拉帮结派制造投票阵营。Henry and Al Tauqi（2008，p. 367）指出，“显而易见，成立奥林匹克团结基金，目的是消解国际单项联合会和国家奥委会在奥运系统中争权的压力，确保为奥林匹克运动团结一致”（参见 Chatziefstathiou *et al.*，2008）。

政治因素

尽管大量高水平竞技体育极度商业化，不容忽视的是仍有许多运动项目和赛事高度依赖政府支持。并且，运动项目即使取得商业成功，也无法不受政治影响。在分析政治因素的影响时，既要考量政府插手高水平竞技体育的目的，也要考察其采用的手段。虽然长久以来，许多国家一直控制着或试图控制大众化的运动项目，政府对高水平竞技体育的干涉却为期不长，并且多出自于管理赌博（Forrest and Simmons，2003）和密集人流控制（Houlihan，1991）的需要。然而，近年政府干涉体育程度急剧加大，主要是由于 20 世纪后半叶的三大态势：冷战、南非反种族隔离、国际体育比赛的壮大发展——尤其是 20 世纪 60 年代初开始直播体育比赛后。

始于 20 世纪 50 年代的冷战，促使政府系统地干预高水平竞技体育以达到外交目的。从上世纪 50 年代到 80 年代末期，在苏联和德意志民主共和国（东德）的带领下，欧洲共产主义阵营国家大力投资高水平竞技体育，至少有部分原因是为了展示社会主义优越于美国资本主义（Riordan，1978）。东德优化了苏联的体育制度，迫切希望利用体育展示自己是一个独立的国家，而不仅仅是德国的俄占区（Strenk，1980）。为了这一目标，东德建立了繁复的高水平竞技体育体系，注入充裕的资金，系统地筛选有天赋的青少年运动员、建设专业培训设施网络、大幅投资体育训练指导、系统性地使用兴奋剂。正如有人分析的那样，经东德完善的苏联体系，纷纷被共产主义阵营以外的国家效仿，包括澳大利亚、加拿大和英国（Green and Houlihan，2005）。即使那些完全不屑于模仿共产主义举国体制的国家，如美国，也不能对苏联和东德的成功无动于衷。例如，美国在上个世纪 70 年代末期强制干预，迫使体育体系进行调整，以更好地在赛场上与苏联阵营国家一争高下。这是美国通过 1978《业余体育法》的初衷。

反对南非种族隔离的运动间接影响了政府在高水平竞技体育管理中的作用。那些意图抵制奥运会或英联邦运动会的政府意识到，若想要抵制运动有任何成效，参与抵制的国家必须有一支优秀的运动员代表队，他们拒绝参赛会使该项比赛黯然失色。这场抵制运动也使得许多政府深切认识到，参与并在大型国际体育赛事中取胜，整体上有更多的外交利益可图。

电视实况转播赋予大型体育赛事巨大的影响力，赛场因此成为外交角逐的场所。拒绝参赛行为在 20 世纪 70 年代中期到 80 年代中期一度盛行，其后便大幅衰减。部分原因是到 80 年代末期引发抵制的两大原因消除了——欧洲共产主义和种族隔离——还有部分原因是各国政府很快认识到在奥运会和其他大型体育赛事这类国际舞台上露面并取得成功能够带来外交利益。获得参赛资格并获胜进一步激励政府介入高水平运动队和代表队的培养。当然，政府参与高水平竞技体育的动机不仅限于外交。包括苏联、后种族隔离时代的南非、加拿大在内的很多国家，都致力于用体育跨越文化与民族的差异，创造统一的国民身份认同；或者像澳大利亚和许多加勒比海国家一样，积极利用体育建设自己的后殖民地身份（Keim，2003；Macintosh and Whitson，1990；Peppard and Riordan，1993；Stoddert，1988；Ward，2010）。

表 2.3　政策工具与高水平竞技体育

	英国	中国	德国	美国
制度管理	（1）控制国家级赛事转播权的销售，如足总杯决赛、温布尔登网球锦标赛 （2）世界反兴奋剂条例的实施	（1）运动员转会到国外（如足球和篮球运动中） （2）通过竞技体校网络进行人才选拔和培养	（1）通过立法，免除对足联的反卡特尔控制（使得联盟可以集体出售转播权）欧盟立法也同时管理转播权的出售 （2）德国博彩市场准入许可的管理	（1）1961 年体育转播法和 1992 年有线电视消费者保护及竞争法，管理转播权出售 （2）1978 年业余体育法增强了美国奥林匹克委员会的地位，削弱了美国体育联盟在高水平竞技体育中的作用
分配	（1）确定国家彩票收入用于体育的比例 （2）选定博彩基金和财政拨款资助的体育项目	由国家体育总局下发的财政拨款是奥运会和残奥会项目及运动员的主要收入来源	为国家体育管理机构和德国奥委会提供联邦拨款	美国奥委会通过提供低租金训练基地给予间接补贴
再分配	英超转播收入的 5%用于发展草根足球	为国外运动队效力的优秀运动员收入的一部分被再分配到竞技体育的其他领域	为最有夺金希望的项目提供资助	1972 年教育法修正案第九条的通过无意间促成了高水平竞技体育资金的再分配，女子大学体育经费增加（部分从男子项目中再分配而来）从而提高了女子高水平竞技体育水平
建立行政管理体系	（1）英国体育局作为专门管理高水平竞技体育的政府机构 （2）英国反兴奋剂机构 （3）英国体育学院	（1）国家体育总局是管理高水平竞技体育的政府部门 （2）体育总局通过一系列管理中心（同为政府行政机关）运作	没有专门的联邦管理机构，体育由联邦内政部分管，它曾出台多项与高水平竞技体育有关的政策	美国反兴奋剂机构

出处：Cave and Crandell 2001；Bergsgrad *et al.* 2007；Houlihan *et al.* 2010

至于政府干预的方式，Hood and Margetts（2007）提出，政府有 4 种基本资源：节点性（在信息流上政府处于中心战略地位），权威性（制定并执行规章、法律），财富（可供分配或换取其他资源的金钱），组织（行政管理的能力和专长）。这些资源可以演变成管理、分配、再分配或组织的工具（参见 Lowi，1964，1972）。表 2.3 列出政府对高水平竞技体育各种干预方式的实例。

几乎所有经济发达国家的政府都在以某种方式监管高水平竞技体育。中国对运动员加入外国运动队有严格的限制，同时也严格限制商业球队（如足球队和篮球队）从国家集训队抽调回运动员的能力（Houlihan *et al.*，2009）。很多国家也动用分配工具，如英国、葡萄牙、挪威和日本，都有国营彩票，其至少部分收入用在发展竞技体育上。资源再分配的情况相对较少，但在英国，政府与英超俱乐部之间达成协议，后者将转播权收入的 5% 拿出来用于支持草根足球。这一举措，尽管其作用日趋微弱，有助于未来优秀球员的培养（Conn，2011）。最后，经济发达的国家几乎毫无例外地建立了专门机构——或隶属于某一政府部门，或更普遍的是作为一个半独立的机构——负责管理高水平竞技体育，例如，澳大利亚体育学院，挪威的“奥林匹亚之巅”（Olympiatoppen）和中国的国家体育总局。概言之，体育在过去 50 年左右时间里，在文化、外交、经济上重要性不断攀升，促使政府大幅涉足高水平竞技体育，具体表现为资金投入、行政支持和律法管理。唯一显著的例外是美国，政府干预远远没有达到这种系统性的规模，但确实也偶有干预。

社会文化因素

本章前文简要介绍了经济因素和政治因素在高水平竞技体育发展和管理中的相互联系。这两个因素都与社会文化因素密切相关，并可以说是深层次社会文化因素的产物。也许我们不能轻率地说完全是社会文化历史决定了某一国家赋予竞技体育极高的地位，并且导致其采取的相应措施，但历史的重要性绝对不容忽视。社会文化因素可被分为三大互相交叉的类别：当前特征、长期观念和信仰、近代变革性事件。当前特征包括人口数量和结构、城市化程度和女性就业率。其中每一项特征都显著受另外两项特征影响，同时也受公共卫生改善、劳动力短缺、地形地貌等外在因素影响。De Bosscher（2007）指出，最显著影响高水平竞技体育运动的两大因素之一是人口数量。人口数量与人均国内生产总值合在一起，对高水平竞技体育成绩影响超过 50%。城市化程度是又一显著影响因素，高度城市化的环境中更容易找到高水平的教练和训练伙伴。

第二类因素指社会群体中常期存在的价值观念和信仰。所有人都承认“社会文化历史有影响”，问题是确定历史究竟有多大影响，以及哪些历史事件有影响。一些价值体系久经考验，如中国（及其台湾地区）和日本的儒家文化、丹麦和瑞典的新教教义以及阿拉伯世界的伊斯兰教，它们经受住了战争、独裁、经济萎缩和外族入侵的考验，千百年来渗入到人们日常生活的方方面面。不仅是高水平竞技体育，一切政策的出台都受其所处的历史环境制约。这一不言而喻的命题在一定程度上提醒人们，政府热衷高水平竞技体育的程度、参与度、参与方式等现象，由一个国家的社会文化历史及其创造的悠久传统和禀性所决定。在不否认当代环境（财富、人口、政党执政等）的重要性的同时，必须要考察是否有更深层次的行为准则、价值观念、思想态度等左右政策出台。对大多数国家来说，宗教盛行、家庭关系模式、教育制度、外来入侵、帝国、殖民主义都在广泛的社会价值观念上烙下印记，这些价值观念不仅影响高水平竞技体育政策的制定目标，也影响政策出台机制、管理方式和实践操作。例如，女性的身影很少出现在国际或国内体育单项联合会中，这反映了根深蒂固的父权制观念，而不是对个体能力分析的结果。深层的政策倾向和管理风格就像“故事情节”一样展现自己（Fischer，2003），历史“事实”被添枝加叶地渲染并上升到意识形态（或神话般的）高度，以至不顾眼前的事实证据，盲目热衷追求某些政策和管理行为。

根深蒂固的社会文化价值观念不仅解释了现有高水平竞技体育政策和管理行为的原因，其更深远的影响是限制了未来政策和管理行为的走向。Howlett and Ramesh 评论了价值观念制度化的重要性，他们强调“历史发展的独特模式及其对未来选择的限制”（1995，p. 27）。Esping-Andersen（1990，1999）或许对这一观点作了最重要的阐释，他在对欧洲福利制度的分析中，强有力地阐述了文化对政策的影响。他提出，很多国家逐步形成了不同类型的福利制度（自由型、保守型、社会民主型），并由此产生一系列的价值观念和行为方式，这些观念和方式不仅影响哪些问题会被认定为公众问题，并且也确定了应对政策的参数。尽管没有专门谈及体育，他对不同福利制度的辨别方式提示人们思考，高水平竞技体育政策是否也由文化价值观念所决定。我们可以假设根深蒂固的价值取向，诸如社会目标、个人地位、重要他国和政府角色等，基本决定了对高水平竞技体育及竞技成绩的重视程度、高水平运动员的待遇、政府介入的性质和程度以及公共经费投入数额。宗教、军队、高层人士、教育系统等机构对体育的态度反映着文化历史，而文化历史创造政策倾向，并且在政策决策的缓慢累积中，这种倾向往往被逐步强化和巩固。

最后一类因素指的是相对近期的“变革性”事件。事件常常起源于某一社会体系之外，但却留下了深远而持久的社会文化影响。纳粹占领带给丹麦的痛苦记忆及纳粹对德国体育的控制，使得这两个国家都致力捍卫体育系统的自主性，政府不愿意直接干涉体育，尽管在高水平竞技体育层面这种不情愿已明显减弱。

结　语

虽然关于全球化带来天下大同（参见如 Korten，1995；Ohmae，1995）的大胆论断未被认可，但高水平竞技体育管理领域的差异性还是出人意料。垄断性国际单项联合会的存在、只有相对少数的运动项目和赛事在全球体育媒体的普遍报道、商业赞助集中在几个巨型体育赛事，这些都是强大的同质化力量，然而正如前文所述，政治和文化仍然是重要的中介变量。但是，在高水平竞技体育方面保持国家特色日渐困难，并且正如 De Bosscher *et al.*（2007）指出，近些年高水平竞技体育管理方法逐渐趋同。

文化和政府态度是高水平竞技体育模式中最可能保持异质性的因素。尽管文化调和了同质化的压力，但它无法显著抵制这些压力。至于政府态度，面临在夏季奥运会上赢得一枚金牌需投入接近 4 千万欧元的状况（Forrest *et al.*，2010；Wilson，2011），倒是值得一问，是否会有政府站出来宣布因投资回报不高而撤出体育“军备竞赛”？如果有，这将是个极具勇气的政府；敢于向选民宣布有意准备让国家在奖牌榜上的排名大幅下跌，不是能够轻易做得到的。

讨论问题

1. 为促使制定政策时更重视高水平竞技体育，你认为社会文化因素在多大程度上可以被改变？

2. 商业化程度加剧在何种程度上惠及高水平竞技体育？

3. 高水平竞技体育之所以引起政府的兴趣和支持主要因为它是有用的外交资源，你同意这种说法吗？

关键词

- 商业化
- 权力
- 文化
- 政策

延伸阅读

De Bosscher, V. (2007) provides a wide-ranging analysis of the macro-, meso-and micro-level factors that affect high performance success (see Chapters 1,2 and 3 in particular). Green and Houlihan (2005) and Bergsgard et al. (2007) review high performance sport policy in a range of countries.

参考文献

Bergsgard, N. A., Houlihan, B., Mangset, P., Nφland, S. I. and Rommetvedt, H. (2007). *Sport policy: A comparative analysis of stability and change.* Oxford: Butterworth-Heinemann.

Chatziefstathiou, D., Henry, I., Al Tauqi, M. and Theodoraki, E. (2008). Cultural imperialism and the diffusion of Olympic sport in Africa: A comparison of pre and post second world war contexts. In H. Ren, L. P. DaCosta, A. Miragaya and N. Jings (Eds), *Olympic studies reader: A multi-disciplinary and multicultural research guide* (Volume 1). Beijing: Beijing Sport University Press.

Conn, D. (2011). Away from the Premier League our parks and pitches are starved of cash. *The Guardian*, Wednesday 30 April, available at www. guardian. co. uk/football/david-conn-insidesport-blog/2011/apr/20/premier-league-cuts-funding-grass-roots, accessed 8 August 2011.

De Bosscher, V. (2007). *Sports policy factors leading to international sporting success.* Brussels, Belgium: VUB-

PRESS.

Esping-Andersen, G. (1990). *The three worlds of welfare capitalism.* Cambridge: Polity Press.

Esping-Andersen, G. (1999). *Social foundations of postindustrial economies.* Oxford: Oxford University Press.

Fischer, F. (2003). *Reframing public policy: Discursive politics and deliberative practices.* New York: Oxford University Press.

Forrest, D. and Simmons, R. (2003). Sport and gambling. *Oxford Review of Economic Policy*, 19(4), 598 - 611.

Forrest, D., Sanz, I. and Tena, J. D. (2010). Forecasting national team medal totals at the summer Olympic Games. *International Journal of Forecasting*, 26, 576 - 588.

Giulianotti, R. and Klauser, F. (2009) Security, governance and mega-sports events: Towards an interdisciplinary research agenda. *Journal of Sport and Social Issues*, 34(1), 49 - 61.

Green, M. and Houlihan, B. (2005) *Elite sport development: Policy learning and political priorities.* London: Routledge.

Guiso, L., Sapienza, P., and Zingales, L. (2006). Does culture affect economic outcomes? *The Journal of Economic Perspectives*, 20(2), 23 - 48.

Hamil, S., Walters, G. and Watson, L. (2010). The model of governance at FC Barcelona: Balancing member democracy, corporate social responsibility and sporting performance. *Soccer and Society*, 11(4), 475 - 504.

Hassan, D. and Hamil, S. (2010). Models of football governance and management in international sport. *Soccer and Society*, 11(4), 343 - 353.

Hill, C. R. (1992). *Olympic politics.* Manchester, UK: Manchester University Press.

Hood, C. C. and Margetts, H. Z. (2007). *The tools of government in the digital age.* Basingstoke, UK: Palgrave Macmillan.

Houlihan, B. (1991). *The government and politics of sport.* London: Routledge.

Houlihan, B. (1994). *Sport and international politics.* London: Harvester-Wheatsheaf.

Howlett, R. and Ramesh, M. (1995). *Studying public policy: Policy cycles and policy sub-systems.* New York: Oxford University Press.

Keim, M. (2003). *Nation building at play: Sport as a tool of social integration in post-apartheid South Africa.* London: Meyer & Meyer.

Korten, D. C. (1995). *When corporations rule the world.* San Francisco, CA: Bewett-Koehler.

Lowi, T. J. (1964). American business, public policy, case studies and political theory. *World Politics*, 16, 677 - 693.

Macintosh, D. and Whitson, D. (1990). *The game planners: Transforming Canada's sport system.* Montreal: McGill-Queen's University Press.

Ohmae, K. (1995). *The end of the nation state: The rise of regional economies.* New York: Simon & Schuster.

Peppard, V. and Riordan, J. (1993). *Playing politics: Soviet sport diplomacy to* 1992. Greenwih, CT: JAI Press.

Riordan, J. (1978). *Sport under communism*, London: Hurst.

Stoddart, B. (1988). Caribbean cricket: The role of sport in emerging small nation politics. *International Journal*, 43(4), 618 - 642.

Strenk, A. (1980). Diplomats in tracksuits: The role of sports in the German Democratic Republic. *Journal of Sport and Social Issues*, 4(1), 34 - 45.

Sugden, J. (2012). Watched by the games: Surveillance and security at the Olympics. In J. Sugden and A. Tomlinson (Eds), *Watching the Olympics: Politics, power and representation.* London: Routledge.

Ward, T. (2010). *Sport in Australian national identity: Kicking goals*. London: Routledge.

Wilson, N. (2011). The rising price of Olympic gold. http://wilson2012blog. dailymail. co. uk/2011/08/the-rising-price-of-olympic-gold. html, accessed 14 August 2011.

第3章 高水平竞技体育成绩评估

Simon Shibli
谢菲尔德哈勒姆大学
Veerle De Bosscher
布鲁塞尔自由大学
Maarten van Bottenburg
荷兰乌特勒支大学
Hans Westerbeek
维多利亚大学体育运动与健康生活研究所

学习目标

阅读本章后，读者将能够：

1. 理解竞技体育中“成功”的不同评价标准；
2. 明确竞技体育各种运动成绩评估方法的优点和不足；
3. 提出具体情况下衡量竞技体育成绩的适当方法；
4. 解读、交流竞技体育成绩数据；
5. 理解不同政治环境中如何看待竞技体育中的“成功”；
6. 将本章所列成绩评估方法应用到其他体育情境中。

概　述

本章旨在结构化概述竞技体育成绩的评估方式。本章使用夏季奥运会实例来阐明观点，因2008年北京奥运会比赛成绩提供了著书之时（2011年）的最新数据，故引用尤为频繁。本章通过奥运会案例而阐释的基本原则，也同样适用于其他体育比赛，并且可将奥运会成绩的分析方法直接运用于世界田径锦标赛（World Athletics Championships）、世界场地自行车锦标赛（World Track Cycling Championships）及其他竞技体育赛事之中。

开篇刻意提到，本章拟对竞技体育成绩的评估方式进行“结构化概述”。若仅通过一国所获奖牌数量或其奖牌榜排名来衡量该国竞技体育成绩，则未免过于片面。上述两种成绩衡量方法虽行之有效，迄今为止也最为常用，却非唯一衡量标准。图 3.1 为一个流程演化图，展示了竞技体育发展体系中运动成绩的多个维度。

该流程图中每个阶段都包含多个因素，将在下文依次展开讨论。

图 3.1　运动成绩的多个维度

投入（inputs）

投入是指在竞技体育发展体系中的资源投入，通常包括资金（常为政府财政拨款）以及运动员、教练员和支持人员的时间投入。

政策效能（throughputs）

显然，单靠资金支持或其他投入都无法在国际赛事中取得优异成绩。一旦投入得以保障，最终决定各国竞技体育成绩的，则是这些投入的利用“效能”。De Bosscher *et al.*（2006）构建了一个包含九大支柱的概念性框架，阐释了投入（支柱 1：财政支持）和政策效能（即“过程”）（支柱 2 – 9）之间的相互作用。第四章对此进行了更详细的阐述和探讨。

参赛资格产出（qualificaion outputs）

图 3.1 刻意对参赛资格产出和运动成绩产出进行了区分，以说明运动成绩存在多个层次。参赛资格产出是指本国获得国际体育比赛参赛资格的优秀运动员数量。统计一国获得国际体育比赛——特别是奥运会参赛资格的运动员数量，应视为评价该国运动成绩的第一步。下文将对此进行详细阐述。

运动成绩产出（performance outputs）

对国际赛事运动成绩产出的评估通常采用两种方法：奖牌榜排名及奖牌总数。这些方法虽最为常用，却非唯一衡量标准。只有少数国家能在奥运会中摘金夺银，因此对其他国家而言，应结合具体情况进行相对成绩评估。除参赛资格产出外，其他评估标准也行之有效，如赛季最佳运动成绩、个人最佳运动成绩、国内记录、晋级下轮或后续赛次。

结果（outcomes）

结果指参赛资格产出和运动成绩产出的长期效果，是一国国际比赛运动成绩对该国的体育支出和体育系统结构的长期影响。

构建好竞技体育中运动成绩的结构化评估框架后，下文将更深入地探讨参赛资格产出、运动成绩产出及结果。

参赛资格产出

2011 年，世界人口总数约为 69 亿。近几届奥运会参赛运动员数量增长，达到了 1.1 万名左右。因此，简单地说，每个人成为奥运选手的几率约为 1/627,000。依此方式计算，同等条件下，人口大国显然会产生更多的奥运选手。假设运动人才在全世界均匀分布，则可推断出衡量各国运动水平的评估标准，如各国“生产”奥运选手参赛资格产出。此处的“生产”是指获得国际竞技体育比赛参赛资格的运动员数量。如图 3.2 所示，夏季奥运会中，多数国家无缘奥运奖牌，而未能摘得奥运金牌的国家更是占绝大多数（约占 75%）。

由于大多数国家未能赢得奥运奖牌，所以评价各国运动成绩还需采用其他标准，仅次于获得奥运奖牌的评价标准是参加本项目的比赛。而运动员要参加本项目的比赛就必须符合特定的参赛标准，因此获得参赛资格也初步说明，该国优秀运动员培养体系取得了基本效果。现实情况是，大多数国际体育比赛均设有参赛标准，从而限制参赛国家和运动员人数。例如，奥运会男子 100 米单项规定参赛人数最多为 80 名运动员，但全世界 205 个国家（地区）奥委会大多都计划派运动员参加。为解决这一“供不应求”的问题，市场会提高准入“价格”以进行自我调节。在男子 100 米比赛中，准入“价格”即为达到资格标准，以进入这 80 人的角逐。若一国希望选派 2 – 3 名运动员参赛（一国至多选派 3 名运动员），则其选手必须全部达到 A 标（10 秒 21）；若只希望派一名运动员参赛，则该选手必须达到 B 标（10 秒 27）。按照上述奥运参赛标准，2008 年北京奥运会男子 100 米预赛有来自 64 个国家的运动员参加。

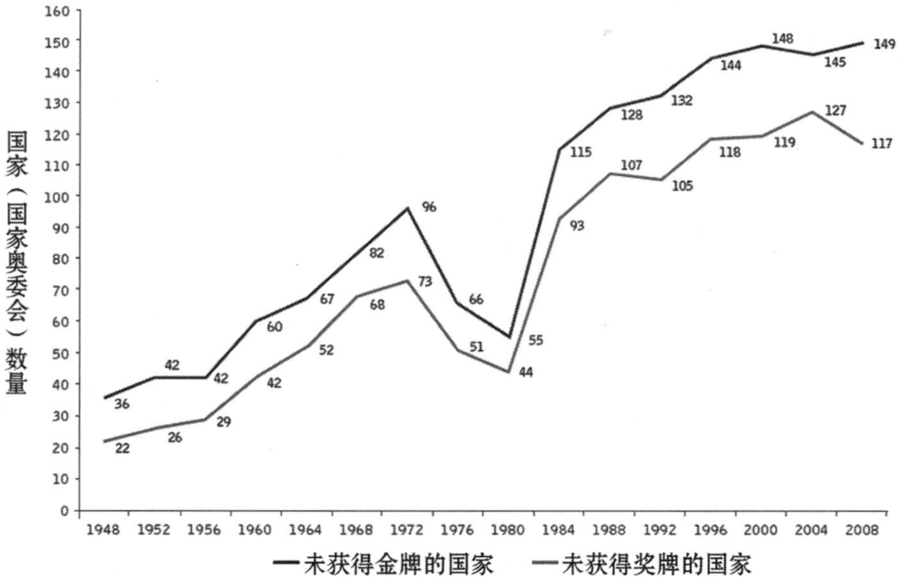

图 3.2　1848 –2008 年历届奥运会未赢得奖牌的国家数量

虽然我们假设运动人才在全世界均匀分布，而事实上，2008 年北京奥运会前 15 大代表团的参赛运动员（获得参赛资格选手）总数已超过 50%（见表 3.1）。

表 3.1　2008 年北京奥运会前 15 大代表团

国家	运动员数量	占总参赛运动员（11，187 人）百分比	累计百分比
中国	639	5.71	5.71
美国	596	5.33	11.04
俄罗斯	467	4.17	15.21
德国	463	4.14	19.35
澳大利亚	433	3.87	23.22
日本	351	3.14	26.36
意大利	344	3.07	29.44
加拿大	332	2.97	32.40
法国	323	2.89	35.29
英国	312	2.79	38.08
西班牙	286	2.56	40.64
巴西	277	2.48	43.11
波兰	268	2.40	45.51
韩国	267	2.39	47.89
乌克兰	254	2.27	50.17

来源：http：//en. wikipedia. org/wiki/2008_ Summer_ Olympics#Participation

与表 3.1 的数据形成鲜明对比的是，北京奥运会上的 124 个规模最小的代表团，占总参赛国家（地区）数量的 60%，而其参赛运动员却只占总参赛人数的 10%。并且，就成绩而言，这 124 个国家选派的运动员大多不具备奥运会参赛资格，而是因为获得了国际奥委会（IOC）的特许权（“外卡”）才得以参赛。因此，获得奥运会参赛资格不单是凭借运动水平，这样的安排主要出于两方面原因：首先，IOC 希望奥运会真正成为其（前）主席雅克·罗格（Jacques Rogge，2002）所提出的“真正世界性的运动会”，即应该使 200 多个被 IOC 承认的国家（地区）奥委会均可参与其中。为了实现这种“世界性”，IOC 按洲进行奥运参赛名额分配，不仅考虑运动成绩，也兼顾地域公平。这一名额分配制度能够避免美国等具有很强体育传统的大国独霸奥运，从而可以兼顾弱小国家的利益。其次，许多奥运项目都刻意限制单个参赛国的运动员人数。例如，参加男子 100 米比赛的 80 名运动员并非是世界前 80 强。就运动水平而言，美国派出 10 名达到资格标准的运动员可谓轻而易举，而一些实际参赛国家的运动员却并不具备参赛资格。因此会出现下述情形：一名来自库克群岛的运动员在男子 100 米第一轮预赛中取得个人最佳运动成绩，其成绩为 11 秒 41，远远落后于 A 标的 10 秒 21 和 B 标的 10 秒 27，甚至落后于英国排名第 500 的短跑运动员 0.11 秒。这种方式让小国更有参与感，同时削弱了大国的影响力。IOC 实行这些措施，是为了实现奥林匹克“真正的世界性”，确保奥运会及其附加的商业产权能够尽可能地惠及全球 69 亿人口。

尽管如此，由于靠运动成绩获得奥运会及其他重大赛事参赛资格难度很大，因此要评价一国的运动成绩，可从其获得参赛资格的运动员或运动队数量开始。当一国完全凭借其运动成绩取得参赛资格，说明其优秀运动员培养体系基本有效。下文将进一步探讨竞技体育体系有效性更为复杂的方面，即与运动成绩相关的维度。

运动成绩产出

根据本章的写作目的，笔者将运动成绩产出分为两部分：奖牌榜产出和“相对成绩产出”。“相对成绩产出”指运动员所取得的竞赛成绩，不考虑是否最终赢得奖牌，赛季最佳运动成绩便是一例。

奖牌榜产出

长时间以来，国家的奥运成绩评估都受到研究者和决策者的密切关注，比如英国体育理事会（UK Sport，2003）的调研。然而，IOC 并未将按各国（地区）所获金、银、铜牌数降序排列的奖牌榜视为各国（地区）运动水平的体现，而是提供信息“仅供参考”，这便显得颇为讽刺（De Bosscher *et al*，2008）。不过，许多国家仍将各届奥运会奖牌榜视为各国运动水平的象征。如英国体育理事会（英国高水平竞技体育最高管理机构）就曾提出，其 2012 年伦敦奥运会的“终极目标”就是跻身奖牌榜第四名。同样，在 2008 年北京奥运会上，中国投入举国之力，最终斩获颇丰，高居奖牌榜首。然而尽管奖牌榜能直观反映各国战绩，却并非衡量一国运动水平的有效方式。原因有数个，其中最明显的是，一国的排名一定程度上取决于其他国家的成绩。我们可以假设一个极端案例：2008 年北京奥运会共产生 302 枚金牌，若中国包揽 300 枚，而其余 2 枚为英国收获，那么中国依旧位居奖牌榜首位，而英国所获金牌数尽管比 2004 年的 9 枚减少了 7 枚，却从 2004 年的第 10 位上升至第 2 位。这个假设说明，围绕奖牌榜排名的衡量标准过于简单，可能出现尽管一国所获奖牌数减少，排名却上升的情况。在此情形下，英国代表团也很难向其国务大臣解释，尽管其金牌数少了 7 枚，奖牌榜排名却上升了 8 位。按照奥运会奖牌榜排名来评估各国/地区运动成绩的方法不够科学，这一点可以通过观察北京奥运会前五强的战绩（见表 3.2）进行阐释。

表 3.2　北京奥运会奖牌榜前五强

名次	国家/地区	金牌	银牌	铜牌	总数
1	中国	51	21	28	100
2	美国	36	38	36	110
3	俄罗斯	23	21	28	72
4	英国	19	13	15	47
5	德国	16	10	15	41

来源：http：//news. bbc. co. uk/sport1/hi/olympics/medals_ table/default. stm

关于哪国北京奥运会战绩最佳的问题一直存在争议。按 IOC 的排名体系，中国以 51 枚金牌高居榜首，美国则以 36 枚金牌屈居第二。而美国却按奖牌总数排名，称其 110 枚奖牌总数超过了中国的 100 枚，因此他们才是北京奥运会最大赢家。在被问及对于此事的看法时，IOC（前）主席雅克·罗格曾说道（引自 Jeffery，2008）：

我相信各国均会强调对其最为有利的排名方式——一国以金牌榜为标准，而另一国家则认为奖牌总数最关键，我们对此不作评论。

要评估一国的运动成绩，IOC 金牌榜排名体系和奖牌总数排名都存在一个共同问题，即二者均未区分不同奖牌的相对价值，从而忽视了成绩的整体性。要弥补这一缺陷，可对不同奖牌加权，如金牌权重为 3 分，银牌 2 分，铜牌 1 分（见表 3.3）。

表 3.3　2008 年北京奥运会前五强奖牌加权分值概览

国家/地区	金牌	银牌	铜牌	总数	加权总分	市场份额
中国	51	21	28	100	223[1]	12.0
美国	36	38	36	110	220	11.8
俄罗斯	23	21	28	72	139	7.5
英国	19	13	15	47	98	5.3
德国	16	10	15	41	83	4.5

[1] 中国加权总分 223 分 = （（51 * 3） + （21 * 2） + （28 * 1）） = （153 + 42 + 28） = 223

如表 3.3 所示，中国的加权总分（223 分）比美国（220 分）略高，因此中国所获奖牌的平均质量优于美国。加权系统不是单纯统计金牌数量，而是考虑到了成绩的整体性，对不同奖牌的价值作了区分。而该系统也有弊端，即不同奖牌的权重带有随意性（例如有人提出，金牌权重应为 4 分，而不是 3 分），而且相对于金牌榜或奖牌总数排名，加权系统比较复杂难懂。

加权系统可对一国运动成绩进行历时分析，尤其可以帮助政府和决策者对本国运动成绩进行持续性宏观分析。2008 年英国国家审计署（National Audit Office）回顾英国竞技体育培养体系的发展时，提出了如下建议：

他们（英国体育理事会）应考虑实行“市场份额”评估方法，可以通过对不同奖牌加权，来反映英国奥运军团所获奖牌在奥运会总奖牌中所占的比重。这种运动成绩评估方式更加全面，也便于比较我国各届奥运会的成绩（National Audit Office，2008）。

将一国的加权总分除以赛事总加权分，便可得出该国的“市场份额”。鉴于奥运会的小项数量从1988年起持续增加，从237个增加到2008年的302个，使用“市场份额”评估方法能将各国/地区成绩标准化，以便进行历届奥运会的成绩比较。图3.3展示了1984年（中国大陆代表团首次参加奥运会）到2008年（本文写成时可用的最新数据点），中英两国奥运战绩的市场份额变化情况。

图3.3　中英奥运战绩市场份额

来源：IOC 1984－2004，英国广播公司（BBC）2008

由图3.3可见，中国的奥运成绩市场份额1988年较低，此后一直呈上升趋势，2008年举办奥运会时达到顶峰，市场份额高达12%，举世瞩目。按这一标准尺度衡量，中国在2008年战绩最佳，且1996年奥运会后中国奥运成绩市场份额便逐年增长。而英国的奥运成绩市场份额从1984年奥运会起便持续下跌，1996年跌至最低点。1997年，英国政府通过彩票公益基金（National Lottery）支持竞技体育发展，并成立了英国体育理事会作为竞技体育最高管理机构。这些战略举措立竿见影：在2000年悉尼奥运会上，英国军团以11金的成绩一跃跻身奥运奖牌榜第10名。2004年雅典奥运会又巩固了英国在悉尼奥运会的辉煌战绩；2008年北京奥运会上，英国军团又取得了百年以来的历史最好成绩：以19枚金牌列奖牌榜第四位。从历届奥运会主办国的奥运成绩来看，在2012年伦敦奥运会上，作为东道主国家的英国必定会有更佳表现。尽管市场份额可将历届奥运会赛事成绩标准化，但该评估方式的缺点为比较复杂难懂。

上述四种成绩评估方式（金牌数、奖牌榜、加权总分、市场份额）对于运动成绩侧重点各有不同，认识到这点很重要，因为采用不同评估方式，所得结果可能会相互矛盾。笔者选取五个样本国家，采用奖牌总数、加权总分和市场份额三种方式对其2004年雅典奥运会和2000年悉尼奥运会成绩做了对比，发现了一些颇为有趣的异常现象（见表3.4）。

表3.4　五样本国2000年、2004年奥运会成绩对比

国家	排名	总奖牌数	加权总分 （金、银、铜牌权重分别为3、2、1）	市场份额 %
英国	不变	增加	减少	下降
加拿大	上升	减少	增加	提高
意大利	下降	减少	减少	下降
挪威	上升	减少	减少	下降
比利时	上升	减少	减少	下降

从表3.4可以看出，不管采用哪种评估标准，意大利的奥运成绩都有所下滑。而其余四国的成绩则依不同标准，可谓提高也可谓下降。例如，相较于2000年，英国2004年运动成绩在不同标准下有所提高、下降或保持稳定。对于投资主体与决策者而言，这个结论模棱两可、语焉不详。笔者认为，最能体现一国运动成绩的衡量标准是“市场份额”，原因有四：第一，这项标准囊括所有奖牌，体现了运动成绩的整体性；第二，将金牌、银牌和铜牌进行加权，以区分不同奖牌的价值；第三，将运动成绩进行标准化处理，可用于各届奥运会成绩的比较；第四，该运动成绩衡量标准可由国家政府直接掌控。

我们可将各种成绩评估方式相结合，对一国的运动成绩进行全方位审视。图3.4以金牌数变化为横轴，以奖牌总数变化为纵轴，通过定位一国的坐标来评估其运动成绩。图3.4展示了2008年北京奥运会与2004年雅典奥运会相比，相关国家金牌数及奖牌总数的变化情况。

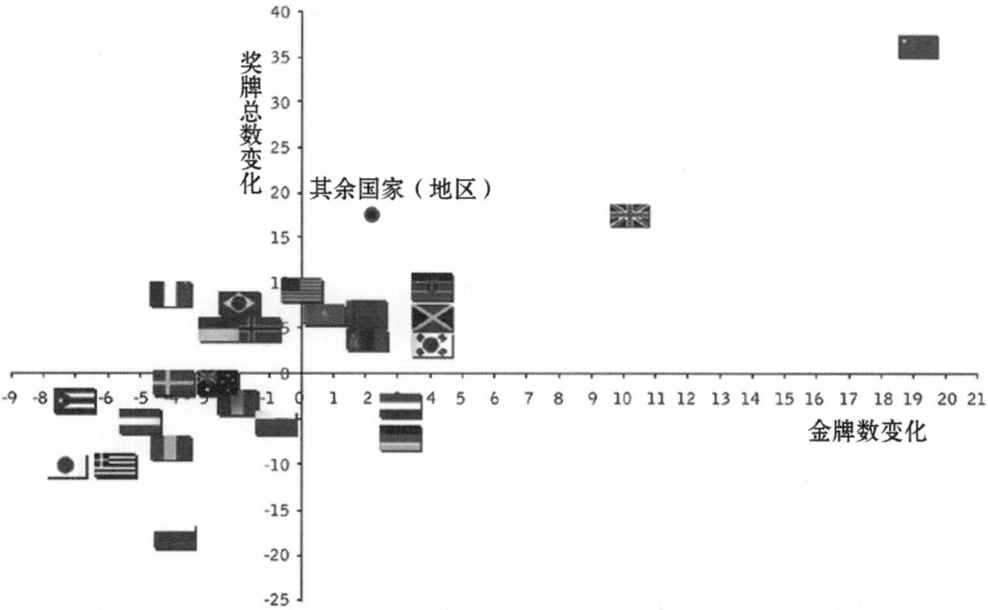

图3.4　相关国家金牌数变化与奖牌总数变化坐标图2004－2008，数据来源：IOC

如图3.4所示，中国的成绩提升最为显著：金牌数增加了19枚，奖牌总数增加了37枚。两个成绩均有提高的其他国家有英国、肯尼亚、牙买加和韩国等。相反，日本、古巴、希腊（2004年奥运会东道主）、俄罗斯等国两个成绩均有所下滑。有些国家其中一个成绩提高，另一个降低，如第四象限的荷兰和德国，金牌数量有所突破，但总奖牌数减少，可解释为奖牌质量有所提升。而第二象限的法国，金牌数量减少，但奖牌总数增多，可解释为奖牌数量有所提升。同理，可按分析的目的，选取奖牌榜排名、奖牌总数、加权总分、市场份额等绘制象限图展开分析。

鉴于奥运参赛国大都未能获得奖牌（见图3.2），我们也需引入非奖牌成绩评估方法，以使那些似乎“并不成功”的国家得以评价其运动成绩、相关政策和资金投入。下文将对这些“相对成绩”进行阐述。

相对成绩产出

虽然奖牌数量成绩评估方式易于理解，但这些方式忽略了未赢得奖牌国家的运动成绩。一国/地区奥运奖牌虽未增多，但其某项运动水平却很有可能有大幅提高。这一点可从2008年北京奥运会男子100米比赛中看出。80位参赛选手中只有3位夺奖，但并不能因此为其余77名选手贴上失败的标签，他们也有骄人的表现（列举见表3.5）。

表3.5　2008年北京奥运会男子100米比赛中非奖牌标准成绩评估

赛次	运动员	国家	时间	成绩
第一轮预赛	纳为	基里巴斯	11.29	赛季最佳
第一轮预赛	尤尔根	苏里南	10.61	个人最佳
第一轮预赛	奥克拉努·蒂尼劳	图瓦卢	11.48	打破国家记录
第二轮预赛	家原直贵	日本	10.23	赛季最佳
第二轮预赛	库兰蒂·马蒂纳	荷属安的列斯	9.99	打破国家记录
半决赛	家原直贵	日本	10.16	赛季最佳
半决赛	库兰蒂·马蒂纳	荷属安的列斯	9.94	打破国家记录
决赛	迈克尔·弗雷特	牙买加	9.97	个人最佳
决赛	库兰蒂·马蒂纳	荷属安的列斯	9.93	打破国家记录

表3.5所列参赛选手并未获得奖牌，且仅有两位进入决赛，但是他们都有为自己骄傲的理由。他们都有所突破，如赛季最佳、个人最佳、打破国家记录等，且大都能从预赛晋级下一赛次。荷属安的列斯选手库兰蒂·马蒂纳在比赛中三次打破国家记录，但在决赛中却只排名第四，着实让人惋惜。然而表3.5所列（部分列举）选手，即使并未获得奖牌，但仍然获得了良好成绩。下文将着重探讨与“相对成绩”相关的成绩评估标准。

赛季最佳运动成绩

在全球竞争加剧的大环境下，对运动员的最大期待莫过于在竞赛中获得赛季最佳表现。运动员在训练周期的某些时段，成绩会达到峰值，相应地人们便期待运动员在比赛中也能取得其训练周期的峰值表现。因此，基里巴斯共和国选手纳为应该感到欣慰，因为虽然第一轮预赛中就被淘汰，但他恰好此时到达峰值，以 11 秒 29 的成绩取得了赛季最佳表现。同样，日本选手冢原直贵在第二轮预赛中也创造了赛季最佳表现，并在半决赛中继续有所突破。

个人最佳运动成绩

个人最佳表现比赛季最佳表现更具重要意义。这个评估方式展示了运动员个人运动生涯的最佳表现，因此这时运动员也处在最佳状态。表 3. 5 中，苏里南选手尤尔根虽在第一轮预赛中获得第六名而被淘汰，但是他和苏里南奥委会都有理由为这个成绩感到自豪，因为这是他的个人最佳成绩。在男子 100 米决赛中，牙买加选手迈克尔・弗雷特获第六名，但这是他运动生涯的最佳成绩，这种成绩也可视为良好运动成绩的衡量标准。

国内纪录

运动员的赛季最佳表现或个人最佳表现都是个人运动生涯的里程碑。而一国竞技体育发展体系的成果，也可由其运动员所获成绩与国家纪录进行对比来衡量。表 3. 5 中，图瓦卢选手奥克拉努・蒂尼劳在男子 100 米第一轮预赛中跑出了 11 秒 48 的成绩，虽被淘汰出局，但这个成绩是图瓦卢选手在国际比赛中取得的最好成绩，完全可以让蒂尼劳及他的训练团队充满自豪。与最终打破世界纪录的尤塞恩・博尔特（Usain Bolt）相比，荷属安的列斯选手库兰蒂・马蒂纳几乎无人关注，然而，马蒂纳在比赛中三次打破国家纪录（同时也是个人最佳表现），成功进入决赛，最终名列第四。对于一个人口只有 18 万的国家来说，拥有这样一名奥运参赛选手已经是很大成就，更何况这名选手还在 100 米决赛中取得了第四名的好成绩。

不能因马蒂纳没有获得奖牌就将其定性为失败。打破国家纪录的运动成绩表现了一国运动成绩的提高幅度，同时也说明了赛事获奖标准在国际范围内普遍提高。因此，一国的国家纪录与大型国际赛事获奖成绩距离的缩小，也可作为评判该国运动成绩的有效标准。

运动员晋级

游泳、田径等备受瞩目的比赛中，运动员晋级下一轮比赛或者进入决赛已是良好成绩，对只拥有少数运动员且资源不充足的小国家来说尤为如此。例如，开曼群岛（人口 5. 1 万）短跑运动员在 100 米比赛中晋级下一轮，其成绩相当于美国等大国有 2 – 3 名选手进入决赛。“市场份额”这一概念不仅局限于前三名。为深入评估各国运动成绩，可将市场份额的计算范围扩展到进入决赛的运动员（一般为前 8 名），第一名 8 分，第八名 1 分。这种方式为各国的总体竞争力提供了评估标准。

结　果

结果是指一国国际比赛运动成绩对该国的体育支出和体育系统结构的长期影响。为阐明其含义，且以英国为例。1996 年亚特兰大奥运会，英国在奖牌榜上列第 36 位，被视为国家的耻辱。因此 1997 年以来，英国便加大了对竞技体育的投资。2000 年悉尼奥运会上英国战绩颇丰：英国军团斩获 11 金，一跃跻身第 10 名。这一战绩有两个“结果”：第一，奥运战绩表明了英国竞技体育发展体系卓有成效，因此政府便持续加大投资力度助其发展；第二，英国军团连续取得良好成绩，促成了“世界级运动员培养计划”（World - Class Performance Programme）的形成和实施，而这个项目又源源不断地输送更多世界级潜力夺牌运动员。英国的单项体育协会也实施相应策略，不断培养优秀运动员，英国赛艇协会（British Rowing）便是其中之一。英国赛艇技术高超，从 1984 年开始，英国赛艇在每届奥运会上都至少获得一枚金牌，其优势项目为双人单桨无舵手和四人单桨无舵手。英国赛艇协会获得持续的资金支持，英国赛艇运动员培养体系也得以完善，使其运动员在国际赛事中拥有竞争优势，这两方面便是“结果”。获得国际赛事参赛资格并持续赢得奖牌，能确保本项目得到持续的资金支持，从而使运动员培养体系得以持续发展。对于开曼群岛这样的小国家来说，良好的成绩也能带来“结果”，比如政府会继续支持竞技体育，对社会也有一定影响，例如体育人口增多，继而会产生更多的潜力运动员。

结　语

本章开始就阐明，本章旨在对竞技体育成绩的评估方式进行“结构化概述”。笔者认为，一国的运动成绩并非局限于赢得奖牌。例如，奥运会上有 205 个代表团参赛，而对其中的大多数国家、地区而言，其运动员获得奥运参赛资格已经是重大突破。即使并非单靠实力而获得参赛资格的运动员，也可能是一国的最佳选手，有可能取得优秀战绩，如晋级下一轮比赛，取得赛季最佳表现、个人最佳表现，或打破国家纪录等。

对于少数在奥运会上赢得奖牌的国家而言，奖牌榜或奖牌总数等简单标准最多只是运动成绩评估的某些方面。对奖牌加权以区分不同奖牌的质量，从而计算出一国的市场份额，能够对该国各届赛事的成绩进行比较，这种方式弥补了上述简单评估方式的不足。采用不同的成绩评估方式，所得出的结果可能会相互矛盾。因此，要明确评估目的和评估结果分析方式。综合使用不同评估方式为结果分析提供了框架（见图 3.4）。

大多数国家都未能在奥运会上获得奖牌，因此，需要使用其他方式，使得这部分国家能够采用相关成绩评估方式评估其运动成绩，而非武断地把他们视为败者。

取得优异成绩等成就是获得持续资金支持的基石。而资金支持又是竞技体育长期发展体制的基础，为国家源源不断地输送具有国际竞争力的优秀运动员。这些优秀运动员不断创造优异成绩，继而拥有竞争优势，取得更优异的（不同形式的）运动成绩，并持续获得资金支持，形成良性循环。

最重要的是需要认识到，不同国家对于“优秀运动成绩”的定义各不相同；要有效地评估一国成绩，需考虑该国的国情。目前常用来评估一国国际赛事成绩的方法都过于简单，而真正有效的评估方式，则是运用恰当的方式分析特定情境，并对结果进行相应的分析、评价。

讨论问题

基于本章所探讨及阐述的内容，请回答以下问题，完成以下任务，以测试你对相关原则、标准的理解。

1. 选择一个运动成绩优秀的国家（奥运奖牌榜前十），对其在最新一届奥运会上的表现做出简要评估。

2. 对在同届奥运会中仅有 10 名或更少运动员参赛的国家进行类似分析。

3. 为什么问题 2 比问题 1 要难?

4. 选择一项体育比赛（如世界场地自行车锦标赛），运用奖牌榜、奖牌总数、加权总分、市场份额对比赛结果进行分析。本章中介绍的基本原则在多大程度上适用于你所选择的比赛?

5. 选择一个国家、一个比赛项目，在最近的五届比赛中运用市场份额的概念进行分析。例如分析中国在 2003 年至 2011 年世界田径锦标赛上的表现。你如何分析该国在这项比赛上的表现?

6. 选择一项体育赛事，按图 3.4 对其进行连续两届成绩比较分析。所选赛事的比赛项目数量应在可操作范围内，如世界羽毛球锦标赛。

7. IOC 向较小国家提供“外卡”，特许许多国家即使运动员单靠实力无法获得参赛资格，也能参加奥运会，你是否认同这种政策?

8. 本章所列运动成绩评估方式在多大程度上适用于仅有一个冠军（队）的赛事，如世界杯?

关键词

运动成绩
奥运会
成功
评估方式
奖牌
参赛资格
产出

延伸阅读

1. The initial research on which this chapter is based was published by UK Sport in 2003. In Sydney 2000 Team GB improved from thirty – sixth place in the medals' table to tenth and won eleven gold medals compared with just one in Atlanta 1996. Despite this improvement, five European nations (Russia, Germany, France, Italy and the Netherlands) were all ranked higher than Great Britain. UK Sport wanted to know why these countries performed better than Team GB and if there was anything that could be learnt from the literature on elite sport policy at the time. In this report our thinking on performance measurement and concepts such as points and market share were first developed.

UK Sport (2003) *European sporting success: A study of the development of medal winning elites in five European countries*, London: UK Sport.

2. Chapter 4 of The Global Sporting Arms Race extended our thinking on performance measurement and applied it to different areas such as the Olympic Winter Games and the World Sporting Index (a portfolio of sixty sports that reveals a nation's overall strength in sport). It was in this chapter that we demonstrated the different measures of performance that can give different diagnoses of how well a nation has performed.

For example, the number of gold medals won can decline and yet medals' table ranking can stay the same, as was the case for Great Britain between 2000 and 2004.

De Bosscher, V., De Knop, P., van Bottenburg, M., Bingham, J. and Shibli, S. (2008) *The global sporting arms race: Sports policy factors leading to international success.* Brussels, Belgium: Meyer & Meyer.

3. A further application of performance data is using it to make forecasts of how nations might be expected to perform in forthcoming events. In the paper referenced below we forecast that China would win forty – six gold medals in Beijing in 2008. This figure was derived by simple linear regression of performance over time and the addition of a host nation factor. Globally this proved to be the best forecast of China's performance, which was actually fifty – one gold medals.

Shibli, S. and Bingham, J. (2008) A forecast of the performance of China in the Beijing Olympic Games 2008 and the underlying performance management issues. *Managing Leisure: An International Journal*, 13 (3 – 4), 272 – 292.

网站推荐

www. olympic. org

For the definitive list of all Olympic medals that have been won since 1896 in both Summer and Winter Olympic Games, see the IOC's official website. It has a searchable database of medals that can be searched and filtered in many ways.

http://news. bbc. co. uk/sport1/hi/olympic_games/default. stm

The BBC has an excellent range of Olympic related pages on its website, including medals' tables and results with innovative ways of analysing the data at the click of a mouse. For example, if you wanted to see a table for performance by men and women at Vancouver 2010 Olympic Winter Games, the data are there to be experimented with.

http://sports123. com/

For almost unlimited sports results and tables, visit www. sports123. com. This would be a useful starting place for readers wanting to tackle Outcome Questions 4,5 and 6 at the end of the chapter.

参考文献

De Bosscher, V. , De Knop, P. , van Bottenburg, M. and Shibli, S. (2006). A conceptual framework for analysing sports policy factors leading to international sporting success. *European Sport Management Quarterly*, 6, 185 –215.

De Bosscher, V. , De Knop, P. , van Bottenburg, M. , Bingham, J. and Shibli, S. (2008). *The global sporting arms race: Sports policy factors leading to international success*, Brussels, Belgium: Meyer & Meyer.

Jeffery, N. (2008). We're beating drug cheats: Rogge, The Australian, 25 August 2008. Available at www. theaustralian. com. au/news/were-beating-drug-cheats-rogge/story-e6frg7mo-1111117289173, accessed 29 March 2011.

National Audit Office (2008). Preparing for sporting success at the London 2012 Olympic and Paralympic Games and beyond, report by the Comptroller and Auditor General, The Stationery Office, London.

Rogge, J. (2002). The challenges for the Third Millennium. Opening speech made at the International Conference on Sports Events and Economic Impact, Copenhagen, 18 April 2002.

UK Sport (2003). *European sporting success: A study of the development of medal winning elites in five European countries*, London: UK Sport.

第4章 国家政策层面的高水平竞技体育管理

Veerle De Bosscher
布鲁塞尔自由大学
Maarten van Bottenburg
乌德勒支大学
Simon Shibli
谢菲尔德哈勒姆大学
Paul De Knop
比利时布鲁赛尔自由大学

学习目标

阅读本章后，读者将能够：

1. 明确并理解影响一国优秀运动成绩的政策因素，以及如何通过制定政策取得优秀运动成绩；
2. 定义何为竞技体育政策；理解并说明用以评价竞技体育政策的关键成功因子（CSF）；
3. 用本章所列政策因素（本章称之为政策“支柱”）及其关键成功因子分析评价其他体育环境。

概　述

战略管理文献中，数项研究认为绩效是由管理体系和管理者来实现的。据此观点，绩效管理先于绩效评估，并为评估提供依据和标准（Lebas，1995）。同样，对于高水平竞技体育（本章也称之为“竞技体育”），国家也为有运动天赋的青少年运动员、优秀运动员、教练员及相关组织机构设立了管理体制和培养方案，因为决策者逐渐意识到，运动员在国际赛事上取得优异成绩是“可促成的”，是可以人为干预的。研究表明，若一国为取得优秀运动成绩而计划筹谋，则其成功率会有所提高（De Bosscher *et al.*，2008）。因此，各国纷纷加大体育财政投入，并通过彩票基金注资，从而使国际体育赛事竞争更为激烈。本章旨在说明如何在国家政策层面（中观层面）管理高水平竞技体育，并阐释何为高水平竞技体育政策。

笔者提出了一个概念性框架——“国际体育成功之体育政策因素”（Sports Policy Factors Leading to International Sporting Success，SPLISS），即 SPLISS 理论模型（De Bosscher *et al.*，2006）。该模型由来自世界各地的研究者组成的研究小组架构而成，以便于决策者和高水平竞技体育主管来比较、衡量各国的竞技体育发展状况，对本国的管理体制进行绩效评估，以及衡量本国竞技体育政策是否行之有效（例如 De Bosscher *et al.*，2011）。尽管此模型主要对国家层面的竞技体育政策进行评估，但它同样也适用于评估其他层面的竞技体育政策，比如国家体育组织（单项体育联合会）[Brouwers *et al.*，n. d.（Tennis）；Sotiriadou *et al.*，n. d.（Canoe）；Truyens *et al.*，n. d.（Athletics）]、商业运动队（Boogerd，2010），或市级体育政策（De Meyer，n. d.；Van Rossum，n. d.）。

竞技体育现状

近十年以来，国际体育赛事竞争愈演愈烈。尽管 Hogan and Norton（2000）研究发现，20 世纪 90 年代（具体时间跨度为“1976/77 年至 1995/96 年”，译者注），澳大利亚对竞技体育的资金投入与其所获奖牌数量呈线性关系，但也有研究表明，1980 到 1996 年间，这种线性关系已不再显著。De Bosscher *et al.*（2008）对六个样本国家（比利时、加拿大、意大利、荷兰、挪威和英国）做了分析研究，发现尽管这些国家 2000 到 2004 年都加大了竞技体育投入（包括财政支出和体彩），却均未能使同期本国基于奖牌加权总分[1] 的市场份额有所增长。竞技体育的投资回报率逐渐下降，因而国家即使仅为保住现有运动水平，也不得不持续注资（De Bosscher *et al.*，2008）。这一现象被称为“全球体育军备竞赛”。其基本原则是，国家通过对竞技体育的战略性投资，可在国际赛事中取得优秀成绩（De Bosscher*et al.*，2008；Oakley and Green，2001b）。该“军备竞赛”有一个重要特点：其规则并非由本国过去的政策所决定，而是由竞争对手的策略而定（De Bosscher *et al.*，2008）。正如战略管理文献所述，重点在于未来的绩效，而非过去的成绩（Lebas，1995）。因此，由于各国运动成绩不断提高，维持现状便意味着后退。于是，各国都在探寻最为有效的方式，力求在竞争中脱颖而出，取得竞争优势。各国不再关注简单的“投入—产出”关系，而是在各个政策维度（“支柱”）上投入，即把“投入”有效转为“产出”的过程（即“政策效能”）上（Chelladurai，2001）。这也是 SPLISS 理论模型的基础。下文将对其进行深入阐述。

SPLISS 模型——国家层面高水平竞技体育管理框架：竞技体育政策的定义

各国竞技体育政策都有一个共同目标，即战胜世界顶尖运动员——通常是在国际体育比赛中。尽管竞争不断加剧，许多国家的竞技体育投入巨大，但哪些战略最为有效，能助力一国在国际赛事中取得优秀战绩，却至今尚无定论。这便使得体育管理者和决策者很难在制定竞技体育政策时列出优先次序，做出正确决策。对于哪些因素决定着国际体育比赛中能取得优秀成绩，目前缺乏以实证为基础的系统理论，因此我们构建了 SPLISS 理论模型，从而将这些因素汇集成一个有机整体。该模型的基本观点与总竞争力相关文献一脉相承。总竞争力文献研究哪些因素能让公司或国家在竞争中胜出，经济学研究也常应用全球竞争力评估方式，为“评价国家如何管理经济，掌控未来”提供框架（Gaarelli，2008，p. 1）。SPLISS 模型沿用这种方法，将其应用于竞技体育环境中，构建起理论框架，探寻能“评价国家如何管理竞技体育，以在未来取得优异成绩”的方法。“管理”一词表明，我们重点关注中观层面因素——可人为干预的决定性因素，即可通过国家竞技体育政策进行干预的决定性因素。因此，该模型没有涵盖宏观因素——其中人口和国家资源最为重要：国际体育赛事取得优异成绩，50% 取决于人口和国家资源（e. g. Bernard Busse，2004；van Bottenburg，2000；De Bosscher *et al.*，2003）；也未包括微观因素，比如遗传基因——它可以解释运动员个体运动成绩差异，却无法解释国与国之间的差别。

综合以下两方面的研究，笔者运用归纳法梳理了所有“可管理操控”的关键决定因素：1）过去二十年间关于不同竞技体育体系的各类文献（例如 Clumpner，1994；Digel *et al.*，2006；Green and Houlihan，2005；Oakley and Green，2001a，Riordan，1989）；2）探讨个人而非国家取得成功的决定因素的微观层面研究（例如 Conzelmann and Nagel，2003；Duffy *et al.*，2006；Greenleaf *et al.*，2001）。另外，笔者还进行了两项实验研究：一项研究对象为 22 个国家的网球教练，另一项研究对象是 114 名佛兰德竞技体育运动员和教练员，旨在从“消费者”角度找到关键成功驱动因素（Chelladurai，2001）。同时，之前的研究成果也为我们搭建 SPLISS 理论模型提供了一些方法（De Bosscher *et al.*，2006）。综合上述研究成果，笔者将所有对一国国际体育赛事成绩有重要影响的政策因素归纳为九个方面（“支柱”），并按效能文献将这九大支柱归纳为两个层面：“投入”（支柱 1，财政支持）和“政策效能”（支柱 2 -9），后者为获得产出（优秀运动成绩）的过程。图 4. 1 展示了这九大支柱，下文有详细阐述。这一“投入—政策效能—产出”模型可作为评估框架，从多个维度评价一国竞技体育政策的有效性（Chelladurai，2001；De Bosscher and Croock，2010）。

若将这九大支柱与近期竞技体育管理体制的跨国比较研究（e. g. Bergsgard *et al.*，2007；Gigel *et al.*，2006；Houlinhan and Green，2008）相对照，会发现这些支柱同一些研究所列的竞技体育管理体制构成要素有很大重合。但两者最主要的区别在于，SPLISS 模型的九大支柱有 100 多个关键成功因子（critical cuccess factors，CSFs）进行支撑，并且 SPLISS 模型主要关注推动一国取得优秀运动成绩的中观因素，而更为宏观的文献则是从更宽泛的政治、历史背景下来阐释竞技体育政策。

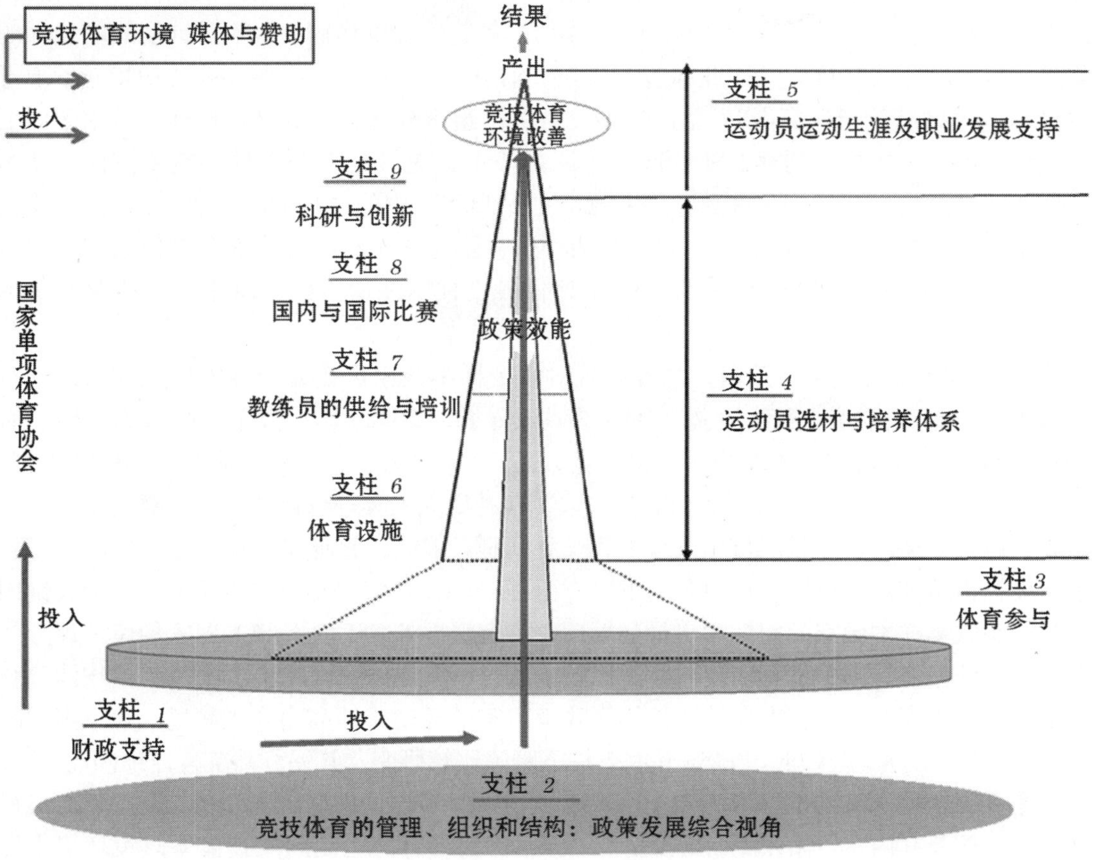

图 4.1　SPLISS 理论模型：影响国际运动成绩的政策因素之九大支柱

绩效管理所需关键成功因子

无法评估，则无法管理（Holbeche，2007，p. 247）

“投入—政策效能—产出”模型在战略管理文献中广为应用，SPLISS 模型也属于此类模型。随着全面质量管理（TQM）、统计过程控制（Deming，1986）与平衡计分卡（balanced scorecard）（Kaplan and Noton，1996）等管理技术的应用，战略管理的重点已由产出评估（例如取得成绩）和投入评估（例如财政资源）转向了过程及战略评估。而过程（政策效能）的评估难度更大。例如，企业通常由于缺乏统一的绩效评估标准，且未能将绩效评估与其战略目标有效关联，从而无法有效评估过程（Kloot and Martin，2000）。组织战略与绩效之间的密切关联也是 Kaplan and Norton（1992）平衡计分卡和 EFQM 卓越绩效模式（EFQM，2001）的基础（Wongrassamee *et al.*，2003）。因此，SPLISS 模型的每个支柱都有详细的关键成功因子（CSF）[2] 进行支撑，从而转化成了可评估的概念。CSF 即对公司或组织成功实现战略目标有重要影响的因素或活动，不管对于组织战略目标的实现、组织的当前运营活动，还是对于其将来的成功，都起着关键作用。CSF 可推动战略目标的实现，也可摧毁战略目标（因此起着“关键”作用）（Frisen and Johnson，1995）[3]。不可将 CSF 与关键绩效指标（KPI）混为一谈，后者是组织战略目标的量化指标，是用于评估组织绩效的评价依据。同样，SPLISS 模型所列 CSF 虽是评估每一支柱的重要方面，其本质却并非绩效指标（比如奖牌数）。鉴于此，“SPLISS”中的“Leading”（“促成”，前文术语中译为“之”，译者注）就有可能导致误解，因为它并不说明具备 CSF 便意味着取得了“成功”。相反，SPLISS 模型的 CSF 是评估各支柱所需的因素，而非关键绩效衡量标准 KPI。

在 SPLISS 研究的第二阶段，笔者通过对六个样本国家进行先导性跨国比较研究，对 SPLISS 概念框架进行了实证检验（De Bosscher *et al.*，2008）。六个样本国家为：比利时（分两个地区展开研究：佛兰德两省和瓦隆大区）、加拿大、意大利、荷兰、挪威和英国。笔者使用混合研究方法，对每个 CSF 都采取了四种研究工具进行评估：整理概括各国体育政策，以及对运动员、教练员和成绩主管开展调研。因此，此研究包含了“用户反馈”因素，作为检验理论有效性多维视角的重要方面（Chelladurai，2001）。该研究的一个关键因素为，在收集样本国家的定性和定量数据后，笔者根据各 CSF 为各样本国家构建了评分体系。因此，该研究不单进行描述性跨国比较，而且试图评价在国际赛事中，与竞技体育政策不完善的国家相比，拥有完善竞技体育政策国家的运动成绩高出多大幅度。De Bosscher *et al.*（2007，2009）对于 SPLISS 九大支柱下跨国比较研究及其评分系统有详细阐述。

笔者综合该研究发现（参考 De Bosscher *et al.*，2008），根据所选 CSF，将在下文讨论这九大支柱及其内容。附录 I 列出了全部 CSF，为读者将其运用到竞技体育政策环境中提供参考。[4] 竞技体育不断发展变化，本研究也处于发展阶段，因此这些 CSF 在过去四年里也有些许调整。2011－2012 年，笔者正扩大研究样本，不只限于此 6 个样本国家，我们称之为 SPLISS－Ⅱ。本文写成之时（2011），SPLISS－Ⅱ已涵盖了 15 个国家。九大支柱包含 133 个 CSF，我们将在下文进行详细阐述。

投　入

支柱 1：对体育、竞技体育的财政支持

毋庸置疑，国家在竞技体育中投入越多，便越能为运动员创造机会在理想的环境中训练，从而取得优秀成绩。许多国家加大了竞技体育投入后，取得了更好的运动成绩。例如，英国在 1996 年亚特兰大奥运会上战绩惨淡，为备战 2000 年悉尼奥运会，制定了“世界级运动员培养计划”（World－Class Performance Programme）。De Bosscher *et al.*（2008）通过对其样本国家比较发现，在竞技体育中投入最多的国家（在其研究中为意大利、英国与荷兰），其运动成绩也最优秀。

众所周知，体育支出的跨国比较非常困难，因为各国的体育支出形式不一（De Bosscher *et al.*，2008）。除美国以外的大多数体育强国中，高水平竞技体育均由国家税收或体育彩票提供直接财政支持，并且竞技体育政策很大程度上受政府支配。附录 I 中，支柱 1

列出了 12 个 CSF，分属 4 大类别。这些类别包含国家对于国家单项体育协会（NGB）的财政支出和支持——包括对大众体育与竞技体育的支持。为尽量使研究分析简单、连贯，我们重点关注国家层面的体育公共支出，即由中央政府与（或）国家体彩提供的财政支出。当然笔者也承认，大多数国家的地方政府（主要支持草根体育——见附录 I CSF1.8）与（或）社会组织的体育支出多于中央政府，但是通常无法获取相关数据，或无法对同类支出进行充分比较。

政策效能

为达到预期结果，即“产出”，不仅要考虑投入什么，还要考虑如何有效利用投入，即政策效能。下列八大支柱就包含了政策效能阶段的绩效指标。

支柱 2：竞技体育的管理、组织和结构：政策发展综合视角

随着全球化的推进，世界各国都纷纷效仿各体育强国的竞技体育管理体制和运行方式。于是，各国在探索取得运动佳绩的最佳途径过程中，其竞技体育体系、政策便调整成了相似模式，尽管各国均有自身特色。各国对于这些模式的运用形式不尽相同（De Bosscher *et al.*，2009a）。由于各国体育管理体制各不相同，体育管理体制受各国价值观、信仰的大背景影响各异，且衡量无形服务亦非易事，定位支柱 2 的成功因子也就更加错综复杂。附录 I 中，支柱 2 列出了 22 个 CSF。竞技体育体系各方须高度协调，工作职责清晰，分工明确，这一点很重要（Clumpner，1994；Oakley and Green，2001a）。因此，体育体系需制定长期战略规划，设立良好的沟通体系，确保体育与行政之间的协调简单易行（Oakley and Green，2001a），并且发展竞技体育应为政府官员职责的重要组成部分（De Bosscher *et al.*，2008；Houlihan and Green，2008）。Houlihan（1997）研究发现，关于竞技体育政策是否需要国家统一管理或高度干预，各国情况不一。尽管澳大利亚、加拿大和英国的联邦（中央）政府“集权程度最低”，政府却对竞技体育政策的制定有重大影响（Green and Houlihan，2005）。然而，政治科学研究发现，在专业性要求很高的领域，中央集权体制能推动政策顺利制定（Mintzberg，1994；Slack，1997）。De Bosscher *et al.*（2008）赞成此观点，认为竞技体育主要由某一国家组织负责协调是一国竞技体育发展的一大优势，例如英国体育理事会（UK Sport）、挪威奥运选手训练中心（Olympiatoppen）、荷兰国家奥委会国家科学基金会（NOC * NSF），以及意大利国家奥林匹克委员会（CONI）。另外值得一提的是，各国国家体育组织职责各不相同，比如英国体育理事会和挪威奥运选手训练中心专门负责国家竞技体育发展，而荷兰国家奥委会国家科学基金会、佛兰德体育协会（Bloso）、比利时瓦隆大区体育俱乐部（Adeps）、意大利国家奥林匹克委员会和加拿大体育局（Sport Canada）除了竞技体育，还负责群众体育的发展（De Bosscher *et al.*，2008）。这些机构担负双重职责，可能会在竞技体育和群众体育发展中产生矛盾，从而延缓决策制定进程。

支柱 2 的另一个关键因素，即利益相关方组成评估机制，衡量政府的竞技体育目标、过程、结构和产出，从而使各成员主体在组织战略上拥有一定的发言权（Hoye and Cuskelly，2007）。因此 SPLISS 模型认为，竞技体育运动员、教练员、运动成绩主管和其他相关人员都应正式参与管理，还应各派代表参与 NGB 事务，并拥有投票权（Thibault *et al.*, 2010）。在政策制定和执行之前、期间和之后的全过程，他们都应以此种方式参与其中（Dooms, 2010）。

最后，许多国家都确立了本国竞技体育项目的优先发展顺序，这也是许多国家竞技体育发展的特点。体育赛事的竞争愈演愈烈，投资回报率也逐渐降低，各国有理由对本国优势项目加大投入，而不是将投入分散到 28 个奥运会项目中（例如 Clumpner, 1994）。许多国家在竞技体育发展中都存在这样的现象，而对于应该集中发展优势项目还是应该让各项目齐头并进，则是仁者见仁，智者见智。

支柱 3：体育参与

对于群众体育与竞技体育的关系，相关文献观点不一（Green 2005, Sotiriadou *et al.* 2008）。Van Bottenburg（2003）研究表明，群众体育参与和（巴塞罗那、悉尼）奥运会所得奖牌数量之间有显著关联，而且在群众体育“强度大、竞争性强”的情况下尤为如此。尽管这个关联经常自相矛盾（Green 2005），但 SPLSS 研究认为，大多数顶级运动员都来源于群众体育。因此，与其他竞技体育政策比较研究相比，SPLSS 理论模型独树一帜，将体育参与归为取得优秀运动成绩的影响因素，并且认为对于国家——尤其是小国而言，体育参与甚至作为一大支柱，可以借之赢得竞争优势（De Bosscher *et al.* 2008）。体育参与支柱由 21 个 CSF（见附录 I）进行评估，分为三大类别，分别为：儿童在校期间参与体育锻炼的机会、儿童校外参与（有组织和无组织的）体育活动的机会，以及体育俱乐部提供的体育服务。De Bosscher *et al.*（2008）调查发现，其样本国家儿童接受体育教育的课时量大致相似（平均一周两次，每次一小时）。然而各国规定的体育必修课时总量以及学校体育的组织结构有些许不同。De Bosscher *et al.*（2008）还发现，各国体育俱乐部会员人数占全国总人口的比例有所差别：挪威最高（48%），意大利最低（14%）。这一发现与欧洲体育参与跨国比较研究的研究结果是一致的（van Bottenburg *et al.* 2005, COMPASS 1999）。

支柱 4：运动员选材与培养体系

若青少年已经定期参与体育活动，那么国家单项体育协会（NGB）的一个重要任务便是选出具有运动天赋的青少年人才，并对其进行培养。这一过程中，青少年的运动成绩尤为重要，他们需要参加正式、竞争性强的体育赛事，为将来成为优秀运动员而努力。De Bosscher *et al.*（2008）研究发现，这一支柱在许多国家都并未得到很好的发展：如果意大利、英国等体育大国对运动员选材有系统的规划，那么较小国家的未来便会更加暗淡，因为他们将更难在愈演愈烈的全球体育军备竞赛中立足（p. 133）。

支柱 4 包含两个阶段：

（1）运动员选材

运动员选材文献中对相关术语的确切定义并不协调一致（Vaeyens *et al.*, 2008）。在 SPLISS 模式中，这一阶段包括 4 个部分，通过 9 个 CSF 进行评估。这 4 部分为：人才识别（即用于判定体育人口中有竞技潜力青少年运动员的监测体系和评判标准）、人才发现

（从非特定专项体育人口中选拔人才）、人才发掘（选拔有竞技潜力的青少年人才），以及筛选机制（为特定目的选拔青少年人才，如竞赛和训练）。大部分选材事项需要以专项特点为基础进行分析，因为在大多数国家，有运动天赋的青少年运动员大多选自该专项的体育人口。然而，有些国家进行全国性统筹规划，运用基于检测体系的科学测试和预测方法选拔运动员（从非特定专项体育人口中选拔，如学校选拔），或者通过运动员转项（运动员从一种体育专项转到另一专项）（UK Sport，2008）选拔人才。

（2）运动员培养

支柱 4 的另一阶段为运动员培养，由其余的 14 个 CSF 进行评估。在此阶段，运动员投身于体育专项，训练量增大，训练的专项性更强。同时，运动员不管是在文化教育、运动训练方面，还是社会心理和心理特征等方面，都需要完成很多过渡（Wylleman and Lavalle 2003）。每一种过渡都需要特别关注。在国家层面，教练员和 NGB 应能获取有关信息和指导，并可获得财务支持，以便为运动员选材和培养制定最佳规划。而对于运动员来说，获得适应其年龄、运动水平的全方位服务也非常重要。此外，青少年运动员同时也是学生，不管是中学阶段还是高等教育阶段，这两重身份的权益都需要国家统筹规划系统和法律体系给予保障（Aquilina and Henri 2010，De Bosscher and De Croock 2009）。

支柱 5：运动员运动生涯及职业发展支持

支柱 5 是运动员运动生涯的巅峰时期：在该阶段，运动员已取得广泛认可的竞技成绩，并代表其俱乐部或国家参加国内或国际比赛。尽管各国形成了不同的运动员培养模式，但所有模式都包含一个转折点和（或）转折阶段，即由青少年运动员（可以）向优秀/职业运动员转换期。许多运动员在这一阶段退出了优秀运动员生涯（Wylleman and Lavalle 2003）。各国也建立了多种多样的支持体系来增加优秀运动员的数量，为他们提供理想的竞技体育环境。

许多国家在运动员培养上从整体着眼，配备了各学科支持人员，为运动员培养创造理想环境。运动员可享受职业指导、法律咨询、媒体培训、教练支持（专业教练员）、训练与竞赛支持（训练设备、集训营）、体育科学支持（体能训练、运动营养、心理训练）和运动医学支持（运动医学专家、理疗医师等）。上述花销只有少数项目的运动员能负担得起。因此运动员就像雇员，接受资助维持生活开支和训练费用，这些资助有时与最低工资挂钩（De Bosscher *et al.* 2008）。这些资助通常不足以支付优秀运动员的全部开销，所以许多运动员还兼职做其他工作，或依靠父母资助或商业赞助维持开销（Green and Houlihan 2005）。SPLISS 理论模型认为，需要为运动员提供良好的生活条件，以确保他们全时专注于训练。

最后，许多运动员并未对退役后的生活做好充分准备（Conzelmann and Nagel 2003）。大多数运动员在二十几岁或近三十岁便退役，这比普通职业退休时间要早很多（Sinclair and Hackfort 2000）。因此在运动员运动生涯期间，应当为他们提供职业发展培训，为其提供相应机会为退役后的生活做好准备。

支柱 6：体育设施

支柱 6 与竞技体育设备和基础设施相关。这些因素非常重要，比如 Oakley and Green

(2001a) 研究发现，“配备完善的专项器材设施，且优秀运动员拥有优先使用权”是竞技体育发展体系十大特征之一。除了专项设施，竞技体育训练中心还设有管理中心，并与文化教育设施、运动医学/体育科学设施相关机构进行密切合作。这些设施网络有的较集中，有的较分散。竞技体育训练中心开销很大，所以在较小国家，价格实惠的体育设施也颇有裨益。法国、澳大利亚等国拥有庞大的训练中心网，已经由原先公共资助的大型集中网络发展到商业合作，由集中分布发展到集中与地区分散相结合的模式（Oakley 和 Green 2001a）。这主要是为了缩短运动员家庭同训练中心之间的距离，减少运动员路上花费的时间，缓解运动员——尤其是青少年运动员的“思乡之情”，提升其个人成绩。这些方面由支柱 6 的 10 个 CSF 来评估。De Bosscher *et al.* (2008) 的 SPLISS 研究表明，疆域较小的国家可能在支柱 6 上较有竞争优势，因为运动员和教练员不用为了训练而长途奔波。支柱 6 同时也关注是否有一个协同与规划体制，以建设、更新器材设施，为优秀运动员创造良好的“工作”环境。

支柱 7：教练员的供给与培训

教练员的质量与数量在体育发展的每一阶段都很重要。在法国和澳大利亚等国家，教练员若在体育俱乐部执业，则须持有教练员资格证书（Lopez de D'Amico 2000）。支柱 7 由 18 个 CSF 进行评估，分为两部分。第一部分内容是：教练员授证系统的组织与质量；教练员享有培训机会，晋升为相关领域的世界级专家；国家如何培养或吸引优秀教练员。第二部分是关于优秀教练员的个人生活环境，包括教练员的社会地位、薪酬、社会保障和其他待遇。由于许多国家对教练员这一职业缺乏重视，社会保障支持体系并不完善，或者职业发展机会不多，做职业教练员难度很大（De Bosscher *et al.* 2008）。要成为顶级教练员，教练员需要投入大量时间指导训练，还需要极高的个人天赋。许多国家对于优秀教练员的培训和支持体系还不够完善（De Bosscher*et al.*, 2008）。尽管人们普遍认为，运动员及教练员都需要全时集中精力进行训练，以使运动员取得最佳成绩，但担任全职教练员是很困难的。此外，运动员普遍认为，接受世界级教练员的指导是他们所能获得的最重要的支持（De Bosscher 2007）。Green and Houlihan (2005) 的研究证实了这一发现：

> 教练员是一国获取竞技体育优秀成绩的重要因素——即使不是核心要素。更为重要的是，这个职业需要社会地位的认可和资金投入，而这两方面的支持却仍旧不足。……诸如教练员指导、体育科学、运动医学等变得可有可无。(2005, p175)

支柱 8：国内与国际比赛

无论是国内还是国际赛事，都是运动员发展的重要推动因素（如 Crespo *et al.* 2001; Green and Houlihan 2005）。比赛让运动员个人或团队与对手较量，从而评估自己的运动水平。若在本国举办重大国际体育赛事，运动员参加国际比赛的机会便会增加，这一结论已在很多奥运会相关研究中出现过（如 Bernard and Busse, 2004）。支柱 8 的八个 CSF 分为三部分：第一，国家在多大程度上制定国家政策、设立支持体系来支持重大国际体育比赛在本国举办；第二，运动员是否常有参加国际比赛的机会；第三，运动员参加的国内比赛水平。

支柱 9：科研与创新

支柱 9 是竞技体育科研投入，包含十个 CSF。这一支柱体现的是各国在多大程度上统筹科研和体育科学信息的组织与传播。Digel *et al.*（2006）研究的八个样本国家高水平竞技体育体系中，都有体育科学专家的支持。例如，澳大利亚拥有 100 多位体育科学专家——他们在澳大利亚体育学院（Australian Institute of Sport）以及地方体育学院任职；澳大利亚的体育组织和高校相关科学领域的院系合作密切（Russell 2004）。2008 年 SPLISS 研究结果显示，国家可通过大力发展体育科研而获得竞争优势。国家鼓励科研创新，并在高水平竞技体育的发展中开展应用型科学研究，这表明国家在战略性地发展竞技体育事业（De Bosscher *et al.* 2008）。总之，支柱 9 主要包括科研的发展，以及研究成果和新信息的汇集、统筹和传播。

个案研究 4.1

田径运动员选材与培养：佛兰德与荷兰政策比较

Jasper Truyens，Veerle De Bosscher 和 Bruno Heyndels
布鲁塞尔自由大学

“全球体育军备竞赛”让许多怀揣体育梦的国家望而却步（De Bosscher *et al.*，2008；Oakley and Green，2001a）。当今世界，单靠政府加大体育投入，已不能保证在国际比赛中取得良好的运动成绩（van Bottenburg，2009）。国家体育组织正面临一大难题：如何建立绩效驱动管理体制，以使本国在国际体坛占领一席之地。尽管许多国家竞技体育管理体制都有相通之处，但对于 NGB 的绩效却鲜有研究，而 NGB 对于一国竞技体育能否取得佳绩却起着重要作用（Sotiriadou and Shilbury，2009）。各 NGB 都很明确各自项群的竞技任务及目标。本个案研究的主要研究问题为：对于各专项而言，以国际比赛中取得佳绩为目标的组织职责与运行机制如何？要想取得好成绩，需要为优秀运动员提供高质量的器材设施、专业的教练员、完善的国内比赛机制，以及参与国际比赛的机会。但对于某一专项而言，实现 NGB 目标所需组织条件却鲜有问津。不同国家 NGB 在其专项运动政策上的作用和职能各不相同，然而，这些 NGB 在有效汇集资源、取得竞争优势上却都起着重要作用。现在的 NGB 更加职业化，运作以顾客需求为中心，管理更加现代化，对于公共基金的使用也更加可信、透明（Bayle and Robinson，2007）。NGB 本身担负着不同的职责，这些职责有时相互冲突，产生矛盾。比如：1）竞技体育发展与体育俱乐部发展相矛盾；2）一方面需要为优秀运动员量身定制个性化发展规划，另一方面需要满足体育俱乐部成员的集体需求，体现群众广泛参与体育并不断发展的社会价值观；3）一方面管理体制更加专业化/行政化，另一方面许多运动项目都习惯于自主决策（Green，2008）。NGB 正逐步深化其商业化运作模式（Arnott，2008）。

在此背景下，体育组织是如何组织战略性活动、举措，确定优先发展目标，以取得良好赛绩的？除了部署管理主体及制定国家竞技体育政策的体育管理机构，体育组织还有哪些作用？在体育专项层面，哪些是竞技体育成功决定因素或优先发展方面？本个案研究选取佛兰德田径协会与荷兰皇家田径协会作为研究对象，研究内容不是两者的专业化、行政化趋势，而是评估两者竞技田径运动发展机制的组织绩效。

由于单项运动层面缺乏合适的体育政策资源理论模型，本研究以 SPLISS 模型及基于资源的研究视角为基础，评估两者田径运动的竞争优势（De Bosscher *et al.*，2006；De Bosscher，2007）。这一研究视角的附加价值在于，它搭建了一个实用性框架，涵盖了国家竞技体育发展总体组织结构的主要政策因素（Sotariadou and Shilbury，2009）。此外，笔者采用基于资源的研究视角，以确定提高田径运动竞争优势的组织资源及组织能力。这一研究视角旨在说明组织内在特点的相互关系，以及组织资源和组织绩效之间的相互作用（Helfat and Peteraf，2003）。因此，组织能力便意味着政策制定及实施过程中各种资源间的互相关联（Wang and Ahmed，2007）。竞技体育发展错综复杂、层面颇多，SPLISS 各支柱（竞技体育发展体系普遍特点）之间是互相依存的（Digel，2002）。尽管不同支柱和竞技体育体系有其重要意义，对这些资源的战略性运用才是重中之重（Böhlke and Robinson，2009；De Bosscher *et al.*，2009）。这个视角充分肯定了组织能力在竞争优势提升中的关键作用。

笔者基于 SPLISS 模型九大支柱，列出了相关 CSF 来代表政策资源和促进竞技田径运动发展的动态组织能力。除了对竞技田径运动发展现有文献进行综述外，我们还展开了一项探索性研究：邀请各国田径高水平竞技体育主管参与调研，包括 21 项专家访谈和 14 份电子问卷调查，以期构建决定田径国际比赛成绩的体育政策因素模型。我们采用归纳法，将影响田径政策体系组织效能的具体政策归入了 11 个政策维度（支柱）。

下文将介绍佛兰德与荷兰的田径政策体系和运行机制。我们将重点介绍两个方面，即优秀田径运动员选材与培养。为此，笔者参考了两地田径协会（即佛兰德田径协会与荷兰皇家田径协会）的组织结构。在 SPLISS 模型总框架中，运动员选材与培养属于支柱 4，但在此田径政策资源个案研究中则分别进行分析。人才发现是指从非特定专项体育人口中选拔潜力运动员（De Vos，2009；Lidor *et al.*，2009；Mohamed *et al.*，2009），更侧重于运动参与和选材。人才筛选指“经过不同阶段的层层选拔，挑选符合某一运动队选材标准的运动员”（Mohamed *et al.*，2009），是青少年运动员发展道路上的系统要素。附录 II 列出了运动员选材与培养的各个 CSF。

人才发现与选材

运动员选材包含了 13 个 CSF。总体来看，与荷兰皇家田径协会相比，佛兰德田径协会拥有更多组织资源来对运动员潜力进行多维测定。佛兰德运动员选材最低年龄取决于田径俱乐部运动员潜力发展前景评定测试的最低年龄。基于俱乐部测试选材，12 – 15 岁的青少年运动员可参加每年一度的地区选材期，进而加入地区训练项目。之后各地会再次进行一系列选材测试，入选运动员可加入国家运动员训练项目。其他选材方式包括人才发掘和比赛成绩选材。

2010 年，荷兰皇家田径协会为田径俱乐部引入了多种测试方法，这些方法于 2011 年正式施行。除此之外，荷兰皇家田径协会并无其他机制选拔、发现人才。协会鼓励地区俱乐部对青少年运动员进行集训，并自主选用选材方法。

佛兰德以田径俱乐部和地区性选材测试为基础，选材方式更加多样化，而荷兰的人才发现和人才选拔标准是参照具体比赛成绩而制定的。

田径运动员培养

两地田径协会均为青少年运动员发展提供多种渠道。荷兰皇家田径协会运动员培养道路始于有竞技潜力的运动员应邀参与 1）地区训练课程，或 2）集中训练课程。荷兰有四地开设地区训练课程，由本地教练员执教，设有 20 门训练课程进行不同项群的训练（如中长跑、跨栏、短跑、投掷及全能项目），训练对象为 14 ~ 19 岁的青少年运动员。根据运动员的发展阶段（由教练员主观评定），或多数情况下根据运动员比赛成绩来筛选运动员参与这些训练课程。此外，荷兰皇家田径协会官网为不同分项提供了训练培养计划。

佛兰德运动员培养有三条主线：1）参与地区训练项目—国家运动员训练项目—进入联邦国家队；2）进入位于根特和哈塞尔特的两所田径运动精英学校。两所学校接收 12 ~ 18 岁的运动员；3）为全国前 50 名青少年田径运动员（14 岁以上）提供附加训练及完全集训营。

另外，荷兰还设有一些 LOOT 精英体育中学（地方性体教结合学校），年轻运动员可在此接受额外训练，文化课程时间安排灵活。青少年运动员需要在国家级比赛中获得名次才可进入 LOOT 精英体育中学学习，因此这些学校的训练设备并不能为运动员培养体系增添竞技价值。正如一位荷兰的田径体育协会教练员所说，“资赋优异的年轻运动员并不需要进入顶级体育学校学习，因为他们已经在国家级比赛中获得名次，完全可以在器材设施更加完备的国家队进行训练”（专家访谈 2）。

图 4.2 直观展示了佛兰德和荷兰投入运动员选材和培养的体育协会资源。二者均设有多个互相连通的运动员培养途径，对于各自运动员培养机制的高效运作起着重要作用。如上文所述，佛兰德的人才发现机制更为完善，而多渠道运动员培养体制更是让人才发现机制如虎添翼。荷兰皇家田径协会的运动员选材则以各田径俱乐部为主体，权力较分散；根据运动员的运动水平，为其提供地区及国家级训练课程，从而使运动员技术精进。

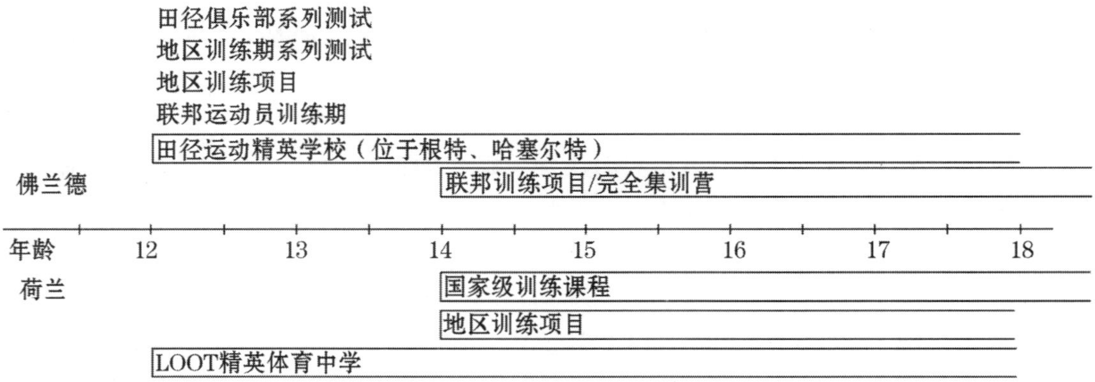

图 4.2　佛兰德田径协会与皇家荷兰田径协会田径运动员培养途径比较

与荷兰皇家田径协会相比，佛兰德田径协会内部拥有更多资源，可以提供多种方式预测运动员动潜力发展前景。在运动员选材及吸收上的人员配备也更为健全（据青少年运动员数量而定），政策工具更为完善（设有一系列选材测试及后续培训项目）。因此，佛兰德田径协会运动员选材能更好地与培养机制接轨，运动员选拔途径也相应地多样化，而这点对于竞技体育发展至关重要（Vaeyens *et al.*，2008）。两个田径协会均为青少年潜力运动员提供了训练及培养支持体系，并配备高质量器材设施和专项教练员。

结　论

尽管两个田径协会都设立完备的运动员选材和培养机制，为国家培养优秀运动员，但要评估培养运动员取得优异成绩的过程，我们还必须关注其他政策因素。例如，教练员在此过程中起着什么作用？田径俱乐部在此过程中担任何种角色？尽管列出竞技体育发展各种政策决定因素并根据列表检验具体情境是完善竞技体育政策的重要步骤，但制定战略计划才有可能是国际体育赛事中最重要的制胜法宝。

结　语

本章所列九大支柱包含了所有受体育政策或体育组织影响并影响国际赛事中运动员成绩的因素。SPLISS 模型是一种实用主义模型（Boogerd 2010），它应用于国家政策层面因素，且完全可由政府加以实施、干预。在全球体育军备竞赛愈演愈烈的今天（De Bosscher *et al.* 2008），许多国家政府很愿意直接干预竞技体育发展，投入大量资金并且期望获得更高的回报。然而，SPLISS 模型也许并不适用于某些国家。例如在美国，政府很少直接干预竞技体育，竞技体育发展主要依靠各体育组织推进。美国青少年竞技体育后备人才培养主要依靠美国的中、小学，它们是美国大学竞技体育的输送主体。美国的体育俱乐部青训传统并不像其他国家那样完善（Sparvero *et al.* 2008）。尽管美国是体育强国，但其运动成绩的取得并非缘于联邦政策。而在北京奥运会上获得最大“市场份额”的中国，竞技体育则主要由政府集中管理。因此，条条大路通罗马。拥有理想的训练环境，享受良好竞技体育政策，并不能保证有运动天赋的运动员能取得好成绩，反之亦然。有些运动员，即使没有国家政策或体育组织大力扶持，也可能在比赛中取得佳绩。因此，SPLISS 模型的作用在于，决策者可以据此调整竞技体育政策。这一模型还需在其他体育环境中进一步验证，如各体育专项、商业化运动项目、残疾人体育运动以及地方体育运动。因此，笔者在田径（2009－2011）、网球（2010－2012）、商业滑冰队（2010）以及城市层面的体育运动（2012）进行了探索性研究，用以测试 SPLISS 的九大支柱及其 CSF 是否在所有竞技体育环境中都可用作绩效评估框架。

此外，SPLISS 研究总结发现，若一国制定长期战略性规划，则更有可能培养出更多的潜力夺牌运动员。但是在瞬息万变的体育环境中，当各国找到其他获胜策略，SPLISS 模型也会随之更新。竞争从根本上说是动态变化的，所有行业的组织，包括体育组织，必须不断调整自身，方可维持现有水平（Holbeche 2007）。欲长期立于不败之地，则须与时俱进，改革创新，而用于评估九大支柱的 CSF 也必然会随之调整。另一个方面也尤为重要，即一国进行战略性规划时，其规则并非由本国政策今昔对比决定，而是由竞争对手的策略而定。因此绩效并非坐拥辉煌历史，而是着眼规划未来。

讨论问题

1. 什么是竞技体育政策？

2. 选择 SPLISS 模型某个或某些支柱，将其运用到你选择的竞技体育环境，比如某个体育协会（国家体育组织、国内单项体育协会）、体育俱乐部、城市、体育院校或商业运动队。通过多种来源收集数据，如互联网、第二手资料、采访。归纳该组织运用这个（些）支柱的情况。

3. 批判性地评价 SPLISS 支柱与 CSF 对你所在国家的有效性。哪些 CSF 适用，哪些不适用？

4. 除了国家竞技体育政策，SPLISS 模型及其 CSF 适用于其他体育环境吗？

关键词

投入
政策效能
竞技体育政策
竞争力
高水平竞技体育管理

延伸阅读

De Bosscher, V. , Bingham, J. , Shibli, S. , van Bottenburg, M. and De Knop, P. (2008). *The global sporting arms race. An international comparative study on sports policy factors leading to international sporting success.* Aachen: Meyer & Meyer.

Houlihan, B. and Green, M. (2008). *Comparative elite sport development. Systems, structures and public policy.* London: Elsevier.

Oakley B. and Green, M. (2001a). The production of Olympic champions: International perspectives on elite sport development system. *European Journal for Sport Management*, 8, 83 – 105.

注　释

1. 本处"市场份额"是指体育比赛中一国整体运动成绩的一种标准化评估方法。该方法对不同奖牌加权(金牌权重为 3 分,银牌 2 分,铜牌 1 分),从而将该国所获奖牌总数转化为加权总分。将其加权总分除以赛事总加权分,便可得出该国的"市场份额"。

2. SPLISS 先导性跨国比较研究(De Bosscher *et al.*, 2008)列出了 144 个重要的 CSF。其后通过调研不同国家的具体情况,对其进行重组、验证,且鉴于竞技体育政策并非一成不变,SPLISS – Ⅱ研究筛选后保留了 133 个 CSF。

3. "成功因子"这一概念最初是 1961 年由麦肯锡咨询公司的 D. Ronald Daniel 提出的,1981 年 John F. Rockart 对其作了进一步改进。1995 年,James A. Johnson 与 Michael Friesen 将其应用于医疗保健等诸多领域。

4. 目前 SPLISS 理论模型是为进行跨国比较研究而构建,因此主要关注国家层面的高水平竞技体育政策。该模型在其他体育环境或非国家层面竞技体育政策的适用性有待进一验证。

参考文献

Aquilina, D. and Henry, I. (2010). Elite athletes and university education in Europe: a review of policy and practice in higher education in the European Union Member States. *International Journal of Sport Policy*, 2(1), 25 – 47.

Arnott, I. (2008). An understanding towards organisational change in swimming in the United Kingdom. *International Business Research*, 1(2), 110 – 123.

Bayle, E. and Robinson, L. (2007). A framework for understanding the performance of national governing bodies in sport. *European Sport Management Quarterly*, 7(3), 249 – 268.

Bergsgard, N. A. , Houlihan, B. , Mangset, P. , Nodland, S. I. and Rommetveldt, H. (2007). Sport policy. A comparative analysis of stability and change. London: Elsevier.

Bernard, A. and Busse, M. (2004). Who wins the Olympic Games? Economic resources and medal totals. *Review of Economics and Statistics*, 86, 413 – 417.

Boogerd, R. (2010). Twee kanten van de medaille. Sleutelfiguren uit de schaatssport over degevolgen van de ontwikkeling van merkenteams voor het topsportklimaat van het langebaanschaatsen en talentontwikkeling in het bijzonder [Two sides of the medal. Key figures in skating about the consequences of the development of branding teams for the elite sport climate and talent development in particular]. Unpublished master's thesis.

Bölke, N. and Robinson, L. (2009). Benchmarking of éite sport systems. *Management Decision*, 47(1), 67 – 84.

van Bottenburg(2003). Top-en breedtesport: een Siamese tweeling? [Elite sport and sport for all: a siamese twin?] In K. Breedveld(Ed.), *Rapportage Sport* 2003(pp. 285 – 312). Den Haag, the Netherlands: Sociaal en cultureel planbureau.

van Bottenburg, M. (2009). *Op jacht naar goud. Het topsportklimaat in Nederland* 1998 – 2008. Nieuwegein: Arko Sports Media.

van Bottenburg, M. (2000). *Het topsportklimaat in Nederland* [The elite sports climate in the Netherlands]. 's-Hertogenbosch, the Netherlands: Diopter-Janssens and van Bottenburg bv.

van Bottenburg, M., Rijnen, B. and Van Sterkenburg, J. (2005). *Sports participation in the European Union. Trends and differences.* 's Hertogenbosch: W. J. H. Mulier Institute and Nieuwegein: Arko Sports Media.

Chelladurai, P. (2001). *Managing organisations, for sport and physical activity. A system perspective.* Scotsdale: Holcomb Hathaway Publishers.

Clumpner, R. A. (1994). 21st century success in international competition. In R. Wilcox(Ed.), *Sport in the global village*(pp. 298 – 303). Morgantown, WV: FIT.

COMPASS(1999). *Sports participation in Europe.* London: UK Sport.

Conzelmann, A. and Nagel, S. (2003). Professional careers of the German Olympic athletes. *International Review for the Sociology of Sport*, 38, 259 – 280.

Crespo, M., Miley, D. and Couraud, F. (2001). An overall vision of player development. In M. Crespo, M. Reid and D. Miley(Eds.), *Tennis player development*(pp. 13 – 18). London: ITF.

De Bosscher, V. (2007). *Sports policy factors leading to international sporting success.* Brussels, Belgium: VUBPRESS.

De Bosscher, V., Bingham, J., Shibli, S., van Bottenburg, M. and De Knop, P. (2008). *The global sporting arms race. An international comparative study on sports policy factors leading to international sporting success.* Aachen: Meyer & Meyer.

De Bosscher, V. and De Croock, S. (2010). *Effectiviteit van de Topsportscholen in Vlaanderen [Effectiveness of the elite sport schools in Flanders]. Research report for the department CJSM, Flemish government.* Brussels, Belgium: Vrije Universiteit Brussel.

De Bosscher, V., De Knop, P. and Heyndels, B. (2003). Comparing relative sporting success among countries: Create equal opportunities in sport. *Journal of Comparative Physical Education and Sport*, 3(3), 109 – 120.

De Bosscher, V., De Knop, P. and van Bottenburg, M. (2009). An analysis of homogeneity and heterogeneity of elite sport systems in six nations. *International Journal of Sports Marketing and Sponsorship*, 10(2), 111 – 131.

De Bosscher, V., De Knop, P., van Bottenburg, M. and Shibli, S. (2006). A conceptual framework for analysing sports policy factors leading to international sporting success. *European Sport Management Quarterly*, 6(2), 185 – 215.

De Bosscher, V., De Knop, P., van Bottenburg, M., Shibli, S. and Bingham, J. (2009). Explaining international sporting success. An international comparison of elite sport systems and policies in six nations. *Sport Management Review*, 12, 113 – 136.

De Bosscher, V., Shilbury, D., Van Hoecke, J., Theeboom, M. and De Knop, P. (2011). Effectiveness of national elite sport policies: A multidimensional approach applied to the case of Flanders. *European Sport Management Quarterly*, 11(2), 115 – 141.

Deming, W. E. (1986). *Out of the crisis*. Cambridge, MA: MIT Press.

Digel, H. (2002). A comparison of successful sport systems. *New Studies in Athletics*, 17(1), 37 – 50.

Digel, H., Burk, V. and Fahrner, M. (2006). High-performance sport. An international comparison. *Edition Sports International*, 9. Weilheim/Teck: Bräer.

Dooms, M. (2010). Crafting the integrative value proposition for large scale transport infrastructure hubs: A stakeholder management approach. Brussels, Belgium: VUBPRESS.

Duffy, P., Lyons, D., Moran, A., Warrington, G. and McManus, C. (2006). How we got here: Perceived influences on the development and success of international athletes. *Irish Journal of Psychology*, 27(3 – 4), 150 – 167.

Friesen, M. E. and Johnson, J. A. (1995). *The success paradigm: Creating organizational effective ness through quality*. Westport, CT: Greenwood Publishing Group.

Green, B. C. (2005). Building sport programs to optimize athlete recruitment, retention and transition: toward a normative theory of sport development. *Journal of Sport Management*, 19, 233 – 253.

Green, M. (2008). Non-governmental organizations in sports development. In V. Girvinov (Ed.), *Management of sport development* (pp. 89 – 108). Oxford: Elsevier.

Green, M. and Houlihan, B. (2005). *Elite sport development. Policy learning and political priorities*. London: Routledge.

Greenleaf, C., Gould, D. and Diefen, K. (2001). Factors influencing Olympic performance with Atlanta and Nagano US Olympians. *Journal of Applied Sport Psychology*, 13, 154 – 184.

Helfat, C. E. and Peteraf, M. A. (2003). The dynamic resource-based view: Capability lifecycles. *Strategic Management Journal*, 24, 997 – 1010.

Hogan, K. and Norton, K. (2000). The 'price' of Olympic gold. *Journal of Science and Medicine in Sport*, 3, 203 – 218.

Holbeche, L. (2007). The high performance organisation. Creating dynamic stability and sustainable success. London: Butterworth-Heinemann.

Houlihan, B. (1997). *Sport, policy and politics. A comparative analysis*. London: Routledge.

Houlihan, B. and Green, M. (2008). Comparative elite sport development. Systems, structures and public policy. London: Elsevier.

Hoye, R. and Cuskelly, G. (2007). *Sport governance*. Oxford: Elsevier.

Kaplan, R. and Norton, D. P. (1996). Using the balanced scorecard as a strategic management system. *Harvard Business Review*, 74(1), 75 – 85.

Kloot, L. and Martin, J. (2000). Strategic performance management: A balanced approach to performance management issues in local government. *Management Accounting Research*, 11, 231 – 251.

Lebas, M. (1995). Performance measurement and performance management. *International Journal of Production Economics*, 41, 23 – 35.

López de D'Amico, R. (2000). *Organisation and regulations in National Sport Bodies: A comparative study in artistic gymnastics*. Published doctoral thesis, Sydney University, USA(UMI No. 3001249).

Mintzberg, H. (1994). Organisatiestructuren [Organisational structures]. Schoonhoven: Academic Service.

Neely, A., Gregory, M. and Platts, K. (2005). Performance measurement system design. A literature review and research agenda. *International Journal of Operations and Production Management*, 25(12), 1228 – 1263.

Oakley, B. and Green, M. (2001a). The production of Olympic champions: International perspectives on elite sport development system. *European Journal for Sport Management*, 8, 83 – 105.

Oakley, B. and Green, M. (2001b). Still playing the game at arm's length? The selective reinvestment in British sport, 1995 – 2000. *Managing Leisure*, 6, 74 – 94.

Riordan, J. (1989). Soviet sport and perestroika. *Journal of Comparative Physical Education and Sport*, 6, 7 – 18.

Russell, A. (2004). Sports institutes, science and government funding: A key to Australia's sporting success? In R. Philippaerts(Ed.), *Proceedings of the 9th annual symposium of the Association for Kinesiology in cooperation with the Belgian Association of Sports Medicine and Sport Science, from science to medals*(pp. 23 – 25). Ghent: VKS.

Sinclair, D. A. and Hackfort, D. (2000). The role of the sport organisation in the career transition process. In D. Lavallee and P. Wylleman(Eds.), *Career transitions in sport: International perspectives*(pp. 131 – 142). Morgantown, WV: Fitness Information Technology.

Slack, T. (1997). Understanding sport organizations: The application of organization theory. Champaign, IL: Human Kinetics.

Sotiriadou, P. Shilbury, S. and Quick, S. (2008). The attraction, retention/transition and nurturing process of sport development: Some Australian evidence. *Journal of Sport Management*, 22, 247 – 272.

Sotiriadou, K. and Shilbury, D. (2009). Australian elite athlete development: An organisational perspective. *Sport Management Review*, 12(3), 137 – 148.

Sparvero, E., Chalip, L. and Green, C. (2008). United States. In B. Houlihan and M. Green. Comparative elite sport development(pp. 243 – 293). London: Elsevier.

Thibault, L., Kihlb, L. K. and Babiak, K. (2010). Democratisation and governance in international sport: Addressing issues with athlete involvement in organisational policy. *International Journal of Sport Policy*, 2(3), 275 – 302.

UK Sport(2008). The elite coach. Available at www. uksport. gov. uk/pages/elite_coach/, accessed 10 December.

Vaeyens, R., Lenoir, M., Williams, A. M. and Philippaerts, R. (2008). Talent identification and development programmes in sport: Current models and future directions. *Sports Medicine*, 38(9), 703 – 714.

Wang, C. L. and Ahmed, P. K. (2007). Dynamic capabilities: A review and research agenda. *International Journal of Management Reviews*, 9(1), 31 – 51.

Wikipedia(2011) Critical Success Factor. Available at http://en. wikipedia. org/wiki/Critical_success_factor#cite_note-1, accessed October, 2011.

Wongrassamee, S., Simmons, J. E. L. and Gardiner, P. D. (2003). Performance measurement tools: The balanced scorecard and the EFQM excellence model. *Measuring Business Excellence*, 7(1), 14 – 29.

Wylleman, P. and Lavallee, D. (2003). A developmental perspective on transitions faced by athletes. In M. Weiss (Ed.), *Developmental sport and exercise psychology: A lifespan perspective*. Morgantown, WV: Fitness Information Technology.

第 5 章
高水平竞技体育比较模式

Winston Wing Hong To
西安大略大学
Peter Smolianov
塞勒姆州立大学
Darwin Michael Semotiuk
西安大略大学

学习目标

阅读本章后，读者将能够：

1. 明确高水平竞技体育（HPS）管理体制的各种比较方法；
2. 明确各种 HPS 管理体制比较方法的优势与局限；
3. 概括前苏联和俄罗斯、美国及加拿大的高水平竞技体育管理体制；
4. 讨论上述国家所面临的挑战，展望其未来国际赛事成绩。

概　述

本章讨论已用于比较高水平竞技体育（HPS）管理体制的不同模式，分别就前苏联和苏联解体后的俄罗斯、美国及加拿大的高水平竞技体育管理体制进行了个案研究，并对其做了比较分析。

高水平竞技体育比较模式分析

国际体育运动比较分析没有完美模式，高水平竞技体育比较更是如此（De Bosscher *et al.*，2010）。近年来进行相关研究的学者包括 Green and Oakley（2001）、Baumann（2002）、Digel（2002）、Houlihan and Green（2008）、Smolianov and Zakus（2008）、Platonov（2010），以及 De Bosscher *et al.*（2010）。

一般而言，高水平竞技体育管理体制比较研究主要是对能够助力国家在国际比赛中取得优异成绩的要素（通常为体育政策）进行描述性分析。通过对国际比赛成绩辉煌的国家进行案例研究来看，这些比较模式科学、有效。体育环境瞬息万变，各国文化、政治因素各不相同（二者也是进行比较研究时需考虑的因素）（De Bosscher *et al*. 2010，Digel 2002），所以各国的高水平竞技体育管理模式也在不断发展，且错综复杂、结构各异。

本章对各样本国家进行跨国分析的标准以前文提及的比较研究为基础（见表 5.1）。

表 5.1　高水平竞技体育管理比较模式的总结与评价

模式	评价（优势与局限）
Baumann（2002） * 教练员业务水平 * 管理社会化、区域化 * 前沿支持服务 * 合作 * 运动员选材 * 干预机制	优势 * 简洁、清晰地解读优异竞技体育成绩的驱动因素 局限 * 该研究主要基于澳大利亚本土情况展开
Digel（2002） * 成功高水平体育（分为以下 3 个级别）的资源模式： * 社会级别（各国相异）：政治、人口、经济、就业、教育、大众媒体、生活水平、人口的幸福指数 * 体育组织级别（对在国际竞争中取得优异成绩很重要）：意识形态前提、优先发展项目、奥运传统、运动员服务、教练员、器材设施、资金支持、运动员选材、竞赛体制、激励机制、反兴奋剂措施 * 高水平竞技体育体系与与其发展环境的关系级别：社会要素（如政治、人口、经济）级别与其发展环境（人口）的关系	优势 * 指出各国的共同点与不同点 * 关注影响高水平竞技体育的宏观层面因素 局限 * 难以作为中观和微观层面实践的指导
Houlihan and Green（2008） *“全职运动员”支持体系 * 国家设有不同层级的体育赛事，以备战国际比赛 * 先进的运动器材设备配备 * 教练员配备、体育科学和运动医学支持	优势 * 关注运动员，尤其是中观层面支持 * 各国措施清晰易懂 局限 * 并未对如何取得优秀运动成绩做出归纳总结
Smolianov and Zakus（2008） * 群众体育与竞技体育的资金支持与组织体系 * 与支持机构的合作关系 * 文化教育、科学、医学、价值观支持及激励机制 * 竞赛体制 * 训练中心 * 运动员选材与培养 * 先进的运动员训练与支持体系	优势 * 融合西欧与东欧的方法 * 指明哪些举措成效显著 局限 * 一些措施难以实施

续表

模式	评价（优势与局限）
Platonov（2010） * 搭建理论、方法论及组织框架 * 提供物质与技术支持，集中财政资源 * 人力资源与运动员发展 * 训练过程、竞赛活动 * 科学与训练方法支持、医疗服务	优势 * 列出赢得奥运奖牌的具体方法 * 讲述包含各国具体国情的高水平竞技体育发展历史 局限 * 缺乏统一的比较框架
De Bosscher *et al.*（2010），参考 De Bosscher *et al.*（2006）的 SPLISS 模型 * 财政支持 * 体育政策的组织与结构 * 体育人口与体育参与 * 运动员选材与培养体系 * 运动员运动生涯及职业发展支持 * 体育设施 * 教练员的供给与培训 * 国内与国际比赛 * 科研与创新	优势 * 系统阐明高水平竞技体育成绩影响要素，其分支体系能运用定量分析，并列出发展高水平竞技体育管理体制的具体措施 * 关注高水平竞技体育的中观和微观层面 * 高水平竞技体育的比较可操作性强，可量化评估 局限 * 标准高度精细，容易忽略各国的独特性与新举措

以往比较研究学者所在国家的体育管理体制历史沿革不同，体育目标各异，而这些学者所搭建的比较模式在某种程度上似乎也反映了各自国家的理念。因此，有些模式更重视体育合作关系或资金支持等宏观层面，有些模式则更注重教练员业务水平等中观层面，或运动员职业发展支持等微观层面。

各国为向高水平竞技体育提供最大支持而不断创新其管理体制，这给比较模式的构建带来了新的挑战。因此，需要构建一个可动态调整的比较框架，既可包罗各国体育管理体制的相似与相异之处，亦能融合某国独特的创新策略。本章个案研究所涵盖的高水平竞技体育各大层面包括：机构设置与资金来源、体育设施与体育竞赛、运动员选材与培养、体育科学、运动医学、文化教育以及对运动员的其他支持。本章主要探讨三个成绩斐然却差异很大的高水平竞技体育管理体制：前苏联及当今俄罗斯的政府管理型管理体制、加拿大的结合型管理体制，以及美国的社会管理型管理体制。

前苏联及苏联解体后俄罗斯的高水平竞技体育管理体制

从 1952 年到 1992 年，独联体队（前苏联代表团）[1] 共参加了十届夏季奥运会，其中八次荣登奖牌榜首，两次位列第二。自 1956 年独联体队开始参加冬季奥运会（冬奥会），直到 1992 年日本长野冬奥会的十届冬奥会中，前苏联所获奖牌总数七次第一，三次第二，雄踞体坛。1964 年和 1968 年夏季奥运会前苏联屈居奖牌榜第二，这归咎于其当时短暂的政策：更多任用教练员志愿者，而非有偿教练员。后来其训练体制由专业教练员与体育科学专家掌控，国民可免费或花费很少便可参与到体育运动中，前苏联便东山再起，重拾了竞技体育全球霸主地位。然而这些优势条件在苏联解体后的俄罗斯未能保持，使得俄罗斯在 1996 – 2008 年四届夏季奥运会上只在第二、第三名徘徊（1996 年奖牌总数排名第三，2000 年、2004 年第二，2008 年第三）。俄罗斯的冬奥会成绩也江河日下，奖牌总数 1994 年、1998 年均排名第三，2002 年退至第六，2006 年排名第五，2010 年又退回第六。

机构设置与资金来源

如今的俄罗斯与前苏联高水平体育体制一脉相承，运动训练由政府自上而下进行管理，主要服务于政治需求，共同目标高于国家体育组织和体育俱乐部的利益；教练员配备运动医师、体育科学专家的专业支持，并在发现潜力夺牌运动员中起着至关重要的作用。这些运动员能够获得更多的发展机会（Platonov 2010）。

在前苏联，以下重要的高水平竞技体育组织结构在 1917 年之后得以发展，并在 20 世纪 80 年代达到巅峰：

* 工作场所中建立多项目体育俱乐部；
* 统一标准的运动员、教练员分级和激励制度；
* 由青少年体育俱乐部进入青少年体育运动学校，再进入体育学院的运动员发展道路。

高水平竞技体育有广泛开展的群众体育为其提供后备力量，并受国家财政支持，为国民参与体育运动提供免费或享受高额补贴的训练指导、器材设备和竞赛机会。中央政府主导体育设施建设，国家及各市区地方体育运动委员会（“体委”，sport missions）负责协调体育训练规划与体育比赛。当体委下属运动员在比赛中胜出，该体委便受到国家财政嘉奖，进而增加运动员的激励预算。1970 年，前苏联政府发行了一种全国性彩票，称为“体育彩票”（Sportloto），直到今天依然是俄罗斯体育资金来源的重要渠道之一。

1991 年苏联解体后，国家对体育的拨款大大减少。直到 2000 年，体育才开始重新受到重视。自 2007 年索契赢得 2014 年冬奥会主办权以后，高水平竞技体育的发展受到高度重视，2011 年，俄政府宣布接下来三年将斥资 30 亿美元支持体育事业的发展（Mackay 2011）。

体育赛事

全苏斯巴达克运动会（Spartakiads）是一个多赛段的前苏联国家体育盛会。其所包含的体育项目甚至多于奥运会，在前苏联的体育竞技体制中占有重要地位。斯巴达克运动会每四年举办一次总决赛，是奥运会前一年的实战演习。1952 年，2 千万人参加了斯巴达克运动会。到 1975 年，参赛人数增至 8 千万，占全苏总人口的三分之一（Isaev 2002，Riordan，1980）。前苏联解体后，俄罗斯在 2002 年重办斯巴达克运动会，并将其改为每年一次，与学生竞赛合为一体。2011 年的青少年斯巴达克运动会设会有四个层级：先是青少年运动学校内部竞赛，接着是市内竞赛、区域竞赛，最终进行全国总决赛（Ministry for Sport，2011）。

前苏联提前五年即开始备战每届奥运会，备战工作也包括其间的奥运会。备战策略包括夺牌计划、运动训练及竞赛日程。20 世纪 70 年代，前苏联每年举办 300 场不同的体育赛事。2011 年，俄体育部（Ministry for Sport）统筹了 132 个体育项目的 10,000 场比赛和训练营集训。

体育设施

在备战 1980 年莫斯科奥运会的过程中，前苏联训练中心的发展达到了巅峰。20 世纪 70 年代，前苏联配置了一套水上运动设施，包括 12 座游泳池和一个多速透明跑步机池。游泳池有 4 种不同规格，适用于不同水平的比赛，其中有 7 座 2011 年仍在使用。现在，俄罗斯依然沿用前苏联时期的体校体系——体校配备运动器材，为学员提供特设文化课程、运动营养及其他服务，保障学员每日两次的训练。另外，俄罗斯还保留了寄宿体育学校及高级运动技术学校，为运动员一日三次训练提供条件。

20 世纪 70 年代，根据各地的地理位置、气候因素及海拔条件，设立了诸多项目训练中心，进行所有奥运会项目的训练。供国家队集训的 10 个训练中心已经建立；能互相促进的体育项目得以有机整合。俄罗斯体育部（2011）对 781 个奥林匹克后备力量学校、40 个高等运动健将学校和 25 个地区奥林匹克训练中心的器材设施和训练计划进行统筹协调。

运动员选材与培养

在前苏联和现在的俄罗斯，教练员的职责之一便是从学校发现具有运动天赋的少年体育人才。为期 18 年的运动员发展指导从专项训练起始年龄开始，涵盖了训练、竞赛和恢复的方式方法。由前苏联体育科学专家设立的全国统一运动员技术等级分为三个初级、三个高级，以及四个国家级，每个级别都设有最低业务水平和竞赛成绩要求。2011 年，俄罗斯将这一等级体系从 1980 年的 60 个体育项目扩展到了 143 个。教练员运用运动人体测量学、运动医药生物学、运动教育学、运动心理学和运动社会学测试，在这十个等级中自下而上层层筛选，级别越高，人数越少。

为了协助教练员进行选材，俄罗斯体育当局设计了一个基因检测，体育科学专家通过分析参与者的血样与头发，指导受试者选择合适的运动项目和专项，并指导受试者选择最佳训练方式和生活方式。这项检测也对私人开放，父母只要支付 2,000 美元就可以为他们的子女进行测试。

对运动员的全面支持

前苏联体育管理体制的每个层级均由高水平的专业人士运作。教练员进入体育院校进行为期五年的学习，除了要参加文化课考试外，还要进行体能测试。教练员学习某一专项，彼此竞争，然后逐级通过五个等级的资格认证体系。前苏联解体后，俄罗斯继续为 117 个体育项目的教练员提供培训，逐级提升其资格认证水平。如今，俄罗斯国内有 13 所体育大学保留了前苏联时期的课程设置及体育专项教育。莫斯科的顶尖体育院校——俄罗斯国立体育运动与旅游大学（Russian State University of Physical Education, Sport and Tourism），建校于 1918 年，设有 43 个院系，100 个专业，授予 55 个不同体育项目的教练员学位。高水平运动员则有资格进入俄罗斯 40 所高等运动健将学校继续学习。这些学校整合了高中教育和大学教育，并授予学员体育教育学、体育训练学或体育管理学学位。

前苏联时期，对体育的全方位研究由 1933 年成立的中央体育文化科研所（Central Scientific Research Institute of Physical Culture）协调开展，在其他 28 个体育研究所和体育院校具体开展。20 世纪 70、80 年代，各运动队配有体育科研小组为其跟踪服务。例如，前苏联的摔跤队和拳击队就配备一支由四十名体育教育学、运动医学、运动心理学、运动生理学、运动生物力学、运动生物化学和运动工程学专家组成的服务团队。该科研团队为每一位运动员都量身打造了一套四年到八年不等的训练方案。在 20 世纪 70 - 90 年代，前苏联国家摔跤队（独联体摔跤队）在历届奥运会中赢得的金牌始终领先于其他国家。进入 21 世纪后，俄罗斯体育科学专家又将摔跤运动的研究结果应用到了另外 13 个体育项目上（Ippolitov *et al.*, 2009）。俄罗斯体育科研工作也一直由俄体育部集中协调并拨款。2011 年，俄夏季奥运会由 41 个体育科研小组提供支持服务，冬季奥运会 15 个，残奥会及特殊群体运动会 26 个。

20 世纪 20、30 年代，免费医疗服务覆盖了前苏联所有体育人口，亦在体育设施场馆配备专业医师。自 1946 年，前苏联开办诸多运动诊所，强大的专项医生团队可诊断出过度训练的早期症状，从而改进训练方式。体育院校新增了“医师教练员”学位，将运动医学与体育专项教练员培训相结合。俄罗斯与前苏联一样，十分重视预防医学，在 2011 年为索契国家训练中心的热液理疗综合馆配备了七种不同类型的热室、桑拿房、水疗按摩池，以及其他按摩室。国家也不断扩大对体育的支持力度，其中，运动医学在 2011 年获得国家 8,340 万美元的拨款（Mackay, 2011）。

在避免兴奋剂丑闻方面，前苏联的体育管理体制似乎比俄罗斯更为有效。2008 年北京奥运会开幕前一周，七名即将角逐奥运奖牌的俄罗斯运动员被勒令停赛，原因是他们在尿样上动了手脚。2010 年的温哥华冬奥会上，俄罗斯队七名滑雪运动员因服用禁药 EPO 而被取消参赛资格，俄代表团的成绩也因此不尽如人意。于是，俄体育部便采取了一系列措施，包括对违反兴奋剂条例的运动员施以更为严苛的惩处，以及与赛事主办方和各联邦主体体育运动委员会进行更为密切的合作。另外，俄政府还决定在体育运动学校及体育学院开设相关课程，加强对学生的反兴奋剂教育，并且决定在电视上播出反兴奋剂相关节目。

近现代以来，俄罗斯不断加大对运动员的奖金激励。政府承诺，凡获得奥运金牌的运动员，均可从国家和地方政府获得 15 万到 25 万美元不等的奖励。而政府对运动员的补助也从每月 400 - 670 美元增加至 2011 年的每月 1,170 - 4,000 美元（Mackay, 2011）。

俄罗斯高水平竞技体育前景

1991 年前苏联解体后的十年间，国家减少了对体育的投入，俄罗斯的竞技体育出现了徘徊不前、竞争力下降的趋势。不仅大众参与度降低，教练员、管理人员和体育科学专家的专业能力也逐渐降低。但是，如果俄罗斯继续加大资金投入，重建前苏联体育管理体制并提高其现代化水平，那么从俄在2010年青奥会（Youth Olympic Games）和2011年世界大学生夏季运动会（World Summer Universiade）奖牌榜上高居第二的成绩来看，俄罗斯有潜力保持其世界三大体育强国的地位。

美国高水平竞技体育管理体制

夏季奥运会历史上，美国获得的奖牌数最多；冬季奥运会中，其奖牌数也高居第二。然而，由于美国联邦政府是唯一一个不设专门体育事务管理机构的体育强国，美国的奥运战绩也未能一直保持稳定。二十世纪上半叶，美国在奥运会上一直稳居龙头位置，傲视群雄。但自1952年起，前苏联便后来居上——尽管1964年和1968年奥运会上，前苏联因政府减少了对体育的支持力度而两次失利。1996年前苏联解体后，美国重拾领先地位，一直到2008年才被中国赶超。

机构设置与资金来源

相较于其他国家而言，美国高水平竞技体育的市场化运行特点更加鲜明，自下而上由各社会体育组织进行管理。其中，最重要的社会体育组织为美国奥委会（USOC）下属的各单项体育联合会（NSOs）。大学生体育联合会（NCAA）以及州高中协会全国联合会（NFHS）也起着重要作用。美国职业体育联盟——如美国职业篮球协会（NBA）、美国职业棒球大联盟（MLB）和北美职业冰球联盟（NHL）等——允许运动员代表国家参赛，通过小联盟俱乐部培养球员。正如Platonov（2010）所述，由于政府的作用被限定在相对很小的范围内，体育组织便可不受干预地行使其权利，但却通常因此显得杂乱无章；美国能否在国际体育赛事上取得优异成绩，也便在很大程度上取决于国民对体育的兴趣、国家体育组织的能力、经济形势、科技发展水平、教育系统对体育的重视程度，以及美国单项体育联合会的财务状况和能力。

美国的体育体系靠国内外赛事驱动，而不是靠体育组织、训练计划和教练员之间的协同合作。于是各体育组织便设立了其独特的管理体系，然而，这也意味着在全局上缺乏有力的协调和统一。因此，第二次世界大战后，尽管美国采取了以下措施，但其体育事业却仍旧每况愈下（Coyle，2007；Sparvero *et al*，2008）。

美国1950年出台法律，授权美国奥委会作为独立的体育非盈利组织募集减税捐款。但是，由于美国政府很少直接进行体育经费拨款，也没有全国性的体育彩票，所以美国奥委会的大部分收入都是来自于出售电视转播权和商业赞助。于是运动员训练经费便依赖于经济形势，有时运动员需自筹经费（Michaelis，2009）。

自1947年开始，美国开始通过军队支持高水平竞技体育发展。肯尼迪总统要求，军队主要进行在美国还不普及的奥运会体育项目的训练。20世纪60年代，军队创造条件使其运动员进行全职训练；20世纪90年代后，军队的这些条件更加完善。从1948年起，美国共有615名军人作为运动员或教练员代表美国参加奥运会，共赢得了142枚奖牌。

体育赛事

美国共举办过八届奥运会，夏季奥运会和冬季奥运会各四届。1978 年至 1995 年，除夏季奥运年外，美国每年举办一次奥林匹克体育节。自 1999 年以来，全美运动会（National State Games）每两年举办一次，是美国各州业余体育竞赛的总决赛。美国每年都有 40 多万名运动员参加各州的体育赛事。2011 年，来自 45 个州运动会的奖牌得主得以参加 2011 全美运动会，角逐 24 个运动项目的奖牌。

相较于 2012 年奥运会的 35 个（应为“38 个”，译者注）分项，美国全国性赛事涉及的项目数量较少：职业联赛约 15 个项目，全美运动会 24 个项目，大学生体育联合会比赛 20 个项目。2008 年北京奥运会上，中国夺得 25 个项目的奖牌，而美国只有 20 个项目夺奖。

由于美国职业体育体系受市场驱动，因此要将每项运动各个级别的赛事贯穿起来，便显得困难难重重。美国职业篮球协会为备战 2008 年奥运会对其赛事进行了整合，而美国职业棒球大联盟则未作改变。美国篮球队在奥运会上最终赢得了（男子和女子）两枚金牌，棒球队获得了铜牌，垒球队则获得银牌。

体育设施

在气候不同、海拔各异的科罗拉多州、纽约和加利福尼亚州，均设有奥运训练中心，为美国运动员提供最顶尖的备战奥运集训。北密歇根大学训练中心为其他院校的冷门项目提供训练课程。除此之外，美国还有 12 处奥运训练基地。

一直以来，美国奥委会致力于通过“社区奥运培养计划”（Community Olympic Development Program，CODP）为中等水平运动员提供支持。该计划始于 1998 年，与 14 个单项体育联合会和 7 个社区民间体育团队共同合作。2011 年，全美拥有 217 个“社区奥运培养计划”训练中心，共计 25 万名运动员参与其中（CODP，2011）。中小学、高校的体育设施也对美国体育的成功起到了关键作用。

运动员选材与培养

运动员选材方式很多：由教练员、“球探”发现，通过试训、小联盟俱乐部选拔，举办资格赛，组织集训营等。但是，美国运动员主要从下列后备人才库中选材：

优秀运动员：国家队、奥运代表队、职业体育联盟
高级运动员：高校运动队、半职业体育联盟
青年运动员：高中运动队
少年运动员：休闲体育、业余体育联赛

（Grasso，2008）

“阿特拉斯运动遗传学”项目为 0 到 8 岁的儿童提供费用为 149 美元的基因测试，预

测儿童的运动天赋。测试时，将棉签放入孩子内颊和齿龈周围提取 DNA 样本。根据检测结果，建议儿童选择短跑、速度力量型运动项目、耐力型运动项目，或者活动类体育。该中心还会为儿童推荐最合适的运动和训练方法，最大限度挖掘其潜能（Markur，2008）。

美国各单项体育联合会正逐步建立起系统的运动员培养方案。美国冰球协会（USA Hockey）采用了运动员长期培养发展理论（Long - Term Athlete Development，LTAD），从而开创了美国发展模式（American Development Model，ADM）。该模式建立于 2009 年，为全美国民适龄训练模式提供了参照模板。

美国各专业院校在后备力量培养过程中的重要性也日益显著，但基本都是私立院校。位于弗罗里达州的美国 IMG 体育学院（IMG Academies）在提供学龄前、小学、初中、高中和申请大学所需文化课教育的同时，整合了七个体育项目的专业训练。在 IMG 体育学院，只有顶级运动员才能获得全额奖学金——每年学费为五万美元。

对运动员的全面支持

美国奥委会按照各单项体育联合会的标准，决定每个运动员应获得的支持额度与种类。这些支持包括医疗保险、对运动员的直接财政援助、教育资助以及“金牌行动”（Operation Gold）计划颁发的奖励——该计划为国际赛事中获得前八名的运动员颁发奖励，金额为 2,000 美元到 25,000 美元不等。美国奥委会也为各单项体育联合会提供运动营养学、运动生物力学、运动生理学、运动心理学、体能训练、运动表现分析技术、运动医学等方面的专家，并提供运动恢复服务、图书馆相关事务，同时备有奥运会训练电子杂志季刊，并定期举办会议（USOC，2011）。

美国各大学承担了一些具有实际应用价值并处于世界领先地位的体育科学研究，尤为值得一提的是 1927 年到 1946 年间的哈佛疲劳实验室以及麻省理工学院 2002 年成立的士兵纳米技术研究院。美国的社会体育组织与科研团队更为密切合作的空间很大。

企业对美国优秀运动员的支持日益增加。耐克俄勒冈项目从 2001 年开始启动，该项目建立的训练室将氧气从空气中分离，以模拟高海拔环境，并拥有其他有利于提高训练效果、增强体质的先进技术（Tack Town，USA，2011）。

家得宝公司在 2009 年结束其赞助之前，一直为奥运会运动员提供兼职工作。运动员享受弹性工作时间，获得全职薪酬。“美国军队世界级运动员培养项目”（US Army World - Class Athletic Program，WCAP）于 1997 年启动。该项目选拔军队中的奥运会与残奥会潜力夺牌运动员，让其暂停服役来进行训练、比赛。同时，美国最大的健身产业链——24 小时健身（24 Hours Fitness）也雇佣奥运选手。

美国体育管理机构与国际奥委会成功合作，在奥运会项目中加入了多个在美国广受欢迎的体育运动，如沙滩排球、铁人三项以及高尔夫运动。此外，美国运动员在进行兴奋剂检测时明显受到偏袒。美国自行车运动员泰勒·汉密尔顿（Tyler Hamilton）在 2004 年雅典奥运会上被指使用血液兴奋剂，但由于其“B 样本被误冻结无法检测”这一说辞使他仍然保留了奖牌。之后他在另一自行车赛上因兴奋剂检测显示阳性而被禁赛两年，于 2011 年上交奖牌，并承认曾服用禁药 EPO（Herrmann，2011）。另一位美国自行车运动员兰斯

·阿姆斯特朗（Lance Armstrong）——2010 年年收入被估计为两千万美元——被曝使用兴奋剂，并与一名国际自行车联盟（International Cycling Union）的官员达成“财务安排”协议，以掩盖其在 2002 年环瑞士自行车赛上 EPO 检测呈阳性的事实（Hart，2010）。美国面临的挑战之一便是让国内所有社会体育组织的政策与国际反兴奋剂标准保持一致，特别是对于参加奥运会的职业运动员而言，如北美职业冰球联盟的运动员。

美国高水平竞技体育前景

美国奥委会与各单项体育联合会正改善环境，促进运动员长期、综合发展。相比于其他体育强国，美国的医疗、文化教育和体育这一相互依存的系统中，民营化程度更高，市场的导向作用更强，更为昂贵，也更难统筹协调。然而，政府与社会团体也正加大对美国国民健康与竞技体育的支持力度。如果美国政府继续鼓励这种新趋势的发展，美国奥委会继续努力构建各方面更加协同的运动员发展阶梯，美国队便有可能实现其称霸世界体坛的雄心。美国的高水平竞技体育曾面对来自前苏联的挑战而奋起直追，如果历史重演，面对中国的挑战，美国也可能会加快前进的步伐。

加拿大高水平竞技体育管理体制

在奥运会历史上，加拿大平均每届夏季奥运会所获奖牌数为 11 枚，冬奥会 7 枚。2005 年，加拿大获得第二十一届冬奥会的主办权，政府开始大力支持高水平竞技体育的发展。由于加拿大在 1976 年蒙特利尔奥运会、1988 年卡尔加里奥运会上均未获得金牌，所以加拿大政府与民众期望其代表队能在自己的国土上吐气扬眉。2005 年以前，由于前加拿大短跑运动员本·约翰逊（Ben Johnson）在 1988 年汉城奥运会上因服用兴奋剂而被取消男子百米冠军的金牌和世界纪录，加拿大政府并没有对高水平竞技体育给予足够重视。

机构设置与资金来源

加拿大体育管理体制包括复杂的社会管理组织网络，各方均起着重要作用。其竞技体育管理体制由政府和社会管理相结合。加拿大政府为国家级单项体育协会提供资金支持，也拨款资助加拿大体育局（Sport Canada）及“独占鳌头”计划（Own the Podium，OTP）体育组织，但其支持额度有限。而其他训练经费则常由高水平运动员自筹，以及国家级单项体育协会、加拿大奥委会及残奥委会与社会力量合作获得。例如，加拿大皇家银行（Royal Bank of Canada，RBC）出资赞助奥运选手，开展奥运推广计划（RBC Olympians）。

“独占鳌头”是主要针对奥林匹克运动而建的体育组织。该组织是在一位独立顾问凯西·阿林格（Cathy Priestener Allinger）的建议下，由加拿大奥委会于 2005 年启动的国家举措。该体育组织主要用于支援加拿大本地运动员，为其在训练及经济上提供支持，最初是为提高加拿大代表团在 2010 年温哥华冬奥会上的运动成绩而建。2006 年，该组织继续支持夏季奥运会项目。现在，冬季、夏季奥运会均受其资金支持。

2011 年到 2012 年，“独占鳌头”体育组织的合作方之一——加拿大体育局（加拿大联邦政府体育管理机构)，通过该组织为冬奥会体育项目拨款共计 20,549,050 加元。与 2006 年都灵冬奥会相比，2010 年的温哥华冬奥会所获资助增长了约 5,400 万加元，同期冬季残奥会所获资助也增长了约 850 万加元。2011 年到 2012 年，“独占鳌头”计划组织向夏季奥运会 24 个大项拨付资金 34,749,500 加元。尽管“独占鳌头”计划组织大幅提升了冬奥会支持力度，但对夏奥会的资金支持却提升不大。2012 年伦敦夏奥会的资助金额与 2008 年北京夏奥会相比，只增加了约 400 万加元。同期残奥会也只增加了约 300 万加元(VANOC，2010 and OTP 2010，2011)。

体育赛事

国家级单项体育协会（NSO）与省级单项体育协会（PSO）负责组织各自运动项目的全国或省级锦标赛（Canadian Heritage，2011)。加拿大也举办多项目国家运动会（如全国运动会、北极冬季运动会)，每两年举行一次，夏季和冬季交替举行，且只允许业余运动员参加（Canadian Games Council，2011)。国家运动会自 1976 年创办之初，已有超过 75,000名运动员参与其中。

加拿大文化遗产部（the Department of Canadian Heritage）已经认可举办体育竞赛的重要性，因为竞赛可以促进全国范围内体育的发展，并对经济发展产生积极的推动作用，同时有利于构建团体凝聚力。政府已专为举办国际体育赛事制定了联邦政策，这一政策已于 2008 年 1 月 1 日起开始实施。

体育设施

加拿大有七大高水平竞技体育训练中心，分别设在卡尔加里、蒙特利尔、安大略省、曼尼托巴省、萨斯喀彻温省、加拿大大西洋省份，和加拿大太平洋省份。这些训练中心由加拿大体育局、“独占鳌头”计划体育组织、加拿大奥委会、加拿大教练员协会（Coaching Association of Canada，CAC）和各省政府支持，旨在：

* 助力加拿大运动员取得高水平竞技体育卓越战绩；
* 使高水平竞技体育运动员获得全面发展；
* 在全国重点区域强化训练环境；
* 强化教练员培训；
* 促进全国体育事业的发展。

(Canadian Heritage，2011)

高水平竞技体育训练中心场地设施为特定运动员提供体育科学、医疗及科研服务，也为所有体育项目的运动员提供在此训练的机会。但“精选运动员”（高水平及发展阶段运动员)（下文有详述，译者注）并非必须在此训练，且很多加拿大高水平运动员中学毕业后就进入加拿大、美国高校深造，并加入校运动队进行训练，参加比赛。这些运动员训练器材设备通常由本校提供（如体能训练器材、教练员及训练计划，以及运动心理咨询服务）。

运动员选材与培养

加拿大采用运动员长期培养发展理论（LTAD），创造出一套系统、高效的阶梯渐进式体育运动发展模式。该模式分为七个阶段：

1. 儿童积极运动阶段（0 到 6 岁）
2. “利用运动玩耍”阶段（女孩 6 到 8 岁，男孩 6 到 9 岁）
3. “学习训练”阶段（女孩 8 到 11 岁，男孩 9 到 12 岁）
4. “为练而练”阶段（女孩 11 到 15 岁，男孩 12 到 16 岁）
5. “为赛而练”阶段（女孩 15 到 21 岁，男孩 16 到 23 岁）
6. “为赢而练”阶段（女孩 18 岁以后，男孩 19 岁后）
7. 后高水平成绩阶段（任何年龄）

（Canadian Sport Centers，2011）

国家级单项体育协会负责实施和发展运动员长期培养发展理论模式。这一模式已在加拿大各奥运会项目中实施，因为要获得加拿大文化遗产部和加拿大体育局的资金支持，并作为一项体育运动获其认可，就必须实施这一模式（Canadian Heritage，2011）。

加拿大高水平运动员选材策略与方法均由各国家级单项体育协会自主决定（VANOC，2010 and OTP，2010，2011）。国家级单项体育协会自行决定潜力运动员的选材，以及哪些运动员参加省级、区级、国家级及国际比赛。各项目运动员选材方法不一，因为某些项目（如游泳、体操）比其他项目（如雪车）的选材年龄要早。

对运动员的全面支持

“独占鳌头”计划体育组织完全认可教练员在国家竞技体育中的作用：没有世界级的教练员，加拿大代表队也无法在国际赛事中登上奖牌总数第一的宝座。为确保本国教练员的可持续发展，该组织与加拿大教练员协会合作，创立了“‘独占鳌头’教练员业务发展计划”（OTP Coach Professional Development Program）。该计划的内容是：

* 提供专项培训、文化教育；
* 促进本国教练员与各国教练员沟通交流；
* 提供培训课程，包括加拿大国家教练员资格证书制度（National Coaching Certification Program，NCCP）相关课程；
* 创造机会促进运动队业务水平的提高，强化国家队教练员培训（包括培训课程学习、与其他项目高水平教练员交流、协作创新、提高教练员效能）；
* 在全国会议日程中安排专题研讨会。

（VANOC，2010 and OTP，2010，2011）

加拿大教练员协会负责加拿大教练员培训及教练员资格认证制度。教练员资格认证制度称为“加拿大国家教练员资格证书制度”（NCCP）。证书制度按照教练员执教对象的不同需求，分为社区志愿者、竞技体育教练员、专项教练员三个领域；把教练员划分为初训、结训、认证合格、高级以及国家级五个技术级别（Coaching Association of Canada，2011）。

具有竞技潜力的运动员可通过“运动员资助计划”（Athlete Assistance Program，AAP）获得资助。通过这项计划受惠的运动员称为“精选运动员”（carded athlete）（Canadian Heritage，2011）。国家级单项体育协会自主确定“精选运动员”的选择标准，并负责组织筛选。

为更好地服务于精选运动员，“独占鳌头”计划体育组织、加拿大奥委会、国家级单项体育协会以及各加拿大体育中心（Canadian Sport Centres）所在省政府共同成立了“整合支持团队”（Integrated Support Teams，ISTs），以确保加拿大运动员体质良好，为取得优异成绩调整好心理状态，并为高水平运动员提供以下方面的专家支持：

* 运动生理学
* 运动心理学
* 运动生物力学
* 运动营养学
* 物理治疗
* 专业医师

（VANOC，2010 and OTP，2010，2011）

2004 年，“独占鳌头”计划体育组织创立“绝密计划”（Top Secret Project），历时 5 年，斥资 8 千万加元，为加拿大代表团在 2010 年温哥华冬奥会上一展雄风提供科技支持。该计划汇集 13 个国内冬季项目组织、企业及高校建议，招募国内顶级专家，专攻 55 个优势项目的 4 个领域（竞赛服装、冰上运动、雪上运动和运动成绩）。

加拿大高水平竞技体育前景

加拿大联邦政府通过加大对高水平竞技体育的投入，倡导了其争优创新、百家争鸣、追求卓越、开拓进取的民族精神。2010 年温哥华冬奥会上，加拿大代表团斩获 14 枚金牌，成为单届冬奥会上夺金最多的国家。这是加拿大代表团的一大转折，因为加拿大过去作为东道主国家，未能在本国领土上赢得过奥运金牌。若加拿大继续加强高水平竞技体育体系各利益相关者的沟通交流，加大对体育运动的财政支持，尤其是加大奥运会、残奥会、英联邦运动会（the Commonwealth Games）、泛美运动会（Pan American Games）、残疾人泛美运动会（Parapan American Games）等运动会的备战投入，加拿大奖牌总数便可在大型冬季体育赛事中保持前 3 名，大型夏季体育赛事中保持前 15 名。

表 5.2　加拿大、美国和前苏联/俄罗斯高水平竞技体育管理模式比较

	加拿大	美国	前苏联/俄罗斯
机构设置与资金来源	自下而上管理，政府管理型和社会管理结合型，权力部分集中。	自下而上管理，政府的作用很小；社会管理型，权力分散于各社会体育组织	自上而下的管理体制，政府管理型，权力高度集中
体育赛事	国家单项体育联合会、职业运动队、中学、高校组织相关竞赛；举行多项目国家运动会	多项目、两层级的全美运动会；国家单项体育联合会组织相关竞赛，包括职业运动队竞赛，中学、高校校际比赛	多赛段、多层级的斯巴达克运动会，各方广泛参与；国家单项体育协会组织各自项目的专业运动队及校际竞赛；大多数竞赛受政府协调、支持
体育设施	高水平竞技体育各利益相关方协调支持省级高水平竞技体育训练中心，培养高水平及发展阶段运动员，通常设有运动员服务及其他相关服务	美国奥委会、各单项体育联合会及相关高校协调国家及地区训练中心，培养高水平运动员，有的也向发展阶段运动员开放；有的中心体教结合，并向运动员提供其他服务	国家政府统筹协调国家、地区及地方训练中心，培养高水平及发展阶段运动员，体教结合，并向运动员提供其他服务
运动员选材与培养	主要通过竞赛选拔人才；单项体育联合会采取运动员长期培养发展理论模式，为运动员制定适龄训练计划	主要通过竞赛选拔人才；美国日渐增多的专业院校中，专业教练员培养高水平运动员；单项体育联合会逐步采取运动员长期培养发展理论模式	专业教练员在为期 18 年的运动员培养中运用科学测试，辅以适龄训练规划、恢复方式和文化教育。运动员分为 10 个技术等级，按其竞赛成绩获得相应奖励
对运动员的全面支持	政府及非营利组织为教练员及运动员提供文化教育和相关体育科学支持；企业、政府及非营利组织资助高水平运动员，为其接受教育、训练、使用器材设备、享受体育科学及医疗服务、运动心理咨询、运动营养支持等方面支付部分开支	单项体育联合会开始加强教练员培训；美国奥委会通过单项体育联合会对优秀教练员提供在职文化课及体育科学培训；美国奥委会资助高水平运动员接受文化教育，助其职业发展，向其提供医疗服务；美国奥委会向单项体育联合会提供体育科学支持	政府培训教练员的专项业务水平和相关体育科学知识，任用教练员，并为其提供在职培训、体育科学支持。开展运动员文化课、职业发展培训，尤其是本项目相关职业培训；训练中整合专项医疗服务和预防医学；加强专项科研，组建科研小组，为国家队队员提供个性化服务

个案研究 5.1

运动队及运动员国际比赛制胜备战策略

Bill Sweetenham
澳大利亚　昆士兰州　黄金海岸

本个案叙述了笔者任英国游泳竞技体育主管时所使用的一些备战策略。笔者当时的职责是确保英国游泳选手各届奥运会均能夺牌、夺金。

对于所有运动项目来说，在实施训练策略之前，必须充分了解该运动项目的相关情况。游泳项目有以下几个特点：

- 游泳是早期专项化训练运动项目。
- 全世界的优秀游泳运动员通常平均每周训练量为 7 万到 10 万米。
- 优秀运动员通常每周训练 30 小时以上。
- 游泳项目夺牌运动员通常为 22 岁及以下。
- 女性比男性游泳运动员的夺牌年龄偏小。
- 游泳专项性强，运动员从小开始进行专门化基础训练，培养专项基础能力（儿童在 4 ~7 岁之间可学会游泳）。

带领英国游泳队拿到 2008 年北京奥运会季军是我最大的挑战。当时，英国队成为各国中备战最充分、最受尊敬的游泳队。下文将阐述英国游泳队备战策略和管理模式。

备战策略

最初，英国游泳队管理体制有六个方面需要进行大刀阔斧的改革。这六个方面的改革互相协调，最终形成明确的备战战略，以确保英国游泳队夺牌成功。

1. 团队建设

政策重点其实很简单：人是成功的关键。我组建了世界上最优秀的团队，从各方面确保英国游泳队的高效训练。我把每个团队成员都培养成了特定训练领域的专家。我的座右铭是："知人善用，各尽其才"。团队包括管理层、游泳运动员、教练员、体育科学各学科专家、团队经理（主管后勤和集训营）以及各种支持人员。然而，两个最关键的职位是：

- 总教练：最重要的教练职位，对取得运动成绩至关重要。
- 领队：领队和教练、游泳队员协同合作，确保满足所有的需求。

2. 战队组建

战队组建决策标准和政策包括：

- 通过 200 米项目培养运动员高超技艺，组建接力游泳队伍；
- 选用奥运潜力夺牌运动员组成游泳队；
- 依据国际赛事成绩标准选用运动员；

● 确保在预赛、半决赛和决赛中，运动员的成绩逐级提高，并且选手只在决赛中挑选。

为组建游泳队（包括长距离游泳运动员、短距离游泳运动员或自由泳运动员），我们组织了集训营和集训项目。这样运动员便可进行专业化训练，彼此竞争；同时教练员也可以由此选取执教项目，比如男子、女子项目，或指导哪个技术等级的运动员。

3. 运动员选材

根据我的国家队执教经验，具有竞技潜力的青少年运动员训练后可达到国际标准。期间需要教练员运用科学方法对其进行高质量的技能训练。英国游泳队有强大的后备力量培养项目支持，该培养项目为期 6 年，选拔 16 岁的男运动员和 14 岁的女运动员，以确保他们在 22 岁之前发挥出最大潜能。英国游泳运动员选材注重以下几点：

● 通过一系列测试评价候选人现实状态，确保选材的成功率；

● 根据性别差异，为每位运动员选择最佳训练环境；

● 在训练和比赛中设置障碍，培养运动员克服困难完成任务的成就感；

● 与对手比赛；

● 与世界级高水平运动员比赛；

● 组织运动员在诸多国家（包括训练环境很差的国家）进行比赛，体验激励和挫败感。

我们通过男女两组队员在国际比赛中的成绩和世界排名，持续测量其各自提高幅度，以此使英国游泳队保持良好状态，实现北京奥运会上的夺牌目标。

4. 责任制

当今世界高水平竞技体育竞争空前激烈，备战的各方面都需要配备专业人员来管理、组织和领导。游泳队管理体制的各个层面，上至国家队，下至各游泳俱乐部，决策者都必须对各自管辖范围无条件负责。

5. 游泳军团建设

英国游泳军团构成如下：

● 20% 的队员是高天赋游泳健将、教练员、体育科学专家以及团队支持人员。这部分队员为夺牌主力军，运动天赋高，会灵活运用制胜战略。训练得当会超常发挥。

● 40% 的队员是能够完成既定目标的运动员。这部分队员是上述 20% 高水平运动员的后盾。若有强有力的领导体系并训练得当，这部分队员能够取得良好训练效果。强有力的领导体系包括业务水平过硬的教练员和管理层，即使在高压下也能运筹帷幄，成竹在胸。笔者还发现，若打消运动员的心理和生理性焦虑，使他们身心放松，能使训练效果提高 1%，从而相应地使其取得优秀成绩的概率由 60% 提升到 70%。教练员必须与每位运动员建立共赢且牢固的伙伴关系，了解每位运动员的情况，了解每次比赛的方方面面。

● 后备力量培养项目源源不断地向游泳队输送人才，这部分人才比重占游泳队的 30%。

● 游泳队全员达成共识：游泳军团各个方面要做到最优。

- 队员都清楚自己的角色和责任，并且朝着同一个目标努力奋斗。

6. 赛绩规划

- 赛绩规划至少在赛前6年前制定。
- 运动员选材需在赛前4～6年进行。
- 赛前18～24个月成立备战小组。
- 备战小组成员为：体育科学专家、后勤人员、教练员、游泳运动员和支持人员。小组成员须有赛事制胜经验。
- 比赛临近，备战小组成员精简。
- 赛前8～12个月，备战小组成员缩减40%～50%。
- 随着成员减少，备战小组成员专业水平更趋精专，潜力夺金运动员及为其个人所配备的支持人员名单确定。
- 赛前6个月，备战小组最终名单确定。小组专家成员精简，目标导向性更强，为运动员夺牌提供强有力的保障。
- 备战小组人员的选择标准是，运动员是否信任他们，是否对他们充满信心。
- 每个组员都必须凭借训练效果和责任心，清楚地展示其制胜策略切实有效。组员需在一段时间内持续运用其制胜策略方可继续留在备战小组。

世界最强战队须在运动员天赋、组员能力、备战和专业水平上超越对手。相应地，你会发现比赛失利的队伍在这些方面一般都恰好相反。他们人员多，专业性就会分散，在重要赛事中会因情况失控而产生恐慌情绪。总之，要想获胜，就必须对训练、比赛情况了如指掌，并且要有明确目标。以下几方面要做到位：

1. 组建世界上最优团队；
2. 依据国际赛事成绩标准组建运动员战队；
3. 拥有强大的后备力量培养项目支持；
4. 团队实行责任制，面向同一个目标协同作战；
5. 建设强有力的领导体系，充分了解队伍建设法则，为比赛制胜提供有力保障；
6. 合理进行赛绩规划，步步为营；
7. 灵活的应变能力至关重要。因为在国际环境中，各层次的高水平竞技体育赛事易受情况变化的影响，如赞助、资金支持的变化。
8. 确保各项决策都准确无误。

这些原则适用于所有运动项目，且被实践证明行之有效。

结　语

本章综述了三种高水平竞技体育管理体制，提出了一个覆盖范围广、可灵活调整的高水平竞技体育主要因素分析框架。本研究的三个样本国家正大力提升其高水平竞技体育管理体制，在表 5.2 所列的主要因素中都有所体现。

对于高水平竞技体育管理层来说，最根本的问题是：我们可以采用哪种体制？本研究三个样本国家的做法为全世界高水平竞技体育主管提供了参考，诸如以下几个方面：

* 政府资助及支持；
* 专业的高水平竞技体育运动器材设施，综合训练中心；
* 多项目、多层级的体育赛事；
* 为职业运动员、业余运动员提供全项目、综合性的竞赛、集训管理；
* 运动员选材、运动员长期培养发展理论模式；
* 体育科学各学科支持团队；
* 教练员的统一培训、资格认证体系；
* 运动员各发展阶段伤病预防及恢复的长期机制；
* 普通学校、体育运动学校、高等体育院校提供运动员文化教育和职业培训，助力运动员职业发展。

讨论问题

1. 说明各国高水平竞技体育比较模型的优缺点。
2. 列举前苏联及俄罗斯、美国、加拿大高水平竞技体育管理体制的相似和不同之处。
3. 讨论苏联及俄罗斯、美国、加拿大所面临的挑战，展望未来三国的体育成绩。

关键词

高水平竞技体育比较模式
高水平竞技体育管理体制
优秀运动员

延伸阅读

Douyin, X. (1988). A comparative study on the competitive sports training systems in different countries. *Journal of Comparative Physical Education and Sport*, 2, 3 – 12.

Houlihan, B., and Bloyce, D. (2009). Developing the research agenda in sport policy. *International Journal of Sport Policy*, 1(1), 1 – 12.

Kihl, L., Kikulis, L., and Thibault, L. (2007). A deliberative democratic approach to athlete-centred sport: The dynamics of administrative and communicative power. *European Sport Management Quarterly*, 7(1), 10 – 30.

Zeigler, E. (2009). *International and comparative physical education and sport*. Victoria: Trafford Publishing.

网站推荐

www.roc.ru

http://government.ru/eng/power/60

www.teamusa.org

www.pch.gc.ca/sportcanada/index-eng.cfm

http://ownthepodium.org

www.olympic.ca/en

注　释

1. 前苏联解体后，1992 年夏季奥运会上，独联体队由前苏联 12 个原加盟共和国的运动员组成；同年冬季奥运会上，独联体队由 5 个原加盟共和国运动员组成。

参考文献

Baumann, A. (2002). Developing sustained high performance services and systems that have quality outcomes. *12th Commonwealth International Sport Conference Abstract Book*, 62 – 71.

Canadian Games Council(2011). Canada games: Introduction. Available at www.canadagames.ca/content/Games/Home.asp.

Canadian Heritage(2011). Canadian heritage website. Available at www.pch.gc.ca.

Canadian Sport Centres(2011). LTAD stages. Available at www.canadiansportforlife.ca/learnabout-canadian-sport-ife/ltadstages.

Coaching Association of Canada(2011). NCCP training: What is NCCP. Available at www.coach.ca/what-is-the-nccp—s12507.

CODP(2011). Community Olympic development program 2011 fact sheet. Available at http://s3.assets.usoc.org/assets/documents/attached_file/filename/41103/2011_CODP_Fact_Sheet.pdf? 1302640380%20.

Coyle, D. (2007). How to grow a super-athlete. *The New York Times*. Available at www.nytimes.com/2007/03/04/sports/playmagazine/04play-talent.html? emc = eta1.

De Bosscher, V., Shibli, S., van Bottenburg, M., De Knop, P. and Truyens, J. (2010). Developing a method for comparing the elite sport systems and policies of nations: A mixed research methods approach. *Journal of Sport Management*, 24, 567 – 600.

Digel, H. (2002). *Resources for world class performances in sport: A comparison of different systems of top level sport policy*. Institut National du Sport Expertise in Elite Sport 2nd International Days of Sport Sciences,46 – 49.

Grasso,B. (2008). Talent identification & development on an international basis,athletes' acceleration. Available at http://www. athletesacceleration. com/youthtalentidentification. html,accessed July 1,2008.

Green,M. and Oakley,B. (2001). Elite sport development systems and playing to win: Uniformity and diversity in international approaches. *Leisure Studies*,20,247 – 267.

Hart,S. (2010). Floyd Landis puts Lance Armstrong at the centre of new drug allegations. Available at www. telegraph. co. uk/sport/othersports/cycling/lancearmstrong/7746819/Floyd-Landis-puts-Lance-Armstrong-at-the-centre-of-new-drug-allegations. html.

Herrmann,L. (2011). In latest cycling doping scandal,Hamilton gives up gold. Available at http://digitaljournal. com/article/307004.

Houlihan,B. and Green,M. (2008). *Comparative elite sport development systems,structures and public policy*. London: Elsevier.

Ippolitov,J. A. ,Mishin,A. A. ,Novikov,A. A. ,Tarasova,L. V. and Shamilov,G. S. (2009). Innovative technologies of athletic preparation. *Sports Science Bulletin*,5,3 – 5.

Isaev,A. A. (2002). *Sports policy of Russia*. Moscow: Soviet Sport.

Khoshnevis,K. (2010). Top secret contributions. Available at www. capitalnews. ca/index. php/news/top-secret-contributions.

Mackay,D. (2011). Putin backs Russian athletes preparations for Sochi 2014 with massive cash injection. Available at www. insidethegames. biz/olympics/winter-olympics/2014/11683-putinbacks-russian-athletes-preparations-for-sochi-2014-with-massive-cash-injection.

Markur,J. (2008). Born to run? Little ones get test for sports gene. The New York Times.

Available at http://www. nytimes. com/2008/11/30/sports/30genetics. html? th&emc = th, accessed November 29,2008.

Michaelis,V. (2009). U. S. Olympic athletes help pitch fundraising campaign. *USA Today*. Available at http://usatoday30. usatoday. com/sports/olympics/2009-06-02-usolympiccampaign_N. htm,accessed June 3,2009.

Ministry for Sport, Tourism and Youth Policy of the Russian Federation (2011). Available at http://sport. minstm. gov. ru.

Platonov,V. N. (2010). *High performance sport and preparation of national teams for Olympic Games*. Moscow: Soviet Sport.

Riordan,J. (1980). *Sport in Soviet society: Development of sport and physical education in Russia and the USSR*. Cambridge: Cambridge University Press.

Smolianov,P. and Zakus,D. H. (2008). Exploring high performance management in Olympic sport with reference to practices in the former USSR and Russia. *The International Journal of Sport Management*,9,206 – 232.

Sparvero,E. ,Chalip,L. and Green,B. C. (2008). United States. In B. Houlihan and M. Green(Eds.),*Comparative elite sport development: Systems,structures and public policy. Burlington*,VT: Butterworth-Heinemann.

Track Town USA(2011). Nike Oregon project: Salazar applies the latest technology to distance training. Available at www. tracktownusa. com/track. item. 5/the-oregon-project. html.

USOC(2011). United States Olympic Committee. Available at www. teamusa. org.

VANOC 2010 and OTP 2010(2011). Own the Podium. Available at http://ownthepodium. org.

第6章 国家体育组织的质量和绩效管理
——分支体系的绩效评估与管控

Jo Van HOECKE, Hugo Schoukens, Paul De Knop
比利时布鲁塞尔自由大学，Double PASS

学习目标

阅读本章后，读者将能够：

1. 阐述体育协会的组织绩效管理、控制战略；
2. 讨论完善的青少年训练体系（简称“青训体系”）对于国家单项体育协会/职业联赛的重要性；
3. 探讨你所在国家职业联赛俱乐部青训体系的关键成功因子（CSF）；
4. 为体育俱乐部青训部门设定质量标准和绩效指标。

概　述

为保证青少年运动员培养质量，许多国家单项体育协会和职业联赛引入了青训培养质量认证体系（Professional Academy Support System，PASS）。他们同布鲁塞尔自由大学的衍生公司Double PASS合作，对其各俱乐部青少年训练中心（academies）（简称“青训中心”）的目标实施现状进行评估。Double PASS国际标准化组织的作用是，按照已达成一致的标准、指标体系来评估各青训中心绩效的现状和发展前景。国家体育组织通过监控青训体系的关键成功因子（CSF）和关键绩效指标（KPI），控制和改进青训分支体系。向最佳绩效俱乐部授予品质标签、提供财政支持等激励方式，能够推进其运动项目的职业化发展，尤其是青少年运动员培养体系的完善。

在运动员选材和培养机制中实行有效评估和质量保证体系，对于该项运动未来的良好发展——包括优化结构、取得优异成绩至关重要。许多学者和从业者认为，全面、准确的绩效维度和CSF可以帮助组织明确具体评估标准，以监控组织发展进程和行为表现，取得最佳绩效。对于大多数国家级集体项目体育协会而言，除了需确保俱乐部运动队至少达到最高级国际体育赛事水平之外，还需建设一支强大的国家队。另一个关键要素是举办极具吸引力的国内赛事，能够吸引财政稳定的俱乐部和运动员参赛，且运动员能为观众带来认同感。因此，能够源源不断地为俱乐部培养输送优秀的本土运动员十分重要。一项运动的组织分支体系——尤其是青训体系的质量，对于该项运动的良好发展至关重要。

一项集体项目受欢迎的程度，往往取决于国家队的运动成绩以及职业俱乐部运动队的表现。若某项运动在国际赛事上斩获颇丰，媒体会争相报道，其运动人口也会增加，也更能引起利益相关者（管理层、私人赞助商、粉丝、公众等）的关注。因此，竞技运动成绩、授权许可代表队的数量以及俱乐部成员数量等常用来作为绩效指标，用以评估国家或地方负责该项运动组织和发展的协调主体的绩效。然而，这些管理层面的指标数量有限，只是用以评估国家单项体育协会运营成绩的一种方式。

为了更全面地了解国家体育组织的绩效和发展潜力，应当充分了解绩效和发展潜力的内外影响因素。Chappelet and Bayle（2005）构建了一个多维绩效评估工具，绩效指标不仅仅局限于运动成绩，还包含了组织、财务、宣传、内外在社会因素。此外，要取得良好运动成绩，与单个地方体育协会相比，由多个地方体育协会组成的国家体育协会的任务更加错综复杂。国家集体项目单项协会要取得运动佳绩，则需其全体成员（即各体育俱乐部）及协会附属组织（即各职业体育联盟）发挥关键作用。因此，Chappelet and Bayle 也探讨了体育协会体系的组织绩效，涉及协会与组织体系内这些合作机构的依赖关系。

Chappeletand Bayle（2005）认为，国家单项体育协会的服务质量、合作机制的完善程度及利益相关者的满意度，都是其绩效评估的主要标准。体育协会对其成员提供相关服务，不仅能提高分支体系的绩效质量，也能强化协会存在的价值。国家单项体育协会应当对其成员俱乐部活动予以批准且提供支持，因为这些做法可以维护协会对于整个分支体系的主导权，避免俱乐部脱离国家单项体育协会的管理。由于体育相关各方行为有时会前后不一，体育协会的管理者需要和各利益相关者维持稳定的关系。另外，Chappelet and Bayle 也探讨了成员活动需国家单项体育协会批准的其他裨益：成员会更加清楚该分支体系结构及其运行体制，以及对于地方成员的裨益，使地方成员有效评估与该分支体系合作的可行性，这也是分支体系的职业化、有效性和产品质量控制的保障。

管理的高质量和专业化需求

体育运动广受关注，能产生很高的经济效益，所以各级体育管理机构都敦促体育组织在体育“产品”目标制定和输出上采用更加专业的方法途径（Kikulis et al.，1995）。此外，体育产业已经演变为需求各异的买方市场，其中服务和质量是最重要的 *CSF*，因此，体育亟需专业化的管理控制。体育管理机构希望体育组织的最终“产品”符合目标顾客需求，产品生产过程效率高、有效性强，员工能力得以充分发挥，产品符合预定规格，且满足利益相关者的合理期待（*Lucassen et al.*，2007）。政府和其他相关机构对体育事业投入资金和其他支持，也必然希望体育组织的产品质量优良。在这种情况下，各体育组织系统引入了质量和绩效管理体系，以对体育系统的质量和绩效加以改进、控制。

质量和绩效管理的原则

Neely *et al.* （1995）将绩效评估（performance measurement）定义为组织有目的的行为量化过程，量化的过程即为评估，而组织有目的的行为则是绩效。【本句是作者所引文献中“绩效评估”（performance measurement）的定义，本文作者误引为绩效管理（Performance Management）的定义。译文取原文献意义。译者注】绩效管理（Performance Management，PM）的核心是绩效评估体系，对绩效管理的效果和效率至关重要。正如Deming所言，无法评估，则无法改进。Kueng（2000，p70）进行了如下阐释：

设想一下，如果运动员或运动队不对自己的绩效进行评估，结果会怎样呢？没有前进的动力，无法衡量训练方式是否有效，当然也就不可能达到世界水平。

一直以来，人们通常认为绩效评估是对组织行为结果的事后评价，但也有许多研究将绩效评估作为对成功绩效影响因素的评价（Chappelet and Bayle，2005）。通过确定卓越绩效影响因素，组织可确定哪些绩效需要改进，从而将有限的资源更为有效地投入到绩效改进中（Kanji，2002）。因此，若想让绩效评估体系行之有效，则须确定“准确”的绩效因子，而大多数文献认为，这些因子反映了一些核心原则与做法，诸如顾客满意度、过程管理、团队协作、职责授权、持续改进（Kanji and Sa，2007）。绩效考核只有基于准确的绩效因子，才能对组织绩效的现状和发展潜力进行系统评估。若将其融入组织管理中，绩效评估便与全面质量管理（total quality management，TQM）的理念相一致了。

TQM的主要策略之一是综合一系列关键因素来实现并维持卓越组织绩效（Zakaria and Zulnadi，2006），其中关键点在于质量控制的体系和基本程序。正如Dale（1994）所述，质量控制体系是组织全面质量管理的基本支柱，能够保证所有的改进都恰到好处。建立起一套高效的质量保证体系意味着需要确保实施质量管理所需的组织结构、责任划分、基本程序、生产过程及必要资源，以此建立一定的标准化指导框架，使所有生产活动都遵循着共同的准则，运用相同的信息、方式、技术和控制环节来进行。

为达到卓越绩效，亟需将PM与TQM的概念整合运用。“卓越业务”意味着兼顾并满足所有关键利益相关者的需要，需要基于CSF体系进行绩效评估。CSF即为数有限的能确保组织获得卓越绩效的业务领域（Kanji and Sa，2007）。因此，要提高组织绩效，就必须确定TQM标准，并对这些标准的绩效贡献进行考核（Gadenne and Sharma，2002）。TQM和PM的综合运用清楚地说明了为什么TQM理念的核心是持续改进。这种综合理念通过对产品质量的专注，强调了组织为各利益相关者提供的价值（Sitkin et al*et al.*，1994；Soltani et al*et al.*，2004）。Pun（2002）认为，TQM/PM的整合目标是帮助组织进行持续改进，以实现更高的组织绩效与产出。

这种整合理念需要从利益相关者的角度出发，对监控TQM实施过程和企业绩效的方式和指标进行明确定义。Kanji and Sa（2001）认为，PM衡量标准建立在组织的CSF体系基础之上，最终与卓越业务绩效的决定因素相一致。TQM/PM整合需要与企业发展任务和战略相协调，并与其运作目标、管理体系、评估方式和具体实施相结合。TQM/PM 整合还需要组织不断自我评价，以明确组织绩效改进因素。由于美国波多里奇国家质量奖（MB-NQA）和欧洲质量奖（EQA）评审标准、程序最为通用，也颇为完善，因而成为企业进行自我评价的常用模式（Kueng，2000）。除了上述 TQM 绩效评估框架之外，其他 PM 体系也相继出现，如平衡计分卡（Kaplan and Norton，1996）和人力资源计分卡（Becker *et al.*，2001）。这些绩效评估和 TQM 结果的应用及其在组织绩效中的贡献，引发了诸多学者的热情讨论，他们纷纷探讨 PM 和绩效评估在商业组织中的应用前景（如 Bititciet al*et al.*，1997；Capon et al*et al.*，1995；Dale，1999；Neely，1998；Neely et al*et al.*，2000；Wilkinson，1993）。

体育协会的具体情况

几乎所有欧洲集体项目的组织结构都是金字塔式的，包含体育俱乐部、地方体育协会、职业体育联盟和国家单项体育协会。其中，处于最基层的体育俱乐部也是这个分支体系的核心。俱乐部都是私营体育组织，是向顾客（运动员和观众）提供体育服务的主体。因此，体育消费者大多是通过作为传统体育结构基石的职业、业余体育俱乐部分支体系而获得体育“产品”的。此外，这些体育俱乐部也大力推动了青少年运动员的起步与训练，从这个意义上说，俱乐部也决定着体育发展的未来。尼斯宣言（2000）对体育俱乐部的基石作用作过如下论述：

> 青少年运动员的培养政策是体育、国家队和高水平赛事参与的生命之源，需加大力度发展。在国家和社区法律规范所允许的范围内，体育协会——在适当情况下与政府机构协同合作——有充分理由对其所属俱乐部提供支持，以保持其培养青少年运动员的能力，确保训练质量。

这段话充分说明，集体项目单项体育协会要实现其核心活动，完成其使命，就必须依赖于其所属俱乐部的运作。

足球案例

正如 Arnaut（2006）所言，足球运动即是这种互相关联的金字塔结构的典型案例。竞技足球、职业足球、半职业足球和业余足球运动通过这一结构紧密相连，互相支持。例如，足球管理机构有多大财力支持草根足球运动，与其所组织的球赛收入密切相关。因而相应而言，若球赛收入有所减少，足球运动所获得的投资也就越少。职业足球与草根足球的密切关联是欧洲足球运动的基础，根据尼斯宣言，为确保这一完整体系正常运行，且人人得以参与足球运动，足球协会起着关键作用。

欧洲足球协会联盟（欧足联）（Union of European Football Associations，UEFA）也持有相同的观点：

欧足联及整个足球体系的力量均来自于各国足协。因此，这一体系各级组织的运转都需要持续改进。我们面临着来自内外部的压力——部分成员需更加现代化，提高效率，并且对许多成员来说，这种改革十分必要。

从这层意义上来说，足球及其组织结构在过去的几十年中改革巨大。在此期间，足球俱乐部频繁地受到国内足球组织、国际足球组织及足球管理机构的外来影响（Relvas *et al.*,2010）。纵观欧洲的足球俱乐部，其影响主要来源于欧足联。欧盟立法和博斯曼法案（Bosman ruling）确保了足球运动员自由签约欧盟所有足球俱乐部，加速了欧盟范围内球员的流动。因此，欧足联引入了俱乐部许可证制度。这一制度在 2004/2005 赛季之初引入，目的是鼓励欧洲俱乐部足球放眼长远，为足球的可持续发展作长远打算（EUFA）。

2010 年，欧足联通过了新的欧洲俱乐部许可证制度（Club Licensing）和财政公平竞争制度（Financial Fair Play）。他们保留了成员国现有的国内俱乐部许可证制度，并成立了独立的俱乐部财政监控小组（Club Financial Control Panel），以持续监测欧洲的俱乐部是否具有欧足联赛事参赛资格。该许可证制度基于一系列既定质量标准对俱乐部进行年度审核，欧洲的俱乐部必须满足这些标准，才能参加欧足联下属的相关赛事。这一审核过程的主要原则是透明、公正、公信、可靠。俱乐部只有满足了关于体育事务、基础设施建设及管理、人力、法律和财政等五个标准后，才可得到参赛许可证。欧足联（2011）报告中指出，这些要求帮助成员俱乐部实现了健康运营，也使得俱乐部和各国家足球协会进行透明度更高、更为有效的管理。

获得本国国家足球协会颁发的许可证，说明俱乐部达到了最低质量要求。而欧足联与第三方机构合作，对俱乐部许可证制度在每个足球协会中应用情况的进一步审核，则强化了这一体系在欧洲范围内的推广应用。为使该制度在欧洲范围内广泛应用，欧足联向各成员国家足球协会提供建立完善的基础设施所需的技术和财务支持。截止 2010/2011 赛季末，各协会收到欧足联团结基金投资共计九千万英镑。

这一体系的益处已经在国际范围内获得了更为广泛的认可。因此，2007 年 FIFA 建立了一套俱乐部许可证制度，作为对成员主体进行更好地协调管理的框架。俱乐部许可证制度保障了俱乐部之间公平、公正地竞争，提升了体育价值，增强了俱乐部财务管理、业主资格和管理运营的透明度，同时也提高了欧洲俱乐部的职业水平（FIFA，2007）。

国家单项体育协会分支体系质量管理

地方俱乐部受国家单项体育协会和当地政府的影响较大。许多国家设有多个政府部门和体育管理机构，为俱乐部的运营创造了法律环境，如运营规范、认证制度和/或财政补助。例如，法国高水平运动员训练中心的建设和运营需要符合一些具体条件，并需定期接受体育管理机构的检验。

通常，负责体育管理的国家单项体育协会设有一个基本组织框架。国家单项体育协会的目的是主导国内运动项目的管理，主导各级别联赛的组织协调。这促使整个体系采用职业化运作方式。这一集中管理体系要求主要参与者密切配合，也要求整个体系内部必须进行职业化运作。这一体系要求国家单项体育协会设定清晰的整体战略计划，并且体系成员都参与这一计划的制定和实施。

通常，人们非常关注青少年体育以及青少年运动员培养体系。毕竟，投资青训体系是保证一国/地区体育（及体育协会）未来取得运动佳绩的主要战略。Ineum Consulting and Taj（2008）在一项欧洲青少年球员训练研究中指出，不同层面的参与者大都对训练体系的要求与标准进行了规定，从而构成了所谓的“规范簿”。不同国家的“规范簿”各不相同，有时用来当作俱乐部分级认证体系的标准。根据这一探索性研究，1/3的欧洲国家除了欧足联俱乐部许可证制度之外，没有其他训练规范。2/3的欧洲国家足球协会已经以许可证制度的形式确立了其他规范，其中半数国家已经建立起与许可制度平行的俱乐部分级认证体系，设立了一系列质量标准和俱乐部级别体系（Ineum Consultingand Taj 2008）。

例如，英格兰足球总会（English Football Association，FA）于1997年引入了《素质章程》（Charter for Quality），对FA职业联赛青少年球员训练体系——“卓越中心计划”（Programme for Excellence）体系的建立提出了具体的举措。《素质章程》明确规定了青训中心的具体环境及运营标准，包括训练设备、人员配备、医疗供给、训练体系和法律规范等方面。这些标准对于青少年球员的有效培养是至关重要的（Relvas et al.，2010）。正如刘易斯报告（Lewis Report）（2007）所总结的，自从《素质章程》施行以来，职业足球青少年运动员发展卓有成效。足球体系内部均大力投资青训中心和“卓越中心”，以完善其训练设备，培养职业球员。目前，英格兰地区有40家俱乐部获得许可开设青训中心，51家俱乐部获得许可设立“卓越中心”。

在英格兰，每个联赛——如英格兰足球超级联赛（Premier League）和英格兰足球联赛（The Football League）——都有自己的内部监控体系，监控成员俱乐部是否服从于联赛的规则与规章制度。但是，内部监控体系是英国职业足球新型现代化青少年球员培养战略的一部分，目的是统筹这些规则与规章制度，确保现代化青训体系的运转协调一致。

英格兰“精英球员计划”（Elite Player Performance Plan）的CSF之一，便是实施新的有效绩效评估和质量保证体系。英格兰实施了“英格兰足球青训质量认证体系（Foot PASS England）”，实行第三方质量控制，来确保质量控制过程的公平性与绝对的客观性。为此，英格兰职业足球选择了国际标准化组织Double PASS公司，对新实施的青少年球员发展计划中的青少年训练中心目标实施现状进行评估。刘易斯报告也非常推荐这种做法：

> 要保持追求卓越的传统，就必须制定高标准，依此进行评估，并记录进步与成就。若停滞不前甚至每况愈下，则需果断采取行动。改进与进步驱动力的核心在于运用质量保证体系（Lewis 2007，p. 22）。

比利时、芬兰、德国的足协和足球联赛早在5年前便已经引入了Foot PASS质量认证体系，而今英格兰足球超级联赛、英格兰足球联赛和英格兰足球总会也追随其后。德国足球甲级联赛中，对职业俱乐部青训中心进行第三方评估认证，已成为联赛以及整个德国足球发展的主要推动因素。正如德意志足球联赛（DFL 2011）一位主管所言：

通过为青训中心进行资格认证评估，我们已在确保青少年球员可持续发展的道路上又迈进了一步。我们通过系统实施 Foot PASS 质量与绩效评估体系，显著地提升了青训中心的潜能，已经培养了更多的本土运动员。

通过实施 Foot PASS 质量认证体系及其他措施，德意志足球联赛与德国足协的目标是：指导俱乐部推进职业化进程；强调高质量青训体系在更为有效地发展“本土”人才中的重要性。因此，自从十年前在职业俱乐部建立了精英青训营，德国职业足球已在其青训体系中投资超过五亿欧元（DFL 2010）。2010 年，第二轮第三方评估启动，欧足联根据 Double PASS 公司的评估结果颁发了欧足联团结基金（UEFA Solidarity Fund）（2009/10 赛季共拨款 750 万欧元）（详情请参阅本章个案研究）。

青训质量认证体系（PASS）

一些体育协会和职业联赛引入了“青训质量认证体系”（PASS），重点对其青训体系进行质量保证与绩效评估。PASS 评估认证框架也适用于不同的体育领域（即不同集体项目的职业和业余体育俱乐部为青少年球员所提供的体育服务），从而考核、改进其青训系统的训练制度及训练过程。选用第三方机构评估是必要的：不仅能保证评估结果的客观性，而且能保持评估方和投资方互不干扰。体育协会中的支持人员就第三方机构提供的建议帮助俱乐部进行改进，这样，协会便以最为有效的方式提升其分支体系的运营质量。

首先，PASS 质量和绩效评估体系主要关注集体项目，如足球 PASS（Foot PASS）、篮球 PASS（Basket PASS）和冰球 PASS（Hockey PASS）。在这些以竞争为导向的传统体育项目中，青训中心努力培养一线队新秀，或（至少）通过销售特许商品获得收入（Stratton et al., 2004）。各青训中心都致力于争取赢得好赛绩，组织赛事观赏，获得经济收益，这种直接的“投资回报”模式解释了为什么青训中心通常被视为俱乐部的“研发部门”。因此，俱乐部青训部门所有最主要的过程及支持、管理过程，都需以职业化方式运作，以努力培养更多、更优秀的本土运动员，并提高青训投资的效益。

对于这类体育协会而言，PASS 等具体质量保证体系能帮助它们：

* 在协会的分支体系中系统地引进并实施 TQM 与 PM 的原则；
* 向协会分支体系的所有利益相关者提供信息，明确不同体育领域的 CSF 及相应的训练体系与训练过程；
* 按照运动专项的具体要求，客观地评估其俱乐部的质量与绩效；
* 就俱乐部的资格认证、资金投入与激励机制进行分级与衡量；
* 为俱乐部（尤其是为其青训体系）提供专业建议与支持，以优化其组织结构与运营过程；
* 从提高职业化水平的角度优化体育分支体系的管理，以提升长期产出与成果的质量。

PASS 框架

这些质量评估体系的核心是一个实用且合适的评估工具（Van Hoecke *et al.*，2009）。PASS 的这一评估工具包括：一系列旨在评估青训中心绩效前景的 CSF 监测清单，以及用以评估青训中心绩效现状的 KPI 体系（Van Hoecke *et al.*，2006，2007，2008）。此处的 CSF 指取得良好青训成绩的主要影响因素，而 KPI 则是俱乐部青训中心是否成功的评估指标。大多数青训成果评估指标都围绕青训中心的核心目标展开——即运动员选材和培养体系的成果，其标志即为俱乐部天才球员进入职业球队和/或其他同级球队的人数。

这些 CSF 和 KPI 归纳为相互关联的八个维度，构成了目前的 PASS 框架（Van Hoecke *et al.*，2010）（见图6．1）。

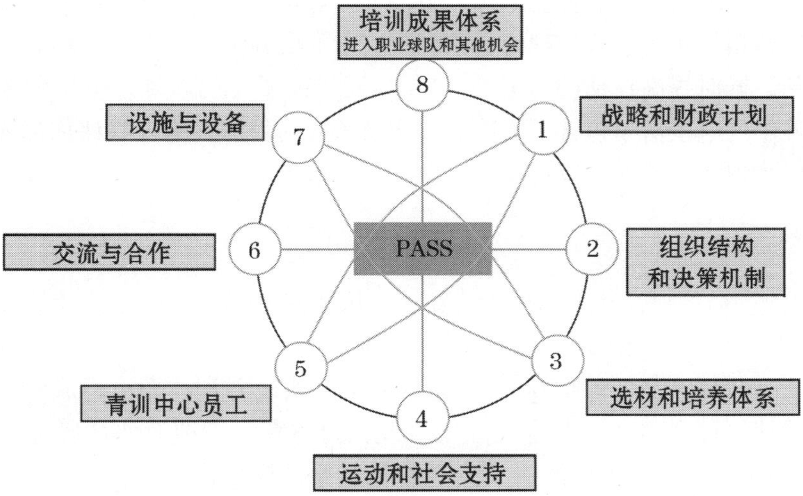

图 6．1　青训培养质量认证体系框架

（来源：Van Hoecke *et al.*，2010）

为使 PASS 框架更具可操作性，八维体系又细分成重要的次维度，形成了 PASS 评估评分系统的基础。八维体系及其次维度分别为：

1．战略和财政计划（STRA）：据青训中心核心任务而制定的俱乐部目标和计划，战略和财务计划；

2．组织结构和决策机制（ORG）：组织结构，青训中心在职业足球俱乐部中的定位，领导体系及正式决策程序；

3．选材和培养体系（DEV）：训练理念与训练计划，规划与考核，训练和竞赛机会，内外部考核选拔；

4．运动和社会支持体系（SUP）：医疗、心理、学业和社会监督；

5．青训中心员工配备（STAF）：青训中心管理团队、教练员配备及其专业性；

6. 交流与合作体系（COM）：内外部交流，球员发展沟通会，员工绩效考核，与当地政府、学校和其他组织的合作；

7. 设施与设备（FAC）：青训中心训练设备、场地设施、相关支持设施与设备。

8. 培训成果体系（PRO）：基于衡量青训核心目标实施现状的 KIP 进行青训培养体系实际成果评估；例如，俱乐部青训 KPI 主要关注入选高级别球队人数（如进入俱乐部职业球队或其他同级球队、高级别球队本土球员人数及比赛数、进入国家队人数等）

PASS 还提供一份电子日志，按照 PASS 框架维度，列出俱乐部物质资产及资源，以建立青训中心绩效现状和发展前景的结构性评估框架。青训主管可使用该电子工具进行自我评价，了解自身的优势与劣势。

为了计算每个维度和次维度的得分，PASS 设立了大量加权标准和绩效指标。这些加权标准又进一步细化为具体的量化指标，由第三方机构审计人员在报送审计和就地审计中进行评估。这些指标是为了检验理论步骤在现实中的实施情况。为了帮助第三方考核人员进行有效评估，同时提高评估的可靠性，PASS 还研发了专门软件，引导考核人员完成整个程序。软件中的电子清单包含了文件、观测及访谈的目标实施现状评估标准，只要激活清单，就可以为俱乐部自动生成定量和定性的评估报告。

实施阶段

为确保 PASS 质量保证体系的可持续实施，从而使青训体系能够持续螺旋上升而达到卓越成就，PASS 制定了该体系的实施过程，包括以下三个主要阶段：

1. “确定质量标准与绩效指标”：要改进并最终实现青训体系卓越成就，首先必须建立一套恰当的绩效评估体系。在这一准备阶段，为体育组织绩效评估确定特定评估标准时，需请各利益相关者（质量评估人员）参与其中。评估体系需符合“适用性”原则，所以必须与相关体育协会专家及合作方共同讨论，确定评估标准与指标。此外，为了给下一实施阶段打造坚实的基础，各俱乐部的参与也很重要，这样才能设立一套与体育组织相关、各方均认可的标准体系，从而更能使评估体系成为得力工具和各方参与的共同计划，进而使体育组织分支体系的质量得以保证并改进。

2. “以评促改”：第一实施阶段关注的是为改进而评估（缩小现实与目标的差距）。为了改进质量，被评估组织不仅需要从内部，而且最重要的是从“关键利益相关者”的角度了解自身的主要优势与劣势。这正是质量和绩效管理的主要作用。因此，在这一阶段，PASS 认证体系在根据不同专项特点及被评估组织的类型进行调整的基础上，主要用于组织自我评价和第三方审计，以进行变化管理和标准检验。独立审计人员出具关于俱乐部相对优势与劣势的报告，该报告通常作为制定具体质量改进计划的基础。随后的俱乐部职业化推进过程中，通常都建议有专业顾问提供指导。这些辅助性服务可以单独进行，也可以集体进行——如以提供管理运行专家课程支持、发行最佳运行质量手册等方式进行（Schoukensand Van Hoecke 2005）。

3. “以质量认证来定位”：在此（或多个）阶段，拥有卓越青训体系的俱乐部若想获得赛事资格和对外推广，可以把 PASS 质量保证与绩效评估体系作为营销手段。若俱乐部获得质量奖项和品质标签（质量认证）——不管是否明确列出，都能成为外部利益相关者的重要参考依据，因为获得这些荣誉说明俱乐部经营状况良好。正如 Chappeletand Bayle（2005）所述，若俱乐部合理运用这些质量奖项和品质标签，就能加强其营销效果，拓宽对外交流，并帮助管理层维持俱乐部的凝聚力和稳定性。若体育分支体系中有多个俱乐部获得资格认证和品质标签，那么就质量而言，该分支体系组成了一个相对统一、标准化的整体。资金投入等其他激励措施可以与 PASS 质量认证体系相结合，以使俱乐部积极性得以持续保持。

在比利时和芬兰，Foot PASS 也用于评估业余俱乐部青训中心的质量与绩效。业余俱乐部青训系统的评估标准和指标都有所调整，以适应该类型体育组织的具体情况，但评估程序几乎与职业俱乐部青训体系一样。第三方机构审计人员对于俱乐部提供的信息进行实地核查，审计方式包括对各利益相关者（董事会、管理层、教练员和球员）进行访谈，以及对场地设施与体育服务进行就地审计，最终根据 PASS 体系不同维度出具带注解和定性反馈的审计报告。最后，第三方审计机构与体育协会制定一个“双 PASS”。基于这些第三方审计结果，体育协会通过组织辅助活动（如提供评估后改进支持、管理运行专家课程支持、发行最佳运行质量手册等）并采取激励措施（品质标签和质量奖项），来鼓励其俱乐部按照审计建议进行改进。体育协会通过向其俱乐部青训员工提供鼓励、激励、建议和奖励措施，努力加强其分支体系的运营质量。

上述足球案例表明，为提高单项体育协会分支体系的质量和绩效，国家体育组织需了解并控制地方体育组织。正如 Chappelet and Bayle（2005）所示，这种“控制”须包括单项体育协会政策实施情况监测，且最重要的是须核查地方体育组织所提供体育服务的质量，因为良好的服务质量能增强其成员的忠诚度，加快其发展。因此，体育组织必须了解其利益相关者期待获得何种服务及利益，同样，也必须明确影响其分支体系绩效的关键因素。这些对体育组织分支体系绩效现状及发展前景的评估标准必须以该体育组织的具体情况为准，并且应该反映“投入—过程—产出”整体循环过程，而非只关注最终结果。这样便可为体育组织的组织及运营过程创造有利条件，也可取得预期质量成果，提高利益相关者的增值收益。

设立质量认证或品质标签等策略旨在提高并宣传俱乐部的服务质量。通过对俱乐部及其他训练中心实施质量保证体系，单项体育协会可显著增强对其分支体系的控制能力。因此，大多数俱乐部青训体系的可持续发展战略规划都与绩效评估、质量保证体系密不可分。

PASS 认证体系已在不同国家（比利时、芬兰、德国和英国）的数个单项体育协会和联盟协会中得以应用。该质量保证体系根据运动项目类型、运动级别（高水平竞技体育、国家级、省级等）、俱乐部主要功能（竞技、休闲或二者兼有）以及俱乐部组织文化等因素进行调整，在不同运动项目中得以应用。

一项对德国和比利时足球相关项目的评估表明，人们普遍认为 Foot PASS 切实有效，能够改进职业俱乐部和业余俱乐部足球青训体系的质量和绩效管理。总体而言，大多数俱乐部都把 Foot PASS 认证过程评为良好或优秀。需特别指出，两国体育俱乐部均认为该认证最大的附加值，在于调查报告中的定性结论及改进建议。大多数青训主管都认为，Foot PASS 使其部门管理体制发生了巨大变化，在其程序标准化和员工专业化上尤为如此。德国足球甲级联赛认为青训质量认证是球队成功的关键因素之一。表 6.1 展示了 2007 和 2010 年两次评估中部分 KPI 的分值变化，由此可见对球队的所有投资及其他举措均已有所回报。

表 6.1　2007 年、2010 年青训成果部分绩效指标分值比较

青训成果 KPI	2007 年平均值	2010 年平均值	2010 年最大值
一线球队中的“当地球员”	5.6	6.8	13
一线球队中的本土球员（青训时间≥4 年）	4.7	6.5	12
俱乐部一线队、预备队的本土球员	10.7	13.3	22
本土球员至少 3 次上场	2.3	3.0	8
本土球员至少 3 场比赛	—	2.5	7
甲级联赛中的本土球员	10.8	13.7	30
本土球员至少 3 次上场（甲级联赛）	6.7	9.6	23
U19 俱乐部球员——青训中心训练至少 5 年	4.6	5.1	11

Chappelet and Bayle（2005）认为，德国足协与职业联赛将 Foot PASS 视为类似于特许经营权的认证体系，该体系以更加定性、更为专业的方式将运动项目的发展统一起来，促进其发展，但同时又尊重不同俱乐部的文化特色、价值观及俱乐部资源。因此，他们既为全国俱乐部提供了评估衡量体系，又尊重俱乐部的多样化和个体性。Foot PASS 既能建立双方均认可的绩效评估标准并进行独立评估，又将绩效改进和成就作专门记录，这些做法使该质量保证体系行之有效。

个案研究 6.1

Foot PASS：通过青训认证体系提高德国足球甲级联赛成绩

Hugo Schoukens, Jo Van Hoecke

Double PASS，布鲁塞尔自由大学

本世纪之初，德国足球面临着危机。2000 年荷兰、比利时欧锦赛上德国队在小组赛中便惨遭淘汰。德国整个足球界要求俱乐部青训中心培养出更多、更高水平新秀的呼声越来越高。

于是，德国足球领导组织（即德国足球甲级联赛和德国足协）采取行动，确定了德国

足球未来十年的发展目标，因而高度重视将更多青训新秀纳入德国足球甲级联赛（德甲）及德国足球乙级联赛（德乙）俱乐部优秀球队（职业球队）中，以组成一支优秀的国家足球战队（剑锋直指世界足球冠军宝座）。

于是，培养青少年球员成为德国足球的首要任务。2011 年，德国职业足球联盟和德国足协的专家组成了青少年球员培养工作组（“新秀发展委员会”），制定了一项总体规划——“天才球员发展计划”（字面意为“漫长的成功之路”），要求每个职业足球俱乐部都须成立青训中心。青训中心作为俱乐部的“研发部门”，其基础设施和人员配备要求均有固定的最低标准。与此同时，德国足协在德国全境建立了 366 个足球培训基地，首批便聘请了 29 位青训主管和 992 位教练员。

天才球员发展计划强调：

1. 为每位青少年球员量身制定专门的发展计划，即强调个性化发展和进步；

2. 场上、场下的性格养成；

3. 教练员起着关键作用；教练员越优秀，运动员越能充分发展。

如今，职业足球俱乐部的 47 个青训中心提供一流的全日制职业训练项目，已有 8,800 多名球员受益；足球培训基地提供的非全日制训练项目也有约 1. 4 万名球员参与。这个双系统培养体系构成了德国足球金字塔体系的基础，为德国国家青年队梯队和国家优秀职业球队输送了大量人才。截止 2006 年，天才球员发展计划已实施了 5 年。于是青少年球员培养工作组决定对德甲和德乙俱乐部青训中心进行绩效评估与优化。通过与 Double PASS 公司（www. doublepass. com）合作，俱乐部引入了 Foot PASS 质量及绩效管理认证体系。

德国 Foot PASS 的目标

Foot PASS 的主要目标之一便是为青训主管及其团队提供优化青训中心发展过程的指导工具（即管理体系）。该认证体系旨在确定青训中心在有效培养优秀球员过程中（即培养更多优秀新秀进入一线球队）的不足，并采取相应的改进措施。

Foot PASS 的第二个目标是根据青训质量为各青训中心进行质量认证。通过质量认证体系，为青训员工提供外部激励措施（如授予星级品质标签，以及提供欧足联团结基金大额资助等），激发青训员工的内在动力和工作热情。

德国 Foot PASS 实施过程

Foot PASS 于 2006 年引入实施，旨在推进青训体系长期提升，追求卓越。实施过程包括三个阶段：

1. 确立标准：第一阶段（2006 年—2007 年），结合项目特点制定评估指标体系时，必须让所有利益相关者都参与其中，以使他们对这些组织有一个整体认识。

2. 以评促改：第二阶段（2007 年—2010 年）的主要目标是对青训过程及足球俱乐部产出能力进行客观评价。通过标准化报送送达审计（对正式和非正式培训过程访谈的分析）以及实地评估就地审计（通过检查观察比赛和训练）收集评估所需数据，以通过评估提出改进方案。Foot PASS 评估工具主要用于自我评价、变化管理和质量认证。

3. 以质量认证来定位：为第三阶段。在完善评估工具（在标准和过程上）后，继续运用 Foot PASS 来实现持续改进，衡量并通过质量认证、提供基金等激励措施激发青训员工的外部动力。另外重要的一点是，俱乐部将星级质量认证作为营销工具，以在青训发展竞争中取得一席之地为自己定位。

德国 Foot PASS 的成效

首先，通过对俱乐部青训体系过去几年的成绩进行对比发现，其运作体系有明显改进。许多青训主管对此表示认可，称 Foot PASS 激励他们采取措施提升绩效，并指导其改进过程。

2002/2003 赛季，德国青训出身球员数量在德甲和德乙联赛中分别占 50% 和 63%。而在 2010/2011 赛季，这两个比例都显著提升，德国青训出身球员数量分别占总队员的 57% 和 71%。

2008 年，德国 U19 青年国家足球队在欧洲 U19 足球锦标赛中夺冠，2009 年，U17 和 U21 同样登上欧青赛冠军宝座。这在欧青赛上史无前例。

此外，2010 年南非世界杯德国国家队摘得铜牌，并被称为该届世界杯中最具创造力、攻击力和最具魅力的球队。

个案研究 6.2

体教结合的国家协同体系是否有效？——佛兰德中学教育中的精英体育学校个案研究

Veele De Bosscher, Stephanie De Croock
比利时布鲁塞尔自由大学

一些国家将竞技体育专业训练与文化教育相结合，以期增强运动员在国际赛场上的竞争潜力。本文的目的即对这些体教结合体系进行调查。笔者通过对佛兰德地区[1] 的一项最新研究发现展开探讨，分析这些竞技体育体系（文中称之为“精英体育学校”）在运动成绩产出、文化课效果和培养过程等方面是否行之有效。

背　景

人们普遍认为，运动员要想在运动项目中达到精英水平，需要进行 8 – 10 年（1 万小时）的刻意训练（Bloom，1985；Ericsson，2003；Ericssonand Chaerness，1994）。这一训练阶段大部分在中学和大学中进行。一项对具有竞技潜力的运动员、现役及退役优秀运动员的研究表明，运动员的运动生涯是分阶段的，且这些阶段与运动员其他领域的发展（例如文化水平）同时进行，且受其影响（Bloom，1985；Wyllemanand Lavallee，2003）。具有竞技潜力的运动员中学毕业后面临着多种职业道路选择。一些运动员选择终止学业，成为职业运动员，但大多数运动员不会成为全时职业运动员，很可能会退出高水平竞技体育赛场，而去从事其他兼职或全职工作（Wyllemanand Lavallee，2003）。

为满足这些运动员的需要，过去十年间，许多国家都设立了竞技体育训练与文化教育相结合的培养体系。这些培养体系受到广泛关注（例如 Aquilina，2009；European Commission，2004；Radtke，2010；Radtkeand Coalter，2007；Wylleman and De Knop，1995）。佛兰德具有竞技潜力的运动员可在"顶级体育学校"完成中学教育，在这类学校中，"学生运动员"每周需完成 20 小时的文化课程，课时量与普通学生相当，只是课程安排更加紧凑。法国、澳大利亚和荷兰都建有类似的体育学校（De Bosscher *et al.*，2008）。为学生运动员提供最优条件的举措分为两条轴线：第一条轴线是这类体育学校的提倡者（即教育或体育管理机构），第二条轴线则是关于该项举措的各地实施程度（即从集中到分散的过程）。佛兰德体育当局与精英体育学校采用集中发展体系，鼓励 12 – 18 岁的青少年运动员主要通过进入精英体校发展其运动生涯。2009 年至 2010 年，佛兰德精英体校迈入第十二个教学年。期间，参与其中的国家体育组织（体育协会）由 12 个增长到 17 个，分布于六所得到认可的精英体校。同时，注册入学的优秀运动员数量也大幅增加（从 201 人增加到 683 人），资金投入也巨幅增长（从创立之初的 18 万欧元到 2009 年的 225 万欧元）。

表 6.2 总结了佛兰德精英体校的特点。

表 6.2　佛兰德精英体校竞技训练和文化教育特点

优势	劣势
集中：最优秀的运动员集中训练	寄宿学校，学生离家远
体育和教育共同提供资金支持	可选学习内容有限：并未满足所有青少年潜力运动员的需求
国家体育组织提供运动指导/训练；学校提供文化教育指导	该举措起步相对较晚（1998 年）
根据具体项目要求，覆盖所有年龄段（<12 – 18 周岁）	
在同地生活、学习、训练（节省往来路途的时间）	
设有法务部门	

来源：De Bosscher *et al.*，2008

由表 6.2 可见，要拥有一个完美的体教结合培养体系并非易事。比如，荷兰设有一些 LOOT 精英体育中学，分散于全国各地，年轻球员可在家乡训练。然而，这也意味着最优秀的运动员无法集中于同一地点进行训练，且各体育专项训练由地方俱乐部提供支持，而这些俱乐部有时缺乏优秀教练员及其他支持服务。为此，荷兰最近建立起一个集中化培养体系，称为 CTO（精英体育与教育中心）。

佛兰德精英体校评估

12 年以来，佛兰德决策者一直向精英体校拨款，而今他们认为有必要对精英体校的教育成效进行评估。他们调研了自1998年建校之初精英体校的408名精英运动学员（回应率为64%），以及341名有入学资格却最终放弃的运动员（回应率为69%），受访者在网上完成书面调查问卷。结果表明，截止调研时，61%的精英体校毕业生及85%当时选择放弃的运动员仍然是现役优秀运动员，分布于16个体育项目之中。

佛兰德精英体校的有效性评估采用SPLISS（国际体育成功之体育政策因素）理论模型。该模型将所有CSF归入九大支柱中。模型展示了竞技体育成绩的决定因素以及三个层面政策的有效性：投入（资源）、政策效能（过程）和产出（成果）（De Bosscher *et al.*，2006）。该项研究主要关注1）产出（运动成绩），2）四大支柱：运动员培养（支柱4）、运动生涯支持（支柱5）、体育设施（支柱6），以及教练员业务水平（支柱7）。

产　出

竞技体育最重要的是国家运动成绩，通常以国际赛事中获得的奖牌数、能否跻身前八强或其他标准来衡量。2005年以来，佛兰德共有35名优秀运动员挺进欧洲前八强。他们中有19名（约54%）是精英体校的毕业生，占所有408名受访者的4.6%。这个比重比几年前有所提高——在几年前的调研中，名列欧洲前八强的佛兰德运动员中，只有33%是精英体校的毕业生（De Bosscher *et al.*，2008）。这些数据表明，佛兰德精英体校在发展，这也通过其毕业生在大型青年锦标赛中参赛人数逐渐增多的事实体现出来。笔者还发现，精英体校的毕业生与其他运动员相比，成功率差别很小。所以佛兰德当局每年在精英体校斥资225万欧元，了解这些数据不无裨益。然而，研究还表明，明显更多精英体校毕业生在欧洲锦标赛和世界锦标赛上赢得了奖牌：有10名精英体校毕业生赢得奖牌，而只有2名其他运动员获奖。此外，对不同项目的研究结论也各不相同；有些项目似乎需要接受精英体校的训练才能取得佳绩，而有些则似乎不需要（见表6.3）。

表6.3　佛兰德精英体校对不同项目竞赛成绩的影响

佛兰德的运动项目	
必须经过精英体校训练	铁人三项（自2005年）、体操
精英体校训练可提高成绩	羽毛球、乒乓球
接受精英体校训练与否均可获得佳绩	田径、游泳、柔道、网球
（几乎）不接受精英体校训练成绩更好	自行车
无论是否接受精英体校训练，成绩均不理想	手球

精英体校的最初目标是培养学员运动生涯和职业发展技能。运动员是否在18岁后进入高校深造是精英体校产出的第二个衡量标准。研究发现，精英体校毕业生进入大学或其他大专院校继续深造的人数（79%）与其他运动员（74%）相比，差别不显著。

精英体校在运动员运动生涯中的作用

对于Baker（2003）等从运动员发展过程视角来研究运动员专业水平的学者而言，一个颇具争议的问题是，抱负满怀的优秀运动员青少年时期是否应该局限在某一专项上，即应该早期便开始专项化训练，还是应该接触几个项目之后，再选择某一专项继续发展（Gould，1987；Wiersma，2000）。对佛兰德优秀运动员的职业发展轨迹进行详细分析后发现，41% 的优秀运动员除了自己的专项外，青年时期曾进行过其他项目（平均为期 6 年）的训练。但研究结果要根据具体项目而定。图 6.2 展示了佛兰德九大运动项目优秀运动员的职业发展轨迹。

这九大运动项目中，网球、体操和游泳训练的起始年龄最早（5－7 岁），自行车最晚（11 岁），精英体校平均入学年龄为 14－16 岁。网球、体操等早期专项化训练项目中，超过 50% 的运动员 12 岁便进入精英体校；而自行车项目运动员有 50% 16 岁才入学。所有受访回应者中有 60%（n＝201）认为入学年龄合适，24% 认为入学过晚，16% 认为入学过早。

个案研究还发现，精英体校平均学制为 2.8 年，从自行车的 2 年到乒乓球的 4.3 年不等。因此，我们既不能低估，也不能高估了精英体校的作用，毕竟运动员入学之前，已经进行了为期 6 年的专项训练。

发展过程

最后，下文将概括精英体校培养过程，即不管是否毕业于精英体校，优秀运动员在其运动生涯发展中所得到的支持服务以及遇到的问题。

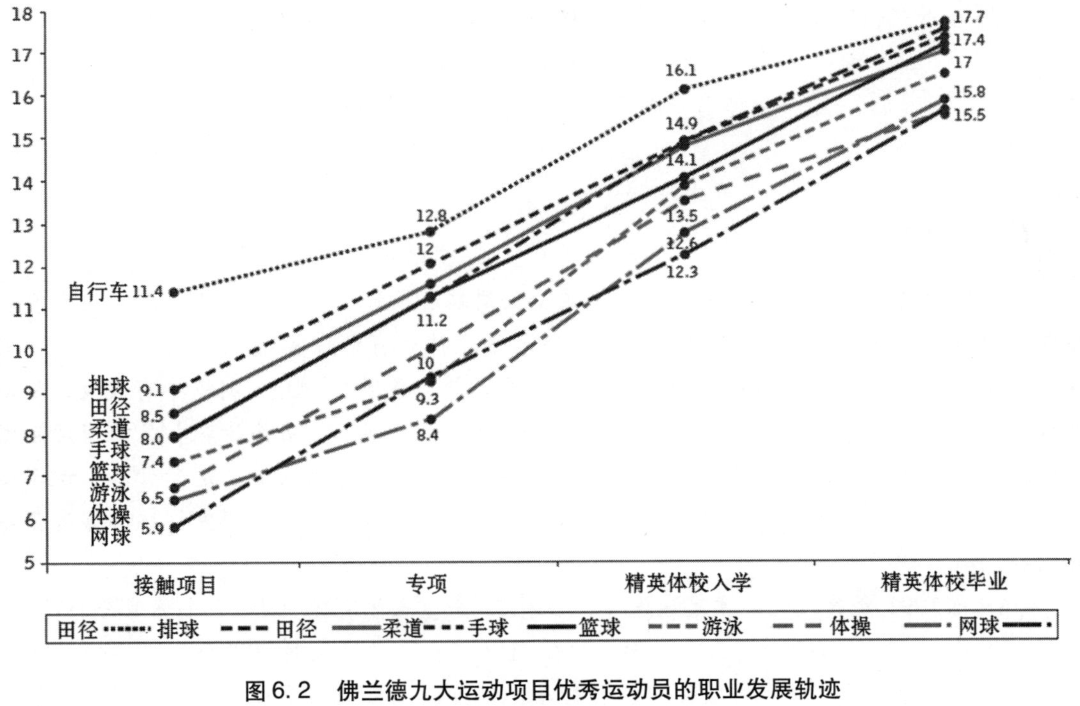

图 6.2　佛兰德九大运动项目优秀运动员的职业发展轨迹

总体而言，精英体校的学员对体校的满意度很高。66% 非常满意，20% 比较满意，只有14%的学员表示不满意。此外，66%的学员认为，精英体校对他们的运动成绩做出了积极贡献，对专项指导的评分很高，只有11%的学员表示不满意。然而，除了运动训练之外，只有13%的学员认为精英体校促进了其学业发展。

与非精英体校学员相比，下面的研究结果出人意料：所有转项学员中只有35%受到了额外训练，如增加训练频率，提高训练强度，使用更好的训练器材，以及接受额外体能训练。调查结果显示，从精英体校毕业后，他们接受的支持和额外运动指导仍然不足。

结论：精英体校是否有效

尽管精英体校为学员提供了高质量的支持服务，但对建校12年以来的佛兰德精英体校的研究发现，与非精英体校学员相比，精英体校学员在运动训练和文化教育上并无明显优势。本个案研究最重要的发现为，精英体校所提供的专项训练器材并非对所有项目都是必需的。对于政府和国家单项体育协会而言，有些情况下，他们需要把更多精力放在分散性、市场化的体育系统中。这些体育系统中，地方体育俱乐部起着主导作用，接受相应的支持服务。政府需加大支持力度提高体育俱乐部的质量，提高运动员年少时期所受训练的质量，因为运动员的许多特点（如团队协作）在12岁以前训练效果最好，并且优秀运动员职业生涯的大部分时间都在地方俱乐部中度过。

个案研究6.3

高水平竞技体育的组织结构和制胜因素：昆士兰体育学院个案研究

Jeff Greenhill，Sue Hooper

昆士兰体育学院（QAS）体育应用科学研究中心

QAS 简介

昆士兰体育学院（QAS）由澳大利亚昆士兰州政府投资建立，旨在为高水平运动员提供训练服务。QAS于1991年5月成立，其高水平竞技体育管理模式以运动员为本，以教练员为中心，致力于使本州在国内及国际体育赛事中遥遥领先。QAS训练卓有成效，运动队和教练员多次在世界锦标赛、英联邦运动会和奥运会上创下丰功伟绩。QAS为有运动潜力的运动员和教练员提供高质量支持，为其提供体育科学、运动医学、运动营养、运动心理学、物理疗法、体能训练、职业及学业指导、应用科学研究，以及顶尖训练和恢复设备等服务。

QAS自1991年建校之初便迅速发展，现有11个重点体育项目和11个体育合作项目，为600多名运动员提供支持。除此之外，QAS还为其他专项运动员提供个人奖学金。11个重点体育项目分别为：田径、皮划艇、自行车、体操、曲棍球、赛艇、帆船、游泳、铁人三项、排球和水球；11个体育合作项目分别为：棒球、篮球、板球、马术、足球、高尔夫球、无挡板篮球、垒球、网球、联合会橄榄球和联盟橄榄球。其他专项运动员可向QAS

申请个人奖学金，该项目称为“QAS 竞技运动个人奖学金计划”（QAS Individual Scholarship Programme）。

澳大利亚国家体育委员会（National Elite Sports Council）对高水平竞技体育项目进行了分级，QAS 重点体育项目为四个最高级别项目的运动员提供服务，分别是：世界一流项目、国际水平项目、近国际水平项目和潜国际水平项目。QAS 重点项目不仅享受前述支持服务，同时也享有专用设备、专门训练指导及差旅补贴。体育合作项目的运动员均已入选为有竞技潜力的青少年运动员（尚未成为州优秀运动员）。QAS 对体育合作项目的投入远远小于重点体育项目。

QAS 为昆士兰州高水平竞技体育提供支持服务，有以下三个目标：

1. 为国家队培养高水平运动员；
2. 在国际比赛中获得佳绩；
3. 被视为昆士兰优秀运动员培养的科学研究和资源支持中心。

QAS 另一个目标是提高昆士兰高水平竞技体育体系的体育成绩，促进其发展。这些目标的实现并非源于 QAS 一己之力，而是依靠昆士兰州政府的支持，并与利益相关者密切协作，如州/国家体育组织、其他州级和国家级机构和体育学院，以及其他学校、高校等组织。

QAS 结构体系

QAS 由执行院长领导，QAS 董事会（通常由 8 人组成）为其开展工作提出建议，QAS 执行院长向州体育部长领导下的“体育与娱乐社区项目”副总干事负责。QAS 执行院长和高级管理层面临的一大挑战是，既要调整 QAS 结构体系，以满足昆士兰高水平竞技体育产业的需求，又要为运动员和教练员提供量身定制的个性化服务。

QAS 设有四个运作部门：商务服务部、体育应用科学研究中心，以及两个高水平运动队（截止 2016 年，高水平运动队已发展到三个，译者注）。每个部门的主管或经理直接向 QAS 执行院长负责（见图 6.3）。

QAS 商务服务部主要负责学校的财务、人力资源、公共关系和场地设施。体育应用科学研究中心与高校进行战略合作，进行高质量体育科学研究，以提高运动员、运动队的竞赛成绩和教练员的业务水平。两个高水平运动队负责前述 22 个重点体育项目和体育合作项目，设有四个运动服务处：体育科学处、运动医学处、体能训练处、运动员职业辅导和文化教育处。在更细化的运行层面，QAS 组织结构是一个矩阵结构，各运动服务处之间实行横向、纵向联通合作。例如，体育科学处的科学专家同时向该项目的高水平运动队主管和运动服务处高级顾问报告工作。图 6. 4 展示了重点体育项目各运动服务处的责任制度矩阵图。

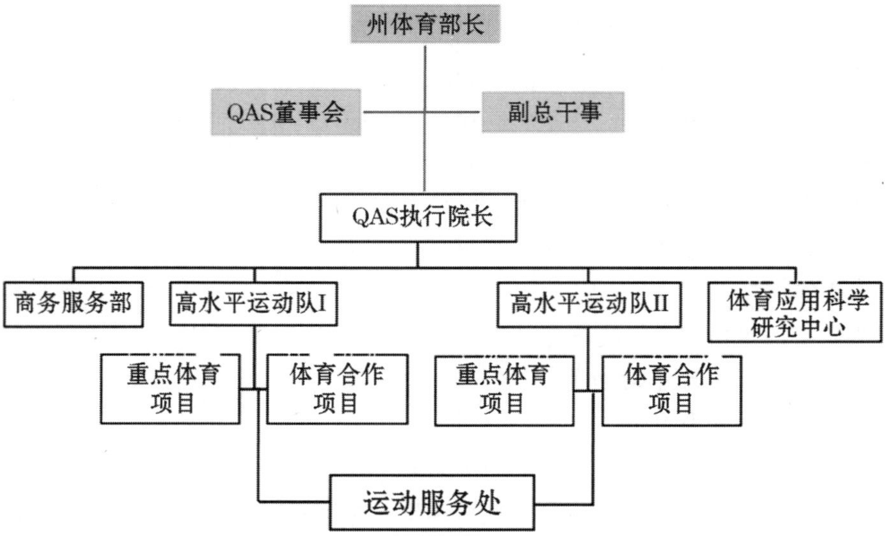

图 6.3　QAS 组织结构

来源：http：//www. qasport. qld. gov. au/RESOURCES/QASPORT/PUBLICATIONS/QAS－HPF－JAN2012. PDF

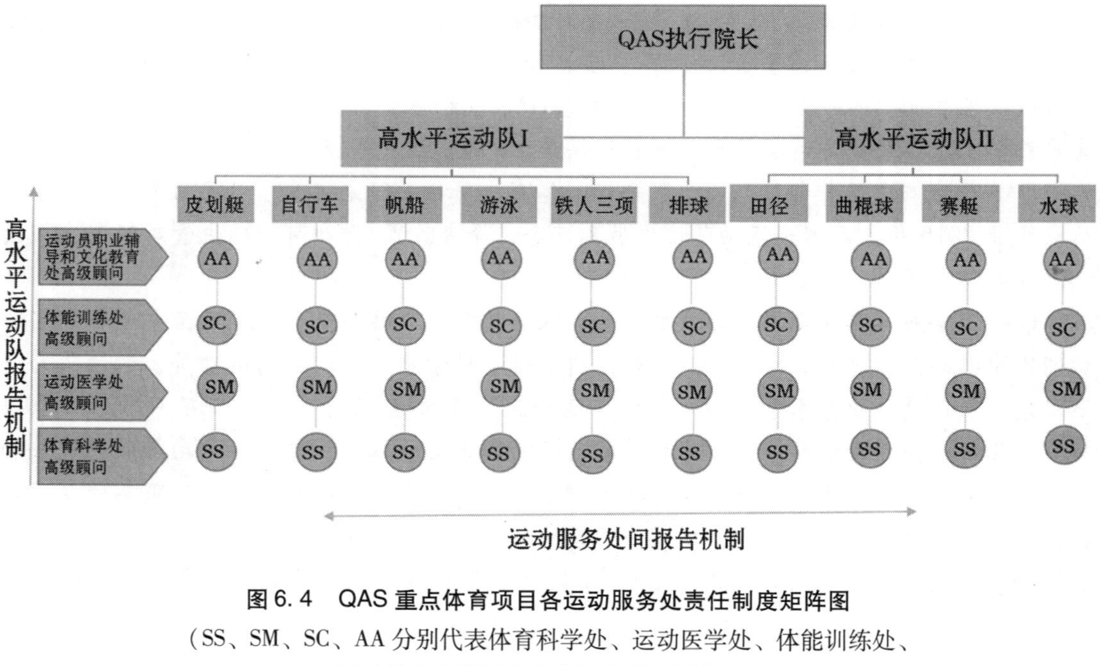

图 6.4　QAS 重点体育项目各运动服务处责任制度矩阵图

（SS、SM、SC、AA 分别代表体育科学处、运动医学处、体能训练处、运动员职业辅导和文化教育处，译者注）

报告和沟通程序有时较为复杂，有效信息沟通非常重要。这一矩阵结构使 QAS 内部机构协同合作，为运动员、运动队和教练员提供高质量服务。

制胜因素

QAS 的目标之一为使澳大利亚国家队中的昆士兰运动员超过 25%。为此，QAS 战略计划中提出了具体举措：

* QAS 可持续发展（加大运动员服务支持力度）；
* 有效、高效管理（建立坚实的组织基础，财务及人力资源管理系统、高效）；
* 科学创新（探索体育科学新知识、新技能，为运动员和运动队创造竞争优势）；
* 优化 QAS 体育项目和服务，为运动员训练和比赛提供最优支持服务（持续提供最高标准的专业化服务）。

高水平竞技体育管理

QAS 组织框架能够帮助提高各部门之间的纵向、横向沟通，促进运动服务各部门之间与高水平竞技体育项目之间的团队协作。这一组织体系要求两位高水平运动主管有效管控组织制胜因素，时刻注意鼓励工作人员、运动服务专家和教练员齐心协力，精诚合作。

QAS 组织内部协同合作，与外部的沟通亦是如此。QAS 与昆士兰政府、州级和国家级各单项体育协会、体育产业及其他合作伙伴都有着密切联系。这些合作关系对 QAS 至关重要，为其在国际赛事中立于不败之地提供了创新和突破的平台。

结　语

正如 Chappeletand Bayle（2005）所言，国家单项体育协会的主要任务便是“协调”。由于体育组织分支体系结构复杂，所以单项体育协会需对其整体分支体系进行有效的质量和绩效管理。这便需要一个清晰的整体性战略计划，由地方体育协会、职业联赛和俱乐部等各部分共同制定，协同合作。数个国家单项体育协会为改进其青训体系而引入 PASS 质量认证体系，本章以此为案例，介绍了国家单项体育协会或职业联赛为控制和改进组织绩效，可应用何种组织绩效评估、质量保证工具。首先，非常重要的是设立一套合理且各方均认可的绩效评估体系，这就需要明确体育组织绩效的关键驱动因素。绩效考核只有基于准确的绩效因子，才能对组织绩效的现状和发展潜力进行系统评估。选用第三方机构评估是必要的：不仅能保证评估结果的绝对客观性，而且能保持评估方和投资方互不干扰。这样，单项体育协会便可以协助且指导各俱乐部革故鼎新。只有实施恰当的质量认证体系才能达到如此效果。实行这种质量保证体系后，可以加强国家单项体育协会对于其分支体系绩效的控制和管理。

讨论问题

1. 为什么国家单项体育协会需要对其分支体系进行质量保证和绩效评估?

2. 在质量管理过程中，国家单项体育协会的作用是什么?

3. 若你所在的体育组织实行这种质量和绩效管理体系，试列出一些成功因子和需改进之处。

4. 质量标准和绩效指标的区别是什么？列出一些你所在体育组织的质量标准和绩效指标。

关键词

质量和绩效评估
质量保证体系
体育组织
足球
青训
青训体系
PASS

延伸阅读

Strategic and Performance Management of Olympic Sport Organisations(2005) by Jean – Loup Chappelet and Emmanuel Bayle offers valuable guidance on strategically evaluating, managing and driving the performance of sport organizations. It defines critical strategic management principles and methods and teaches managers how to implement them to improve performance.

网站推荐

www. doublepass. com
http://ec. europa. eu/sport/pdf/doc512_en. pdf

注　释

1. 佛兰德地区为比利时北部的一个地区，说荷兰语。

参考文献

Aquilina, D. (2009). Degrees of success: Negotiating dual career paths in elite sport and university education in Finland, France and the UK.

Arnaut, J. (2006). Independent European Sport Review. Final version October 2006. 175 pp.

Available at http://www. independentfootballreview. com.

Bititci, U., Carrie, A. and McDevitt, L. (1997) Integrated performance measurement systems: A development guide. *International Journal of Operations & Production Management*, 17(5), 522 – 534.

Baker, J. (2003). Early specialization in youth sport: A requirement for adult expertise?

Becker, B., Huselid, M. and Ulrich, D. (2001). *The HR scorecard: Linking people, strategy and performance.* Boston, MA: Harvard Business School Publishing.

Bloom, B. S. (1985). Developing talent in young people. New York: Ballantine.

Capon, N., Kaye, M. and Wood, M. (1995). Measuring the success of a TQM program. *International Journal of Quality and Reliability Management*, 12(8), 8 – 22.

Chappelet, J.-L. and Bayle, E. (2005). *Strategic and performance management of Olympic sport organisations.* Champaign, IL: Human Kinetics.

Chelladurai, P. (1992). A classification of sport and physical activity services: Implications for sport management. *Journal of Sport Management*, 6, 38 – 51.

Chelladurai, P. (1994). Sport management: Defining the field. *European Journal for Sport Management*, 1, 7 – 21.

Dale, B. (1994) Quality management systems. In B. Dale (Ed.), *Managing quality.* Hemel Hempstead, Prentice Hall.

Dale, B. (1999). *Managing quality.* Oxford, Blackwell Publishers.

De Bosscher, V., De Knop, P. and Heyndels, B. (2006). En de winnaar is... Rusland. Een methode om het relatief succes van landen te bepalen [And the winner is... Russia. A methodology to determine relative success of nations]. In P. De Knop, J. Scheerder and B. Vanreusel (Eds.), *Sportsociologie. Het spel en de spelers [Sport sociology. The game and the players]* (pp. 213 – 229). Maarssen: Elsevier.

De Bosscher, V., De Knop, P. and van Bottenburg, M. (2008a). *Vlaanderen sport. Ook aan de top.* Een internationale vergelijking van het topsportbeleid en topsportklimaat in zes landen. Nieuwegein: Arko Sports Media.

De Bosscher, V., De Knop, P. and van Bottenburg, M. (2008b). *Vlaanderen sport, ook aan de top.* Nieuwegein: Arko Sports Media.

DFL(2010). *Bericht des Ligaverbandes zum DFB-Bundestag* 2010 *in Essen.* Frankfurt/Main: DFL Deutsche Fussball Liga.

DFL(2011). 10 *Jarhre Leistungszentren. Die Talentschmieden des deutschen Spitzenfussballs [10Years of Academies. The Development of German Elite Football Players].* Frankfurt/Main: DFLDeutsche Fussball Liga.

Ericsson, K. A. (2003). Development of elite performance and deliberate practice: An update from the perspective of the expert performance approach. In K. Starkes and K. A. Ericsson (Eds.), *Expert performance in sports. Advances in research on sport expertise* (pp. 49 – 85). Champaign, IL: Human Kinetics.

Ericsson, K. A. and Charness, N. (1994). Expert performance. Its structure and acquisition. *American Psychologist*, 725 – 747.

European Commission (2004). Education of young sports persons. Final report (lot1), in the European Year for Education and Sport, Report by PMP in partnership with the Institute of Sport and Leisure Policy, Loughborough University, Loughborough, UK.

FIFA(2007). Club Licensing Regulations. Zurich: FIFA. Available at http://www. fifa. com/mm/document/affederation/administration/club_licensing_v4_en_33721. pdf.

Gadenne, D. and Sharma, B. (2002). An inter-industry comparison of quality management practices and performance. *Managing Service Quality*, 12(6), 394 – 404.

Gould, D. (1987). Understanding attrition in children's sport. In D. Gould and M. R. Weiss(Eds), Advances in pediatric sports sciences(pp. 61 – 85). Champaign, IL: Human Kinetics.

Heinemann, K. (1998). Sport clubs management. In D. Soucie(Ed.), *Research in sport management: Implications for sport administrators*, Schorndorf, Hofmann.

Horch, H. -D. (1996). The German sport club and the Japanese firm. *European Journal for Sport Management*, 3(1), 21 – 34.

Horch, H. -D. (1998). Self-destroying processes of sport clubs in Germany. *European Journal for Sport Management*, 5(1), 46 – 58.

Ineum Consulting and Taj(2008). *Study on training of young sportsmen/women in Europe. Extension-Part I: Home grown player rule.* Paris: Ineum Consulting.

Kanji, G. (2002). Performance measurement system. *Total Quality Management*, 13(5), 715 – 728.

Kanji, G. and Sa, P. (2001). Measuring leadership excellence. *Total Quality Management*, 12(6), 701 – 718.

Kanji, G. and Sa, P. (2007). Performance measurement and business excellence: The reinforcing link for the public sector. *Total Quality Management and Business Excellence*, 18(1/2), 49 – 56.

Kaplan, R. and Norton, D. (1996). *The balanced scorecard: Translating strategy into action. Boston*, MA: Harvard Business School Press.

Kikulis, L., Slack, T. and Hinings, C. (1995). Sector-specific patterns of organizational design change. *Journal of Management Studies*, 32(1), 67 – 100.

Kueng, P. (2000). Process performance measurement system: A tool to support process-based organizations. *Total Quality Management*, 11(1), 67 – 85.

Lewis, R. (2007). A review of young player development in professional football. Report for the FA, the Premier League and the Football League.

Lucassen, J., van Bottenburg, M. and Van Hoecke, J. (2007). *Sneller Hoger Ster Beter. Kwaliteitsmanagement in de sport* [*Faster higher stronger better: Quality management in sport*]. Nieuwegein: Arko Sports Media.

Neely, A. (1998). *Measuring business performance: Why, what and how.* London: The Economist Books.

Neely, A., Bourne, M. and Kennerley, M. (2000). Performance measurement system design: Developing and testing a process-based approach. *International Journal of Operations and Production Management*, 20(10), 1119 – 1145.

Neely, A., Gregory, M. and Platts, K. (1995). Measuring performance system design: A literature review and research agenda. *International Journal of Operations and Production Management*, 15, 80 – 116.

Pun, K. F. (2002). Development of an integrated total quality management and performance measurement system for self-assessment: A method. *Total Quality Management*, 13(6), 759 – 777.

Radtke, S. and Coalter, F. (2007). Sports schools: An international review. Report to the Scottish Institute of Sport Foundation.

Relvas, H., Littlewood, M., Nesti, M., Gilbourne, D. and Richardson, D. (2010). Organizational structures and working practices in elite European professional football clubs: Understanding the relationship between youth and professional domains. *European Sport Management Quarterly*, 10(2), 165 – 187.

Schoukens, H. and Van Hoecke, J. (2005). *Droit au but. Gérer avec succès une formation des jeunes* [*With youth to the top. Effective management of a youth academy*], Antwerpen: F&G Partners.

Sitkin, S., Sutcliffe, K. and Schroedern, R. (1994). Distinguishing control from learning in total quality management: A contingency perspective. *Academy of Management Review*, 19(3), 537 – 564.

Slack, T. and Hinings, B. (1994). Institutional pressures and isomorphic change: an empirical test. *Organization Studies*, 15(6), 803 – 827.

Stratton, G., Reilly, T., Williams, A. and Richardson, D. (2004). *Youth soccer-from science to performance.* London: Routledge.

Soltani, E., van der Meer, R. and Williams, T. (2004). Challenges posed to performance management by TQM Gurus: Contributions of individual employees versus systems-level features. *Total Quality Management*, 15 (8), 1069 – 1091.

UEFA(2005). Vision Europe. The direction and development of European football over the next decade. Nyon: UEFA. Available at http://www.uefa.com/newsfiles/374875.pdf.

UEFA(2011). Available at www.uefa.com/uefa/footballfirst/protectingthegame/clublicensing/index.html, accessed 1 September 2011.

Van Hoecke, J., De Knop, P. and Schoukens, H. (2009). A decade of quality and performance management in Flemish organized sport. *International Journal of Sport Management and Marketing*, 6(3), 308 – 329.

Van Hoecke, J., Schoukens, H. and De Knop, P. (2006). Foot PASS: A constructive and distinctive quality system for youth academies of professional football clubs. In D. Papadimitriou (ed.), *Proceedings of the 14th Congress of the European Association for Sport Management*, Nicosia, EASM, 278 – 279.

Van Hoecke, J., Schoukens, H. and De Knop, P. (2007). The impact of the quality management system Foot PASS on the structural dimensions of a professional football academy. *In Proceedings of the 15th Congress of the European Association for Sport Management*, Torino, EASM and SUISM, 382 – 384.

Van Hoecke, J., Schoukens, H., Lochmann, M. and Laudenklos, P. (2008). Foot PASS Deutschland: Managing performance in the Bundesliga through the certification of youth academies. In H. Preuss and K. Gemeinder (Eds). *Book of Abstracts of the 16th Congress of the European Association for Sport Management*, 447 – 449. Heidelberg: GSM mbH.

Van Hoecke, J., Schoukens, H., Simm, S., Isakowitz, M. and De Sutter, R. (2010). Refinement of the Foot PASS model for a high quality certification of professional football clubs. *In Proceedings of the 18th Conference of the European Association for Sport Management.* Prague: EASM, 167.

Wiersma, L. D. (2000). Risks and benefits of youth sport specialization: Perspectives and recommendations. *Pediatric Exercise Science*, 12, 13 – 22.

Wilkinson, A. (1993). Managing human resource for quality. In B. Dale (Ed.), *Managing quality.* Hemel Hempstead, Prentice Hall.

Wylleman, P. and De Knop, P. (1995a). *Athlètes de haut niveau et enseignement: Perspective Européenne sur la combinaison d'etude et sport de haut niveau* (High-level athletes and education: European perspective on the combination of study and high-level sport). Paper presented at the conger d'Etude et Sport (Congress Study and Sport), Montréal, Canada: Université de Montréal-Ecole de Mortagne, 27 – 29 January 1995.

Wylleman, P. and De Knop, P. (1995b). The influence of the social network on young studentathletes.

Paper presented at the International Congress on Physical Education and Sport of Children, Bratislava, Slovakia: FIEP, 13 – 16 August 1995.

Wylleman, P. and De Knop, P. (1996). Combining academic and athletic excellence: The case of elite student-athletes. Paper presented at the International Conference of the European Council for High Ability 'Creativity and Culture', Vienna, Austria: ECHA, 19 – 22 October 1996.

Wylleman, P. and Lavallee, D. (2003). A developmental perspective on transitions faced by athletes. In M. Weiss (Ed.), *Developmental sport and exercise psychology: A lifespan perspective*. Morgantown, WV: Fitness Information Technology.

Zakaria, A. and Zulnaidi, Y. (2006). Exploring the relationships between Total Quality Management (TQM), Strategic Control Systems (SCS) and Organizational Performance (OP) using a SEM Framework. *The Journal of American Academy of Business*, 9(2), 161 – 166.

第 7 章 高水平竞技体育治理

Lesley Ferkins
迪肯大学
Maarten van Bottenburg
乌特勒支大学

学习目标

阅读本章后，读者将能够：

1. 详述有关高水平竞技体育治理的概念与定义；
2. 结合高水平治理的发展变化特征区分组织治理与系统治理；
3. 论述国际高水平竞技体育治理的相关问题及发展趋势。

概　述

本章首先介绍治理（governance）这一概念的背景，解释为什么在高水平竞技体育管理领域使用这一概念。随后对治理进行详细的解释与定义，并提供部分与之相关的理论知识，以促进读者对高水平竞技体育治理的理解。再次，我们将列举两种治理模式，即组织治理（指公司或组织进行的治理），以及组织间治理（指系统的、网络的、各配置部门间的治理）。最后，我们将在本章末尾处分析国际上高水平竞技体育治理的相关问题及发展趋势。我们还将通过案例分析和贯穿全章的各种例子帮助说明所介绍和讨论的概念、问题及措施。

将近 30 年前，当东西方冷战正如火如荼之际，芬兰社会学家 Kalevi Heinilä 就说过，高水平竞技体育已由个人和团队间的竞争发展为体系间的竞争。他认为，有才华的运动员仍需彼此进行个人竞争，但取胜越来越离不开自己所代表的体制的能力，包括该体制的一切组织资源、调控手段以及利益集团，这些在当时维持并促进着高水平竞技体育的发展（Heinilä，1982）。

冷战结束了，但金牌之战仍在继续。精英运动员们想要在大型体育赛事中登上最高领奖台越来越难。他们不仅需要具备真才实干、拼搏精神和奉献意识，更需要依赖由体育组织、政府、赞助商和其他利益相关者组成的网络系统（De Bosscher and van Bottenburg, 2011）。与此同时，各方投资急剧增长、更多人员与组织参与其中。因此，目前更需要对高水平竞技体育进行协调与治理（De Bosscher *et al.*，2008；Oakley and Green，2001）。同时，竞争的白热化也提升了人们对体育组织董事会成员们的期望，他们需要提高精英运动员的比赛成绩，并满足对效率、有效性、对利益相关者的代表、透明度及问责制的要求（Hoye and Cuskelly，2007）。这些问题直接关乎本章主题：高水平竞技体育治理。现在，我们将目光转向与治理相关的概念和定义。

治理与体育治理的定义

从词源学的角度来看，“治理”一词来源于希腊语 *kubernan* 和 *kybernetes*，原意分别为“引领”“操控”或“舵手”（Rosenau，1995）。该词的衍生词与政府（government）同义，意为“管理行动或管理方式”（Kjaer，2004）。然而，从 20 世纪 80 年代开始，来自不同学科（政治学、公共管理、组织研究、商学及国际关系学）的科学家们为其赋予新的含义（Rhodes，1996；Stoker，1998）。“治理”一词被越来越频繁地用来指组织、组织网络或社会进行自我操控、资源分配及协调控制的过程（Rhodes，1996；Rosenau，1995）。

如今，治理这一概念在公共、非营利及私营领域中得到广泛应用。它“通常指对完全或部分自主的个人或组织进行控制协调、促进协同共建的方式或手段”（Lynn *et al.*，2000，p. 235）。无论是地方俱乐部还是全国性机构、政府机关、体育服务组织乃至世界各地的专业队伍，一切体育组织都应得到有效的指导、控制和监管（Fekins and Shilbury，2010）。然而，任何体育组织都不可能脱离其他体育机构独自运作。例如，国际奥委会可以决定是否将板球列入奥运会项目，而这一决定将对全国及地方性体育组织、运动员及其他利益相关者带来深远影响。不过，无论板球是否涉及奥运会或其他任何国际赛事，板球国际管理机构（即国际板球委员会）都是板球规则制定的领导机构。

当国际板球界发生重大危机时，如被指控内定比赛结果，国际板球委员会将采取措施，制裁此类行为。而如果诸如此类的危机只是发生在澳大利亚，那么该国的国家体育联合会（如澳大利亚板球理事会）将出面解决。澳大利亚板球理事会对该国板球运动负有领导责任，并依此身份对国家级及俱乐部级的板球运动实施跨组织间协调与领导。但是，提高澳大利亚高水平竞技体育（包括板球）总体水平的任务，仍需多组织承担，包括政府机构（如澳大利亚体育委员会和澳大利亚体育学院）、志愿体育协会（包括国家、州及地方各级协会）、企业部门（如赞助商）以及其他利益相关者（如体育科学研究所，体育教育工作者和教练员协会）。可以说在这样的体系中，所有机构不存在级别上的从属关系。因此，以联合行动、互相调整及互联互通为基础的治理模式代替了中央集中调控的方式（Kooiman，1993）。

为正确理解高水平竞技体育中的调控、问责及责任问题，我们将在本章中集中讨论对组织的治理以及组织间治理两者的区别。对组织的治理又称公司治理或组织治理，主要包括对某一特定组织的治理过程及措施，如对地方体育俱乐部或国家体育组织的治理；公司治理针对大型商业机构，而组织治理涵盖范围更广，可以包括非营利组织——这类组织在体育领域内占显著地位。组织间治理指系统、组织网络、机构配置内的高水平竞技体育治理，包括对同一国家的多个项目进行治理（如英国的高水平竞技体育治理），或是对多个国家的同一或多个项目进行治理（如国际足球联合会对足球的治理、国际奥林匹克委员会对奥林匹克运动的治理）。依照其组织间的关系及理论分析框架，我们可以将第二种治理定义为系统的、互联的、构型的治理方式[1]，或是在最高层面的话，称之为全球治理。

在详细探讨组织治理及系统治理前，我们将先介绍一些理论知识，以帮助读者了解高水平竞技体育不同治理模式的含义与疑难问题。

有助理解高水平竞技体育治理的相关理论

理论的运用有助于我们更好地理解问题与难点，理论至少可以解释事情发展的来龙去脉。如果我们足够幸运，还可以运用恰当的理论对实践进行指导。虽然目前还未形成关于治理的通用理论（Huse，2009），但是科研人员正在借鉴组织管理学、公共管理学及国际关系学的相关原理，试图为治理这一概念构造一套理论体系。这套系统主要包括代理理论、管家理论、资源依赖理论、体制理论、利益相关者理论、网络理论及国际关系理论。

表7.1　有助理解高水平竞技体育治理的相关理论

治理理论	治理前提	对董事会职能的影响
代理理论	所有者与管理者利益不同（Fama and Jensen，1983）	控制与监督首席执行官的工作
管家理论	所有者与管理者利益相近（Davis and Schoorman，1997）	为机构谋利益时与首席执行官建立伙伴关系
体制理论	治理模式由外部环境决定（Hoye and Cuskelly，2007）	满足外部要求
资源依赖理论	组织间相互依赖共存（Pfeffer and Salancik，1978）	与其他组织建立合作关系
利益相关者理论	利益相关者间的利益多元化（Hung，1998；Oliver，1990）	执行治理职能时考虑到利益相关者的立场，并综合平衡各个利益相关者的要求
网络理论	组织间相互依存（Henry and Lee，2004；Kooiman，1993）	推动组织及个人间网络化建设
国际关系理论	治理结构多元化、碎片化（Kjaer，2004；Rosenau，1995）	在具有不同治理结构的几个网络间联络和调整

来源：改编自 Cornforth，2003；Hoye and Cuskelly，2007

活跃在治理研究领域的主要学者，如 Pye and Pettigrew（2005），Cornforth（2003），及 Hoye and Cuskelly（2007）等主张使用多重理论的方法进行研究，尽管这意味者我们要熟悉各种不同理论。原因是代理理论一直以来都左右着我们对治理作用的看法，而这已经使我们对治理理解产生局限，特别是对非营利背景下治理的理解（Cornforth，2003）。使用多重理论研究方法，我们不仅可以在对比的过程中加深对个别理论的理解，同时，每个理论又可以反过来为理解高水平竞技体育治理模式、问题与困难提供新视野。表 7.1 概述了这些理论以及在不同理论下董事会在组织中（一般意义上）的地位与职能。

两种治理模式：组织治理与系统治理

参照以上理论，我们现在更深入地探讨此前提到的两种治理模式，即组织治理和系统治理。我们先从组织治理入手，关注在高水平竞技体育中其董事会的职责（对组织的治理）；然后讨论高水平竞技体育机制中系统、网络及部门配置的治理措施（组织间的治理）。

高水平竞技体育中的组织治理

体育组织在商业高水平竞技体育及非营利高水平竞技体育中的治理职责不尽相同。在商业体育竞赛中，按照定义，投资者的盈利需求是体育组织存在的根本原因。营利性体育组织的例子不胜枚举，例如英超联赛中的体育俱乐部（如曼联足球俱乐部）、澳大利亚橄榄球联盟的俱乐部（如墨尔本风暴队）以及美国职业篮球联赛的各球队（例如波士顿凯尔特人队）。以上各运动队或俱乐部都由利益相关者所有。他们在释放自己体育激情的同时，寻求财政投资盈利。因此，董事会的职责便是代表所有者（即利益相关者）确定发展方向、负责管理活动、规范行为。

我们对于高水平竞技体育中组织治理的理解大都基于体育领域外公司运作中的治理。传统意义上的公司所有者与公司管理者所有权分离后，组织治理这一概念便应运而生（Fama and Jensen，1983）。公司的发展壮大致使所有者无力经营公司，所以公司的管理便交给了董事会这一群体。董事会通常由利益相关者、首席执行官、独立董事或非执行董事组成。

高水平竞技体育领域中体育组织所有者（从治理意义上看）并不十分明确。虽然该领域存在商业体育竞赛或“公司体育”，但非营利体育机构也同样主导着全球高水平竞技体育。非营利组织所获利益不会交付利益相关者，而是用于该组织的运营与发展。目前全球非营利体育组织俯拾即是，例如国际奥委会组织及足球、网球、无挡板篮球、三项全能、联合式橄榄球等项目的国际体育法规机构（即国际足球联盟、国际网球联合会、国际蓝网球联合会、国际铁人三项联盟及国际橄榄球理事会等）。相应地，国家、省、地区或州管理体育规章的机构几乎都是非营利体育组织。

谁有权进行治理?：体育组织董事会的构成和成员“所有制”

那么，谁具备治理非营利性体育组织的权力？你或许会认为，与商业体育实体中的大股东一样，非营利组织中的主要利益相关者构成董事会。然而实际上，非盈利体育组织的利益相关者形形色色，包括赞助商、投资人、球迷、运动员及媒体等。因此，决定谁在管理层有一席之地确实是一个相当棘手的问题（Ferkins and Shilbury，2010）。按照传统，组织的法定“成员”与商业领域的股东一样，拥有管理权或者有自己的管理代表。通常情况下，国际组织的成员就是代表各成员国的机构，如国际橄榄球理事会（International Rugby Board，该组织已于2014年更名为World Rugby，译者注），其成员包括新西兰橄榄球协会、爱尔兰橄榄球协会等。同样地，国家体育组织的法定成员通常由州、省及地区性组织构成。依次地，地区性组织由地方俱乐部构成，而地方俱乐部又由个人组成。

然而，这种管理体系，即成员协会实施治理（各成员协会一直以来派代表进驻董事会），不断引发资源分配方面的纷争（Ferkins and Shilbury，2010）。我们可以设想一下地方网球俱乐部或区域性的网球协会与国家级机构，如法国网球联合会或澳大利亚网球协会的首要目标不尽相同。地方性的网球俱乐部和协会旨在提高网球参与度，而澳大利亚网球协会是澳洲规模最大的国家体育组织之一，其职责在于培养精英运动员及举办澳大利亚网球大满贯赛事——澳大利亚网球公开赛。在过去，澳大利亚网球协会董事由各州协会选出的代表组成，因而这些州级协会认为自己“拥有”国家网球协会。然而，澳大利亚网球协会最近正试图构建独立董事会，从而以更专业化、公司化的方式运作（Shilbury and Kellett,2011）。

的确，改组代表型董事会是目前非营利性体育组织治理发展的一大趋势（Ferkins and Shilbury，2010），如新西兰和澳大利亚的许多国家体育组织已建立起“混合董事会”（Ferkins and Shilbury，2010）。以下是三种非盈利体育组织董事会构成方式：

1. 代表董事会——董事会成员由特定成员组织选举产生，并代表这些成员组织；
2. 混合董事会——董事会成员通过选举及任命两种方式产生；
3. 独立董事会——董事会成员均由任命产生，通常由委任小组任命，代表全体成员实施管理。

体育治理的困境之一在于涉及到所有权概念时人们总是难以明确处理；此外，管理实施过程中体现了高水平竞技体育和大众参与体育的优先权斗争。那么我们又回到了这个问题——谁有权管理高水平竞技体育？显然，所有权这一概念与厘清谁有权管理体育这一问题密切相关。著名治理学专家Carver（2002，p. 66）提出，“决定所有权的归属的确不易，但却是董事会树威与掌权的必经之路”。想明确谁有权治理高水平竞技体育远非易事，正如Shilbury（2001）所说，体育治理领域的管理权通常不是由某一个人或一个群体所有，因此控制的概念常模糊不清。

董事会在高水平竞技体育中的地位与职能

前文中我们讨论了治理权在谁、成员“所有制”的性质、以及董事会构成方式等方面的问题，现在我们将关注点转移到董事会的职责上。致力于精英运动员培养与高水平竞技体育发展的体育组织，它的董事会究竟作用如何？不出所料，文献中对此问题有不同的解答，并且迄今，很少有实证性研究对体育组织董事会的地位与职能进行描述与分析（Hoye and Doherty，2011）。不过，考察了所有研究董事会作用本身（既包括体育领域，也有体育领域外）的文献后，Kilmister（2006）全面列举了可适用于高水平竞技体育管理组织的主要职责，如下所示：

- 监督组织的体系、制度及作为，以确保该组织既符合外部要求，又遵守内部政策与规定（如既遵守政府立法诸如禁止烟草商赞助，又遵守组织内部的运动员遴选标准）。
- 处理与首席执行官的关系——包括其任免及绩效标准的制定（例如，英格兰壁球和短网拍墙球等国家体育组织中拿工资的首席执行官要对志愿者组成的董事会负责）。
- 设置组织使命、目标及战略方向，也就是构建组织战略的上层目标（如澳大利亚网球协会的董事会行使管理权利时考虑更多的是高水平竞技体育的发展，而不是体育参与）。
- 制定和监督包括风险管理在内的各种政策（如澳大利亚选拔奥运会和英联邦运动会参赛队伍的标准要经过澳大利亚奥林匹克委员会董事会的通过）。
- 监督长远战略目标的进展与短期结果（例如国际无挡板篮球联合会董事需要监督所设置的战略优先事项的进展，如无挡板篮球全球化）。
- 对成员及主要利益相关者负责（如新西兰橄榄球协会董事会在其年度股东大会上向地区成员及包括媒体、政府、赞助商等在内的主要利益相关者做工作报告）。
- 对一切组织行为承担最终责任（如墨尔本风暴橄榄球联盟俱乐部董事会成员在事先不知情的情况下，仍对违反工资帽的行为负有最终责任）。

一些国家主要由政府出资建立和发展体育制度，如英国、法国、加拿大、新西兰和澳大利亚，这些国家的中央政府体育机关出台指导方针，帮助全国性的体育组织增强治理能力。这些指导方针有助于我们了解出资机构希望董事会应起的作用。例如英国体育局具体规定了董事会的职责：“（1）设定组织战略目标；（2）为实现目标行使领导职责；（3）监督组织的管理；（4）向成员汇报自己的监管工作”（UK Sport，2004，p. 6）。澳大利亚体育委员会（Australian Sports Commission，2007，p. 6）这样描述董事会的职责：“确定组织的战略方向、核心价值观、道德框架及业绩标准”。该委员会还指出，“为确保实现战略目标，董事会对财务经营和预算安排负责并享有最终决定权”（p. 6）。除此之外，新西兰体育与休闲委员会（Sport and Recreation New Zealand，该组织于2012年2月起更名为Sport New Zealand，译者注）对董事会职责的界定也与此相似，提出董事会应设定战略方向和重点、制定政策和业绩预期、进行风险描述和管理以及评估和监督组织业绩，“以行使它对组织及其所有权人的责任”（Sport and Recreation New Zealand，2006，p. 16）。

虽然高水平竞技体育治理的性质要求董事会为组织的发展高瞻远瞩（比如为四年一次的奥运会做准备或根据世锦赛周期进行规划），但部分治理学者仍强调，我们需要更多地着眼于董事会的战略作用（Ferkins *et al.*，2009），并更好地理解董事会这一角色的具体含义（Hoye and Cuskelly，2007）。著名治理学家 Carver（2002）也强调了董事会的战略地位。Carver 提出董事会的任务是“创造未来”，而非“看管店铺”。这一论述强调了董事会在战略方面的前瞻作用，并谨防董事会把全部精力都用于组织的日常工作上。

Garratt（2005）同样强调了董事会的战略地位，并指出大多董事会在监督问责与提供长远目标方面难以两全。在更早的一篇见解深刻的文章中，他这样描述了董事会的地位（1996，pp. 3 –4）：

> 在我看来，保证组织良好发展的关键不是管理者，而是一个尽心尽责、思虑周全的董事会，它才是组织的核心。董事会需要在内外部双重压力的夹缝下为组织谋生存，求发展，并营造出一个人人齐心、人人尽力的良好环境。领导归根结底还是一项智力活动，可以为组织指明前路、引领发展。

这一要求对于高水平竞技体育治理组织的董事会是一个巨大挑战，要完成这一领域的工作职责已是困难重重，特别是要处理好精英运动发展与大众体育参与度二者关系。本章关于英国自行车运动的个案研究将阐释董事会在权衡二者关系中的战略作用。表 1 列举了治理理论，也突显了董事会在平衡不同职责时面临的潜在困难。现在，我们将注意力转向高水平竞技体育治理中组织间的关系。

系统治理：跨组织管理

大多数国家的体育部门都有一个特点，即经历了“自下而上”的发展历程。19 世纪后期，公民自发建立的地方体育俱乐部雨后春笋般地出现。随后，这些地方俱乐部设立全国性的管理机构，为其运动项目制定统一规则、组织比赛、规范其体育活动及维护活动的独特性（Houlihan，1997）。这一发展过程十分迅速，在大多数体育项目的俱乐部涌现后不到一代人的时间内，该体育项目就已经开始举办大规模区域性或全国性比赛。不久后，国际体育单项联合会纷纷成立，运动治理实现了国际标准化发展。例如国际足球联合会于 1904 年由六个国家的足球协会共同发起成立，而仅仅再往前推 30 年，这些国家的人们还从未听说过足球这一运动项目（van Bottenburg，2001）。

世界各地志同道合的个体公民们发起、监管、组织并统一了各项体育活动，他们共同创造了一个全球体育管理系统，这一系统由以垂直一体化为特征的协会和联合会构成。在此系统内，各国管理机构（如巴西排球联合会）和国际管理机构（如国际排球联合会）获得了对每一项运动的管辖权。如前所述，这些组织主要基于其成员的间接民主决策系统。俱乐部成员选举出地方董事会委员，而地方董事会代表有权委任国家级董事会成员，国家代表又有资格投票选举出其所隶属国际联合会的董事会成员。

在这一遍布全球“自下而上”的体育系统中，“自上而下”发展的奥林匹克运动组织算得上是一个特例。国际奥委会的建立时间早于各国奥委会，各国奥委会实际上是在国际奥委会的指导下建立起来的。另外，国际奥委会及各国奥委会董事会成员并非是从下级机关中民主选举出来的，而是由所谓的“增选”体制进行委任。这种任命（而非选举）方式因缺乏民主性和透明度而遭受非议，却因保证了国际奥委会的独立性而得到维护。据称，在这种体制下，国家集团很难串通一气，通过选举国际奥委会成员达到政治目的。

而政权国家在这种全球性体育机制的形成过程中几乎没有发挥任何作用。直至20世纪中叶，体育机构依旧是负责大众体育和竞技体育发展的主要力量，而政府很少干涉这一过程。在大多数国家，俱乐部及竞技体育发展仍由志愿组织负责。即使政府对竞技体育的发展施以援手，也是临时且有限的，如为国家队参加奥运会或参加其他国际性赛事提供旅行经费（Houlihan，1997；Stewart，2011）。

这一现象在20世纪后半叶开始发生变化，这期间中央政府干预竞技体育成为常态。冷战是这一变化最主要的原因。20世纪50至60年代，苏联和其他欧洲共产主义国家将竞技体育视为证明其优越性和提升国际地位的宣传媒介。为此，他们创造了一个高水平竞技体育模式，系统地遴选和培养优秀运动员，这种模式与世界其他地区相去甚远。与东方国家主导的“系统相关”模式不同的是，西方仍依赖“个人相关”模式，在这一模式下，优秀运动员需依靠个人之力在依据年龄、性别、地区及水平划分级别的体育比赛中脱颖而出（Fisher and Borms，1990；Green and Houlihan，2005）。东欧模式的成功，特别是苏联和东德运动员在奥运会中取得的骄人成绩，让其他国家纷纷意识到，要想在高水平竞技体育中立于不败之地，必先采取一种更具战略性、规划性和协调性的发展方式（Bergsgard *et al.*，2007）。

当体育比赛变成了为国家声誉而战，政府参与就理所当然了。许多国家的高水平竞技体育发展已走向制度化，政府和体育管理机构出台政策方针，并建立新组织。这些变化的结果是：

> 建立起专门的竞技体育政策机构；创建精英运动员训练中心；采取科学方法；发展教练职业教育计划；制定发现、遴选和训练优秀运动员的政策。（Bergsgard *et al.*，2007，p. 154）

高水平竞技体育治理的不同体制

在政府放弃不干涉原则并引入系统的运作方法后，国内体育组织之间（如国家奥委会、国家体育管理机构、地方体育俱乐部）的关系发生了改变，体育组织与国家、省、市等地方政府间的关系也发生了变化（Houlihan，1997）。这些变化引出了有关高水平竞技体育治理的新问题：第一，谁有权制定国家的高水平竞技体育系统的目标、目的及重点？第二，应由谁来实现这些目标？这一过程又与其他体育政策目标——如发展体育俱乐部及提高体育参与度——的关系如何？第三，如何以及在多大程度上要把高水平竞技体育从一项业余、自发和分散的活动转变成专业的、集权化的活动？最后，体育系统应如何以及在多大程度上优先发展优势项目，着重扶持已成功或有夺牌希望的项目？这样做对劣势体育项目和其他体育政策目标（如提高体育参与度）意味着什么？

这些问题对治理的概念具有重要意义。回想一下此前由 Lynn *et al.*（2000），Rosenau（1995）和 Rhodes（1996）等提出的治理的定义，或者说，国家如何调动与分配资源，又是如何发挥其调控作用的（按照 Rosenau 1995 年对治理的定义）？针对这些问题，每个国家都建立起各具特色的体制，包括政府机构、志愿体育组织和商业合作伙伴形成的独特关系。简明地，这些结构关系可以通过一个三角形来展示：自由放任、政府干预及志愿组织这三种模式构成了假想状态下的三个极端（参见图 7.1）。

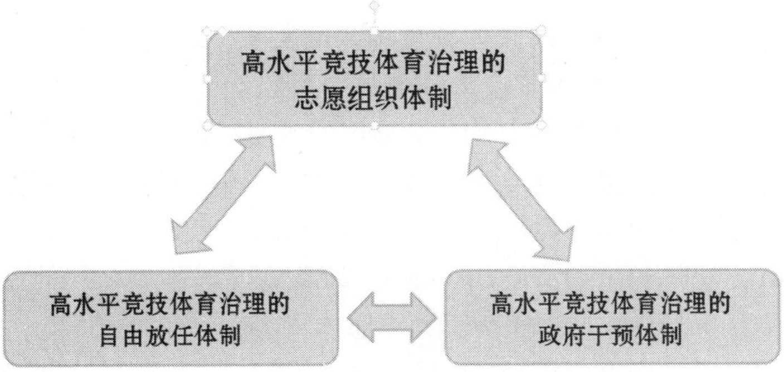

图 7.1　不同国家的高水平竞技体育治理系统对比

在这一三角形结构中，美国是最与众不同的国家，它的意识形态决定了政府几乎不干预竞技体育。其他国家不断加强政府对高水平竞技体育治理，美国却与此不同，几乎没有管理高水平竞技体育的政策或“体制”。运动员们有多种途径通向并参与竞技体育，但并没有一条脉络清晰的通往精英运动之路。每项运动都有自己特有的系统。美国人在国际体坛的成绩也继续严重依赖中小学、大学及职业体系。对于一些运动项目来说，这些体系帮助可塑之才成长为精英运动员，而另一些项目由于缺少职业化或在大学中发展的机会，则处于极度的劣势，很少夺得奖牌（Sparvero *et al.*，2008）。

三角形的另一端是国家干预模式（见图 7.1），波兰、中国和其他前或现共产主义国家就是该模式的最佳例证。例如，Jolanta Zyśko（2008，pp. 190 – 191）形容波兰“政府干预、中央集权、官僚主义、极度刻板却并不稳定”，并说波兰“向着更加高度中央集权化的方向进发，国家对体育管理的控制更加严格”。如今，波兰体育政策由议会法案立法管理，该法案强调了政府和行政机关在体育领域以及高水平竞技体育中的重要作用。波兰有专门管理体育的国家政府机关，是波兰高水平竞技体育的唯一决策中心（Zyśko，2008）。至于中国，竞技体育已成为其提升国际形象的有效手段。中国自上世纪 70 年代末实施改革开放以来，发展体育的最高目标是在奥运会上获胜。为实现这一目标，政府不断增加对竞技体育的投资（从总收入中划拨再加上彩票的收入），并扩充了其管理系统和行政职能部门。这一系统中，财政优先支持优秀人才选拔与培养、全职专业运动员、高强度的训练机制、体育训练与运动科学研究、以及全国和地方训练硬件设施建设（Hong，2008，2001）。

在新西兰、澳大利亚、加拿大和英国等自由福利国家，政府在高水平竞技体育中的作用要弱一些。Green and Houlihan（2005，p. 63）称澳大利亚和加拿大是“早期的西方采用者”，英国是“晚期采用者”，它们采用了前东方阵营国家研制的许多组织与管理原则。东方阵营国家的高水平体制显然十分奏效，致使其在20世纪50至80年代间对奥运会形成了垄断之势，西方国家的夺牌数量明显下降。然而，东方阵营国家的发展模式极难模仿，因为其干预、集中且官僚的治理模式与西方国家盛行的零散化、分权、自发的组织结构截然相反。要想解决这一问题，一方面靠增加商业赞助，另一方面要创立新的行政结构（Houlihan，1997）。

这些变化改变了联邦政府与国家体育机构间的关系。20世纪70年代加拿大体育局、1981年澳大利亚体育协会、1984年澳大利亚体育委员会、1987年新西兰希拉里委员会、1997年英国体育局等体育机构创立，均成为该国的重要转折点。这不仅意味着在高水平竞技体育方面政府干预程度加强，也反映出体育组织自主性的下降。政府资金的供应意味着全国性体育组织日益依靠政府的力量，形成一个集权的、专业化的和成功的高水平竞技体育体制（Houlihan，1997；Green and Houlihan，2005）。

西欧社会民主国家的中央政府很少干预志愿体育部门。在德国、荷兰、丹麦和挪威等国家，高水平竞技体育原则上由相对自治的体育组织管理。但即使这些国家的中央政府也表示，希望发展更加专业化、系统化的竞技体育政策，以在国际体坛上取得成功。然而，与之前所提到的自由福利国家（如澳大利亚、新西兰、加拿大和英国）相比，这些国家更倾向于通过间接方式实现目标，即为体育组织体系、特别是为高水平竞技体育有关的体育组织团体提供资助和补贴。在德国、挪威和荷兰，这些组织团体对如何分配体育博彩利润（主要来自彩票）有很大的发言权（Augestad and Bergsgard，2008；Augestad *et al.*，2006；Bergsgard *et al.*，2007；Petry *et al.*，2008）。

本节讨论了高水平竞技体育治理中不同国家所呈现出的三种不同体制（如图7.1所概括）。治理体制指多个组织构成网络系统并且每个组织都参与到高水平竞技体育的资源分配及控制协调。下文将继续从宏观角度，也就是治理体制角度出发，讨论高水平竞技体育治理中的其他问题。

高水平竞技体育治理的发展趋势与面临问题

Houlihan and Green（2008，p. 291）在对竞技体育的发展进行对比研究后提出，“在全球竞争日趋激烈的大背景下，越来越多的国家开始采取更具战略性的方式培养精英运动员，以求在众多竞争国家中脱颖而出”。其余有关研究也得出类似结论：各国竞技体育发展可能因国情而略显不同，但总体上趋向同一的模式（De Bosscher *et al.*，2008；Houlihan and Green，2008；Oakely and Green，2001）。几乎所有国家政府都认识到高效协作、集权管理的必要性，从而普遍加大了对高水平竞技体育的干预力度。

这一趋势使不少国家高水平竞技体育治理与大众体育治理顾此失彼。高水平竞技体育与大众体育在对“如何施控”“如何提效”“如何发展问责制”以及“如何获取并维持合法性”等问题的考虑上大相径庭。竞技体育发展所需投资不断增长，因此部分国家不得不以牺牲大众体育为代价、并只能优先发展少部分高水平竞技体育项目（例如，关于丹麦参见 Ibsen *et al.*，2011；关于澳大利亚参见 Stewart，2011）。这种排他性与优先化恰与大众体育包容性且多样化的原则截然相反。对不少国家来说，如果求胜欲增强，或是政府对竞技体育的投入力度有所减少，都会激化矛盾，引发有关高水平竞技体育与大众体育发展基本原则的激烈争论。

另外，此种讨论也必将触及治理理论的其他核心概念，即合法性与问责制。正如 Collins（2007）以新西兰体育发展为例时论述道，对竞技体育进行资助受“投资回报”与实现既定目标心态驱使（即产出导向型）；而衡量大众体育投资的合法性及问责制则会考虑到民主程序与社会公平原则（即投入导向型），这种差异同样会加剧高水平竞技体育与大众体育间的矛盾。高水平竞技体育治理系统试图通过集中决策程序、减少问责环节的方式追求成功；而投入导向型的大众体育政策制定恰好与之相反，主张权力下放与广泛的利益相关者参与模式。政府及体育管理组织肩负大众体育与竞技体育双向发展的重责，如何处理好二者的矛盾关系将成为其高水平竞技体育治理工作面临的一大挑战。

个案研究 7.1

英国自行车协会治理实例

Adam Karg
迪肯大学

英国自行车协会总部设在曼彻斯特，是主管英国自行车运动的体育组织。英国自行车运动竞技水平可谓世界一流，2008 年北京奥运会及残奥会上，英国自行车队共夺得 34 枚奖牌，并在同年世锦赛中斩获半数金牌。英国自行车协会通过建立创新性的合作伙伴关系，以及制定清晰、明确的计划指导该运动在复杂的多民族、多区域治理体制下发展，终于在 2012 年奥运会前夕，迎来了英国自行车运动大众参与水平大幅提高且精英运动层面表现出色的大好局面。

历史与角色

自行车集运动、休闲及环保交通工具三种功能为一体。英国自行车协会旨在通过世界范围内的成功鼓舞人民参与自行车运动，充分发挥其上述三项功能。英国国家自行车联盟、公路计时赛委员会及英国自行车选手联盟于 1959 年合并，成立英国自行车联合会，即英国自行车协会的前身。在此之前，英国自行车运动因多头管理，难以实现统一发展，致使关于运动章程、国家队成员选拔争端不断，国家总体治理责任不清。而英国山地自行车协会、越野协会、小轮车协会及循环赛道委员会合并至英国自行车联合会中后，整个自行车运动得以向更科学化、整体化的发展方向迈进。

治理结构

自行车运动治理是一个多层次的结构，由国际、国家及地区性管理机构共同组成。英国自行车协会是欧洲自行车联盟及国际自行车联盟的成员机构，同时也加入了英国奥林匹克协会。该协会董事会 8 名成员在执行总裁的领导下对协会工作进行治理。2010 年该协会首席执行官和高层管理人员共领导员工 226 人，员工人数比上一年增长 13.5%（British Cycling，2010）。

英国自行车协会覆盖范围广，下属地区机构互联互通，充分展示了“系统治理”这一概念（参见本章正文部分）。该协会最具代表性的地区包括中部、东部、东米德兰、东北部、北部、南部、西南部、东南部、西米德兰、约克郡地区及苏格兰和威尔士自行车联盟（British Cycling，2011a）。另外，英国中小学自行车协会及英国高校运动协会也是英国自行车协会的下属机构。因此，英国自行车协会是英国本土各自治属国自行车运动的管理机构，也是其海外属地在国际自行车联盟的代表。马恩岛和海峡群岛也归其管理（British Cycling，2011b）。这种集中化、标准化的管理方式在奥运会中确实有效；而当其自治属国和海内外领地以独立身份参加比赛（如英联邦运动会）时，情况就有些复杂了。在地区级别之下有约 1500 个自行车俱乐部或运动队附属于英国自行车协会，运动员通过这些机构考取证书、参加比赛及获取国家级组织的成员身份。据统计，英国自行车协会现有 33 000 多名成员，其中俱乐部成员约占总数的三分之二（British Cycling，2010）。

董事会的战略地位

董事会的主要责任在于设定组织使命、构建发展前景及确立战略方向。英国自行车协会的任务是设定英国自行车运动发展的总体战略。2012 年伦敦奥运会前英国自行车运动发展状况为该协会实现发展战略提供了绝佳机会。英国自行车协会首席执行官在新闻发布中强调了该运动发展所面临的机遇，并总结了该组织在多领域、多地区实施的全面发展计划。他说：“2012 年伦敦奥运会为我们提供了千载难逢的机遇，我们要抓住这一大好时机，推进自行车运动的群众参与度，鼓励全民骑车，将‘奖牌之福音’变为‘人民之福祉’”（British Cycling，2009b）。明确的战略计划是该运动的短期及长期顺利发展的重要保障。自 2009 年起英国自行车协会实施了长达 5 年的“全面发展计划”，采取协同治理的指导方针。该计划借助在国际体坛叱咤风云的运动员的影响力及号召力，推动自行车运动在体育、休闲及环保的交通工具方面的发展（British Cycling，2009a）。

英国自行车协会董事会的另一重要职能在于监管长期目标的进展与短期目标的实现。在五年计划的开局之年，英国自行车协会在高水平竞技体育、群众参与度等关键领域取得极大进展，另外通过宣传手段和发展合作伙伴关系，协会知名度和形象大幅提升。英国自行车运动员在奥运会和世锦赛，特别是在场地赛、山地赛项目中屡获佳绩，声名大震。该协会为优秀运动员提供最佳装备（美国宇航局和迈凯伦集团是其重要技术合作伙伴），规划渐近的、成体系的发展道路，并提供奥运参赛培养和学校进修及奖励计划，这些举措促成了上述成功。

此外，英国自行车协会还与英国天空广播公司合作筹建了一支专业化的自行车队，成为注册的职业环赛队（Pro Tour），并开始在环法自行车赛等国际大赛中与其他国家一较高下（British Cycling，2010，2011c）。这一合作关系中，不仅双方共同出资打造精英国家队，还包括在运动参与和发展的各阶段的合作，因而大大提高了自行车运动的形象和影响力，并为培养顶尖运动员提供了更为通畅的渠道。此外，这种合作方式还得到了英国体育局及英格兰体育局的进一步支持，前者负责精英运动，管理彩票及公共投资，后者负责为有发展前途的体育组织和项目投资，促进大众体育，并帮助参与者提高运动技能和水平（British Cycling，2011c）。

要点归纳

英国自行车协会：

- 为一度分散的项目及管理机构提供统一指导与治理；
- 统一各地区管理，构建国际、国家及地区一体多层化的管理结构，提高效率；
- 围绕主要的体育与商业目标，采取清晰透明、全面发展的战略计划，董事会则不断对照目标，引领协会的发展方向；
- 实现了自行车运动比赛成绩、组织管理业绩和运动推广的多方面发展。

个案研究思考题

1. 选择自行车或你所在国家的任意一项体育运动，调查其治理方式，并讨论该运动与英国自行车运动治理的异同点。

2. 识别治理行为在英国自行车协会“全面发展战略计划”中的作用。

3. 不同地区自行车运动的各种项目发展虽得以协调，但依旧问题不断。指出英国自行车协会治理结构下可能存在的问题。

结 语

本章首先介绍了“治理”这一概念的背景，解释了为什么在研究高水平竞技体育管理时使用这一概念；然后讨论了治理，特别是体育治理，的具体的含义和定义；表7.1归纳了相关理论，帮助读者理解治理的意义。接下来区分了两种类型的治理：组织治理（对组织进行的治理）和系统治理（组织间治理）。组织治理部分我们详述了体育组织中董事会的地位与职能，指出董事会成员既要抓战略重点又要履行日常监管职责所面临的困难。在系统治理部分，治理有了更为广泛的含义。在对国与国之间系统治理的对比中，我们整合了体育政策和体育发展的要素，以期更好地阐明负责高水平竞技体育治理的组织网络。

本章末尾在讲述系统治理中的问题与趋势的同时，也重提了组织治理这一概念，并特别指出高水平竞技体育管理者在有限的资源分配的紧张关系中，必须处理好大众体育与竞技体育间的关系。最后的个案研究以英国自行车协会为例，这一案例以组织治理为主，但同时也显示出自行车运动在英国网络化的治理方式。大多数情况下，我们只在出现问题时才真正注意到董事会及管理系统的工作，而对组织治理和系统治理的深入理解，有助于我们认识到高水平竞技体育管理中的矛盾与复杂性。

讨论问题

1. 区分本文作者提出的“组织治理”和“系统治理”概念，并解释二者与高水平竞技体育间的关系。

2. 谁享有体育组织的治理权？解释高水平竞技体育管理组织董事会的构成方式（参考文中董事会的三种构成方式）。

3. 结合组织治理和系统治理，谈谈为什么今后体育治理组织在维持管辖权与合法权方面会存在问题。

关键词

- 治理
- 组织治理
- 成员“所有制”
- 董事会构成
- 代表董事会模式
- 混合董事会模式
- 独立董事会模式
- 体育组织董事会的地位与职能
- 系统治理
- 不同治理体制
- 自由放任治理模式
- 国家干预治理模式
- 志愿组织治理模式

延伸阅读

Sport Governance(2007) by Russell Hoye and Graham Cuskelly provides a very good overview of organizational governance in sport. It summarizes relevant theories and salient topics related to the governance of sport organizations such as the roles and responsibilities of boards, board behaviour and culture, strategic sport governance, the sharing of leadership between the board and the CEO, and conformance and evaluation.

The Governance of Public and Non-profit Organisations: What Do Boards Do? (2003) edited by Chris Cornforth covers issues of organizational governance. While it is not sport specific, it is highly relevant for the governance of non-profit and voluntary sport organizations.

Corporate Governance: Principles, Policies and Practices(2009) by Bob Tricker is another helpful text on organizational governance. While it is primarily focused on the governance of commercial organizations, the issues, practices and processes discussed relating to the role of the board are a useful foundation for understanding the governance of high performance sport.

John Carver on Board Leadership: Selected Writings from the Creator of the World's Most Provocative and Systematic Governance Model(2002) by John Carver is a comprehensive text capturing Carver's publications over two decades. While Carver primarily concentrates on elements of organizational governance, such as board-CEO relationships, board involvement in strategy and board composition, there are sections also relevant for the issues embedded within systemic governance.

'Studying Governance and Public Management: Challenges and Prospects' by Laurence Lynn, Carolyn Heinrich and Carolyn Hill(2000) is an article published in the Journal of Public Administration Research and Theory that explains the notion of systemic governance, as derived from the public sector. The article pursues the question of how the myriad of agencies within the public sector can be coordinated to achieve public purpose.

'Governance and Ethics in Sport' by Ian Henry and Ping Chao Lee(2004) is a very useful chapter in the text, The Business of Sport Management by John Beech and Simon Chadwick. The chapter explains the notion of network governance as it applies to professional sport.

注　释

1. 此处这些术语表达意义相同，可以互换使用。

参考文献

Augestad, P., Bergsgard, N. A. and Hansen, A. ϕ(2006). The institutionalization of an elite sport organization in Norway: the case of 'lympiatoppen'. *Sociology of Sport Journal*, (23)3, 293 – 313.

Augestad, P. and Bergsgard, N. A. (2008). Norway. In B. Houlihan and M. Green(Eds), *Comparative elite sport development. Systems, structures and public policy*(pp. 194 – 217). London: Elsevier.

Australian Sports Commission(2007). *Governance principles: A good practice guide for sporting organisations.* Canberra, Australia: Author.

Bergsgard, N. A., Houlihan, B., Mangset, P., Nodland, S. I. and Rommetveldt, H. (2007). *Sport policy. A comparative analysis of stability and change.* London: Elsevier.

British Cycling(2009a). *The whole sport plan* 2009—2013. Manchester, UK: British Cycling.

British Cycling(2009b). *Whole sport plan for cycling published.* Press release, 23 September 2009. Available at www. britishcycling. org. uk/about/article/bc20090917-British-Cycling-s-Whole-Sport-Plan-0 , accessed 21 July 2011.

British Cycling(2010). 2010 *Annual report.* Manchester, UK: British Cycling.

British Cycling. (2011a). *British cycling-about us.* Available at www. britishcycling. org. uk/about, accessed 21 July 2011.

British Cycling(2011b). *British cycling-memorandum of association.* Available at www. british cycling. org. uk/zuvvi/media/bc_files/corporate/02Memorandum_of_Association_2010. pdf, accessed 21 July 2011.

British Cycling (2011c) . *British cycling-partners.* Available at www. britishcycling. org. uk/staticcontent/bcst-British-Cycling-s-Partners, accessed 21 July 2011.

Carver, J. (Ed.). (2002). *John Carver on board leadership: Selected writings from the creator of the world's most provocative and systematic governance model.* San Francisco, CA: Jossey-Bass.

Collins, C. (2007). Politics, government and sport in Aotearoa/New Zealand. In C. Collins and S. Jackson (Eds), *Sport in Aotearoa/New Zealand society*(2nd edn, pp. 208 – 226). Auckland: Thomson.

Cornforth, C. (Ed.). (2003). *The governance of public and non-profit organisations: What do boards do?* London: Routledge.

Davis, J. H. and Schoorman, D. F. (1997). Toward a stewardship theory of management. *Academy of Management Review*, 22(1), 20 – 48.

De Bosscher, V. , Bingham, J. , Shibli, S. , van Bottenburg, M. and De Knop, P (2008). *The global sporting arms race: An international comparative study on sports policy factors leading to international sporting success.* Oxford: Meyer & Meyer.

De Bosscher, V. and van Bottenburg, M. (2011). Elite for all, all for elite? An assessment of the impact of sport development on elite sport success. In B. Houlihan and M. Green(Eds), *Routledge handbook of sport development* (pp. 575 – 595). London: Routledge.

Fama, E. F. and Jensen, M. C. (1983). Separation of ownership and control. *Journal of Law and Economics*, 26, 307 – 325.

Ferkins, L. and Shilbury, D. (2010). Developing board strategic capability in sport organisations: The national-regional governing relationship. *Sport Management Review*, 13, 235 – 254.

Ferkins, L. , Shilbury, D. and McDonald, G. (2009). Board involvement in strategy: Advancing the governance of sport organizations. *Journal of Sport Management*, 23, 245 – 277.

Fisher, T. J. and Borms, J. (1990). *The search for sporting excellence.* Schorndorf: Verlag Karl Hofmann.

Garratt, B. (1996). *The fish rots from the head.* London: HarperCollins Business.

Garratt, B. (2005). The real role of corporate directors: Balancing prudence with progress. *Journal of Business Strategy*, 26(6), 30 – 36.

Green, M. and Houlihan, B. (2005). *Elite sport development. Policy learning and political priorities.* London: Routledge.

Heinilä K. (1982). The totalization process in international sport. *Sportwissenschaft*, 12(3), 235 – 254.

Henry, I. and Lee, P. C. (2004). Governance and ethics in sport. In J. Beech and S. Chadwick(Eds), *The business of sport management*(pp. 25 – 41). Harlow, UK: Pearson Education.

Hong, F. (2008). China. In B. Houlihan, and M. Green(Eds), *Comparative elite sport development. Systems, structures and public policy*(pp. 27 – 52). London: Elsevier.

Hong, F. (2011). Sports development and elite athletes in China(pp. 399 – 417). In B. Houlihan and M. Green

(Eds),*Routledge handbook of sports development*(pp. 386 – 399). London:Routledge.

Houlihan,B. (1997). *Sport,policy and politics:A comparative analysis.* London:Routledge.

Houlihan, B. and Green, M. (2008). *Comparative elite sport development. Systems, structures and public policy.* London:Elsevier.

Hoye,R. and Cuskelly,G. (2007). *Sport governance.* Sydney:Elsevier.

Hoye,R. and Doherty, A. (2011). Nonprofit sport board performance: A review and directions for future research. *Journal of Sport Management*,25,272 – 285.

Hung,H. (1998). A typology of theories of the roles of governing boards. *Corporate Governance*,6(2),101 – 111.

Huse,M. (2009). The value-creating board and behavioural perspectives. In M. Huse (Ed.), *The value creating board:Corporate governance and organizational behavior*(pp. 3 – 9). New York:Routledge.

Ibsen,B. ,Hansen,J. and Storm,R. K. (2011). Elite sport development in Denmark. In B. Houlihan and M. Green (Eds),*Routledge handbook of sports development*(pp. 386 – 399). London:Routledge.

Kilmister,T. (2006). Governance. In L. Trenberth and C. Collins (Eds.), *Sport business management in Aotearoa New Zealand*(pp. 184 – 201). Palmerston North:Dunmore Press.

Kjaer,A. M. (2004). *Governance.* Cambridge:Polity Press.

Kooiman,J. (1993). Social-political governance:Introduction. In J. Kooiman(Ed.),*Modern Governance*(pp. 1 – 6). London:Sage.

Lynn,L. E. ,Heinrich,C. J. and Hill,C. J. (2000). Studying governance and public management: challenges and prospects. *Journal of Public Administration Research and Theory*,(10)2,233 – 261.

Oakley B. and Green,M. (2001). The production of Olympic champions:International perspectives on elite sport development system. *European Journal for Sport Management*,8,83 – 105.

Oliver,C. (1990). Determinants of interorganizational relationships:Integration and future directions. *Academy of Management Review*,15,241 – 265.

Petry,K. ,Steinbach,D. and Burk,V. (2008). Germany. In B. Houlihan and M. Green (Eds), *Comparative elite sport development. Systems,structures and public policy*(pp. 115 – 146). Amsterdam:Elsevier.

Pfeffer,J. and Salancik,G. (1978). *The external control of organizations: A resource dependence perspective.* New York:Harper & Row.

Pye,A. and Pettigrew, A. (2005). Studying board context, process and dynamics: Some challenges for the future. *British Journal of Management*,16,S27 – S38.

Rhodes,R. A. W. (1996). The new governance:governing without government. *Political Studies*,(44)4,652 – 667.

Rosenau,J. N. (1995). Governance in the twenty-first century. *Global Governance*,(1)1,13 – 43.

Shilbury,D. (2001). Examining board member roles,functions and influence:A study of Victorian sporting organisations. *International Journal of Sport Management*,2,253 – 281.

Shilbury,D. and Kellett,P. (2011). *Sport management in Australia:An organisation overview* (4th edn). Crows Nest:Allen & Unwin.

Sparvero,E. ,Chalip,L. and Green,C. (2008). United States. In B. Houlihan and M. Green(Eds),*Comparative elite sport development*(pp. 243 – 293). London:Elsevier.

Sport and Recreation New Zealand(2006). *Nine steps to effective governance:Building high performance organisations.* Wellington,New Zealand:Author.

Stewart,B. (2011). Sports development and elite athletes:The Australian experience. In B. Houlihan and M. Green (Eds),*Routledge handbook of sports development*(pp. 418 – 432). London:Routledge.

Stoker,G. (1998). Governance as theory:Five propositions. *International Social Science Journal*,155(50),17 – 28.

Tricker,B. (2009). *Corporate governance:Principles,policies and practices.* Oxford:Oxford University Press.

UK Sport(2004). *Good governance guide for national governing bodies.* London:UK Sport.

Van Bottenburg,M. (2001). *Global games.* Urbana and Chicago:University of Illinois Press.

Z. ys'ko,J. (2008). Poland. In B. Houlihan and M. Green(Eds),*Comparative elite sport development. Systems,structures and public policy*(pp. 166 – 193). London:Elsevier.

第二部分　高水平运动员管理

第8章 高水平竞技体育中的运动能力发展——吸引、留住与培养运动员的过程

Popi Sotiriadou
格里菲斯大学
David Shilbury
迪肯大学

学习目标

阅读本章后，读者应该能够：

1. 了解在高水平竞技体育中，运动能力发展作为运动员发展的重要支柱作用；
2. 明确运动能力发展和运动员发展的定义，了解运动能力发展的不同类型和目标；
3. 认识吸引、留住/输送、培养运动员这一发展模式（简称“ARTN”环节）的优点；
4. 了解体育管理和建立在科学研究基础上的几种运动能力发展模式，以及它们各自的优缺点；
5. 识别运动能力发展的利益相关者、他们参与发展的途径以及他们的参与对运动员发展的影响。

“一个人如果能为了挣得一美元倾尽其技能和建设性的想象力，而不是盘算着如何以最少的付出获取这一美元的话，那么他注定会成功。”

——亨利·福特

概　述

第八章将着重阐释高水平竞技体育中运动能力发展的重要性。本章将介绍运动能力发展的环节和实践，这二者是运动员在高水平竞技体育中发展的基础与关键。高水平竞技体

育是运动能力发展的最高层级，包括所有达到国家级或国际级水准的运动员。本章将会探究在吸引、留住和培养这几个运动员发展阶段中，有哪些参与者（哪些体育组织和其他的利益相关者），他们在其中的作用如何，以及取得了什么样的结果。

精英运动员指的是参加奥运会和各种世界锦标赛，或者参与如板球、足球、橄榄球等职业体育运动的运动员。Phil Jauncey 博士是为澳大利亚棒球队和昆士兰公牛板球队效力的运动心理学家，他指出，如今美国精英运动员的人数约在 12000 到 15000 之间，根据运动项目的不同，平均每人活跃于精英水平赛事的时间为 3 ~ 5 年。美国约有 3 亿人口，这就意味着精英运动员的数量占美国总人口数的比例还不到 0. 005% 。精英运动员的比例如此之小，他们到底是怎样排除万难最终登上顶峰的？成功是否取决于天赋与培养以及天时地利等因素？又或者精英运动中的成功是一个系统化的过程，而不仅仅靠遗传、培养和运气？本章将探讨运动能力发展对运动员发展所起的重要作用。运动能力发展对运动员最初对一项体育运动产生兴趣起到不可替代的作用，它同样也是将运动员留在体育系统中的关键，让运动员能够进一步发展并参与到更高水平的竞技比赛项目中，决定运动员长期的运动成绩和是否能在国际性赛事中取得成功。运动能力发展是一个管理过程，而不仅仅是生物、心理与身体因素共同作用的结果。

运动能力发展的早期定义

运动能力发展是指帮助各种背景的人开始从事体育运动、坚持运动，最后在体育运动方面有所成就。从 20 世纪 70 年代起，学界对运动能力发展这一领域的关注日益增长。Collins 曾把这个术语定义为“运动能力发展是一个提供各种有效机会、流程、系统和结构的发展过程，它使得所有人或是某些特定群体参与到体育与休闲运动中来，或帮助他们将体育成绩发展到自己期望的水平”（1995，p. 3）。人们通常认为运动能力发展有三个目标：为自身健康而参与的公众健康目标、让大众参与者能在体育运动中不断提高而达到自己理想状态的教育目标、参与国际性比赛或是其他高水平赛事的高水平竞技目标（Siedentop，2002）。

这三个目标可以被划分为两种不同的运动能力发展：一是“通过”体育运动来发展，这种发展模式强调通过体力活动而达成社会目标（上面提到的第一与第二个目标属于这一模式）；二是体育“自身”的发展（第三个目标属于这一范畴），这一模式适用于有天赋的和精英运动员的发展。“通过”体育进行发展关注体育在促进群体健康中发挥的作用，而体育“自身”的发展着重于“体育组织需要通过吸引、培养人才，帮助他们在这一体系中取得进步，达到精英运动水平，实现可持续发展”（Shilbury *et al.*，2008，p. 218）。这第二类体育发展，即体育自身的发展，是本章的关注点。

精英运动员的发展

研究者们都试图为有天赋的或精英运动员的发展下一个定义，并找出精英运动员发展中的关键因素。Vaeyens 等人（2008）认为很难定义“天赋”这一概念，在这一领域也缺少一个公认的理论框架。难以达成共识的主要原因是由来已久的争论：先天资质与后天培养哪一个在精英运动员的发展中发挥更大的作用。Bloom（1985）认为，运动员的最终表现是以下两方面共同作用的结果：一是基于原始动机和认知能力的先天资质，同时包括运动员心理和生理构成因素；二是练习、指导、训练、家庭影响及其他一切对资质进行后天培养的过程。这种运动员发展过程包含“运用体育科学和运动医学、选材、指导”（Martin *et al.*，2005，p. 2），这些措施的实施对象是那些在国际赛事上代表国家竞争的（或未来有潜能参与的）运动员。Cashman and Hughes（1998）则认为运动员发展的定义应该更加宽泛，包括更多、更为长久的指标和因素，例如设施建设以及它们对体育的后续影响。这种更广泛意义上的定义说明，除体育科学与运动医学之外，其他因素也对运动员发展有影响。

多数关于运动员发展的研究都会区分体育科学/运动医学与体育管理的作用，因为这二者被视为不同的知识体系。对运动员发展的研究中更多强调的是体育科学/运动医学而不是体育管理。Williams and Reilly（2000）主张运动科学家应与教练员、体育经理人共同合作，以确保对运动员发展过程中的要素给予足够的关注。因此，对于运动员发展的定义应当能反映出科学和管理的结合，从而最大程度地促进运动员的发展。

Sotiriadou 等人（2009）提出，除了体育科学、运动医学之外，精英发展还离不开下面两个因素。一是其他感兴趣的群体和利益相关者（例如观众和管理层）直接或间接的参与；二是为促进运动员发展和成功而特别制定的策略与方案（例如比赛）。而运动员的成功又将进一步提升这项运动的形象，吸引更多赞助商、参赛者、观众和支持者的参与。Sotiriadou（2010）随后把这两个因素和 Martin 等人（2005）提出的因素一并考虑在内。综合起来，这些因素表明运动员发展是一个包含运用体育科学和运动医学，进行人才选拔和指导的过程；它要求多种利益群体投身于为国家级或国际级运动健将专门制定的支持策略和培养方案；并有望促进政府、赞助商、参赛者、观众、体育支持者及运动员自身的再度参与。

这种对精英运动员发展必要因素的解读包含了多层面的、并不总被人认知的因素。这样的解读或许能帮助高水平运动经理人、运动能力发展官员以及政策制定者从新的角度充分利用精英运动员的成功效应。例如，体育经理可以利用精英体育的发展和成功所带来的直接成果（如运动员参与到指导与运动医疗中去）、间接成果（如公众对这项运动的兴趣与了解）、以及经济效益（如赞助）（Sotiriadou and Shilbury，2009）。明白了精英体育成功带来的这些成果，管理层在使用精英发展资金时或许就应考虑更多因素，而不仅仅是为了在奥运会上获得奖牌。

运动能力发展与运动员发展模式

如何为运动员发展提供一个全面综合的模型？这一问题在过去的 35 年里一直困扰着运动生理学家、教练、社会心理学家、教育家、政府和政策制定者。目前有众多的运动员发展模式，分别强调在不同的项目中，各种对运动员的进步至关重要的不同特征或发展阶段。这些模式的倡导者包括 Balyi（2002），Bloom（1985），Bramham *et al.*（2001），Côtè

(1999)，Wylleman and Lavallee (2004)。本部分将讨论他们当中大部分人的理论。总体来说，他们的发展模型都从个体运动员的角度出发（即微观层面），探讨年轻运动员如何经历这些不同的发展阶段。这些文献为精英运动员的发展实践作了很多贡献。然而就如本部分将要叙述的那样，这些研究缺乏从组织或管理角度进行的探讨（即中观层面）。在中观层面，体育经理想要知道体育组织如何规划不同的发展阶段，以及在吸引、留住、培养运动员过程中不可或缺的环节与策略。因此，以吸引、留住/输送和培养（ARTN）为宗旨的发展框架（Sotiriadou，2010；Sotiriadou and Shilbury，2009）是对上述文献必不可少的补充，与微观层面模型相辅相成。

对于如何识别与培养有天赋的运动员，已有大量的研究从体育科学的角度进行探讨，却鲜有从组织学角度进行的研究。各种各样的体育组织与扶持组织都在帮助有发展前途的青年运动爱好者，给他们提供专门设计的项目和其他各种发展机遇以使其成为未来的精英运动员。因此，这些组织在培养有发展前途的运动员方面起关键作用。“ARTN”这一模式的贡献在于它考虑了组织对于精英发展的影响和效果，从而扩展了现有的对运动能力发展的认识。正如本章末高尔夫球案例所展示的那样，ARTN 模式可以作为一个规划工具来评估利益相关者和发展项目达到预定的关键业绩指标的能力。因此，这一模式对采用线性思维模式的体育管理人员尤其有帮助，无论他们是基层的发展官员还是高水平竞技体育经理人。线性地看待运动能力发展是有局限的，它把我们的视线禁锢在运动能力发展的金字塔结构内，我们无法将运动能力发展视为一个各环节相互促进的整体来看待，而是误以为要追求某一环节的成功，就必须牺牲另外的环节；但实际上这样的做法换来的只能是残缺的结果。

早期对运动能力发展机遇的研究认为，运动能力发展以“参与金字塔”和“运动能力发展连续体”的形式呈现（Bramham *et al.*，2001）。金字塔的底层代表大众参与，顶层代表精英参与。运动能力发展连续体包括 4 个阶段：基础、参与、成绩和卓越。基础阶段指基本动作的掌握；参与阶段指以社交和保持身体健康为目的进行体育运动；成绩阶段指更有组织性的环境，促使参与者投入大量的精力进行训练和比赛而获得出色的成绩；卓越是指达到竞技体育的顶峰阶段，能在全国性和国际性赛事中一争高下。运动能力发展金字塔和运动能力发展连续体并不是通过实证得出的模型，但是它们为许多国家的运动能力发展思维模式、概念化和规划起到了重要的作用。

Bloom (1985) 通过对 21 名奥运游泳选手和 18 名世界级网球选手进行访谈，建立了一个基于精英运动员视角与见解的人才发展模型。该模型概括了人才发展的三个关键阶段：早期阶段（或启蒙阶段）以娱乐为主，包括有引导性的玩耍活动、兴趣激发、及父母和参与者的支持；中期阶段（或发展阶段）孩子们更重视所参与的体育活动并且更加希望取得成功，他们付出更多努力，进行更多练习。后期阶段（或完善阶段）运动员个体更加自主地参与到训练与竞赛中，这方面的知识更加完备，并且他们的全部生活都被运动所占据。这一发展模型基于运动员的自身发展历程，并强调不同阶段间的转化。

Côté (1999) 以 Bloom 的模型为基础，提出了参与的三个阶段。第一阶段是尝试阶段（6－12 岁），主要包括趣味游戏和对不同运动项目的尝试。第二阶段是专项化阶段（13－

15 岁），运动员选择一到两个体育项目，更加系统地训练以提高技能。第三阶段是投资阶段（16 岁之后），为了达到精英水平的运动成绩而投入更多的时间、精力和高强度的刻意训练。Côté（1999）在他的体育参与发展模型中，描述了在尝试、专项化和投资这三个阶段的过渡期，有针对性的游戏（即那些为了激发兴趣、增加趣味性而组织的游戏性活动）和刻意训练（即那些为了提高运动成绩而专门设计的活动）有哪些不同（Ericsson *et al.*, 1993）。

Balyi（2002）也观察了运动参与者的训练，并从运动生理学的角度构建了运动员长期发展模型。在这个模型下，较早进行专项发展的运动由 4 个发展阶段构成；较晚进行专项发展的运动由 6 个发展阶段构成。这些阶段包括：运动基础阶段和运动基本技能训练阶段（仅限于较晚进行专项发展的运动）、专项运动训练阶段、为参赛训练阶段、为获胜训练阶段、退役或终生体育阶段。长期运动员发展模型是一个建立在人的成长和发展基础上的体育发展结构。它以运动员为中心，指导教练员如何训练运动员、如何发展这项体育项目。运动员长期发展模型创造了一种平稳前进的发展景象，教练员不急于求成，逐步地指导运动员掌握这项运动，根据运动员的积极性和成长阶段制定指导计划和方案。

重新定义运动能力发展

上述研究重点讨论了体育运动的发展及其在运动员发展中的应用，这些研究“为人们带来了重要的启示，然而它们的不足是只就事论事、临时解决问题，因为迄今为止运动能力发展仍缺少理论框架”（Green，2005，p. 234）。最显著的缺失就是所有的模式中都没有借鉴管理和组织学的理论，也没有辨别出谁与运动能力发展相关、他们的参与途径和参与结果如何。尽管 Collins（1995）将运动能力发展定义为创造参与机会的过程，但直到最近运动能力发展才变得更加具有包容性。如今，对运动能力发展的理解是它涉及众多利益相关者以及各种促进运动员发展的策略、系统和路径。Houlihan and Green（2011）提出就目的、实施手段以及实践者的层面来看，运动能力发展是很具有争议性的。以往的研究者认为，运动能力发展的目的包括体育人才发现与培养、以及促进健康；实施手段涵盖从发展运动专项技能到休闲娱乐等活动；而从业者包括了从发展官员、教练员到宗教传教士等各色人员。

Sotiriadou（2010）认识到了运动能力发展的进化本质以及它的目的、实施手段和利益相关者多样性的特点，提出了对运动能力发展的新解读，补充了现有的理论。在对 35 个体育组织的发展过程经过 4 年的观察之后，她将运动能力发展定义为一个动态的过程，在这个过程中，利益相关者的参与（投入）提供了必要的运动能力发展策略（投入效能）和路径（结果），从而促进对运动参与者的吸引、留住/输送、培养的过程（即运动能力发展的几个环节）。具体的来说，Sotiriadou 等（2008）认为“运动能力发展利益相关者”包括运动能力发展全程涉及的各方人员。本章末的高尔夫案例展示了为业余运动员提供成功路径的复杂性。这个研究很好地说明了高尔夫组织机构为了将年轻有资质的高尔夫球员留在体育系统内而采取的步骤和策略。

运动能力发展的利益相关者大致有两种类型。第一类是从经济上或运营上支持体育，制定并改进政策、项目和其他运动能力发展策略的组织或个人，例如负责制定体育政策的政府部门（如英格兰体育局、澳大利亚体育委员会、加拿大体育局）、负责体育与休闲活动的国家机构、奥林匹克委员会和各国际单项联合会。第二类是辅助执行这些政策、项目和其他运动能力发展策略的组织或个人，例如教练员、裁判员、运动员、赞助商、志愿者、高水平竞技体育经理人、领队以及其他维护设施、组织赛事、担任裁判和安排训练的工作人员。

这两类运动能力发展利益相关者为运动员发展提供投入，而运动能力发展策略则为运动员发展提供了保障。Lyle（1997）在描述英国运动成绩卓越化管理体系时指出运动能力发展计划、设施、竞赛以及其他因素对运动员结构性成长有重要作用，他将这些因素称为成功机制或格局策略。运动能力发展策略是利益相关者为了成功的运动能力发展所采取的措施，因此，运动能力发展策略（投入效能）体现的是运动能力发展利益相关者实施体育政策、开展项目以及实施其他一切有关活动的方式。运动能力发展策略包含了运动能力发展的计划、创意、目标和工具，它们被用来支持运动健儿发展，并用于提供设施、教练员、裁判员、行政、管理、宣传及赛事。以上领域的策略决定了谁在什么时间、以何种方式获得什么资源。策略的制定和维护保障运动能力发展得以开展和持续。运动能力发展的路径代表着运动能力发展利益相关者的投入和投入效能的总结果，被定义为从运动能力发展的一个环节过渡到下一个环节的方式。

运动能力发展环节：ARTN 模式

运动能力发展环节是体育参与者和运动员在他们的运动生涯中经历的不同阶段。运动能力发展环节有三：吸引、留住/输送、培养（图 8.1）。如果体育项目不能吸引到参与者，就谈不上留住或培养他们，因此理当首先讨论吸引环节。

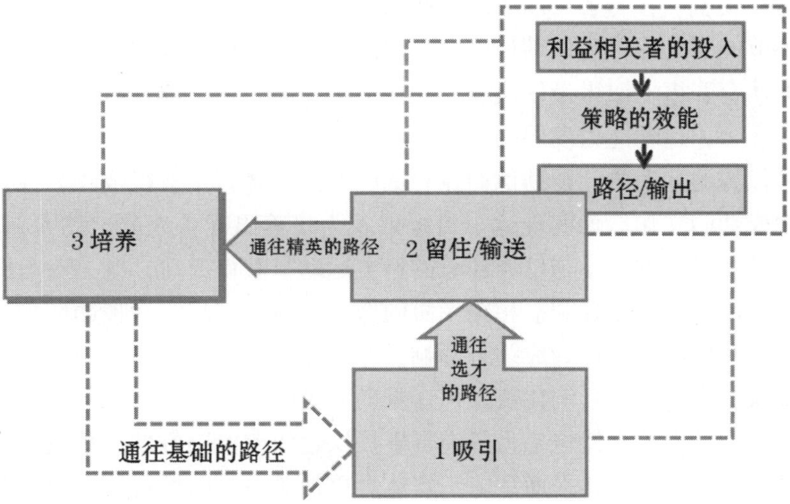

图 8.1　吸引、留住/输送、培养环节结构图

吸引环节凭借运动能力发展策略吸引新的运动能力发展成分或目标人群，并为现有群体提供高品质的体验。吸引环节包含5大运动能力发展成分，分别是成员/参与者、青少年、青年、精英运动员和支持者/观众。此环节采取有教无类的态度，不受人员成分的人口统计学和社会经济学特征影响。吸引环节有两个目的：一是提高运动知名度、增加参与人数，二是培养大批能够成为精英运动员的年轻参与者。要实现这两个目的，运动能力发展利益相关者要制定并实施各种策略和计划。例如，体育组织通过举办“来试一试”的活动吸引成员。

留住/输送环节涉及到大批参与者，其中包括志愿者和裁判员。人才识别和培养是这一环节的重要组成部分，此环节特别关注青少年参与者，而不是大众参与者。因此本章中的“留住/输送”可被定义这样一个过程：通过实施一系列政策（包括发展计划和赛事）发现有天赋的青少年运动员，并且指导和训练他们，使最具天赋者最终达到运动巅峰水平。留住/输送环节的目标是在找到最有天赋的运动员后，留住他们，并帮助这些运动员获得达到最高竞技水平所需的技能。

与吸引环节一样，运动能力发展利益相关者采取了各种各样的策略，以成功留住运动员。例如，体育组织为现有成员创造机会，让他们参与到连贯持续的高质量的比赛中，并提供如指导和发展项目这样的高质量服务来保留他们的参与热情。值得注意的是，在留住/输送环节运用的运动能力发展策略（如运动员发展计划、竞赛、指导要求）应当适应运动员在不同发展阶段的需要，这对于避免由于伤病、过劳、失去兴趣而流失有天赋的运动员至关重要。

成功地留住和提高的前提条件是成功的吸引环节。一旦体育参与者度过了吸引环节，通向留住/输送的路径就成为有才华的运动员通往更高层次的起点。完善的留住和输送环节要满足所有参与者的需求，但尤其要照顾青少年的需要，这一环节为青少年提供了一个跳板，让他们得以成为精英运动员并在全国性以及国际赛事上取得成绩。更确切地说，留住/输送环节的策略及其成果，正是通向培养环节的路径。有天赋的、愿意参与更高级别赛事、渴望运动成就的参与者可以借助这些路径，步入培养环节。

对培养环节的定义是：为运动员个人、团队或运动项目量身定制发展计划和手段，目标是在国内外体育赛事上取得最好成绩。在运动员发展中，培养环节是这样一个过程：利益相关者协同努力，运动能力发展的目标锁定在特定运动项目、运动员个人或是团队的成长，以培养最优秀的运动员，帮助他们在有威望的国际赛事中取得成功，并保持在最高竞技水平上持续成功的文化。为实现这个目标以及为培养出准备充分、技术熟练的运动员，培养环节的路径极其关键。参与培养环节的精英运动员获得成功，既是对自己能力和对训练与竞赛付出的证明，也是各利益相关者协同努力的最好体现。后援团队如营养师、理疗师和心理学家都对精英运动员的成绩有影响；专业、尽责、知识丰富的教练员也发挥着重要的作用；观众的支持也会影响比赛结果；赞助商更倾向于为成功的运动员和团队提供赞助。培养环节中赞助商的支持包括为各类赛事提供金钱或实物赞助。精英运动员的成功很可能提升一项运动的知名度，平面和电子媒体会更加关注，因而可能会提高整体收入。如果适时地利用好更高的关注度、增长的兴趣和激励，就能够促进运动的参与度和扩大观众基础。因此，培养环节又能对吸引环节有所促进，增加吸引环节的路径。这些路径为退役运动员提供了留在体育系统中的机会，以多种方式继续参与体育活动。例如，退役运动员可以参与社区体育活动，担任教练、裁判，或者举办吸引环节的培训班。

ARTN 模式的优势

ARTN 模式包含了 Green（2005）认为运动能力发展工作需要解决的三个方面内容：吸引、留住/输送、培养三个环节。这些环节都强调了一点：运动员的发展要经历不同的阶段，其特征是各阶段间的过渡转型（Bloom，1985）。过渡转型是运动员发展的主要特征之一（Tebbenham，1998），一旦成功转型，运动员的成功便指日可待（Sinclair and Orlick，1993）。

ARTN 模式表明运动能力发展是一个周期性过程而不是线性过程，它包括通过路径完成过渡这一概念。尤其值得注意的是培养环节，它展示了精英运动员的成功对大众体育具有的潜在影响力或“示范效果”（Weed，2009）。运动能力发展的周期性证明了运动能力发展的两端，即草根与精英，并不是相互隔离的。鉴于运动能力发展各环节共存和相互依赖的特点，政府应当重新考量他们给予各个运动参与阶段的权重。而 ARTN 模式则从参与者和参与途径的角度清晰地阐释了运动员发展路径。这些路径的本质特点在于它们将前后环节相互连接起来，展示了参与者发展过程中的变化和每个环节对于运动能力发展其他方面可能带来的影响。因此，ARTN 模式强调一点：精英发展和大众参与并不矛盾，它们是互补的。这对运动能力发展从业者和参与者的启示是，要认识到精英培养和大众参与在多大程度上互相支撑。有些研究声称精英发展可以全部用数据来衡量，例如获得的奖牌数或是有资格参与高水平赛事的精英运动员人数（De Bosscher *et al.*，2008，2009），但事实远非如此，精英运动员发展的成果以及取得的成功是多方面的，并不能总被清楚地量化。例如，精英运动员也经常参与培训班等社区体育发展项目，以此吸引更多年轻人或新人加入。这种积极成果显然无法以奖牌数量来衡量。

总体来说，运动能力发展机遇为人们参与提供路径。对很多运动项目来说，青少年阶段的良好发展是职业精英运动能力发展壮大的前提，这一前提决定了优秀运动员发展路径的重要性。运动项目若想在体育产业中占据主导地位，需要有强大的青年发展项目，以确保有源源不断的优秀运动员能够参与国际最高水平赛事。保持精英级别不断成功的路径是指有切实可行的方案，能够保证维持运动佳绩，并且为新一代运动员提供更多的机会参与运动、提高成绩。

体育科学与运动医学对运动员的发展和成功至关重要。但是成功的运动能力发展需要的不仅仅是科学和医学。运动能力发展始于组织层面，它涉及政策制定者、体育经理人和其他相关人员，还包括战略上、操作上和财务上的规划。这些规划设定了目标、宗旨和政策，当然这其中包括应用体育科学和进行专项训练。在运动员发展过程中，机遇与天资的影响不可小觑，但本章着重从组织和管理的角度探讨运动员的发展。从管理角度来研究运动能力发展就要了解在吸引、留住/输送及培养精英运动员的过程中，运动能力发展利益相关者的作用、他们参与的方式以及取得的成果。ARTN 模式为体育组织及其工作人员提供了一个处理运动能力发展的理论框架。

▓个案研究 8.1

高尔夫运动员的发展路径

Popi Soririadou
格里菲斯大学

研究者在不同环境、不同运动项目中检验了 ARTN 模式。例如 Liebenau（2010）检验了高尔夫运动中 ARTN 模式的特性。更准切地说，该研究的目的是要分析澳大利亚昆士兰地区业余高尔夫球员的发展路径，以及为使其成长为精英运动员，运动能力发展的利益相关者所要求的相关投入与策略。研究结果显示高尔夫运动组织在谋求业余高尔夫运动能力发展方面存在不足，研究有助于组织方了解如何构建可持续的运动能力发展系统、改善现有路径和操作、以及如何充分利用政府所提供的发展基金。

该研究结果表明，在业余高尔夫运动中最普遍的发展路径是“政府相关”发展路径，因为政府提供经济支持。业余高尔夫球员通常在公共高尔夫球场接触这项运动，然后通过俱乐部和特定项目进行早期发展，发展过程的重点在于保证年轻球手保持对该项运动的兴趣。此阶段教练的指导最为关键，因为它奠定了从事这项运动的基础，比如掌握高尔夫运动的基本规则、了解如何得分与掌握基本运动技能。改版的锦标赛也同样至关重要，能让业余高尔夫球员从小就有机会接触比赛。区域型的高尔夫发展项目让运动员接触到更高级别的锦标赛，如俱乐部之间的比赛。为进一步深造，除了独立高尔夫教练学院和公立或私立的高尔夫专项学院两个选择以外，选手们可重点考虑昆士兰高尔夫发展项目（即昆士兰体育学院项目），该项目提供了最大化的发展机会——为业余运动员的发展提供了必要的投入和策略，并且为运动员成功发展提供经济所需。项目的主要的投入和策略包括了高质量的设施、教练指导小组、运动心理学家、体能训练等，还可能有运动装备奖学金，另外有资助支付参赛所需的旅费。

人才选拔是非常重要的环节，它确保有天赋的运动员拥有最好的发展机遇，未来可以代表澳大利亚在国际舞台上竞争。尽管政府有一定的支持发展力度，但政府对于高尔夫运动，特别是精英高尔夫运动，给予的资金还远远不够。部分原因是政府的关注点主要在奥运会和联邦运动会上，以奖牌数为衡量成功的标准。鉴于高尔夫已被列入 2016 奥运会项目，并且澳大利亚政府也认为更多的早期人才资源能够收获更多的精英运动员，我们有望看到将有更多的资金投入到高尔夫运动中来。

研究结果也表明由于缺乏资金和场地，现阶段缺少为业余高尔夫球员举办的锦标赛，也缺少四轮锦标赛。虽然在恰当的发展投入和策略的帮助下，业余高尔夫球员有机会提高技能，但是他们的发展还是受限，因为无法通过参加比赛定期应用这些技能。大多数职业高尔夫锦标赛都有四轮，而澳大利亚大多数的业余赛都只进行两轮，澳大利亚的精英高尔夫球员似乎在备战专业赛事时受到了限制。州或国家高级别的业余选手赛事会持续四天，共四轮，然而这些赛事并不经常举行。而上述提到的资金匮乏进一步限制了业余球员参与国际赛事的机会。对此，家境富裕的运动员占有优势，国家队或者各州代表队的成员也占有优势，他们有钱支付比赛的差旅费用。如果有天赋的球员家境并不富裕，且在寻找外界资金支援时遇到困难，若还未被昆士兰高尔夫发展项目选中，那么他们就处于劣势地位了。

在昆士兰高尔夫是对澳洲经济贡献最大的体育产业之一，但是它在业余与专业两个层面都缺少资金。如果增加为精英高尔夫球员准备的业余和专业锦标赛，大众参与该项运动的热情以及高尔夫运动人才资源库都可能随之增加。为了达到这一目标，最基本的任务就是要重构现有的赛事安排并引入更多的锦标赛。公司和企业应当考虑赞助高尔夫锦标赛，同样，高尔夫企业也应当将他们的投入集中在锦标赛和球员的参赛费用上，而不是运动装备。这些企业可以投入更多资金进而成为锦标赛的（主要）赞助商，而不是一味地继续为业余高尔夫运动员提供过多的装备，如高尔夫球杆或高尔夫球袋。无论运动员选择了哪种发展路径，公司都可以提供奖励计划来支持业余球员。奖励可以部分是实物性质的，如初始装备和后期的配件供应（如高尔夫手套和高尔夫球），但重点应当在于为球手提供更多的机会参与国内外的比赛。另一方面，如果高尔夫企业还是选择只注重装备供应的话，除了昆士兰高尔夫发展计划之外，他们还可以与其他发展协助者（如公立或私立的高尔夫专项学院、独立高尔夫教练学院）一起合作，为有才能的业余球员提供基本的高尔夫运动能力发展需要。

个案研究 8.2

早期运动成绩能否预测未来成功?

Hebe Schaillée and Veerle De Bosscher
布鲁塞尔自由大学

从参加青少比赛到参加成人比赛是运动员职业生涯中的一个重要转折。许多人都有潜质成为精英运动员，然而只有少数人能达到这种高水平，而能够保持高水平的人更少。有一些因素会影响运动员取得高水平竞技成绩（Martindale *et al.*，2005）。研究表明长期的竞技潜能是无法立即且准确地判断出来的（Abbctt and Collins，2002；Howe *et al.*，1998）。尽管目前还不清楚早期运动成绩能在多大程度上预测后来的成功，早期运动成绩仍常常被作为选拔人才的标准（Brouwers *et al.*，2010）。本个案研究主要关注弗兰德斯地区的一个项目，该项目提出了青少年运动成绩指数（YPSI）的概念。该指数旨在找出运动员应当在国际（青少年）赛事中崭露头角的关键时刻。青少年运动成绩指数建立的初衷是帮助人们评估优秀年轻运动员几年内的运动成绩，以此判断他们成为世界一流运动员的潜力。

前期研究是对全欧洲范围内的四种运动项目进行分析[1]，包括柔道、网球、体操和田径。该研究采用自上而下分析法收集数据，主要回答这一问题：出色的成年精英运动员当年在青少锦标赛中成绩如何？咨询弗兰德斯各体育单项联合会代表后，研究确定了青少年运动成绩指数的专项考查标准（锦标赛，见表 8.2）。这样做有两个目的：我们首先要关注运动员早年青少锦标赛成绩与后来职业比赛成绩的相关性[2]；其次，我们要展示精英运动员在本研究选定的青少年锦标赛中的成绩如何（自上而下的方法）。

实验得出的结果（见表 8.1）均为显著相关（0.01 水平），然而相关程度却是从极弱到弱。因此，在本研究选定的青少年锦标赛中取得佳绩的青少年运动员在精英级别取得成功的机会略大一点。尽管如此，总体上来说，青少年时期的成绩与精英运动员成功之间的关系存在很大的不确定性。[3]

表 8.1　青少年联赛中的表现与成年后专业水平之间的关系

	相关性	相关系数	r^2	人数
田径	♀：青少年总成绩—成年总成绩	-0.088*	0.008	♀ =238
	♀：青少年平均成绩—成年总成绩	-0.093*	0.009	
体操	♂：青少年总成绩—成年总成绩	0.214*	0.046	♂ =232
	♂：青少年总成绩—成年总成绩	0.203*	0.041	♂ =93
柔道	♀：青少年总成绩—成年总成绩	-0.021*	0.000	♀ =250
	♂：青少年总成绩—成年总成绩	0.101*	0.010	♂ =209
网球	♀：青少年平均成绩—最佳排名	-0.248*	0.081	♀ =1624
	♀：青少年最佳成绩—最佳排名	-0.296*	0.088	
	♂：青少年平均成绩—最佳排名	-0.192*	0.037	♂ =1897
	♂：青少年最佳成绩—最佳排名	-0.208*	0.043	

* = 显著相关（0.01 水平）

（浅色）= $0.00 < r < 0.20$ 极弱相关

（深色）= $0.20 < r < 0.40$ 弱相关

图 8.2 显示的是至少参加过一次本研究选定的青少年锦标赛的精英运动员的人数。由于所参加的锦标赛不同，对年龄的要求也不同，在此分析中不应将不同运动项目进行比较。除了 14 岁以下青少年网球锦标赛，数据均分布在 65% 到 81% 之间。

这些数据并没有显示每场锦标赛的重要性，下一张表格向我们展示了成年精英运动员在每一个入选的青少年锦标赛中获得的成绩（表 8.2）。

结果表明，在田径和柔道两个大项中，超过一半的精英运动员曾参加过欧洲青少年田径锦标赛和欧洲青少年柔道锦标赛，并取得不错的运动成绩。而其他锦标赛的参与程度与运动员未来的成功没有太大关系。这一发现对于那些以运动员成绩为选拔标准的决策者和国家管理机构来说是有益的警示。研究结果还表明有大约三分之一的世界级田径、柔道和

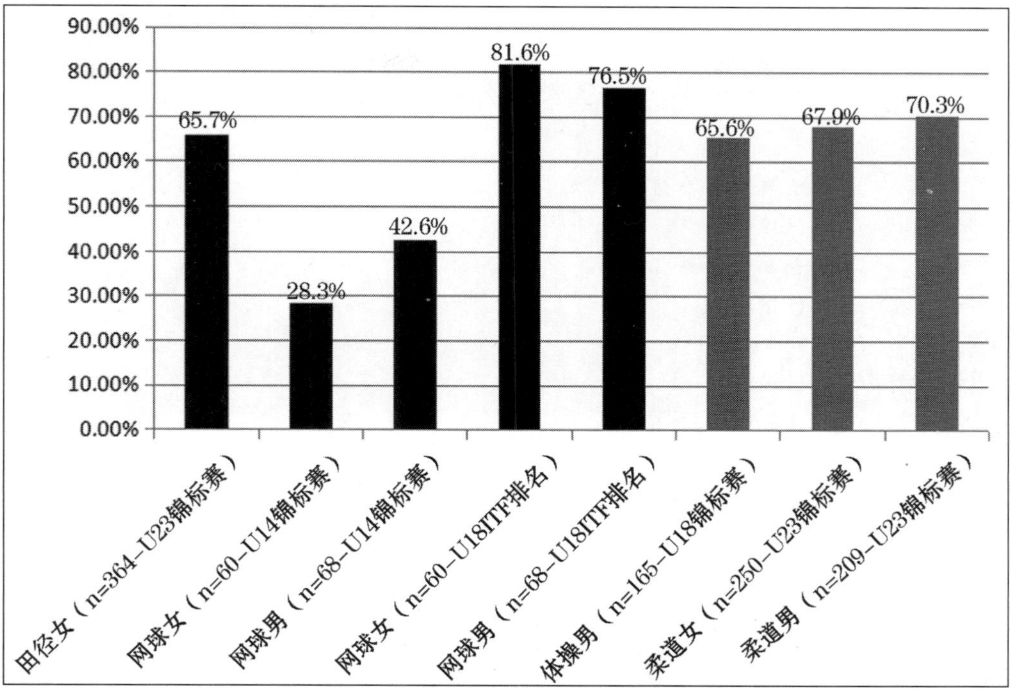

图 8.2　至少参加过一次研究选定的青少年锦标赛的精英运动员百分比

体操运动员未曾在这些青少年锦标赛上取得成绩，或者根本未参加过这些比赛。此外，在最优秀的男/女前 20 名网球运动员中，有超过一半的人从未参加过 14 岁以下青少年网球联赛。进一步的分析揭示了一些每个项目特有的有趣现象，归纳如下。

■ 田径：大多数（至少 70%）在青少年锦标赛上取得过成绩的运动员，在成人阶段都达到了前 8 名的水平。[4]

■ 体操：结果表明，在最优秀的成人前 8 体操运动员中有 66% 在青少年时便达到前 8 水平，而低于半数（39%）的人在青少年时曾获得奖牌。值得注目的是，最优秀的前 3 运动员中有 67% 在青少年时期便达到前 8 水平，49% 的人在青少年时便获得过奖牌。[5]

■ 柔道：有趣的是，在 1997 到 2007 年间的青少年锦标赛中，包括所有体重级别在内的十佳柔道运动员的成绩模式与全部 77 名柔道运动员的成绩模式十分相似。[6]

■ 网球：在最优秀的前 20 名成人网球运动员中，15% 的男运动员（职业男子网球协会）和 13% 的女运动员（女子职业网球协会）在所选的青少年锦标赛中进入过决赛，换而言之，他们在青少年阶段取得过成功，打入青少年网球锦标赛（14 岁含以下）的决赛。[7]

表8.2　精英运动员在研究选定的青少年锦标赛中成绩概览

	人数 自上向下分析	青少年运动成绩指数中使用的青少年锦标赛	青少年运动成绩指数中使用的成人锦标赛	青少年时期取得过成绩的运动员（%）	青少年时期未曾取得成绩的运动员（%）
田径	♀=364 排名前8 1990－2009 1974年之后出生	欧洲青年奥运会（U18）	欧洲锦标赛 世界锦标赛 奥运会	♀：2	♀：34
		世界青年锦标赛（U18）		♀：10	
		欧洲青少年锦标赛（U20）		♀：28	
		世界青少年锦标赛（U18）		♀：32	
		欧洲青少年锦标赛（U23）		♀：57	
体操	♂=165 排名前8 1996－2008	OBI团体杯	欧洲锦标赛 世界锦标赛 奥运会	♂：13	♂：34
		GWG杯		♂：9	
		欧洲青少年锦标赛（U18）		♂：38	
柔道	♂=209 ♀=189 排名前7 1997－2007	欧洲青年奥运会	欧洲锦标赛 世界锦标赛 奥运会	♂：5 ♀：15	♂：33 ♀：30
		欧洲青少年锦标赛（U23）		♂：57 ♀：51	
		世界青少年锦标赛		♂：33 ♀：38	
		欧洲青少年锦标赛（<23）		♂：20 ♀：17	
网球	♂=68 ♀=60 WTA排名前20 1999－2007 ATP排名前20 2000－2008	U－14国际青少年锦标赛（包括法国塔尔布Les Petits As少年网球赛，欧洲锦标赛，国际网球协会的法国巴黎银行排名）	世界排名（前200）： WTA（女子职业网球协会） ATP（职业男子网球协会）	♂：43 ♀：28 ♂：ITF前200：76 ♂：ITF前100：66 ♂：ITF前50：56 ♂：ITF前20：44 ♀：ITF前200：82 ♀：ITF前100：75 ♀：ITF前50：60 ♀：ITF前20：40	♂：57 ♀：72

▒＝按精英运动员在青少年时期获奖比例看最为重要的锦标赛

这些结果表明运动员年少时的成绩其重要性是相对的，需要正确看待。此外，所有运动都要求身体技能和心智技能相结合以完成适当的动作；同时每项运动又有其独特的要求，成为决定运动成绩的专业要素（Baker and Horton，2004）。运动员竞技水平发生飞跃的年龄段以及每个发展阶段历经的时长也具有专项特殊性（Wylleman *et al.*，2004）。因此，应该指出青少年运动成绩指数只是众多衡量年轻运动员发展参数中的一种，在分析青少年成绩时或许应该将其他因素考虑在内，例如运动技能、心理准备和社会支持（Lidor *et al.*，2009）。研究人员应当每年都对青少年运动成绩指数（YSPI）进行补充，以便扩大研究人群。还要注意的是，尽管选择研究用的锦标赛时咨询了高水平竞技运动主管人士以及其他佛兰芒运动单项联合会的代表，但是其他国家也许会将其他区域性的、国家级的以及国际性的锦标赛视为重要赛事。

致　谢

感谢弗兰德政府的文化、青少年、体育与媒体部对本研究的大力支持。此外，还要感谢 Jessie Brouwers，Elke Van Camp 和 Erik Blondeel，他们做硕士论文期间收集的数据支持了本研究，以及感谢 Jasper Truyens 博士在项目准备阶段的协助。

结　语

运动能力发展在本章中被视为运动员发展的支柱，它是一个体育管理过程，而不仅仅是生物、心理或身体属性的结果。运动能力发展促使更多人从事运动、长期坚持运动，并帮助他们提高竞技水平、保持长期稳定的成绩、取得国际舞台上的成功。图 8.1 概括了这些环节，并表明每一个运动能力发展环节都有三个特征：运动能力发展利益相关者（投入），他们制定或实施的策略或措施（投入效能），投入的结果（路径）。

运动能力发展中利益相关者的类型多样，包括体育组织、政府机构以及在这些组织、机构中工作的个人。利益相关者有着多种多样的作用和责任（例如制定或实施运动能力发展措施，如项目运行、比赛等）。要持续地发展体育，就需要运动能力发展措施和策略的支持（如设施和场馆、竞赛和项目、宣传和公共关系、行政管理、以及运动员/教练员发展计划）。路径则协助运动员从一个发展环节过渡到下一个发展环节。路径连接了培养与吸引环节、吸引与留住/输送环节、以及留住/输送与培养环节。总之，运动能力发展的利益相关者和他们的行动保证了运动能力发展策略的存在、执行和评估，同时也为 ARTN 模式提供了适当的运动能力发展路径。

以下是 5 个在运动能力发展中使用 ARTN 模式的原因：

■ 确立一条清晰的发展路径；

■ 识别现有发展路径的缺陷；

■ 重新组合、构建运动能力发展计划；

■ 以科学研究为基础，为教练员和管理人员提供规划工具；

■ 指导规划，以取得最好的运动成绩。

讨论问题

1. 选定一项运动，研究其吸引、留住/输送和培养环节（ARTN）以及该运动的发展路径，并分析在ARTN模式中运动能力发展利益相关者（投入）的作用和责任、他们采用的策略（投入效能）以及他们参与的结果（输出）。

2. 讨论在不同的体育项目中ARTN各环节和运动能力发展路径（即从运动能力发展的一个环节到另一个环节的路径）有什么不同。可以比较（1）个人与团体运动项目，（2）奥运项目或关注度高的项目与非奥运项目或关注度低的项目，（3）需要从大批参与者中选取优秀运动员的项目与无需大规模参与即可保证精英运动员成功的项目。

3. 分析在不同的运动能力发展阶段（吸引、留住/输送、培养），不同的目标人群（如女性或年长的参与者）参与体育遇到的障碍，并提供切实可行且行之有效的解决方案。

4. 针对个案研究中提到的高尔夫组织面临的困难，你认为相关体育组织和利益群体应该采取什么样的策略来优化运动员发展路径？

关键词

- 运动能力发展利益相关者
- 运动能力发展策略
- 运动能力发展路径
- 运动员发展
- 吸引、留住/输送、培养环节
- 过渡

延伸阅读

Bailey, R., Toms, M., Collins, D., Ford, P., MacNamara, A. and Pearce, G. (2011). Models of young player development in sport. In I. Stafford (Ed.), *Coaching children in sport* (pp. 38 – 56). London: Routledge.

Lang, M. and Light, R. (2010). Interpreting and implementing the long term athlete development model: English swimming coaches' views on the (swimming) LTAD in practice. *International Journal of Sports Science & Coaching*, 5(3), 389 – 402.

Shilbury, D. and Kellett, P. (2011). *Sport management in Australia: An organisational overview.* Crows Nest, NSW: Allen & Unwin.

Sotiriadou, P. (2010). *The sport development processes and practices in Australia: The attraction, retention, transition and nurturing of participants and athletes.* LAP Lambert Academic Publishing.

Wolstencroft, E. (2002). *Talent identification and development: An academic review.* Edinburgh: Sport Scotland.

网站推荐

www. sportscoachuk. org

www. ausport. gov. au

www. sportengland. com

注　释

1. 数据分析包括描述性统计和统计检测，使用社会科学统计软件包"SPSS 16.0 for Windows®"完成。由于数据搜集存在项目特异性(如柔道按体重级别分类，田径项目包括短跑、中长跑、长跑、跳跃、投掷等)，因此对这 4 种体育项目进行多元分析时，使用的分析方法各不相同，所以分析结果无法相互比较。

2. 青少年锦标赛指数及排名顺序属于定序数据，因此使用斯皮尔曼等级相关系数。

3. 相关性弱也许是因为青少年锦标赛样本量小，运动成绩来自 5 个田径锦标赛，体操、柔道、网球各 3 个锦标赛。

4. 田径的相关性包括所有在成人及青少年阶段都取得过成绩的运动员。

5. 体操的相关性包括所有被纳入研究的青少运动员($n=232$)，以及所有在成年期进入前 8 的青少运动员($n=93$)。

6. 柔道的相关性涵盖所有的抽样柔道运动员。

7. 网球相关性包括所有后来进入前 200 的青少锦标赛运动员。

参考文献

Abbott, A. and Collins, D. (2002). A theoretical and empirical analysis of a 'state of the art' talent identification model. *High Ability Studies*, 157 – 178.

Baker, J. and Horton, S. (2004). A review of primary and secondary influences on sport expertise. *High Ability Studies*, 211 – 228.

Balyi, I. (2002). Long-term athlete development: The system and solutions. *Faster, Higher, Stronger*, 14, 6 – 9.

Bloom, B. S. (1985). *Developing talent in young people*. New York: Ballantine Books.

Bramham, P., Hylton, K., Jackson, D. and Nesti, M. (2001). Introduction. In K. Hylton, P. Bramham, D. Jackson and M. Nesti (Eds.), *Sport development: Policy, process and practice* (pp. 1 – 6). London: Routledge.

Brouwers, J., De Bosscher, V., Schaillée, H., Truyens, J. and Sotiriadou, P. (2010). The relationship between performances at U-14 International Youth Tournaments and later success in tennis. *Journal of Medicine and Science*, 21 – 25.

Cashman, R. and Hughes, A. (1998). Sydney 2000: Cargo cult of Australian sport? In D. Rowe and G. Lawrence (Eds), *Tourism, leisure, sport: Critical perspectives* (pp. 216 – 225). Sydney: Hodder.

Collins, M. (1995). *Sport development locally and regionally*. Reading, MA: ILAM.

Côté, J. (1999). The influence of the family in the development of talent in sport. *Sport Psychologist*, 13(4), 395.

De Bosscher, V., Bingham, J., Shibli, S., Van Bottenburg, M. and De Knop, P. (2008). *The global sporting arms race. An international comparative study on sports policy factors leading to international sporting* success. Aachen:Meyer & Meyer.

De Bosscher, V., De Knop, P., van Bottenburg, M., Shibli, S. and Bingham, J. (2009). Explaining international sporting success: An international comparison of elite sport systems and policies in six countries. *Sport Management Review*, 12(3), 113 – 136.

Ericsson, K. A., Krampe, R. T. and Tesch-Römer, C. (1993). The role of deliberate practice in the acquisition of expert performance. *Psychological Review*, 100(3), 363.

Green, B. C. (2005). Building sport programs to optimize athlete recruitment, retention, and transition: Toward a normative theory of sport development. *Journal of Sport Management*, 19(3), 233 – 253.

Houlihan, B. and Green, M. (2011). *Routledge handbook of sports development.* New York: Routledge.

Howe, M., Davidson, J. and Sloboda, J. (1998). Innate talents: Reality or myth? *Behavioral and Brain Science*, 399 – 442.

Lidor, R., Côté J. and Hackfort, D. (2009). ISSP position stand: To test or not to test? The use of physical skill tests in talent detection and in early phases of sport development. *International Journal of Sport and Exercise Psychology*, 1367 – 1380.

Liebenau, L. (2010). Sport development pathways for amateur golfers: The case study of Queensland. Unpublished Honours Thesis, Bond University, Gold Coast, Australia.

Lyle, J. W. B. (1997). Managing excellence in sports performance. *Career Development Inter-national*, 2, 314 – 323.

Martin, S. G., Arin, K. P., Palakshappa, N. and Chetty, S. (2005). *Do elite sports systems mean more Olympic medals?* (pp. 1 – 14). Auckland, NZ: Massey University, Department of Commerce. Available at http://commerce. massey. ac. nz/research-outputs/2005/2005031. pdf, accessed 2 May 2009.

Martindale, R. J., Collins, D. and Daubney, J. (2005). Talent development: A guide for practice and research within sport. *Guest*, 353 – 375.

Shilbury, D., Sotiriadou, P. and Green, C. (2008). Sport development. Systems, policies and pathways: An introduction to the special issue. *Sport Management Review*, 11(3), 217 – 223.

Siedentop, D. (2002). Junior sport and the evolution of sport cultures. *Journal of Teaching in Physical Education*, 21(4), 392 – 401.

Sinclair, D. A. and Orlick, T. (1993). Positive transitions from high performance sport. *The Sport Psychologist*, 7 (20), 138 – 150.

Sotiriadou, P. (2010). *The sport development processes and practices in Australia: The attraction, retention, transition and nurturing of participants and athletes.* Cologne, Germany: LAP LAMBERT Academic Publishing.

Sotiriadou, P., Quick, S. and Shilbury, D. (2009). A framework for the retention and transition of talented athletes in Australia. *Journal of Economy and Sports*, 9(3), 30 – 39.

Sotiriadou, P. and Shilbury D. (2009). Australian elite athlete development: An organisational perspective. *Sport Management Review*, 12(3), 137 – 148.

Sotiriadou, K., Shilbury, D. and Quick, S. (2008). The attraction, retention/transition and nurturing processes of sport development: Some Australian evidence. *Journal of Sport Management*, 22, 247 – 272.

Tebbenham, D. (1998). The nature of talent development and the importance of athletic transition in UK sport. Unpublished Master's dissertation, Manchester Metropolitan University, Alsager.

Vaeyens, R., Lenoir, M., Williams, A. M. and Philippaerts, R. (2008). Talent identification and development programmes in sport: Current models and future directions. *Sports Medicine*, 38(9), 703 – 714.

Weed, M. (2009). The potential of the demonstration effect to grow and sustain participation in sport. Report to

Sport England. Available at www. sportengland. org/about_us/sport_england_conferences/idoc. ashx? docid = b97bc095-eb32-4c20-91d4-5943b85e9462&version = 2.

Williams, A. M. and Reilly, T. (2000). Talent identification and development in soccer. *Journal of Sport Sciences*, 18 (9), 657 – 667.

Wylleman, P. and Lavallee, D. (2004) *Career transitions and sport: Research and applications.* Morgantown, WV: Fitness Information Technology.

Wylleman, P., Alfermann, D. and Lavallee, D. (2004). Career transitions in sport: European perspectives. *Psychology of Sport and Exercise*, 7 – 20.

第9章
以发展和全方位的视角研究运动员职业发展

Paul Wylleman, Anke Reints and Paul De Knop
布鲁塞尔自由大学

学习目标

阅读本章后，读者将能够：

1. 了解两种研究视角的区别：以发展的视角及以全方位的视角研究运动员职业发展；
2. 识别运动员发展过程中运动、心理、社会心理、学业及职业等领域的常规变迁；
3. 了解高水平竞技经理人如何利用寿命周期模型，考虑运动员面临的变迁，规划运动员发展的/全方位的生涯；
4. 识别在高水平竞技体育系统运用寿命周期方法的益处，以便最大程度帮助运动员抓住机会准备和应对变迁。

概　述

高水平竞技体育既需要人才也需要适应人才发展的体系。在运动领域，高水平竞技经理人必须建立这样一个系统，不仅尽可能使有天赋的运动员达到优秀水平，并且使这些运动员保持卓越的国际竞争力。本章讲述运动员在不同发展领域（如运动、心理、学业）的不同发展阶段和面临的变迁，并分析在努力实现上述两个目标时，这些变迁和阶段对策略选择和运用的影响。利用寿命周期模型可以对优秀运动员职业发展既从发展的（即开始—结束）的角度考察，也从全方位（即多层次）的角度考察，以此确定几种策略，帮助高水平竞技经理人了解如何在其系统中运用发展的和全方位的方法促进运动员的发展。

在任何领域想要达到最高成就，仅有天赋是不够的，还必须有适宜的高水平竞技系统（Bolchover and Brady，2002；Hobeche，2005）。高水平竞技经理人必须建立这样一个系统，不仅尽可能使有天赋的运动员达到优秀水平，并且始终保持其团队在国际上有卓越的竞争力。这两个目标都要求经理人以“从始至终”的方法进行系统的建立和应用。

为满足高水平竞技经理人进一步了解如何识别和实施这种方法的需求（如 Wylleman，

2004，2008；Wylleman *et al.*，2001），本章重点讲解两点。第一，介绍寿命周期模型，此模型将帮助高水平竞技经理人不仅能利用“从始至终”或发展的方法确定优秀运动员职业生涯中常规（即可预见的）发展阶段，并能掌握全方位的方法，一并考虑运动员职业发展过程中运动以外的其他领域（如心理、社会心理、学业）成长的影响。第二，讲解高水平竞技经理人可以将寿命周期模型运用到高水平竞技系统中的几种策略，以优化运动员竞技生涯的持续发展。

本章第一部分回顾前人的研究，说明提出寿命周期模型的原因，引用了前优秀运动员自传内容，以说明这些研究发现的意义。接下来的两个部分描述了寿命周期模型，并说明它如何应用于运动员事业发展的四个阶段。第四部分讲述高水平竞技经理人如何在系统内运用寿命周期模型完善运动员的持续发展。最后涉及的是高水平竞技系统内所需要的配套服务，继之以一项个案研究说明如何使用寿命周期模型培养有前途的青少年游泳运动员。

精英运动员职业发展相关研究

体育科学工作者，尤其是运动心理学家，对运动员职业发展的兴趣可以追溯到 20 世纪 60 年代和 70 年代，那时他们开始关注退役职业运动员的痛苦处境（如 Haerle，1975；Mihovilovic，1968）。这些研究表明运动员常常意外结束竞技生涯，他们没有对到来的变化做好准备，因此很难适应新的环境和生活方式。很显然，运动生涯的结束应该被视为一种“变迁”，需要运动员有应对策略。这一思路也同样适用于中途放弃的年轻运动员。

Schlossberg 的研究表明，变迁是“对自身或外界期望不符的重大事件或令人失望的结果，从而迫使调整个人行为及与他人的关系”（Schlossberg，1981，p. 5）。对运动员来说，变迁主要指他们对自己的期望与现实之间的矛盾（Alfermann and Stambulova，2007）。这种成长中的矛盾会带来剧烈的情感冲击，因此运动员需要调动一切资源应对退役等变迁带来的考验。如果应对得当，运动员会在职业发展道路上前进（如成功开创后运动事业）。如果应对不当，运动员将会遭遇危机或不成功的转型，有可能导致亚临床或临床的症状，如抑郁等（Stambulova，1994，2000）。

研究者们发现，运动员在运动生涯中还会经历其他变迁（Wylleman *et al.*，1999）。

五次奥运金牌得主史蒂夫·雷德格雷夫的职业生涯有很多重要的变迁性事件，包括他首次参加世界青少年锦标赛失利、获得第一枚奥运金牌、终止与赛艇搭档的合作、建立新的合作伙伴关系、在取得 4 枚金牌后大家都认为他该退役时决定继续参赛、婚姻的动荡、以及他在 2000 年奥运会上进军第 5 块金牌的“与命运之约”（Redgrave and Townsend，2001）。

传奇网球选手皮特·桑普拉斯（Sampras，2008）对他职业生涯的描述也充满跌宕起伏：他很小开始练网球、曾经对是否坚持摇摆不定、然后在温布尔登获胜，直到创下 14 场大满贯冠军的记录。

Alfermann and Stambulova（2007）发现，为了在运动生涯中取得更好的成绩，运动员必须能够应对这些变迁，克服诸如运动成绩下降、过度训练、伤病、临床心理障碍等问题。

另外，根据可预测程度，变迁可以被分为以下几类。一类是“常规”变迁，指一般可以预期的变化（如从青少晋升到成人级别、运动员退役等），一些是“非常规”变迁，由不可预见或预期、非自愿的重要事件所导致（如导致提前结束赛季的伤病、个人教练的离去、被意外从队伍中“裁员”等）。还有一类是不显著的变迁——研究发现，运动员常常会提到没有发生的事件（如未能夺得奥运金牌）。

尽管获得一金一铜，荷兰长道速滑运动员斯文·克拉默回首2010年温哥华冬奥会时掩饰不住失望的情绪，因为他意外地未能赢得10 000米的金牌——克拉默曾认为这场比赛“是自己一生中最重要的时刻之一”（Grijsbach，2010）。

研究表明运动员在整个职业生涯中既要面临常规的也要面临非常规的变迁（如Sinclair and Orlick，1994；Wylleman *et al.*，1993）。

20世纪90年代，对变迁的认识与优秀运动员培养领域的研究（如Bloom，1985；Salmela，1994）完美契合，运动生涯被描述成常规的变迁（如青少到成人的变迁或退役）和阶段（如从入门到培养阶段、从培养到完善阶段）。

运用变迁方法，研究人员指出，运动员生活的方方面面均面临着常规的和/或非常规的变迁（如心理上、社会心理上），这些变迁很大程度上影响他们运动事业的长远发展（Wylleman *et al.*，1999）。

皮特·桑普拉斯在他的自传开头这样写道，他还想感谢那些“不是一提到我名字，大多数人脑海中就会浮现（如14次大满贯冠军）的”事件。但是他想“揭示这些事件的意义以及它们如何影响了我”（如他的第一位教练入狱，精神导师罹患癌症、英年早逝，以及威胁事业的伤病等）。

12次获得奥运奖牌的达拉·托雷斯（Torres，2009）讲述41岁参加北京2008奥运会（并获得3枚银牌）时，说得最多的是她作为母亲的感受以及她与其他游泳选手年龄差距带来的社交影响。

本概述部分强调指出，为了更好地理解高水平运动员面临的变迁，不仅要充分理解运动员在其他领域的发展（如学业、心理），还要充分理解这些发展如何作用于他们的运动事业（或被运动事业所影响）。

对英国联合式橄榄球运动员乔尼·威尔金森来说，严重的颈部受伤不仅意味着动手术，而且意味着不能打球——“这容易让人胡思乱想……不知怎么你很快便开始怀疑自己”（Wilkinson，2006，p. 181）。

美国奥运游泳选手达拉·托雷斯的母亲身份使她认识到“当了妈妈改变了一切……它迫使你生活得更专注，不再去做一些不值得做的事情；它强迫你重塑价值观念，认清自我”（Torres，2009，p. 79）。当她重返泳坛时，她发现“我首先是母亲，然后才是游泳运动员”（p. 87）。

对皮特·桑普拉斯来说，失去导师兼教练使他“从男孩成长为男人”（p. 167）并建立了新的教练—运动员关系，这时的教练更像是“同伴和顾问，一个理解我的、具有同等地位关系的人”（Sampras，2008，p. 167）。

以发展和全方位的视角研究运动员职业发展

基于对学生运动员、精英运动员和前奥运选手的研究，辅之以应用运动心理学知识和对职业/生活方式提供服务指导的经验，Wylleman and Lavellee（2004）提出了寿命周期模型。他们的模型综合了任何运动生涯都会出现的常规变迁（如 Bloom，1995）和运动员在生活中其他方面所要经历的常规变迁和阶段。这一模型，描述了四个发展领域（运动、心理、社会心理、学业/职业），反映了“整个事业/全面的人”的方法（Alfermann and Stambulova，2007）。[1]

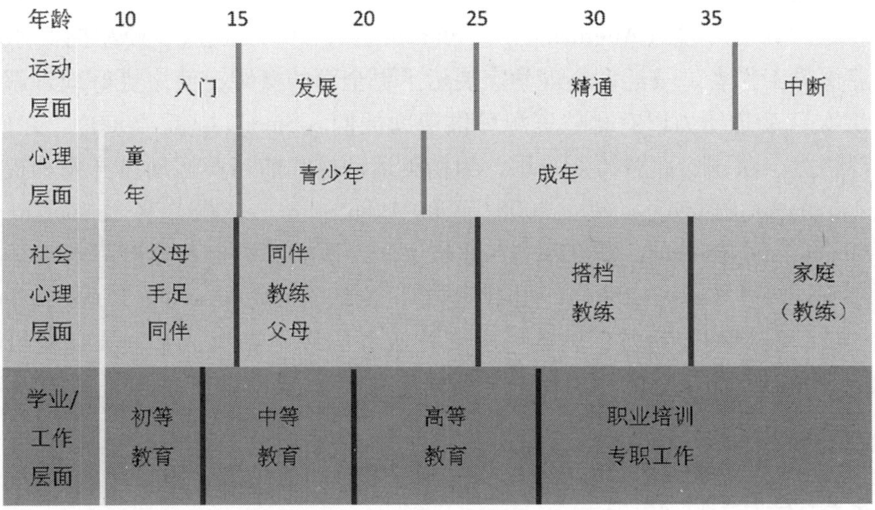

图 9.1　以发展的视角研究运动员在运动、个人、社会心理、学业－工作等层面所面临的变迁

来源： P. Wylleman and D. Lavallee in Weiss，M. R. （2004）*Developmental sport and exercise psychology：A lifespan perspective.* Morgantown，WV：Fitness Information Technology，Inc. （pp. 507－527）. 经许可使用

图 9.1 的最上层面代表运动员的运动事业发展，包括：(1)“入门”阶段，小运动员被引介到有组织的竞技体育运动（从大概 6、7 岁开始）；(2)“发展”阶段，运动员显示出较好的天赋和能力，训练和比赛强度加大（大约 12、13 岁开始）；(3)“精通”阶段，运动员参与最高水平赛事（从 18、19 岁开始）和（4）“中断“阶段，指运动员退出竞技体育这一变迁（28 到 30 岁）。这些阶段的变迁是常规的，但变迁出现的具体年龄因运动类型、运动员特点（如早熟还是晚熟，或性别）而不同。例如，18 – 19 岁对女性体操运动员意味着精通阶段即将过去，而男性赛艇运动员的精通阶段则可能刚刚开始。

第二层代表心理层面的发展阶段和变迁，它基于多个心理发展理论框架（如 Erikson，1963）。这些阶段包括童年、青少年、成年（初期）。

第三层显示运动员社会心理层面的变化，并给出了在每一特定阶段运动员认为对自己最重要的人物。这些变化包括运动员三角形（运动员与父母、运动员与教练、教练与父母的关系）、运动员与家人的关系、同伴关系、婚姻或长期共同生活者的关系、以及其他重要的人际关系（如 Jowett and Meek，2000；Smith，2003；Wylleman *et al.*，2006）。

最后，第四层代表的是运动员的职业生涯。由于绝大多数国家都实行义务教育，所以运动员在十六七岁前要学业、体育齐头并进（De Knop *et al.*，1997）。例如，在美国，篮球运动员运动生涯的常规变迁与学习生活的变迁同步发生——从儿童体育到初中、高中、再到大学，最后到职业阶段（Petitpas *et al.*，1997）。这一层面反映的是学业上的阶段和变迁，包括接受初等教育（小学）、中等教育（中学）、直到高等教育（大专/大学）。职业培训和职业发展也会对优秀运动员的运动生涯有较大影响，所以第四层次的最后一个阶段是运动员的职业培训和/或专职工作。

图 9.1 所呈现的模型不仅用于研究（如 Bruner *et al.*，2008；Pummell *et al.*，2008；Reints *et al.*，2008）也用于指导具体实践。通过运用全方位的/发展的视角研究运动员的事业及其所处的社会环境（Alfermann and Stambulova，2007），这一模型向高水平竞技经理人、职业保障工作者、及运动心理学家展示了更全面的概貌，使之更好地理解运动员面临的（多层次）变迁压力以有哪些资源可供帮助他们（Stambulova，2000）。在操作层面，该模型被苏格兰、法国、弗兰德斯采用，为精英运动员和前精英运动员开发和提供职业保障服务（Bouchetal Pellegri *et al.*，2006；Van Aken *et al.*，2008；Wylleman and Debois，2007；Wylleman and Taelman，2007）。在战略层面，该模型被推荐给国际奥委会运动员委员会（Wylleman and Waser，2007）和国际运动员论坛（Wylleman and Parker，2004）作为对精英运动员、前精英运动员、奥运选手支持服务的理论框架；它也被提交给欧洲议会（Wylleman，2011），用于开发一项关于竞技体育中“双重事业”的欧洲体育政策（如精英运动与学业相结合）。

运动生涯中的变迁

既然运动生涯的发展不能与运动员其他领域的发展割裂开来，那就有必要认识这些领域间的交互作用。运动生涯四个发展阶段中每个阶段都会与其他领域的发展产生交互作用。

运动生涯的入门阶段

在入门阶段，优秀的小运动员在心理层面需要从动机上和认知上适应结构化的竞技体育要求。从动机角度看，小运动员参与竞技体育的因素之一是内在驱动诱因（如对体育的兴趣和朋友关系）。由于内在动机能带来更强烈、更持久的参与动力，一定要让优秀的小运动员们置身于能强化这种动机的环境中。一定要认识到父母积极并通常心怀好意的参与能增强（或妨碍）动机的形成（Wylleman *et al.*，2006）。从认知角度看，小运动员需要有抽象推理的能力，并能理解运动竞技场合中的角色、责任及关系特征。由于孩子接受各种角色任务的能力在 8 – 10 岁前还没有充分形成（van der Meulen and Menkehorst，1992），小运动员可能会经历极大的挫败感，因为他们无法充分理解竞技体育中自己的角色和成人的角色。他们可能因为缺乏认知能力无法处理施加给自己的种种要求，从而失去兴趣。另外，由于孩子在 10 – 12 岁之前不能有效区分导致成功的各种因素（Fry and Duda，1997），小运动员可能无法准确估计自己的能力，也无法理解导致比赛结果的原因。

运动生涯的发展阶段

在发展阶段末期，16 – 18 岁的优秀运动员面临从青少年比赛晋级到成人或专业比赛，这意味着参加更高水平的赛事。虽然他们当中许多人在青少年比赛中出类拔萃、摘金夺银，进入成人组第一年，他们运动能力和成绩往往都处于下风。事实上，一半的新人成人运动员认为这一变迁非常困难，因为要面临财务问题、疾病、伤痛、自我怀疑等挑战。刚晋级为成人的年轻运动员甚至处于整个运动生涯中受伤几率最高的时期（Australian Sports Commission，2003）。很多第一年的成人选手还需要远离家门（如进入职业足球学院或自己独立在外居住）。因此，平均只有三分之一的青少年精英运动员成功转型到成人精英级别，也就不足为奇了（Australian Sports Commission，2003；Bussmann and Alfermann，1994）。新手成人运动员平均需要 2.1 年的时间成功完成青少向成人级别的变迁（Australian Sports Commission，2003），对第一年和第二年的成人选手来说，这期间需要有与变迁相关的支持服务，还需要家人的支持和财务支持（Robertson – Wilson and Côté，2002）。

运动生涯的精通阶段

在精通阶段，精英运动员要经历几次变迁，其中一些是学业上的。由于父母和社会整体对学历的重视，并且考虑到风险（如伤病导致运动生涯结束）和可能的不利因素（如学术潜能得不到发展、经济上的保障和稳定）许多运动员都会坚持上大学。父母在这一变迁中起重要作用，他们往往“温和地”向孩子施压，使之接受完整的正规教育，将来能够从事专职工作（Koukouris，1991）。然而，他们的引导、支持、参与也会导致学生运动员的变迁苦恼（Zaichkewsky *et al.*，1997）。此外，由于只有 5% 的高中运动员进入到美国大学阶段的四大球类运动（橄榄球、棒球、篮球、冰球）（Leonard，1996），大多数学生运动员需要应对未能进入球队或运动生涯停滞不前的境况。这会影响他们对体育成就的认同，这种认同感可能曾一直被中学阶段出色的比赛成绩不断加强着（Danish *et al.*，1993；Finch and Gould，1996）。

与中学阶段不同的是，大学里的运动员需要在学业发展上操更多的心。大学里相对高的自由度要求学生运动员有更多的个人投入，他们需要去上课、规划学习、为学习活动分配充裕的时间（De Knop *et al.*，1999；Donnelly，1993）。De Knop *et al.*（1999）比较了学生运动员与忙于其他活动（如女生联谊会、兄弟会）的学生对学业的投入程度，研究发现，尽管两组学生花在学习上的时间大致相同，运动员学生谈到在学习上遇到更多困难，原因是缺乏时间和运动训练导致的身体疲劳。大学的社交环境与中学的完全不同，学生运动员需要应对这种变化。尽管学生运动员只提到认为学校、教练和家长对他们的学业和运动成绩有影响，事实上，同龄人对他们在这两个领域的支持也不可小觑。

运动生涯的中断阶段

在很多运动项目中，每年大约都有 5－7% 的精英运动员退役（North and Lavallee，2004）。退役年龄在不同项目中有所不同（Wylleman *et al.*，1993）。例如，North and Lavallee（2004）发现体操、跳水、游泳、滑冰和柔道精英运动员计划在 24－30 岁这个年龄段退役，帆船、高尔夫、马术和射击运动员 40 岁以后才考虑退役。

即将退役或已退役的运动员面临的挑战有：适应新生活——自己突然成了“普通人”、怀念运动氛围和赛场、身体和内心世界都发生变化、需要适应新的社会身份和新的工作职责（如 Cecič Erpič *et al.*，2004；Stephan *et al.*，2007）。Reints *et al.*（2008）发现每 15 名前优秀柔道选手中就会有 7 名称在适应后运动生活时遇到问题（如责任增加、经济状况发生改变、缺乏有目标的工作、需要在固定的时间工作）。前优秀运动员经常面临“职业延迟”（Naul，1994），因为极少有人有机会在退役前充分运用大学里获得的知识和技能（如暑期打工、职业或实习培训等）。结果是，退役精英运动员可能缺少相应的职业技能、经验和人脉资源等工作成功的必要条件。因此他们也许需重返大学或接受基础的职业训练以获得专业知识和技能。一旦进入工作市场，他们会发现自己处于“最底层”，收入不如更有工作经验但比自己更年轻的同事。前精英运动员需要有强烈的动机和人际能力来融入这样的职业场合。前精英运动员也有可能向家人寻求支持，或干脆“回家”与父母住在一起，这样可能又会面临人际（或代际）的问题。考虑到这种种挑战，职业培训理当成为运动员事业保障的一个重要部分（Reints and Wylleman，2009）。

如果高水平竞技经理人有志为运动员提供最佳的长期发展机会，那么他们需要了解和使用寿命周期模型。这个模型会帮助他们明确运动员在运动生涯的每一阶段所面临的常规变迁，以及运动员不同成长领域间的相互作用及其对运动事业发展的影响。每一变迁都有具体的情况需要运动员应对，而应对方式将决定运动员未来发展的程度。对此心中有数后，高水平竞技经理人就能够运用寿命周期模型方法识别、开发和使用高水平竞技系统内具体的职业保障措施。

高水平竞技经理人与运动员职业发展

高水平竞技经理人可以利用体制给予运动员最大程度的支持，而且在这一方面，确实大有可为。

虽然很多高水平竞技经理人懂得体育发展（athletic development），他们当中很多人并不真正了解运动员发展（athletes' development），以及运动员在不同生活领域所面临的变迁和挑战。

高水平竞技经理人首先可以做的是，用寿命周期模型从发展的视角深入了解这四个发展领域（运动、心理、社会心理、学业/职业）。高水平竞技经理人可以通过阅读文献和/或咨询职业支持专家、运动心理学家了解更详细的信息，例如，经理人可以通过阅读反映经历认知（如前优秀运动员的传记）和实证研究（如 Wylleman *et al.*，2006）等出版文献了解人际关系和社交网络（如父母、同伴、教练）对运动事业的作用和影响（或无影响）。能更多地从发展的视角看问题有助于高水平竞技经理人建立连续的支持系统，为从刚刚步入竞技体育的青少运动员、到精英运动员和奥运选手、以及处于退役阶段的运动员，提供连贯持续的帮助。

针对精英运动员的需求及其保障系统的研究已不断分化、朝着的各个专门的领域发展，如遗传学、教育训练、运动心理学、运动医学等（Baker，2012；De Bosscher *et al.*，2008；Gould *et al.*，2002；Wylleman *et al.*，2009）。因此，可以说高水平竞技经理人需要一个框架把“碎片”拼在一起。

由于寿命周期模型为研究运动事业提供了的发展的、全方位的视角，高水平竞技经理人接下来可以用它为每一名运动员勾勒一幅发展的/全方位的轮廓图。这使得经理人可以更容易地确定那些不很明显但影响运动员发展的因素。用这种方法分析运动员的发展会帮助经理人拥有“直升飞机”视域。事实上，经验证明（Wylleman，2005，2009；Wylleman and Debois，2009），使用这种方法的高水平竞技经理人和精英教练更能意识到常常被熟视无睹但与运动员发展密切相关的事物。例如，从青少到成人的变迁被认为是运动生涯中的一个自然过程，高水平竞技经理人常常不太考虑这一变迁所带来的挑战。而心理层面的挑战之一是从最优秀的青少选手变成众多优秀成人选手之一；社会心理层面的一个挑战是离开家庭和父母走向独立。该模型会使经理人关注他们原本认为不在自己工作职责范围内的因素（如帮助优秀运动员找到体育和学业最好的结合方式）。使用该模型的另一好处是它给所有的利益相关者（包括运动员、教练、高水平竞技经理人、父母和国家奥委会的代表）提供了相同的概念构架和“共同语言”来识别和处理精英运动员面临的挑战。

第三步，可以将每位运动员的发展的/全方位的轮廓图结合通用的寿命周期模型使用，籍此预见即将到来的常规变迁。将二者结合使用，高水平竞技经理人就能够针对每一位运动员的发展阶段和变迁，起草中、长期支持服务计划。例如，如果运动员（在与父母和教练商量后）计划继续学业，运动事业和学业要齐头并进，经理人可以找寻方法帮助她应对这一选择带来的种种冲击：对学业的影响（如在训练营里安排自习时间、利用大学的数字平台网上学习）、对社会心理发展层面带来的影响（如从家里搬出来、加入到学生群体中）、对心理发展带来的影响（如需要时间管理技能、应对学业上的压力）以及可能对运动发展的影响（如换成大学教练、被要求参加其他级别的比赛、学校的体能训练）。

作为第四步，在前一步骤的基础上，高水平竞技经理人可以策划职业变迁项目和职业支持服务项目，帮助运动员增强应对能力，迎接将在不同发展层面遇到的挑战。这些项目和服务意在支持运动员的个人成长、平衡其生活方式并帮助他们为后运动生活做准备（Lavallee *et al.*，2001）。这些项目可以包括诸如职业规划、目标设定、思想辅导及生活成长干预，开展方式也多种多样，包括研讨会、工作坊、面对面咨询和多领域支持服务（如关于成长与生活方式问题，或关于学习与工作问题）。用发展的视角看待运动员职业发展时（即“从始至终”），职业支持不仅面向精英成人运动员，也包括优秀青年运动员、有潜力的少年运动员、学生运动员和即将退役或已经退役的精英运动员。还应该有针对精英女运动员的支持服务。

Wylleman（2008）勾画了三个主要职业支持阶段来说明这种“从始至终”的方法：（1）从9岁开始——教育阶段（包括小学、中学、大学）；（2）从14到16岁起——运动发展阶段；（3）26－28岁以后——后运动职业阶段。这三个职业支持阶段奠定了弗兰德斯“精英运动员职业保障”（*Carrièrebegeleiding Topsport*）的基础。Wylleman采用全方位的视角，为每个阶段设定了一系列技能，旨在帮助运动员迎接即将到来的常规变迁。其中包括时间管理技能（从10岁开始掌握）、变迁技能（14岁时传授）、媒体技能（16岁开始使用）、关系技能（18岁以后应用）、财政管理技能（22岁以后极其重要）和人脉技能（26岁以后使用）。

个案研究9.1

如何培养高等教育过渡期的运动员：弗兰德斯职业保障的结构与内容

Kristel Taelman
比利时弗兰德斯体育局

弗兰德斯职业咨询项目的设立

2004年，Wylleman and Lavalle创立了精英运动员职业发展支持计划的综合模型。基于这两位作者的经验和专业知识，弗兰德斯[2]体育决策者，即弗兰德斯体育局，于2007年设立了*Carrièrebegeleiding Topsport*（“精英运动员职业保障”）机构，作为对原有的职业运动员（自1995年）和学生运动员（自2003－2004年）提供职业发展指导服务的补充。该项目由布鲁塞尔自由大学负责，设立初期仅配备一名专门职业顾问，重点关注向高等教育过渡的运动员。项目运营三年后，另一名职业顾问加入该机构，此人重点关注高水平运动与就业相结合，尤其是高水平运动员职业生涯结束后该何去何从。2011年1月，

Carrièrebegeleiding Topsport 机构被纳入弗兰德斯体育局，仍由以上二人担任职业顾问。

很多其他国家已长期采取了类似的体制，弗兰德斯在模仿的基础上根据自身情况进行了改进。本个案研究着重介绍该项目在弗兰德斯的具体发展情况。

2011 年，根据竞技表现及个人咨询需求，近 60 名高水平运动员被选中接受个人职业发展训练。Wyllemann and Lavallee 的“发展模型”是该服务项目日常工作的基础，为面临变迁期的运动员提供个人咨询和信息服务（Wylleman and Lavallee，2004）。

目　的

本案例分析将介绍“弗兰德斯体育局精英运动员职业支持服务”针对高等教育变迁期运动员的培训方法，首先介绍具体培训程序，接下来描述一个为期几年的具体指导案例。

运动员的运动生涯包括常规（可预测的）和非常规变迁（Schlossberg，1984），因此职业顾问需要为其提供相应服务，帮助其度过可预测的和无法预测的变迁。另外，学年中也包含一些固定及非固定的因素，因此只能提前计划好部分职业发展咨询活动。

根据已有的四年精英运动员咨询辅导经验，形成了一份以学年组织安排为架构的职业咨询辅导线路图（见表 9.1）。该线路图概述了职业顾问为高等教育变迁期的运动员所提供建议的结构与内容，成为运动员、家长、教练、体育主管者及决策者了解职业支持计划的重要途径。

首先要判断在有发展前途的运动员中，哪些需要职业保障服务。这一工作主要在 Topsportschool 中进行（Topsportschool 是荷兰语名称，指弗兰德斯参与高水平运动的学生所上的中学，以下称“竞技体育学校”）。这些学校是专为参与竞技运动的 12 – 18 岁学生设立的，被选中的有培养前途的小运动员得到支持服务，并在不影响学分的情况下，每周只上 12 个小时课。为了提早为向高等教育转型做好计划与准备，“竞技体育学校”每年一月都会组织宣讲会，为学生提供相关信息。另外，考虑到家长与教练在学生运动员成长过程中的重要作用，特邀请他们参加单独的宣讲会，介绍学生运动员向高等教育转型中可能遇到的困难，以及同时接受高等教育和参与高水平运动应考虑的问题。此外，还印制了数量充足、信息完整的宣传册以备运动员、家长、教练员参考。

个案研究：汤姆由青少赛向成人赛的职业变迁历程

汤姆和他的职业发展顾问相识于“竞技体育学校”举办的高水平运动与高等教育宣讲会上。汤姆当时是全国排球少年队的一员。考虑到 18 岁的竞体学校毕业生很难在职业排球俱乐部中立足，排球联合会在政府及比利时奥委会和联合委员会的支持下，设立了排球运动员培养计划。优秀排球运动员可以借助这一计划得到弗兰德斯排球联合会专业教练员的指导，并接受有关如何平衡训练、比赛与学习方面的培训。参与该计划的所有运动员都要求在一所大学读书，该大学与职业发展顾问和排球联合会密切联系与合作。至少在开学前六个月为学生运动员做好学业规划、时间安排及后勤准备工作。

汤姆在竞体学校时就已与其顾问进行了一对一晤谈。职业顾问会与每一名即将离校的

“竞技体育学校”学生进行简短交流，了解学生运动员关于运动生涯、高等教育、居住、交通以及运动训练的看法与打算。经验丰富的顾问很容易就看出哪些运动员在变迁过程中需要支持与指导。

七月，顾问与汤姆进行启动服务会晤，了解了汤姆的详细信息，解释职业保障的实施方式，同时增进双方相互了解。

表9.1 个人职业支持线路图

高等教育变迁期					年 x−1										年 x								年 x+1			
	10月	11月	12月	1月	2月	3月	4月	5月	6月	7月	8月	9月	10月	11月	12月	1月	2月	3月	4月	5月	6月	7月	8月	9月	10月
工作坊：从“竞技体育学校”毕业后该做什么？(x6)		×	×	×	×																				
“竞技体育学校”上届毕业生经验交流会							×	×	×																
向工作队提交需要支持的运动员名单									×																
高校面对面										×	×	×													
向体育主管提交行动建议										×	×	×													
时间管理技能培训												×													
沟通技能培训													×												
目标设定和解决问题能力培训														×											
学习计划和学习能力培训															×										
学习规划和解决问题能力随访跟踪															×										
随访考试阶段																×									
评估考试及第二学期规划																	×								
设定个人提高目标																		×							
设定个人提高目标																			×						
学习规划和解决问题能力随访跟踪																			×						
随访考试阶段																				×					
八月评估考试和规划考试																					×				
随访考试阶段																						×	×		
学年评估和下学年规划																							×	×	
向体育主管提供总体反馈																								×	×

学年×+（年×+1）

来源：弗兰德斯体育局

九月，职业顾问召开宣讲会，为汤姆和他的队友介绍了具体学术安排，解释了需遵守流程及日常安排（包括训练时间、课堂考勤、学习时间、休息时间、吃饭及交通安排等）。

在第一学年的前 4 个月中，汤姆每月参加时间管理、沟通技能、目标设定、解决问题及学习方法的培训课程，并就自己的行为方式接受了大量的反馈（非正式的形式），汤姆籍此学到了很多技能。这种正规培训课程（每月一次）与非正式的随访追踪相结合，成效显著。

当然，为迎接一月、六月和八月的考试，顾问与汤姆一起作了准备（学习方法、时间安排、学习计划），并一起进行评估。因常规考试时间与汤姆的比赛时间相冲突而不得不为他改期考试。汤姆取得了优秀的学习成绩，并且从未缺席球队训练和比赛。

职业支持的目标是引导运动员实现自我支持发展，因此在集中指导一年后，减少面对面辅导次数，转变为电子咨询辅导。参与该项目的每名运动员都可以在其职业生涯中随时联系职业顾问。汤姆与他的顾问保持定期电子邮件往来，并在大学四年级时进行了面对面交谈。

个案研究 9.2

转换运动项目

Lisa Gowthorp
澳大利亚体育委员会

精英运动员需经过多年训练才能在国际赛场叱咤风云。在体操等技能型项目中，更是需要长年累月的刻苦训练才能达到国际水准。优秀体操运动员从 7 岁就要开始训练，到 10 岁或 11 岁时就要承受每天 7 个小时的满负荷训练量。直到 16－18 岁时他（她）们才能达到成人国际比赛水平。

体操是一项培养运动员力量、柔韧性、协调性的运动，同时还培养运动员坚持训练、吃苦耐劳的品质。很多运动项目都需要这些素质。因为体操运动员开始训练时往往年龄很小，所以他们当中很多人成功转型到其他运动。在澳大利亚，体操运动员在空中滑雪、射击和跳水运动中都取得优异的成绩，此外，很多前体操运动员在太阳剧团大显身手，该剧团有 20 多场节目在世界各地常驻或巡回演出。

Alexandra Croak（下文称之为亚历克丝）就是一名成功转型到其他项目的运动员。她是唯一一名在英联邦运动会中拿过两个种不同体育项目金牌的澳大利亚运动员。亚历克丝很小就接受体操训练，1994 年 10 岁时获得澳大利亚体育学院奖学金，她在学院训练到 2002 年，并在此期间参加了 2000 年悉尼奥运会和 2002 年英联邦运动会的体操比赛。澳大利亚体操代表队获得 2002 英联邦运动会团体冠军，而亚历克丝获得个人跳马铜牌。之后不久她从体操项目退役。

经过18个月的休整（或从体操半退役）后，亚历克丝决定从事跳水，这主要是考虑到许多体操技能可以继续发挥作用。“像体感、身体控制、规定动作、力量、动机等都是可迁移的品质”亚历克丝说。然而，头冲下入水是个巨大的挑战，尤其是接受了10年要求双脚着地的训练后！但是作为一名意志坚强、勇于拼搏、积极进取的运动员，亚历克丝注定要成功。她对训练的投入、出色的自我管理能力和技术能力是她成功的重要因素——这些能力与品质都是她在体操运动训练中获得的。

新南威尔士体育学院为亚历克丝提供了“转型到其他运动项目”奖学金。虽然她没有跳水的经验和技术，但她所具备的技能和才华得到认可。师从澳大利亚最好的教练之一Chava Sobrino，并且身处最优秀的跳水运动员当中，亚历克丝快速成长为一名精英跳水运动员。奖学金足以支付所有的训练费用、使用体育科学和运动医学设施的费用、职业和教育规划指导费用以及营养、力量和身体素质训练费用。

通过运动项目转换，在国际赛场取得成功的例子不在少数。研究表明，2004年在澳大利亚体育学院和各国家体育研究院中共有256名转到新项目不到4年的运动员，其中72人代表澳大利亚参加了国际比赛（Australian Institute of Sport，2011）。然而，运动员不可能刚从事新项目就马上取得成绩。认真负责的教练员必须了解运动员的历史，发现其能力，并帮助他们在新项目中迅速成长。

亚历克丝认为“改行换项给我带来一片新天地，我的跳水成绩超过了体操成绩。”并且，她认为，作为一个年龄偏大的运动员，她更有能力平衡生活的各方面，从而在跳水运动中充分发挥自己的能力。Alexandra Croak当下在新南威尔士体育学院训练，准备2012年到伦敦第三次参加奥运会。

思考题

1. 转型到其他运动项目为什么会成为培养有国际竞争力的运动员的有效途径？

2. Croak成功转型为跳水运动员，其成功的重要因素有哪些？

3. 请指出运动员较易成功转换的运动项目间的关联。你觉得为什么会有这种关联存在？

个案研究 9.3

以发展和全方位的视角研究运动员职业发展

Paul Wylleman, Anke Reints and Paul De Knop
布鲁塞尔自由大学

下面的个案研究展示高水平运动经理人如何利用寿命周期/全方位模型实现：

（1）全方位了解运动员面临的变迁压力；

（2）对高水平竞技体育系统如何最大程度地帮助运动员，提出具体建议；

（3）协助或负责职业支持服务，最大限度地帮助运动员应对已明确的变迁挑战，帮助运动员取得持续发展。

背景资料

蒂姆今年 16 岁，最近刚参加了学校的考试，并取得了出乎意料的好成绩。作为参加国际赛事的游泳运动员，他以前一直每周训练 18 个小时，一周有 4 天早晨 5 点半起床，并且周一至周五放学后都要与队友一起训练。今年的训练强度尤其大，为入选一个重要的锦标赛他们必需进行额外的训练。蒂姆被选去参赛并且表现相当不错。在他这个年纪段的孩子中，蒂姆显得更为成熟，而且他总想把一切都做得尽善尽美，明显的表现就是，每当他没有达到自己设定的目标时，他就极度沮丧。另一方面，他有时候不认可教练强加给他的在他看来是不切实际的训练强度，因为教练没有考虑到他还有其他事情要做。很显然蒂姆在学习上和运动上都很有天分，他能够刻苦，并有很强的愿望把生活安排得井井有条。他说当训练强度大、体力消耗高时，他会尤其觉得焦虑不安，所以他目前正在考虑是否继续像从前一样专注于游泳，还是把更多的时间花在学习上。蒂姆的父母很支持他，也没有给他施加任何压力，尽管蒂姆有时能感到来自教练的压力，期望他更加集中精力训练游泳。

问　题

第一步，我们要根据蒂姆的年龄和发展的不同水平定位他的运动职业发展阶段，即处于发展模型什么位置。第二步，可以通过识别以下几点来简要描述蒂姆目前的个人情况：

（1）对蒂姆的生活有重要影响的人；

（2）蒂姆面临的重要事件。

第三步通过回答以下问题来更详细地描述蒂姆的发展：

蒂姆的运动发展方面：

■ 蒂姆的年龄、运动经验或者说他的运动成就对应了他在发展模型中的位置。他是否确实处于该发展阶段？

■ 蒂姆的生活中起重要作用的人（父母和教练）在何种程度上影响他的运动发展？

■ 蒂姆的教练要考虑哪些因素使蒂姆能够进一步发展他的运动事业？

■ 为了使蒂姆运动生涯结出硕果，教练能与他父母进行哪些合作？

蒂姆的心理发展方面：

■ 蒂姆的运动员身份认同对他的运动参与质量有什么影响？

■ 蒂姆在心理层面上是否已经准备好去应对竞技运动的各项要求？

■ 为了成功地将蒂姆培养成出色的运动员，蒂姆的教练需要考虑他的哪些心理发展因素？

■ 教练在此方面如何与蒂姆的父母合作？

蒂姆的社会发展方面：

■ 蒂姆与在他生命中起重要作用的人之间的关系如何？

■ 这些关系以何种方式影响蒂姆的运动发展？

■ 为了成功地将蒂姆培养成一名出色的运动员，蒂姆的教练需要考虑他社会发展中的哪些问题？

■ 教练在这一方面又该如何与他的父母合作？

蒂姆的学业发展方面：

■ 蒂姆有多大的能力学习与体育兼顾？

■ 学习与体育兼顾会对蒂姆的运动发展带来怎样的影响？

■ 为了把蒂姆培养成一名成功的运动员，蒂姆的教练需要考虑他学业发展方面的哪些问题？

■ 教练在这方面如何与他的父母合作？

简要报告

对蒂姆发展情况，可以分以下几个步骤报告：

第一步。根据年龄来展现各个发展阶段的情况，我们可以发现蒂姆在体育发展方面已达到精通的阶段：

（1）蒂姆心理层面处于青春期阶段；

（2）他生活中的关键人物应该是他的同龄人、教练和父母；

（3）蒂姆正在上中学。

第二步。蒂姆的教练和父母在他目前所处的时期发挥重要的作用。（不难想见，他的同龄人，比如与他一起游泳的队员，也在他的生活中起重要作用。）这个案例描述中反应的主要问题是蒂姆时时想要表现完美，他的教练对他不切实际的期望和给他压力想让他把更多的精力放在游泳上，还有他自己以及教练施加的期望与标准导致他焦虑不安的事实。

第三步。蒂姆作为游泳运动员已经表现得非常出色。他的运动发展反应了他在相对较小的年龄就已经达到了精通的水平。（发展阶段是否太短？）蒂姆对他从事的运动付出很大的努力，其中包括他对紧张的训练的承受度和对生活的有序安排。（是不是正是因为这样他才承受了巨大的压力而焦虑不安？）蒂姆觉得他的教练给他的压力太大了。（他一直都跟随现在的教练吗？如果不是的话，为什么、又是从什么时候换的教练呢?）他的父母很大程度上影响了他游泳运动的发展，但他并不觉得他们给他压力要求他出成绩。（父母是以什么样的方式参与他的游泳事业的呢？是情感上、后勤上、还是经济上呢?）蒂姆的教练可以考虑精通阶段一般持续 3 –5 年的时间，以此来为他做出规划。（考虑到蒂姆的发展阶段用时较短，我们是否可以预测蒂姆的精通阶段会比一般精英游泳选手的持续时间短呢?）他的父母对他未来的游泳生涯又怀有怎样的期待?

就心理发展而言，蒂姆在何种程度上视自己为一名游泳运动员会在很大程度上影响他对游泳事业的投入。在到达此变迁阶段之前，他较好地应对了竞技运动的各种要求。（他是否因为还未完全准备好应对精通阶段所以才感到压力大?）为了让蒂姆继续发展成为一名精英游泳选手，他的教练需要将蒂姆对自身运动员身份认同的程度考虑在内并与他的父母合作，为他的未来制定一个平衡合理的方案。在社会层面上，蒂姆与他的教练以及与他父母的关系显得很和谐（请参照之前的关于蒂姆的父母在他游泳事业中真正参与度的问题)。这些关系很大程度上影响了他的体育事业的发展，尽管我们对他的队友和同龄人知之甚少。（蒂姆是否有亲近的同性或异性朋友呢?）教练可以想见蒂姆也许需要并且希望与更多游泳圈内外的同龄人交朋友。教练可以咨询蒂姆的父母，从而了解如何让他有更多的时间与同龄人交往。

最后，蒂姆到目前为止成功地兼顾了学习与体育事业的发展，在学校里也取得了超过预期的成绩（对于一个在运动项目上已经达到精英水平的人来说)。蒂姆的拼搏能力和他想要合理规划生活的强烈愿望帮助他同时搞好运动和学习。（运动训练之外他到底有多少时间做作业和恢复体力?）教练应该考虑到蒂姆是一个成绩优异的好学生，所以他可能想要进大学深造。教练和父母应该告知蒂姆有哪些可供参考的选择，能够让他选定一所大学或学院，在那里他可以在体育和学习两个方面都得到充分发展。

结　语

高水平竞技体育经理人可以利用上面四个步骤最大限度地支持运动员，使之能够应对变迁挑战。同时，还需要注意三点。第一，因为寿命周期模型是通用的，所以高水平竞技体育经理人需要根据运动员的个别情况进行调整；必要时，可新增与运动员发展相关的其他层面（如，经济层面)。

第二，因为此模型反映的是常规的（即可预测的）变迁，所以高水平竞技体育经理人需要注意那些或多或少不可预测、意外的或“非常规的”变迁（如导致赛季突然中止的伤病、意外地被从赛队中拿掉名字、失去个人教练)。经理人可以通过与运动员和教练商谈，估计出现“无法预测的”变迁的可能性。例如，关于运动损伤，尽管不能全部预测，研究表明从青少最后一年变迁到成人组第一年的过程中，受伤的几率增大（Australian Sports Commission，2003)。鉴于此，经理人可以为最后一年青少组运动员开设课程，增强其了解并预防运动损伤的技能，以及了解一旦发生损伤后，如何正确应对与康复。

第三，尽管高水平竞技体育经理人主要负责在高水平竞技体育系统中实施寿命周期方法，但是他们应该与其他专家商讨，并且可能的话，请专家参与创立跨学科的方法，以囊括运动员在各阶段、各方面可能会有的需求和面临的挑战。应用运动心理学家、职业咨询师、职业支持提供者都能帮助体育经理人为他们的运动员开发量身定做的支持服务。

国际体坛的“奖牌争夺战”（De Bosscher *et al.*，2009）要求高水平竞技体育经理人不仅要考虑保持优秀的运动成绩，还要考虑有潜质的运动员能够接连不断地发展到精英水平。变迁性事件可能会导致运动员的运动生涯发展变缓、停滞或终止。因此，优化高水平竞技体育系统以最大程度地帮助运动员准备迎接并应对变迁，应成为发展精英运动的基本方针。使用本章描述的寿命周期模型，高水平竞技体育经理人将更有能力完成这一重大使命。

讨论问题

1. 寿命周期模型普适性地描述了运动员发展4大领域会出现的常规变迁。请讨论，还有哪些发展领域可以被补充到此模型中？这些新增领域会有哪些常规变迁？

2. 寿命周期模型中描述的变迁是常规的，即它们是可以预测和提前准备的。请设想一下在寿命周期模型中运动员可能会遭遇哪些“非常规的”变迁——即计划或日程之外、由个人生活中的重大事件导致、从而无法预期的非人为安排的变迁。

3. 本章中的寿命周期模型是为运动员设计的。请为教练员设计一个寿命周期模型。

关键词

- 寿命周期模型
- 职业变迁
- 全方位的
- 发展
- 常规的
- 高等教育
- 退役
- 保障/支持服务

延伸阅读

对本章的深入学习可以从两个方面进行。一是进一步了解全方位和发展的视角对有培养前途的运动员、精英运动员及退役运动员的现实意义，二是练习运用此模型。深入学习的途径之一是阅读运动员或退役运动员的传记或自传。我特别喜欢的几本书有John McEnroe 写的 *Serious*：*The Autobiography*（2003；Sphere），Steve Redgrave and Nick Townsend 写

的 *A Golden Age*（2001；BBC Books）。事实上，如果再读一下 Steve Redgrave 的两个队友的自传，有助于我们比较和了解这三名精英运动员在备战 2000 年奥运会时分别如何经历了常规变迁，这两本书分别是：Matthew Pinsent 的 *A Lifetime in a Race*（2005；Ebury Press）和 Tim Foster 所著的 *Four Men in a Boat*：*The Inside Story of the Sydney* 2000 *Coxless Four*。另一种途径当然是钻研学术著作，如 2004 年 *Psychology of Sport and Exercise* 关于职业变迁的专刊（Wylleman*et al.*，2004）以及 Alfermann and Stambulova 所著的 *Career Transitions and Career Termination*（2007；Wiley），它们都有助于我们了解研究进展和概念构建。

注　释

1. 参见 Wylleman and Lavallee（2004）。该文献对模型进行了详细的描述，并提供了相关参考资料。

2. 弗兰德斯是比利时北部讲德语的地区。体育在比利时是各个地区（弗兰德斯、瓦隆尼亚、各德语社区）的权限，每个区都有自己的体育部和财政预算，没有全国统一的体育政策。

参考文献

Alfermann, D. and Stambulova, N. (2007). Career transitions and career termination. In G. Tenenbaum and R. C. Eklund(Eds.), *Handbook of sport psychology*(3rd edn, pp. 712 – 733). New York: Wiley.

Australian Institute of Sport(2011). Talent transfer. Available at www. ausport. gov. au/sportcoachmag/development_and_maturation2/talent_transfer, accessed 6 June 2011.

Australian Sports Commission(2003). *How do elite athletes develop? A look through the 'rearview mirror'. A preliminary report from the National Athlete Development Survey(NADS)*. Canberra, Australia: Australian Sports Commission.

Baker, J. (2012). Do genes predict potential? Genetic factors and athletic success. In J. Baker, S. Cobley and J. Schorer(Eds), *Talent identification and development in sport*(pp. 13 – 24). London: Routledge.

Bloom, B. S. (Ed.). (1985). *Developing talent in young people.* New York: Ballantine.

Bolchover, D. and Brady, C. (2002). *The* 90*-minute manager. Business lessons from the dugout.* London: Pearson Education.

Bouchetal Pellegri, F., Leseur, V. and Debois, N. (2006). *Carrière sportive.* Projet de vie. Paris: INSEP-Publications.

Bruner, M. W., Munroe-Chandler, K. J. and Spink, K. S. (2008). Entry into elite sport: A preliminary investigation into the transition experiences of rookie athletes. *Journal of Applied Sport Psychology*, 20, 236 – 252.

Bussmann G. and Alfermann D. (1994). Drop-out and the female athlete: A study with track-and-field athletes. In D. Hackforth(Ed.), *Psycho-social issues and interventions in elite sport*(pp. 89 – 128). Frankfurt: Lang.

Danish, S. J., Petitpas, A. J. and Hale, B. D. (1993). Life development intervention for athletes: Life skills through *sports. The Counseling Psychologist*, 21, 352 – 385.

De Bosscher, V., De Knop, P. and van Botterburg, M. (2008). *Vlaanderen sport, ook aan de top.* Nieuwegein, the Netherlands: Arko Sports Media.

De Bosscher, V., De Knop, P., van Bottenburg, M., Shibli, S. and Bingham, J. (2009). Explaining international sporting success. An international comparison of elite sport systems and policies in six nations. *Sport Management Review*, 12, 113 – 136.

De Knop, P., Wylleman, P., Van Hoecke, J. and Bollaert, L. (1999). Sports management-A European approach to the management of the combination of academics and elite-level sport.

In S. Bailey (Ed.), Perspectives-The interdisciplinary series of physical education and sport science (pp. 49 – 62). *School Sport and Competition* (Vol. 1). Oxford: Meyer & Meyer Sport.

Donnelly, P. (1993). Problems associated with youth involvement in high-performance sport. In B. R. Cahill and A. J. Pearl (Eds), *Intensive participation in children's sports* (pp. 95 – 126). Champaign, IL: Human Kinetics.

Erikson, E. H. (1963). *Childhood and society.* New York: Stonton.

Finch, L. M. and Gould, D. (1996). Understanding and intervening with the student-athlete-to-be. In E. F. Etzel, A. P. Ferrante and J. W. Pinkney (Eds), *Counseling college student-athletes: Issues and interventions* (pp. 223 – 245). Morgantown, WV: FIT.

Fry, M. D. and Duda, J. L. (1997). A developmental examination of children's understanding of effort and ability in the physical and academic domains. *Research Quarterly for Exercise and Sport*, 68, 331 – 344.

Gould, D., Dieffenbach, K. and Moffett, A. (2002). Psychological characteristics and their development in Olympic Champions. *Journal of Applied Sport Psychology*, 14, 172 – 204.

Grijsbach, M. (2010). Vancouver 2010: *de mislukte Spelen van Sven Kramer.* Available at www. rnw. nl/nederlands/article/vancouver-2010-de-mislukte-spelen-van-sven-kramer.

Haerle, R. K. (1975). Career patterns and career contingencies of professional baseball players: An occupational analysis. In D. W. Ball and J. W. Loy (Eds), *Sport and social order* (pp. 461 – 519). Reading, MA: Addison-Wesley.

Holbeche, L. (2005). *The high performance organization. Creating dynamic stability and sustainable success.* Amsterdam: Elsevier Butterworth-Heinemann.

Jowett, S. and Meek, G. A. (2000). The coach-athlete relationship in married couples: An exploratory content analysis. *The Sport Psychologist*, 14, 157 – 175.

Kerr, G. and Dacyshyn, A. (2000). The retirement experiences of elite, female gymnasts. *Journal of Applied Sport Psychology*, 12, 115 – 133.

Koukouris, K. (1991). Disengagement of advanced and elite Greek male athletes from organized competitive sport. *International Review for the Sociology of Sport*, 26, 289 – 306.

Lavallee, D., Gorely, T., Lavallee, R. M. and Wylleman, P. (2001). Career development programs for athletes. In W. Patton and M. McMahon (Eds), *Career development programs: Preparation for life long career decision making* (pp. 125 – 133). Camberwell, VIC: Australian Council for Educational Research Press.

Leonard II, W. M. (1996). The odds of transiting from one level of sports participation to another. *Sociology of Sport Journal*, 13, 288 – 299.

van der Meulen, M. and Menkehorst, H. (1992). Intensieve sportbeoefening in ontwikkelings-psychologischperspectief [Intensive sports participation in developmental psychological perspective]. In M. van der Meulen, H. Menkehorst and F. C. Bakker (Eds), *Jeugdig sporttalent: Psychologische aspecten van intensieve sportbeo-*

efening(pp. 93 – 114). Amsterdam:Vereniging Sportpsychologie Nederland.

Mihovilovic, M. (1968). The status of former sportsmen. *International Review of Sport Sociology*, 3, 73 – 93.

Naul, R. (1994). The elite athlete career: Sport pedagogy must counsel social and professional problems in life development. In D. Hackfort (Ed.), *Psycho-social issues and interventions in elite sport* (pp. 237 – 258). Frankfurt: Lang.

North, J. and Lavallee, D. (2004). An investigation of potential users of career transition services in the United Kingdom. *Psychology of Sport and Exercise*, 5, 77 – 84.

Petitpas, A. J., Champagne, D., Chartrand, J., Danish, S. and Murphy, S. (1997). *Athlete's guide to career planning. Keys to success from the playing field to professional life.* Champaign, IL: Human Kinetics.

Pummell, B., Harwood, C. and Lavallee, D. (2008). Jumping to the next level: A qualitative examination of within-career transition in adolescent event riders. *Psychology of Sport and Exercise*, 9, 427 – 447.

Redgrave, S. and Townsend, N. (2001). *A golden age.* London: BBC Books.

Reints, A. and Wylleman, P. (2009). Athletic and post-athletic career support services: Evaluation of supply and user satisfaction using a mixed-method study. Paper presented at the 12th World Congress of Sport Psychology. Marrakesh, Morocco: ISSP, 17 – 21. 06.

Reints, A., Wylleman, P. and Dom, L. (2008). *Kwalitatief onderzoek naar relatie tussen beroepsgerichte na-carrièeplanning en huidige beroepssituatie van Vlaamse ex-topjudoka's* [*Qualitative research into the relationship between profession-oriented past-career planning and current professional situation of Flemish former elite judokas*]. During the Congres VSPN 'Van wetenschap naar praktijk'. Amsterdam, the Netherlands: Vereniging Sportpsychologie Nederland-VUAmsterdam.

Robertson-Wilson, J. and Côté J. (2002). *The role of parents in children's hockey participation* (p. 46). Report for the Canadian Hockey Association.

Salmela, J. H. (1994). Phases and transitions across sports career. In D. Hackfort (Ed.), *Psychosocial issues and interventions in elite sport* (pp. 11 – 28). Frankfurt: Lang.

Sampras, P. (2008). *A champion's mind: Lessons from a life in tennis.* New York: Crown Publishers.

Schlossberg, N. K. (1981). A model for analyzing human adaptation. *The Counseling Psychologist*, 9, 2 – 18.

Schlossberg, N. K. (1984). *Counselling adults in transition.* New York: Springer.

Sinclair, D. A. and Orlick, T. (1994). The effects of transition on high performance sport. In D. Hackfort (Ed.), *Psycho-social issues and interventions in elite sports* (pp. 29 – 55). Frankfurt: Lang.

Smith, A. L. (2003). Perceptions of peer relationships in physical activity contexts: A road less travelled in youth sport and exercise psychology research. *Psychology of Sport and Exercise*, 4, 25 – 39.

Stambulova, N. (1994). Developmental sports career investigations in Russia: A post-Perestroika analysis. *The Sports Psychologist*, 8, 221 – 237.

Stambulova, N. B. (2000). Athlete's crises: A developmental perspective. *International Journal of Sport Psychology*, 31, 584 – 601.

Stephan, Y., Torregrosa, M. and Sanchez, X. (2007). The body matters: Psychophysical impact of retiring from elite sport. *Psychology of Sport and Exercise*, 8, 73 – 83.

Torres, D. (2009). *Age is just a number.* New York, NY: Broadway Books.

Van Aken, I., Wylleman, P., Taelman, K., De Knop, P. and Clonen, J. (2008). Het recht van een getalenteerd kind om al dan niet sportkampioen te worden [The right of the young talented athlete to (not) become a champion]. *Tijdschrift Jeugd-en Kinderrechten*, 2, 101 – 109.

Wilkinson, J. (2006). *Jonny Wilkinson: My world.* London: Headline Publishing.

Wylleman, P. (2004). Athletic career development and the relevance of lifestyle management to elite athletes. *In Proceedings European Forum on Lifestyle Management for Elite Athletes* (cd – rom). London: UK Sport.

Wylleman, P. (2005). *Career and lifestyle management for talented, elite and former elite athletes.* During the National Conference 'Topsport in Sweden'. Örebro, Sweden: Regionalt Elitidrottscentrum, 17 March.

Wylleman, P. (2008). *From talented to elite to retired athlete: A holistic perspective on career development and transitions.* During the Personal Lifestyle Conference 2008 'The Contribution of Performance Lifestyle to Athlete Legacy'. London: UK Sport, 14 May.

Wylleman, P. (2009). *From talented to elite player.* During the seminar Elite Team Sport Coaches. Magglingen, Switzerland: Bundesamt für Sport BASPO, Eidgenössische Hochschule für Sport EHSM, Ressort Leistungssport, 23 November.

Wylleman, P. (2011). *Dual careers in elite sport: Recommendations for European policy, cooperation and service provision.* During the EPP Hearing on Sport. Brussels, Belgium: European Parliament, 30 March.

Wylleman, P. and Debois, N. (2007). *Lifestyle and career management.* During the FAST Professional workshop. Halkidiki, Greece: Forum for Applied Sport psychologists in Topsport, 4 September.

Wylleman, P. and Debois, N. (2009). *Lifestyle and career management.* During the coaches' seminar of the Games of the Small Nations. Larnacca, Cyprus: Cyprus Olympic Committee, 30 May.

Wylleman, P. and Lavallee, D. (2004). A developmental perspective on transitions faced by athletes. In M. Weiss (Ed.), *Developmental sport and exercise psychology: A lifespan perspective* (pp. 507 – 527). Morgantown, WV: FIT.

Wylleman, P. and Parker, R. (2004). Lifestyle management for elite athletes: A European perspec-tive. In E. D. Boever (Ed.) *Book of abstracts of the 12th European Congress on Sport Management* (p. 263). Ghent University, Belgium: European Network of Academic Services, 9 November.

Wylleman, P. and Taelman, K. (2007). *Carrièrebegeleiding en de combinatie van studie en topsport* [*Career management and the combination of study and elite sport*]. During the 10th ENAS Conference 'Securing the Future of University Sport'. Ghent, Belgium: European Network of Academic Sport Services-Ghent University, 9 November.

Wylleman, P. and Waser, J. (2007). *Services to athletes.* During the IOC Athletes' Commission meeting. Lausanne, Switzerland: IOC, 6 February.

Wylleman, P., Alfermann, D. and Lavallee, D. (2004). Career transitions in perspective. *Psychology of Sport and Exercise*, 5, 7 – 20.

Wylleman, P., De Knop, P. and Schouterden, N. (2001). Managing elite athletes: A career transitions perspective. *In Proceedings of the 9th European Congress on Sport Management* (pp. 287 – 288). Vitoria-Gasteiz, Spain: European Association for Sport Management.

Wylleman, P., De Knop, P., Menkehorst, H., Theeboom, M. and Annerel, J. (1993). Career termination and social integration among elite athletes. In S. Serpa, J. Alves, V. Ferreira and A. Paula-Brito (Eds), *Proceedings of the VIII World Congress of Sport Psychology* (pp. 902 – 906). Lisbon, Portugal: International Society of Sport Psychology.

Wylleman, P., De Knop, P., Verdet, M-C. and Ceci ć-Erpič, S. (2006). Parenting and career transitions of elite athletes. In S. Jowett and D. Lavallee (Eds), *Social psychology of sport* (pp. 233 – 247). Champaign, IL: Human Kinetics.

Wylleman, P., Harwood, C., Elbe, A-M., Reints, A. and de Caluwé, D. (2009). A perspective on education and professional development in applied sport psychology. *Psychology of Sport and Exercise*, 10, 435 – 446.

Wylleman, P., Lavallee, D. and Alfermann, D. (Eds). (1999). *FEPSAC Monograph Series. Career transitions in competitive sports.* Lund, Sweden: European Federation of Sport Psychology FEPSAC.

Zaichkowsky, L., Lipton, G., & Tucci, G. (1997). Factors affecting transition from intercollegiate sport. In R. Lidor, & M. Bar-Eli (Eds.), *Innovations in sport psychology: linking theory and practice* (pp. 782 – 784). Netanya, Israel: The Wingate Institute of P. E. and Sport.

第 10 章 运动员发展所需的支持服务工作——该领域的有益实践

Peter Fricker
澳大利亚体育学院

学习目标

阅读本章后，读者将能够：

1. 理解在高水平竞技体育环境中服务于运动员和教练员的体育科学、运动医学及咨询服务的本质；
2. 理解这些服务对高水平竞技体育可作出哪些贡献；
3. 理解提供服务和协调高水平竞技体育之间的关系；
4. 理解教练员和高水平竞技体育主管在高水平竞技体育环境中的作用。

概　述

本章介绍了在高水平竞技体育环境中可用于促进运动员发展的体育科学、运动医学和咨询服务等不同学科。这些学科包括运动医学、物理治疗、软组织治疗、体能训练、康复学、营养和饮食学、生理学、生物力学、运动成绩分析、技能习得与决策、心理学、职业指导和支持、信息管理以及数据挖掘等。

本章对上述每一学科，包括专业训练和当前的执业资格要求，都进行了描述，并从学科内部谈论各领域的研究应用。作者强调了高水平竞技体育中应用研究的重要性，同时也描述了服务提供者、教练员和高水平竞技体育主管之间的关系。这就为高水平竞技体育团队的运作结构提供了一个参考框架。运动员仍然处于这个框架的中心。

运动医学

目前，澳大利亚、新西兰、英国和许多欧洲大陆国家都将运动医学视为一个医学专科。专科医师的职业训练要求包括多年一般内科的从医经验，之后还要在适当的专科医疗中心接受专门的训练。这可能包括在私人运动医学诊所或医院运动医学科室的临床经验，或者在整形外科、心脏病科、足病科和其他相关科室进行轮科实践。能否获得执业资格取决于在统一安排的考试（通常包括笔试和口试）中是否有出色的表现。例如，在澳大利亚和新西兰，成为澳大利亚运动医学院的研究员，需要研修大约 6 年时间的运动医学研究生课程（Fricker，2000）。开展研究并参加专科医师会议也是成为研究员的必要条件，而且也必须在严格的专科项目学习期间掌握专业技能（须有相应记录）。所需技能包括外伤学、肌肉与骨骼医学、内科医学、心理学和营养学等等。

执业医生按照传统的医患模式为病人提供咨询，给生病或受伤的运动员提供指导意见和个案管理服务。这种医患关系在医生随队出行时依然保持，即使在出行过程中执业医生还肩负其他职责——比如协助团队管理，或者提供营养、恢复、康复、心理咨询等其他指导时，与运动员间的医患关系依然不容忽视。

对执业医生而言，懂得兴奋剂使用的严重性相当重要——尤其应避免因疏忽而使用兴奋剂——只有这样才能给运动员开安全的处方。若出于治疗目的不得不开含禁用物质的药物时则需要申请治疗用药豁免。熟悉世界反兴奋剂机构（WADA）的条例十分重要。在为运动员提供营养指导和膳食补充剂时，都需要考虑到是否会涉及兴奋剂问题。

执业医生也可能将运动员介绍给其他专科医生，包括整形外科医生、心脏病医生、呼吸系统医生和妇科医生。肌肉骨骼影像十分重要，即便认为执业医生理应是这方面的专家，通常也会需要放射科医生和超声诊断医生的介入。

保护运动员作为病人的隐私是执业医生在同其他参与到运动员日常训练环境中的各类人员交流时需要特别留意的事情。

有关运动员运动能力的信息经常需要让像教练员或高水平竞技体育主管等第三方知晓。此时（或在任何情况下）都需要征得运动员同意才能将其个人信息透露给第三方，因为运动员知晓这样做是出于对其自身利益的考虑。只有那些为了妥善管理所必需的信息才能透露（Holm *et al.*，2011）。包括物理治疗师、心理咨询师、营养师或饮食专家在内的其他的健康服务人员也同样需要考虑到这一点。

物理治疗

竞技体育运动员的物理治疗师一般是大学毕业生，而且毕业后有过几年照管运动员的临床经验和训练。现在有针对物理治疗师的资格认证来认可相关的训练和经验，或需要参加正式考试来得到认证。许多物理治疗医师都有运动物理治疗领域的硕士学位或相应培训证书，而且越来越多的物理治疗师通过临床实践和研究成功获得博士学位。

物理治疗医师的主要作用是为运动员的伤病康复计划提出建议，开具处方并进行监测。为此，他们要在运动员的日常护理中与执业医生密切合作，相互尊重，发挥各自的专业技能和专业知识。运动理疗师可以诊断和调整运动员的骨骼肌肉情况，并经常进行诊断性检查，比如超声波检查。物理治疗医师在实践中运用多种物理疗法，包括超声波疗法、激光疗法、经皮神经电刺激疗法、冲击波（声波）疗法、干涉疗法、短波透热疗法和相关的电疗法，同时搭配按摩、拉伸、抗阻练习、关节松动和软组织松动等手法治疗。

在制定和实施预防运动员受伤的计划时，物理治疗师也会发挥关键作用。为此，他们要同体能训练、康复医学以及运动医学领域的专家合作。物理治疗师经常处于运动员支持体系的中心，负责确保这个支持体系可以高效协调地对运动员进行护理。因此，随队或陪同运动员出行的物理治疗师的作用是非常巨大的。

在一些特殊案例中，物理治疗师为运动员提供有限的镇痛剂和抗炎药，但是原则上笔者建议应慎重考虑、管理这种做法，因为开处方和用药一般来讲都是有资质的执业医生的职责范围。

软组织疗法

软组织疗法包括按摩、肌肉手法治疗、针压疗法、肌筋膜和激痛点疗法，也可能包括（如在澳大利亚使用的）针灸疗法和干针疗法。高水平竞技体育环境中的软组织治疗师通常受过临床医学，特别是解剖学、生理学、神经学和精神生理学方面的专业训练，具备学术资质及相应经验的引证材料，能够保证、促进软组织治疗的发展。大多数专业治疗师至少具备本科或同等学历，并有三到五年有认证的专业训练和从业经验。不断涌现的优秀研究成果也同样支撑着这种疗法。目前的研究领域主要包括按摩对于缓解训练后、受伤后肌肉疼痛以及对训练生化标志物的影响（Brummit，2008）。

对于针灸疗法在各类软组织疾病（例如肌肉疼痛、肌肉紧张、痉挛等）处理中的有效记录仍然有争议。干针疗法是将无菌的针以不同的深度（通常可达5cm）插入软组织。针仅作刺激之用，不需携带任何药物，因此称为“干针”。有人相信，通过刺激会达到预期的效果，比如减轻肌肉痉挛，缓解疼痛。尽管针灸技术已经屡见不鲜，也常见文献引用在针灸穴位或激痛点施针会引发脑内啡释放，但其治疗机理仍旧不清楚。（Zhao，2008）。

一名合格的、优秀的软组织治疗师可以诊断和处理许多软组织疾病，但所有问题都必须告知有资质的执业医师或执业物理治疗师。

体能训练

这一学科在高水平竞技体育环境中是保证运动员身体健康与体能的基础性服务。体能教练主要是在高水平竞技体育环境中具备运动科学和（或）体育教育经验的专业人员。目前已有大量国家认证项目，读者可以查阅相关资料（网络可获取）进行更进一步的了解。现在对支撑体能训练实践的研究比较重视，已出现大量聚焦这一学科发展的出版物和研究文献（Hibbs *et al.*，2008；Myer *et al.*，2008）。

体能训练以生理学原理为基础，需要透彻理解肌肉骨骼力学和肌肉骨骼发展。体能训练可从不同方面进行描述，包括赛前身体准备或身体训练，并与临床服务（用药、康复和物理治疗）以及恢复和休养也有联系。它与竞技体育的训练指导也密不可分。

体能训练计划是为单个运动员量身定做的。要对运动员的强项和弱项进行评估，设计、实施并监管一个具体的训练计划，确保相应肌肉、肌肉群的发展以及与运动成绩相关的技术发展。还需对运动员的进步进行测评。对于一个高水平竞技体育运动员来说，一周内需在体育馆进行多次体能训练，每次一小时或两小时。

体能训练计划可能十分复杂，特定的训练内容针对运动成绩的不同方面，例如运动中的速度、爆发力、灵活性、本体感受（和平衡），支撑骨骼的核心力量以及投掷、弹跳和拉力的训练。随着运动员在赛季中不断进步，训练的内容和强度也随之调整，这样有助于运动员运动技能的发展、恢复和保持。

体能教练使用的设备包括用于关节锻炼、运动模式固定的负重机和缆线负重机，还有跑步机、台阶器、登山机、固定健身车、研磨机、负重哑铃、训练椅、杠铃以及用于特定训练的抗力球（主要用于脊柱和躯干训练）。

康　复

这个学科重点关注运动员训练后的恢复、疲劳管理和训练适应。

康复专家具有运动相关专业的学术资质（比如运动生理学），并具备一定高水平竞技体育背景的实践经验。最高水平的康复专家具有博士学位，并非常熟悉与康复相关的各个学科，包括之前提到的临床医学和更广范围内的其他学科。

尽管运动康复学是运动生理学的一个分支，但是也涉及到心理学、康复、营养学和物理治疗的要素。通常恢复练习一般包括训练结束后的常规程序，例如冷水疗、冷热交替浴、大功率喷射水疗、拉伸和按摩，但也有通过策略性技术应对时差、睡眠不足和成绩下降等情况。睡眠也是一个主要兴趣点，曾有学者就不同训练条件下的睡眠结构及其变化开展过研究（Netzer *et al.*，2001）。同样，也有关于训练引起的肌肉疼痛处理、疲劳处理以及各种物理恢复疗法（比如冷冻疗法）益处的研究（Halson，2011；Pournot *et al.*，2011；Vaile *et al.*，2008）。

因为康复是一项具有高度应用性的服务，康复专家与教练员和运动员的合作能力是至关重要的。

营养学和饮食学

“无论运动员的身体状况如何”，运动饮食学（营养学家）都要“通过健康的饮食来提高他们的运动成绩”。这一学科以完善的（营养）科学为基础来为运动员制定健康饮食习惯（或食谱）。相关资质通常要求具备营养学（或饮食学）的本科学历（通常是四年以上）以及研究生学历，比如获得相关科学领域的硕士学位或博士学位。要成为执业运动营养师通常要求在高水平竞技体育领域有数月或数年的研究生实践经历。

研究领域包括提高运动成绩的营养补充，针对训练、比赛和恢复的饮食策略以及在高水平竞技体育运动中的体重控制。若想对此有进一步了解，向读者推荐一本优秀教科书，《运动营养学》（ed. Ron Maughan，2000，Wiley，UK）。

运动营养师需提供从健康管理体重（尤其是那些要控制体重的，如拳击和赛艇项目的运动员）到恰当使用增补剂和膳食补充的建议。竞技体育运动员从运动营养师那里获取当下有助于提高运动成绩（或训练）和恢复的饮食信息。

在整个训练和比赛期间，运动营养师经常需要随队同行，为运动员提供所有餐食，或者配给所有的餐饮摄入。

运动营养师同运动医学家和心理学家等不同领域的专家在工作上有很多交叉。一些临床问题，如竞技运动员出现的饮食紊乱和焦虑引起的各种状况——这在运动员之外的群体中也会遇到——“医疗团队”就要采取措施妥善控制这类情况。

运动营养师和执业医生、物理治疗师一样都有责任保护运动员/客户/病人的隐私。将个人信息透漏给第三方时“必须”征得本人同意，而运动员本人也必须理解，只有在出于为运动员（通常也是运动员所在团队）最大利益考虑时，才会将他/她的个人信息透露给第三方。运动营养师可能会面临兴奋剂的问题，他们在采取妥善行动之前必须考虑到适用的法律法规和职业道德条款。

运动营养师必须熟悉世界反兴奋剂机构（WADA）的反兴奋剂条例，必须了解治疗用药豁免和通知的程序。例如，照顾患糖尿病运动员的营养师必须知道，在高水平竞技体育环境中运动员使用胰岛素时要接受随机兴奋剂检查。

生理学

在高水平竞技体育环境中，现代生理学家需要具备运动生理学研究生学历（通常是博士），并有大量在生理学检测实验室或相关机构工作的经验。挑选生理学家最有用的标准就是曾与竞技体育教练员和运动员一起成功合作的工作经验——一般不少于五年。具备博士学位显示了生理学家对相关研究的理解能力。运动生理学家的任务通常是通过与竞技体育运动员合作开展高效的研究，回答教练员提出的具体问题。生理学重点研究运动（或工作）的生物化学原理。作为一个分支学科，运动生理学如今不管是在研究领域还是应用方面都承载着生理学家们大量的努力。该领域的知识总量迅速增长，以生理学术语呈现的有关训练效果的科研文献也越来越丰富，比如耗氧量、乳酸生成、心率、体温、体液平衡等等（*Journal of Applied Physiology*，2011）。评估肌肉量、体脂量以及测量身高及肢体长度，都有助于理解运动的影响和训练的累积效应（Veale *et al.*，2010）。对高海拔和冷热环境的适应研究都在运动生理学家研究范围之内。所有运动生理学的研究工作给教练员提供了制定运动员最佳训练计划的依据，比如运动员何时会训练过度，运动成绩会下降等。生理学家主要需肩负起监控和提供建议的职责。

这一学科新出现的研究方向包括运动对基因表达的影响（这有助于从分子层面理解运动生理学，此外也有助于理解体育运动中兴奋剂使用的结果）和运动对免疫系统健康状况的影响（认识到运动员在高强度训练后伤病和感染的风险会增加）。

一名高效的体育科学家必须熟悉运动员和教练员的环境，能够与运动员、教练员（但不一定要使用科学术语）进行有效的交流。需要记住的是，竞技体育运动员的生理剖面图

人员和运动员的专注努力和积极进取，任何单靠一个指挥中心的系统极易出现崩塌或混乱。当然，如果这个环境中的运动员和工作人员从上到下都是比较单纯，容易相信他人，对领导敬畏，而且水平统一，那么这种结构也许会很高效。然而，由于这种情况的可能性极小，尤其在当前的高水平竞技体育环境中更是如此，因此需要有更全面和更综合的方法。

虽然历来在优化绩效方面都要有高效的领导力（例 Case，1987；Chelladurai and Saleh，1978），但是现有理论未能充分论述在高水平竞技体育环境中管理者如何统领团队全体成员（包括运动员和工作人员）。比如，当承认运动员都非常专注投入（Krane and Williams，2006），属于自我导向型（和任务导向型：Kingston and Hardy，1997），而且收入不菲（Harris，2011），但若在实际的管理或训练工作中未能明确并形成对所有团队成员的认识的话，这样将会出现策略性、政治性和战术上的失误！总之，在所有目标和期望比较一致的情况下，必须明确地让整个团队都参与进来，而不是仅仅“把最好的都买到”，然后把他们拼在一起。同样，由于工作人员既能搞活项目，也可以破坏项目，因此所有的工作人员也需要达成共识（Bloom *et al.*，2003）。所以，高水平竞技体育环境包括各类人员，在不断变化的条件下，各自动机不同且又相互影响，这就需要人们做得更好，而不仅仅是具备一般能力来应对一般的挑战（Jones and Wallace，2005）。对此，我们将在下一节中开展更深入的探讨。

当然，在核心人员团体（包括董事会、运动成绩主管、教练员、其他支持人员和运动员）中，权力分配纵贯其间，项目在实施过程中人际关系复杂，竞争激烈；换言之，合作与冲突并存（Côté *et al.*，1995；Jones *et al.*，2004；Potrac and Jones，2009）。相应的，因为所有参与者都能强化或限制别人的行为和反应（尽管程度不同），任何基于线性假定的研究和做法（如果我做什么，就会发生什么）也都不会有效果（参见 Bowes and Jones，2006）。确实，若不依靠工具和技术来持续监控和协调不同的看法，那么就会出现这样的局面：运动员不尽自己最大的努力，教练员和其他工作人员也只为自己的私欲而工作，“上面”的人也不考虑需要什么资源来提高运动成绩，或只会维持现状。因此，为了寻求更好的发展，运动成绩主管和教练员都必须意识到，上下级在事情如何完成方面都各有主见，因此需要不断发掘、管理并适应各种“偏离中心”的影响（参见 Bevir and Rhodes，2003；Bevir and Richards，2009a，2009b）。

政治网络文献中的观点是，“偏离中心”的视角更关注由个体信仰中的社会构造的属性，而且要认识到在权力分散的情况下，等级秩序通常行不通，或至少是影响较小。因此，在某些现实情况下，广纳众意（e. g. 通过 360 度反馈：Cope *et al.*，2007）将有助于团队“发掘”新奇、综合的解决方法（Lee *et al.*，2009）。但是另一方面，考虑大量的意见非常耗时，并可能导致失去焦点和公信力。若各种观点与运动成绩无关，利己主义暗流汹涌，则更会破坏精英体育的环境。相应的，教练员要认识到成功需要灵活应变，但却决不能妥协，并要注意到决策过程中必然出现的“反复”，以及谁又能主导这一过程——即谁能真正对此负责。当然，这并不是说高效的领导不重要。事实上，若要成功，最佳的策略就是要精明地综合各类开放式、批判性的讨论（之前提供的条件），并清楚地了解由谁来作出最后的决定。

确实上，为了维持高水平竞技体育环境，授予称职人员控制权（或者至少含有这种意思，Fletcher and Arnold，2011；Potrac and Jones，2009）是有益并且必要的。当训练从一个阶段进行到另一个阶段，不同职业（包括主教练、专项教练、医生、物理治疗师、体能教练、运动心理学家）的知识、技能和积极参与都是不可或缺的。比如要决定运动员是否伤愈归队，或者球队在赛前训练中是否从体能训练转为战术训练。

然而，不管参与度（排名次序）如何，权力都将会“偏离中心”。这一点需要谨记。谁来协调不同阶段的训练内容必须要明确，达成一致。这样才能确保整个团队在训练过程中保持专注，团结一致，才最有可能出现最佳的运动成绩（Collins and Collins，2011）。相应的，协商、理解（并坚持）分界线也是必要的。这样每个人都明确谁负责哪一个特定阶段，并提供相应的指导意见。试想，一名受伤的运动员可能因为医生和理疗师给出不同的训练建议和药品使用建议而感到困扰。对于过程失灵来说，这其实就是一个很好的例子。这并不是说各类专家就各类事情不会持有不同的意见。确实，建设性的意见分歧是高水平竞技体育环境的一个重要特征，这一点我们容后再议。然而，在合理的高水平竞技体育的环境中，这样的分歧和争论都会远离运动员（除非特别需要他们参与进来），并且各类人员会形成统一战线，这样运动员才会对他们的服务质量保持信心。

当然，如果责任划分不明确，分歧还会不断地出现，这通常会导致团队分崩离析。然而，如果处理得当，专业知识共享的模式会对所有与运动成绩相关的问题给出超赞的解决方案，毕竟众力筹谋远胜一家之言（只要他们不会同时给出意见）。因此，高水平竞技体育组织/团队将会招募、培养并保留能够给出前瞻性意见，并且可以包容、适应这个复杂的大环境的教练员。只有在真正紧张的巅峰时刻，经常在“竞争最激烈的时候”，‘命令性’的决策和果敢的领导力才会是最好的抉择。

所需技能的模式化：能力还是专业知识

在选择员工和培训员工时，现在许多企业都用能力框架来描述、选出他们在特定领域中所需的人才。训练和精英体育管理也不例外。现在全世界许多组织在开发各自的基于能力的模式，而这些模式通常都与招聘、培训或其他商务类活动有关。可以参考新西兰“高水平竞技体育”的网站，上面已提出他们开发出的模型。

这些方法都很吸引人，十分简单直接，对实际要求的描述清晰、简洁。这在某种程度上是正确的；角色明确是高水平竞技体育环境中的一个常见特征（Collins and Collins，2011）。所有对预期目标进行细化的做法都会产生一定的效果。因此，在新西兰的例子中，你会注意到像“快速学习—寻找学习机会—或者发现别人的优点等方式来确保运动员的学习”（High Performance Sport，New Zealand，2011）。这一串的目标和品质都值得称赞，表面看来非常有效，因为没人会对此产生质疑。同样，能力体系则更像是一份详尽的职位描述，要人们专注思考、寻求共性的工作方式。

接下来，让我们对上面显示的例子进行更深层次的观察。此类“简单的”能力描述中的一个大问题就是它实在过于简单了——从未考虑到牵涉所有人的方方面面的复杂性（参见 Schippmann *et al.*，2000；Lievens *et al.*，2004）。例如，优秀的教练员应该寻找什么样的学习机会？什么时候去找，出于什么目的，在什么情况下去找？同样，高水平竞技体育教练员如何选择对哪个运动员在什么时候使用什么方法？对此，有丰富的研究文献来帮助他们作决定。但最关键的是，如果教练员要作出最优化的决策，那么至少应该了解这些知识。教练员需要作出许多此类决定，因为在每个典型案例中都是包含多种因素的（这种情况在精英体育中时有发生）。精英体育就意味着针对新奇的问题给出新奇的解决方案，这会使情况变得更具挑战。各种因素都是相互交织在一起的，一方发生变化，另一方必受影响，且时间、方式、对象各不相同。个性化处理与基础科学相互作用，还要有独到的原创性，这些组合在一起都使事情更复杂[1]，这也意味着教练员就是在许多方面都要能作出最佳的决策。

笔者的许多关于运动成绩支持方面的研究和应用都关注如何理解和改进支持供给者的决策技巧——决策技巧是他们专业知识的基本特征。这显然是以核心知识为基础（或可以通过比如应用认知任务分析——ACTA 方法给出定义；Militello and Hutton，1998），这种能力就是在特定领域的真正的专业知识。比如，运动心理学家关注为什么要使用一些方法，并了解哪些方法或许有用（Martindale and Collins，2010）。同样，运动表现教练员制定针对性训练、阶段性训练或整套训练计划来实现众多做法的权衡，并达到“最佳融合”（Abraham and Collins，2011）。重要的是，专业知识，尤其是在高水平竞技体育环境中，非常依赖决策技巧和相关知识。不幸的是，研究人员和应用人员对这些领域了解不足（cf. Yates and Tschirhart，2006），这也使其成为新的研究领域。

因此，评估，而且最重要的是，提高高水平竞技体育从业者的专业知识要需要从决策质量和决策的正确性两方面入手。首先是质量：目前关于正确决策过程的研究日渐增多，请参考由 Klein 和他的同事撰写的一篇关于自然决策（NDM）的文章（e. g. Philips *et al.*，2004）。自然决策强调专家直觉的成功，这与传统的探试、偏差式的方法截然相反，后者通常认为基于直觉的判断会存在缺陷。因为专家（而不是专业知识）常常基于这种“直觉”迅速作出判断，而通过理解、改进过程则会产生更好的结果（参见 Kahneman and Klein，2009；Kiely，2011）。在后面的章节我们会回到高水平竞技体育管理这个方面。

第二个问题是不论最初是否被运动成绩主管、运动成绩经理、教练员、支持提供者还是运动员采纳，判断决策是否正确的标准是什么？科学源于实验——通过不断尝试来发现是什么在起作用。即使“实验”成分并不多，这种方法同样适用于精英体育。因此，许多教练员会在一些较低水平的运动员的身上“试用”一些新的想法。这样的“实验”在批判性思维中十分重要却又常被忽视，但却是不同领域的精英从业者必须具备的重要构思（Abraham and Collins，2011；Schön，1987）。现在的情况是没有实验，也没有类似的东西，那么作出决策的标准就显得十分重要。在精英体育领域，成功的关键是要有新的想法，各种猜评都十分常见，也十分重要，并且都需要对活动的基本原则有深刻细致的理解。这种“陈述性知识”（Abraham and Collins，1998）有时会被忽视，但却是精英体育从业者的攻坚宝库，不断促成此处所说的发现/发明过程，同时更有利于学习他人的理念，比如“实践共同体”（Schön，1987）。

嵌套思维以及“多重人格”的要素

体育本身非常复杂。此外，尽管不必要，但可能无法避免地出现一些政治活动、名人以及多重利益相关人，使情况变得更为复杂。这就意味着高水平竞技体育管理者不仅要培养上述的决策技能，而且要有同时处理多项任务的能力。而嵌套性思维就是把不同项目概念化并予以最好的执行方式。嵌套思维是 Martindale & Collins（待发表）为运动心理学领域提出，并随后被 Abraham & Collins（2011）运用于训练指导。该模式关注如何把一个短期（微观/每周）任务放置于中观/季度和宏观/年度/四年计划内，具体见图 11.1。

如图 11.1 所示，教练员（或其他支持供给者）关注本周（微观）训练的目标，但同时也不忘长期（中观和宏观）的目标。这种方法常用于运动员运动生涯的各个阶段。在运动生涯的前期阶段，训练最初旨在长期训练；而在后期阶段，典型的周期训练模型则意味每周训练内容都要有更宏观的规划。

从上文对决策过程的研究思路看，在图 11.1 的右边栏显示的是自然决策与传统决策的平衡，突显出思考方式的一些特征（参考 Abraham and Collins，2011）。每日的决策多凭“直觉”，而全年或数年的重要规划会采用更加周全的方式。短期决策的风险已经讨论过（cf. Kahneman and Klein，2009）。可以确定的是，除非细致观察明显通过嵌套思维所作的长期决策，否则所作的决策都不会达到高水平竞技体育的标准。

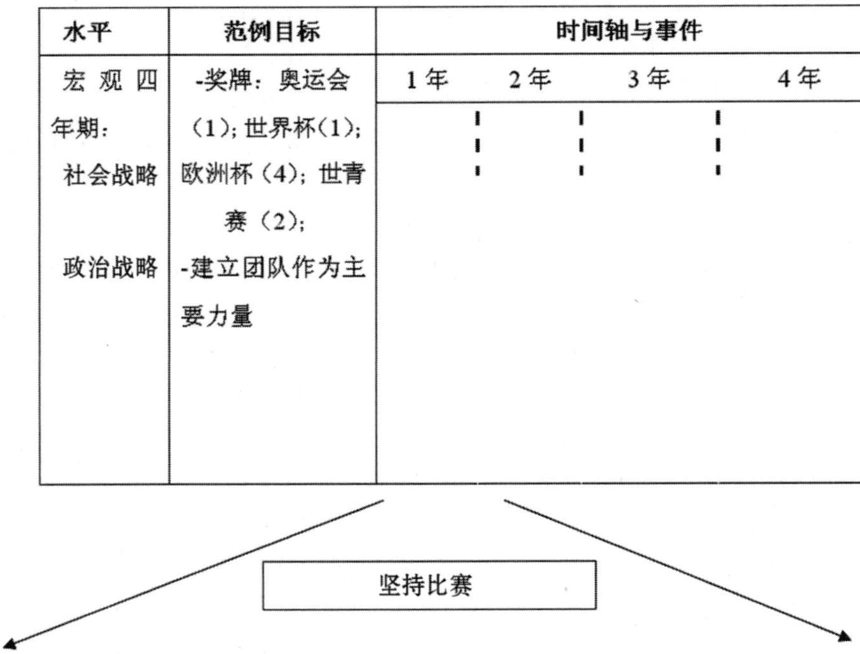

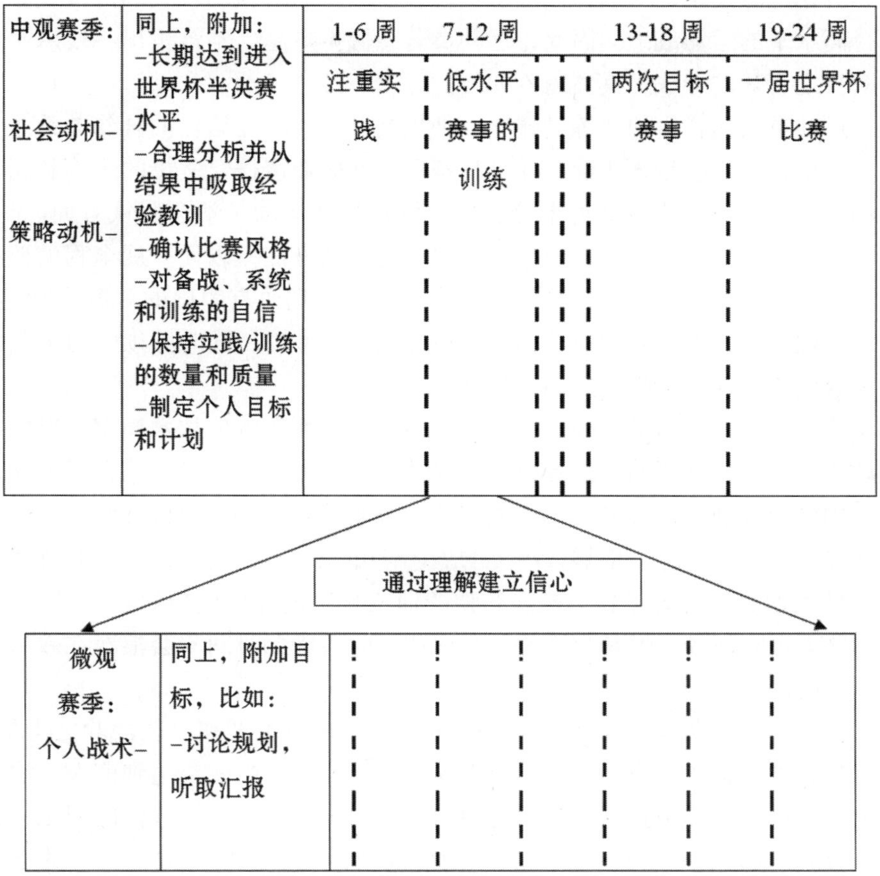

图 11.1　嵌入式思维：以短道速滑为例

改编自 Abraham & Collins，2012

挑战：挑战和特征将如何随年龄改变

简而言之，随着运动员年龄的增长与成熟，他/她需要的东西也会不同。随着运动员年龄的增加，训练年龄和运动挑战都会增加。同样，教练员也需要经历一个重要的逐渐成熟的过程。虽然很少认识到这一点，但是这个成熟的过程会决定他们的工作方式。比如，艾利克斯·弗雷格思爵士（曼联足球俱乐部经理，有超过 30 年的竞技体育从业经历）和一个年轻教练员在首次执教足球俱乐部时的管理风格会有很大不同。差异是正常的，也是不可避免的。那么运动员和教练员的这些发展过程是怎样的呢？

一个成熟运动员在职业生涯的不同阶段都需要什么

如果运动员在高水平竞技体育方面已经成熟，则说明他们能够角逐顶级比赛了。然而，更重要的是，这不代表他们在生理和心理上已经真正成熟。这种矛盾极为常见，加上发展过程本身也比较复杂，所以即使运动员可以使用普通的训练环境训练变成熟，但也很难一直保持高水平的运动成绩。因此，运动员若想保持卓越，不被甩出一线水平，必须量身定制一套行之有效的办法，具体内容如下。

首先，运动员要与合适的教练员建立一种相互尊重、相互信任的合作关系。在这种合作关系中，要求训练方法清晰明确，并且具备良好的职业道德。父母的影响和灌输在此时及整个运动生涯形成阶段往往显得十分重要，特别是在运动员学会服从方面。与此同时，为评估运动员身体是否强健，需要定制一套清晰的评估方法，以便开展全程的监控。运动员的身体发育必须要结合当前的比赛情况作出考虑，而且要有明确的“基本功能性动作”技巧的训练过程，这是发展动作技巧和身体适应能力的基础。同时必须学习创新的训练方法，并随着身体日益强健不断增加训练强度。

其次，除了最简单的运动之外，设计开发一种简单而有效的技术模型，以特定参数定制个性化训练也是十分重要的。技术模型需要教练员的大量付出，要结合尽可能多的专业知识，并且用已知标准评估（例如当前具备相似身材/特征的世界级运动员）。

要做到以上两点，若完全依靠教练员的陈述性知识——换句话说，让教练依靠。知识和经验（参照之前决策时的想法）想出其他的训练方法训练环境中就会出现“短路”。通向高水平的路上没有捷径，但是教练员的知识和经验会确保时间不会浪费在效果不大，或者会妨碍训练的内容上。

最后，若要培养一名独立运动员，能够在教练员执教水平和以往经验之上更进一步，必须形成自我管理的整体风格。毕竟，要成为世界级的运动员就要达到前人无法企及的高度，因此也需要运动员具备独立思考的能力。一般说来（记住，一般性的规则都只是在一定范围内有效），通过有问有答、因果关系明确的对话给予简明扼要的指导通常是很有效的训练方法。这种方法适用于成熟程度不同的运动员，并能激励运动员尽早学会对自己的行为负责。

执教风格（以及后续的管理）是如何随年龄和成就发生变化的

正如上文所强调的那样，要想在竞技体育环境中获得发展，开展有效的竞争，使运动员能够为自己考虑、为自己努力是训练环境中不可或缺的一项基本的重要元素。这需要从最第一天就开始。此外，除了运动员的技术、身体和战术方面的发展以外，还必须使其具备一系列的心理特质，促使其向精英体育的水平发展，并能在顶级的竞技体育环境中取得成功（cf. MacNamara *et al.*，2010a，2010b）。要成为一名优秀的运动员，干劲十足和强大的自我信念是十分重要的。在最高水平的对决中，在高压下表现出强大的心理素质是最重要的。日常的训练与实践必须包含这些特点。日复一日，让他们在激烈的锤炼中自然、无意识地具备这些特质。要让正在进步中的运动员学会自我发展和高效的自我反省，让他们在不知不觉间“全副武装”，能够迎接未来将要在竞技场上出现的各类“战役”和挑战。

最终，高水平竞技体育教练员的目标是在竞技场上尽可能不去干涉运动员——让运动员凭借自身实力，在最高水平的竞技场上本能地、无意识地展现冠军水准！但即便达到这个阶段，教练员也可以适时地对运动员进行引导、指导或者建议，或者更好的是，仅仅作壁上观，欣赏运动员夺冠时的表现。

所以，面对这些各种各样且不断变化着的需求，有没有一种教练培养模式能帮助实现最佳的管理风格呢？对此，目前我们见过最好的方式引自赫胥黎的一句话："经验不是发生在你身上的事情，而是你如何处理发生在你身上的事情。"当下，它的含义是，一个教练员仅仅"见过世面"，并不意味着这个教练员/经理（主教练、运动成绩主管等）就可以认为自己拥有了内化的知识和正确的行为模式。事实上，他们同运动员一样，教练员从经验中学习的能力也是千差万别的，这在本章前面已经讨论过。最重要的是，一名成功的教练员也会"开放地接受新方式"，这似乎也合理地成为一项可供评价的特质（Collins *et al*，. 出版中）。最后，作为一条普遍的（但不是必然的）规则，有较长执教经验和/或拥有更好执教记录的教练员在执教过程中明显更自信，思路也更清晰，特别是在指导成绩稍差或缺乏经验的运动员时尤为如此。这些个体差异反映出，睿智的教练员/运动员经理会尽可能让自己的风格独树一帜、即兴随意；同时，在长期训练中构建多样化的发展过程、师徒关系和实践机会，让教练员结合自身经验，尽量实现"内在的学习和行为上的改变"最大化。对于运动员来说，成熟度并不等同于其真实年龄。

文化：如何最有效地建立和管理高水平竞技体育环境

文化，简单地说就是"周围情况怎么样"，但却是高水平竞技体育的重要的驱动力。例如，高水平竞技体育管理者和教练员这样的角色就应该努力建立一种"思维、工作与交流的方式"，提高工作效率。如此一来，文化，还有一系列与之相关的术语，就会渗透到高水平竞技体育环境中的方方面面。若置身其中，运动员、教练员不仅可以辨识什么是积极或消极的行为，同样也可以质疑这些行为。

作为文化至关重要的"设定条件"，文化中的管理结构与管理角色是极为重要的。我们建议，该结构的核心应由高水平竞技体育管理者担任。这一新出现的职业逐渐被认为是竞技体育体系中的重要组成，非但不是为了取代教练员的角色，而是辅助教练员掌控当今竞技体育环境下日益复杂的人员团队。

在过去（或者在某些国家或体育项目中），高水平竞技体育管理体系的特点恰如图 11. 2 中所描绘的那样。

今时今日的标语通常是"以运动员为中心，遵从教练员指导"。在这样的体系中，教练员尽掌控制大权。事实上，在普遍成立国家体育组织之前，教练员的地位往往部分是其个人关系网决定的，这样可以通过快速、专业的方式解决问题（cf. Moore *et al.*，1997）。但问题是，如果没有这样的一个"关系网络"，教练员就得独自支撑局面，无处求援。另外，即使关系网络包含了所有必要的联系，教练员还是会经常偏离自己角色的轨道，胡乱调用、管理一支不规范的支持团队（本质上根本不像一个团队）。最后，具备世界一流水平的教练员团队，包括像技术教练、体育科学/医学权威以及顶级的管理者等，仍是不多见的。

图 11. 3 展现了当今更为普遍的情况。担任管理者角色的有的被称为经理（例如足球

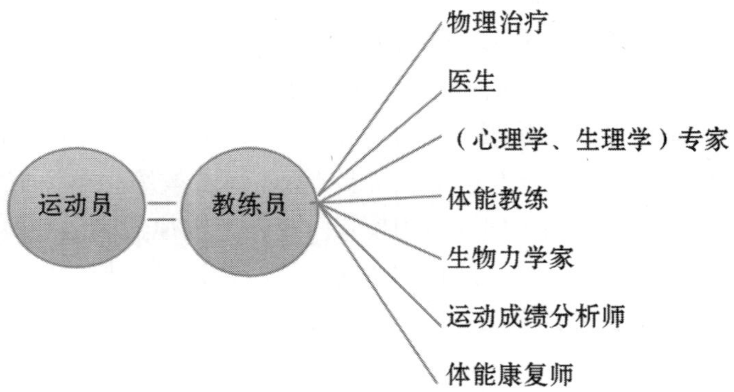

图 11.2 “教练主导型”高水平竞技体育体系
改编自 Abraham & Collins，2011

运动）、有的被称为运动成绩主管（例如自行车项目），或者更合理地称之为运动成绩经理。

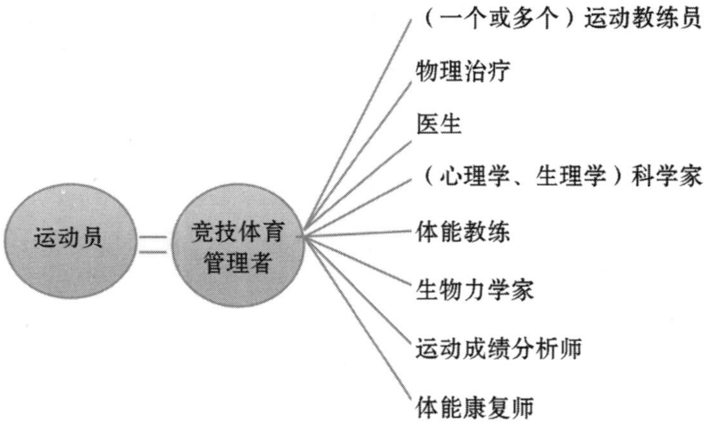

图 11.3 单一场地背景下以竞技体育管理为中心的体系
改编自 Abraham & Collins，2011

出于各种原因，这样的体系在仅有单一场地的情况出现是十分普遍的，比如职业体育团队俱乐部/院校或精英队的集中训练场等。在这里，管理者的角色会使用最佳的调配方式部署人才配备，调配方法多种多样，甚至是每天一个样，保证一切能够正常运转。显然，管理者需要足够了解各领域人员的潜在作用，保证调配方式极为得当。此外，他们还要比较清楚“如何去管理”，虽然这不一定是优秀教练员所具备的普遍特征。总之，若将其视为一个新的领域，并通过相关培训为这一专业职位准备人才力量，将会十分有用。

相比之下，图 11.4 展示了一种更为适宜的体系，此时运动员较为分散，都有各自的教练员；或者以运动队形式分散训练。之所以更合适，是因为可以保证并满足教练员和运动员之间每天的密切接触。目前许多运动项目的体系都是这样，比如田径和一些武术项目等。其实这样更适应体育的一贯做法；比如在很多体育项目中，运动员和教练员之间的关系是非常密切的。在这种情况下，将教练员与运动员视为一个整体的两个方面，不失为一种非常实用而且合适的方法。

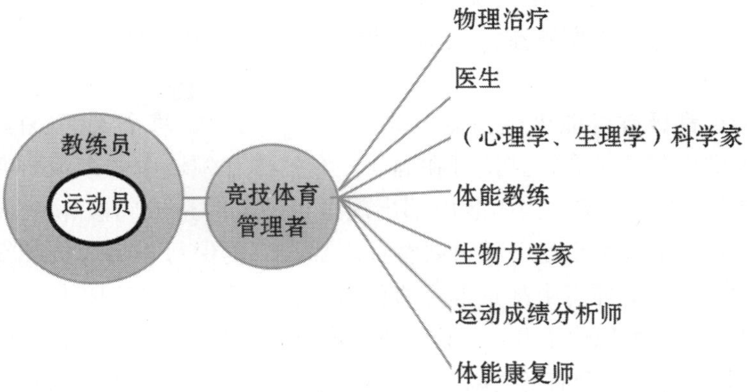

图 11.4　在分散 HP 环境下竞技体育管理者体系
改编自 Abraham & Collins，2011

当然，无论在哪一种情况下，高水平竞技体育管理者（无论以何种方式出现）都可以会有所助益，可以提供反馈，可以强势施压，也可以提出新的想法。鉴于专家都有凭直觉作决策的倾向，高水平竞技体育环境中都必然存在一些挑战。

优化教练员间的关系，增进与管理者间的互动

最后，我们必须考虑如何使教练员与管理者间的关系能够产生最好的效果。前面已经提过，微观政治是所有高强度人际关系都具备的特点（Potrac and Jones，2009）。尽管教练员会公开表示对各种政治活动十分反感，但无疑有许多教练员像职业政客一样为晋升而不择手段。事实上，是否该迎合精英教练员的政治需求本不该是一个禁忌的话题。其实这在所有人际交流中都无法规避，都是必须要面对的，但绝不能做得太过，或只是将其视为某一部分教练员所独有的特点。

Butcher & Clarke（2008）认为，在当今环境下，仅有“理性”的发展是不够的。不管一项计划是否安排合理、令人称道，整个实施过程中总也会伴有思虑周全、贯彻始终的、来自政治层面的干预。高级管理者的加入以及公开支持是整个变化过程中的重要特征，这也同本文第一作者近期在竞技体育环境中的经历完全相符。因此，“上行管理”（参看之前提到的离散管理模式），正如字面意思，明确关注高阶层人士的管理预想、期待和意见，这都是竞技体育环境中教练员和管理者工作的重要方面。

在高管与竞技体育工作人员间的互动这一问题上，工作环境也是必须要考虑的。工作环境需要促进和鼓励实践环节中的各种互动（Collins，2003）。虽然要真正营造出既充满挑战又能给予支持的环境仍有困难，但我们仍要指出，这种“专业共享”，即通过扁平型组织结构分配专家，是英国目前最有效的一种教练与支持团队的合作模式。英国的自行车

队、莱斯特老虎（橄榄球）队和布罗雷（雪橇）队（如钢架雪车运动员雪莉·路德曼和克里斯汀·布罗雷的支持团队）就是三个很好的案例。若要保证环境中不断充满挑战且外部威胁较小，需要对环境仔细发展规划，并且时常适当维护。好的环境需要建立在相互尊重的基础上，同时工作权责泾渭分明（参看 Collins and Collins，2011）。但是等环境一旦定型，就要保证可以获得近期收益（比如运动成绩良好）和长期收益（整体水平不断提高）。

所有这些特征都极有可能出现在竞技体育团队，其中的每个人都确信自己做出的贡献，而且每个人的贡献也都会得到认可和尊重。竞技体育领域中的多项研究（例如 Moore and Collins，1996）就曾证实，当团队内部出现角色冲突时造成的破坏性结果。相反，积极应对、妥善管理内部冲突也是一项重要特征。那么，确保每一名成员都知道（并尊重）其他人做出的贡献在任何环境中都是重要的管理功能。只不过在竞技体育环境下，由于阿谀迎逢总也无法避免，所以以上几点很难做到。在这复杂的团队构成中，想要完全理清什么角色或者什么领域对整体表现有何贡献其实意义不大。然而通常更不幸的是，许多资助机构的统计专家通常只会去减员增效，就连最强大“团队”的竞技体育支持环境也会被毁掉。因此，必须知道应该留下谁，重视谁，撤除不需要的，并让团队共享荣誉（同时承受批评）。

结　语

本书重点在管理，因此笔者便在此总结理想的竞技体育参与者应该是什么样子，以及他们又是如何实践的。诚然，正如所有的职位描述一般，列出一些重要、核心的特征，而这些特征有时候又变得可有可无。那么，我们的结论是：要有同理心，要专注于竞技体育，要懂得某个项目/支持领域的高端知识。此外，还要有幸遇到有天赋的运动员，有参与此项工作的机会，并能修正、弥补前期几乎都会出现的错误。若要能有位包容、宽厚的老板那就更相得益彰了。

那么除了上述的这些条件，又是什么促成竞技体育中的成功呢？最重要的一项就是革新的方法。在本章开头我们就提出，需要有一些竞技体育教练员和参与人员知晓自己要做什么，并且要坚持自己的做法。这些人通常经验丰富，魅力十足，而且坐享丰功伟绩，广受好评（权且称他们为迷人的“吸血鬼”；Collins *et al.*，2012）。他们在竞技体育中对于几近成熟的运动员非常有效。他们的成功一般依靠个人的“独裁统治”、“丰富阅历”与人际沟通，能让运动员表现得既顺从又自信。与之不同的是，开明的教练员/队员则总是渴求新想法，寻找新的突破（可以称他们拼搏的“狼人”）。他们总是带头革新，长期与运动员并肩协作，一步步地带领运动员走向成功，还能在短期内守住成功。这两种极端情形往往成正交关系（非此即彼），需要不同的管理风格和领导能力带来最好的效果。在自己队上同时尝试两种不同方式通常会很困难。本章提供的一些想法和体系将会对此有所帮助。

其次，还要学会与专家共事，并充分发挥他们的能力。随着标准越来越高，竞技体育领域的成功通常与最大程度地应用专业知识密不可分，即需要什么就查找什么（参看前文对关系网的部分论述）。当然，对团队的有效管理充分体现在要利用好现有的资源。因此，具备管理能力（或是知道自己有所欠缺，遂让位于贤能者）就显得十分重要。

最后，在现代体育中，要在竞技体育领域取得成功，就要坚持反思回顾，不断开拓进取，开启嵌套思维。此外，还要考虑教练员/其他人员理想的个人状态和基本工作原则，还有如何能够使他们更适应工作以及如何工作（如何认识：参阅 Grecic and Collins 出版中）。我们鼓励读者能够接纳这些特征，并思考一下，这些理念应该如何应用在实践中呢？

讨论问题

1. 竞技体育管理中以能力为基础的招募方式和职业发展有何优缺点？
2. 管理者可以从离散理论中获得什么想法可用于营造与管理竞技体育文化与环境？
3. 你觉得一名管理者的工作方式应该如何随其年龄与工作时长发生变化？
4. 哪些因素会决定运动成绩经理这一角色在人员结构图中的最佳位置？
5. 讨论竞技体育教练员决策的重要性。

延伸阅读

Collins, D., Button, A. and Richards, H. (Eds) (2011). *Performance psychology: A practitioner's guide.* Oxford: Churchill Livingstone.

This text offers a strong overview of the HP environment and several levels, considering applications from performance and organisational psychology to enhance both effectiveness and outcome.

Jones, R. L., Armour, K. M. and Potrac, P. (2004). *Sports coaching cultures: From practice to theory.* London: Routledge.

This book presents reflections on practice from elite coaches across football, rugby, athletics, swimming and netball, paying particular attention to the personal and social complexity of the coaching challenge.

Reid, C., Stewart, E. and Thorne, G. (2004). Multidisciplinary sport science teams in elite sport: Comprehensive servicing or conflict and confusion? *The Sport Psychologist*, 18, 204 – 217.

This paper provides a first-hand insight into developing and working in an elite sport multidisciplinary sports science team, considering the complex interpersonal needs and challenges of optimal functioning and performance.

注　释

1. 读者可能会通过学习有关复杂系统的观点，加深对其意义的理解。

参考文献

Abraham, A. and Collins, D. J. (1998). Examining and extending research in coach development. *Quest*, 50, 59 – 79.

Abraham, A. and Collins, D. (2011). Taking the next step: Ways forward for coaching science. *Quest*, 63, 366 – 384.

Bevir, M. and Rhodes, R. A. W. (2003). *Interpreting British governance*. London: Routledge.

Bevir, M. and Richards, D. (2009a). Decentring policy networks: A theoretical agenda. *Public Administration*, 87 (1), 3 – 14.

Bevir, M. and Richards, D. (2009b). Decentring policy networks: Lessons and prospects. *Public Administration*, 87 (1), 132 – 141.

Bloom, G. A., Stevens, D. E. and Wickwire, T. L. (2003). Expert coaches' perceptions of team building. *Journal of Applied Sport Psychology*, 15, 129 – 143.

Bowes, I. and Jones, R. L. (2006). Working at the edge of chaos: Understanding head coaching as a complex, interpersonal system. *The Sport Psychologist*, 20(2), 235 – 245.

Butcher, D. and Clarke, M. (2008). Politics and worthy management agendas. *Management Online Review*, available at www. morexpertise. com, ISSN 1996 – 3300.

Case, B. (1987). Leadership behaviour in sport: A field test of the situational leadership theory. *International Journal of Sport Psychology*, 18(4), 256 – 268.

Chelladurai, P. and Saleh, S. D. (1978). Preferred leadership in sport. *Canadian Journal of Applied Sport Sciences*, 3, 85 – 92.

Cilliers, P. (2000). What can we learn from a theory of complexity? *Emergence*, 2(1), 23 – 33.

Collins, D. J. (2003). Developing high performance personnel in an institute environment. Invited presentation at the International Forum on Elite Sport, Loughborough, 14 September.

Collins, D. and Collins, J. (2011). Putting them together: Skill packages to optimize team/group performance. In D. Collins, A. Button and H. Richards (Eds), *Performance psychology: A practitioner's guide* (pp. 361 – 380). Oxford: Elsevier.

Collins, D., Abraham, A. and Collins, R. (2012). On vampires and wolves-Exposing and exploring reasons for the differential impact of coach education. *International Journal of Sport and Exercise Psychology*, 43, 255 – 271.

Cope, C. J., Eys, M. A., Schinke, R. J. and Bosselut, G. (2007). Coaches' perspectives of a negative informal role: The 'cancer' within sport teams. *Journal of Applied Sport Psychology*, 22, 420 – 436.

Côté J., Salmela, J., Trudel, P., Baria, A. and Russell, S. (1995). The coaching model: A grounded assessment of expert gymnastic coaches' knowledge. *Journal of Sport and Exercise Psychology*, 17, 1 – 17.

Fletcher, D. and Arnold, R. (2011). A qualitative study of performance leadership and management in elite sport. *Journal of Applied Sport Psychology*, 23(2), 223 – 242.

Grecic, D and Collins, D. (in press). The epistemological chain: Application in sport. *Quest*.

Harris, N. (2011). Global Sports Salaries Survey 2011. Available at http://sports. espn. go. com/espn/news/story?id=6354899.

High Performance Sport, New Zealand (2011). Available at www. sparc. org. nz/en-nz/highperformance/Coaches/High-Performance-Coaches/Coach-Accelerator/.

Jones, R. L., Armour, K. and Potrac, P. (2004). *Sports coaching cultures: From practice to theory.* London: Routledge.

Jones, R. L. and Wallace, M. (2005). Another bad day at the training ground: Coping with ambiguity in the coaching context. *Sport, Education and Society*, 10(1), 119 – 134.

Kahneman, D. and Klein, G. (2009). Conditions for intuitive expertise: A failure to disagree. *American Psychologist*, 64(6), 515 – 526.

Kiely, J. (2011). Planning for physical performance: The individual perspective. In D. Collins, A. Button and H. Richards (Eds), *Performance psychology: A practitioner's guide.* Oxford: Elsevier.

Kingston, K. M. and Hardy, L. (1997). Effects of different types of goals on processes that support performance. *The Sport Psychologist*, 11, 277 – 293.

Krane, V. and Williams, J. M. (2006). Psychological characteristics of peak performance. In J. M. Williams (Ed.), *Applied sport psychology: Personal growth to peak performance* (pp. 207 – 227). New York: McGraw-Hill.

Lee, S., Shaw, D. J. and Chesterfield, G. (2009). Reflections from a world champion: An interview with Sir Clive Woodward, director of Olympic performance, the British Olympic Association. *Reflective Practice*, 10(3), 295 – 310.

Lievens, F., Sanchez, J. I. and De Corte, W. (2004). Easing the inferential leap in competency modelling: The effects of task-related information and subject matter expertise. *Personnel Psychology*, 57, 881 – 904.

MacNamara, Á, Button, A. and Collins, D. (2010a). The role of psychological characteristics in facilitating the pathway to elite performance. Part 1: Identifying mental skills and behaviours. *The Sport Psychologist*, 24, 52 – 73.

MacNamara, Á, Button, A. and Collins, D. (2010b). The role of psychological characteristics in facilitating the pathway to elite performance. Part 2: Examining environmental and stage related differences in skills and behaviours. *The Sport Psychologist*, 24, 74 – 96.

Martindale, A. and Collins, D. (2010). But why does what works work? A response to Fifer, Henschen, Gould and Ravizza. *The Sport Psychologist*, 24, 113 – 116.

Martindale, A. and Collins, D. (in press). A professional judgment and decision making case study: Reflection-in-action research. *The Sport Psychologist.*

Militello, L. G. and Hutton, R. J. B. (1998). Applied cognitive task analysis (ACTA): A practitioner's toolkit for understanding cognitive task demands. *Ergonomics*, 41(11), 1618 – 1641.

Moore, P. and Collins, D. (1996). Role conflict in team sports settings. In H. Steinberg and J. Annett (Eds), *Workshop report on teamwork* (pp. 112 – 130). Leicester: British Psychological Society.

Moore, P., Collins, D. and Burwitz, L. (1997). *The development of sporting talent.* Technical Report, English Sports Council.

Phillips, J. K., Klein, G. and Sieck. W. R. (2004). Expertise in judgment and decision making: A case for training intuitive decision skills. In D. K. Koehler and N. Harvey (Eds), *Blackwell handbook of judgment and decision making.* Oxford: Wiley-Blackwell.

Potrac, P. and Jones, R. (2009). Power, conflict and cooperation: Toward a micropolitics of head coaching. *Quest*, 61, 223 – 236.

Schön, D. (1987). *Educating the reflective practitioner.* San Francisco, CA: Jossey-Bass.

Schippmann, J. S., Ash, R. A., Battista, M., Carr, L., Eyde, L. D., Hesketh, B., Kehoe, J., Pearlman, K. and Prien, E. P. (2000). The practice of competency modelling. *Personnel Psychology*, 53, 703 – 740.

Yates, J. F. , and Tschirhart, M. D. (2006). Decision-Making Expertise. In K. A. Ericsson, N. Charness, R. R. Hoffman and P. J. Foltovich (Eds), *The Cambridge handbook of expertise and expert performance*. Cambridge: Cambridge University Press.

第 12 章
运动员退役后的职业生涯管理

Anke Reints，Paul Wylleman
布鲁塞尔自由大学

学习目标

阅读本章后，读者应能够：

1. 明确运动员退役的原因，并认识到退役对从精英体育转型的影响；
2. 定义并明确从精英体育转型会遇到的多层级的挑战；
3. 明确哪些因素会有助于运动员退役后的职业生涯调整；
4. 认识到为即将退役和已经退役的运动员提供全面、个性化的终生支持服务是十分重要的；
5. 明确可以为大龄运动员、即将退役和已经退役运动员提供的职业支持服务都有哪些。

概　述

运动员从精英体育退役到退役后职业生涯的这一转型十分重要，本章将呈现与运动员退役问题，还有为即将退役和已退役运动员提供服务与支持方面相关的一些信息和研究数据。特别是本章将提供国际上为运动员提供的文化教育管理、职业生涯管理以及生活技能培训的 27 项职业发展项目的内容。通过数据分析得出，运动员服务的提供者需要致力于运动员社会性的发展、退役停训以及即将退役和已退役运动员的身份转变。最后，本章提出建议，要使利益相关者能够认识到运动员退役的意义以及退役运动员面临的挑战。通过开展旨在提高运动员转型意识的活动，使利益相关者不仅可以管理并减小退役对运动成绩可能产生的负面影响，而且可以帮助运动员优化从精英体育退役的过程。

运动员退役的意义

要想取得世界一流运动成绩，获得国际上的成功，必须投入大量个人资源（如时间、精力、金钱等），将参加精英比赛视为一种专职的事业（Conzelmann and Nagel，2003）。如此一来，由于投入太多，运动员很难再有时间进行自我发展与自我探索，在体育领域之外则很难作出可靠、有效的生活选择（Gordon and Lavalle，2004）。因此，运动员可能对退役还没有准备好（Murphy，1995；Scanlan *et al.*，1989；Taylor and Ogilvie，2001），并会因退役而变得沮丧（Lally，2007；Lavallee and Robinson，2007），产生强烈的无助感（Gardnerand Moore，2006）、身份认同危机（Brewer *et al.*，1993；Ogilvie and Howe，1982）情绪出现问题（Allison and Meyer，1988），还有像自信心降低，生活满足感下降等（Werthner and Orlick，1986）。

退役对运动员来说意义重大，本章将首先深入探究运动员退役的原因和影响。之后，运用全世界27项运动员职业发展项目的调查数据说明，为（即将退役）大龄或已退役的运动员提供三种类型的职业支持（如文化教育管理、职业生涯管理、生活技能培训等）是十分重要的。总之，本章不仅对提供职业支持服务（如社会性发展、退役适应、身份发展等）提出建议，而且通过提升相关意识，使利益相关者能够清楚了解运动员退役的意义和退役运动员面临的挑战，优化运动员从精英体育的退役过程。

运动员退役的原因及影响

运动员退役主要有四个因素（Ogilvie and Taylor 1993；Taylor and Ogilvie，2001）。第一个主要原因就是伤病。运动员对于骤停的职业生涯通常都没有任何准备，这种非自愿的退役不仅难以妥善处理（Werthner and Orlick，1986），还可能会引发退役运动员对自己的职业生涯产生诸多不满（Alfermanna and Stambulova，2007）。第二个原因是年龄问题，比如随着年龄增长出现的力量变小，视力下降，协调性变差等（Nevid and Rathus，2005；Whitbourne，1996），这些都会使运动员察觉到自身运动技巧与运动技能减弱，并使他们因此退役。实际上，很少有专业运动员在35岁以后还能保持巅峰竞技水平（Kail and Cavanaugh，2008）。第三个主要的原因是运动员被所在队伍或体育组织淘汰，或者运动员未能续签职业合同。最后，运动员当然也可以自愿选择退役（Alfermann，1995；Taylor and Ogilvie，2001）。

无论是被迫（比如伤病、大龄、中途淘汰）还是出于自愿，退役都是运动员人生中的一件大事。尽管退役可能是一个临界的转折点，Coakley（1983）认为运动员退役也可以看作是一种“社会性重生”，它可以使运动员有机会尝试新的生活方式，以开放的心态迎接自己新的职业生涯。事实上，已退役运动员已经意识到退役的积极意义，比如退役后有可能改变他们的生活方式，将时间花在运动以外的领域，过上更平静的生活（Fernandez *et al.*，2006）。因此，退役虽然为运动员带来多项（重大）挑战，但是退役本身和退役后的职业生涯也是因人而异的。

运动员的身份会影响运动员如何应对退役，特别是当运动员对于自我身份的认定完全来自于其运动员角色的时候，更是如此（Brewer *et al.*，1993）。当全身心地追求运动目标时，运动员会出现身份撤销——此时运动员高度专注自身作为运动员的角色，而不考虑自己其他的社会角色（Brewer *et al.*，1993）。因此，他们并不具备必要的策略应对新的生活，适应新的生活方式。所以，退役运动员可能会出现身份混乱或身份缺失的情况（Pearson and Petipas，1990）。

除了身份缺失以外，运动成绩不佳，缺少足够支持（如缺少家庭、朋友以及教练员的支持），缺乏应对策略，没有职业选择以及遭遇经济困难（Sinclair and Hackfort，2000）都会使退役十分艰难。最后，Werthner & Orlick（1986）又新增加了几项因素，包括目标完不成，每天都在错失机会，还有同教练员和管理层间出现争执等。

当然并不是所有运动员的退役经历都是痛苦不堪的。虽然早期研究显示，70% ~80%的运动员退役时都十分痛苦；但近来更多研究表明，这一比例仅有 13% ~15%（Alfermann，1995；Wylleman *et al.*，1993）。研究发现，运动员对于自己是否退役的掌控力的认识对退役时的情况有影响。因此，自愿选择退役与提升自我效能高度相关，这对运动员的行为转换与适应也十分重要（Alfermann *et al.*，2004；Bandura，1997；Cecič Erpič *et al.*，2004；Taylor and Ogilvie，2001）。但需要注意的是，自愿退役也不能保证运动员退役时一定没有困难（Kerr and Dacyshyn，2000）。

如果运动员对于退役以后的生活有所计划，那么他也能更容易地完成调整转型。这种退役前的规划被认定为是构建未来的认知过程，要认真考虑社会环境以及运动员自身情况（Alfermann *et al.*，2004）。那些重视或有职业规划的运动员，在退役之后不仅对于生活的满意度远高于那些没有规划的人（Perna *et al.*，1999），而且他们能更好地适应新生活，对新的生活方式也会更加满意（Hawkins and Blann，1996）。

最后，运动员对其他身份职责的考虑程度也是影响运动员顺利退役的因素（Blinde and Greendorfer，1985）。已经发现，过强的运动员身份定位对退役转型期有负面的影响，但若运动员在职业运动生涯中也对其他领域产生兴趣，这个过程就变得容易多了（Sinclair and Orlick，1993）。对于那些有均衡生活的运动员来说，他们更容易尝试其他角色，并努力迎接各种挑战（Werthner and Orlick，1986）。

考虑过运动员退役的需求和挑战以后，那么目前的问题是：需要为即将退役和已退役运动员提供怎样的服务与支持？

对即将退役/已退役精英运动员提供的支持

全世界已成立多项职业生涯发展计划用于促进运动员的个人发展，平衡生活方式，优化退役后的生活（Lavallee *et al.*，2001；Wylleman *et al.*，2004）。

“奥林匹克工作机会计划”（OJOP）于 1996 年在澳大利亚、南非、美国成立，旨在通过职业定位，构建职业网络、职业分析、个人能力测试以及面试技巧培训等方式为今后的奥运会运动员提供工作机会（Gordon，1995）。加拿大奥林匹克运动员职业规划中心（OACC）于 1985 年成立，通过为运动员提供职业规划与文化教育规划，帮助运动员顺利退役。奥林匹克运动员职业规划中心提供的服务包括退役前规划、职业规划需求确认、生活技能培训以及退役转型工作坊。“运动员职业与教育计划”（ACE）旨在为澳大利亚精英运动员提供职业规划支持与文化教育支持，通过对运动员进行个人评估，分析运动员职业需求和受教育能力，提供职业规划、文化教育规划以及退役转型支持。

比利时的布鲁塞尔自由大学自1988年以来通过“学习与天才教育计划”为精英学生运动员提供支持，帮助他们取得优秀学业和运动成绩，实现未来的顺利退役（De Knop And Wylleman，2008）。布鲁塞尔自由大学还在2007成立“职业发展计划”（Carrièrebegeleiding Topsport Vlaanderen）。该计划于2011年以来由佛兰德体育管理组织（BLOSO）运作，能为佛兰德精英运动员提供职业咨询与职业支持服务（比如对职业管理与生活管理提供建议），旨在帮助运动员在精英体育生涯发展学习规划或就业规划，为退役后的生活做好充分准备。

以上各项计划均各有特点，但这些职业生涯发展计划也有共同之处，即包括职业生涯管理、文化教育管理以及生活技能培训三个主要内容。接下来将结合国际上27个职业发展计划的调查数据详细讨论这三个方面。

运动员职业发展计划的服务支持

文化教育管理

多项研究显示，教育对运动员退役以及退役后的职业生涯有着积极的影响。比如Cecič Erpič *et al.*（2004）发现，教育程度越高，运动员在退役后拥有的就业机会就越多。鉴于教育对于运动员退役后职业生涯产生的积极影响，欧洲一些高等教育机构努力满足运动员对于“双重职业生涯”的需求（即运动训练和文化教育相结合）（De Knop *et al.*，1999）。这种服务旨在发展运动员的双重职业生涯，主要包括远程教育、提供导师指导、弹性的学习与考试计划以及开办精英体育学校。

对于国际上27项职业生涯发展计划的调查数据结果（Reints，2011）显示，远程教育和弹性的学习与考试计划多用于运动员的高等教育。此类计划约有四分之三都会为运动员的职业教育或高等教育提供弹性的学习计划。

这些支持服务使运动员将精英体育与学业结合起来，使精英运动员能够为退役后的职业生涯做准备，以在对高学历需求——对退役运动员而言亦是如此——越来越大的劳动力市场中谋得一席之地（Stambulova *et al.*，2007）。

职业生涯管理

职业生涯管理即提供职业支持服务，旨在帮助运动员在退役后达到劳动力市场的职业要求。Sturges *et al.*（2002）区分了两类职业生涯管理：第一类是在体育组织内部再就业，第二类是在体育组织之外开始新的职业生涯。对于想在体育组织内部再就业的运动员（比如选择做教练员），可考取教练员资格证，并加强同决策者的交流。对于那些选择在体育体系以外再就业的运动员，就业安置策略可能会帮助他们找到与其知识技能相匹配的工作。

职业生涯管理策略不仅可以帮助运动员顺利退役（Hawkins and Blann，1996；Zaichkowsky *et al.*，1997），而且可以减少运动员对退役后生活的焦虑（Hinkle，1994；Murphy，1995）。因此，职业生涯管理是职业发展计划中必不可少的一部分，旨在满足运动员长期的职业发展需求。

在所选取的 27 项运动员职业发展计划中，大部分都会为大龄运动员和已退役运动员提供职业生涯管理服务：为大龄运动员提供求职技巧培训（82%）、就业安置策略（78%）和沟通技巧（67%）；为已退役运动员提供求职技巧培训（67%）、就业安置策略（74%）沟通技巧（56%）方面的服务（Reints，2011）。

生活技能培训

生活技能指不论先前职业背景，可应用于其他领域或职业的技能（Bolles，1996），其中包括问题解决能力、组织能力、目标设定能力、自我激励能力以及抗压能力。正如 Petitpas *et al.*（1992）研究所示，培养运动员的生活技能不仅使其对转入非运动领域充满信心，而且会有效消除运动员对退役和退役后职业生涯的疑虑。因此，生活技能培训同样也是运动员职业发展计划必不可少的一部分（Hesketh，1997）。

对 27 项运动员职业发展计划的调查数据显示，超过四分之三（78%）的职业发展计划都会协助大龄运动员提高生活技能（比如目标设定能力培训、时间管理训练、传媒培训等），但此类计划很少为已退役运动员提供类似的支持（Reints，2011）。多数服务一般都提供从精英体育退役后所需的教授技能（74%），目标设定训练（44%）以及人际关系训练（26%）。

综上所述，大多数运动员职业发展计划都会积极地帮助大龄运动员和已退役运动员，教授他们各项生活技能，使他们有能力更好地达到退役时和退役后的生活所需的要求（Danish *et al.*，1993；Petitpas *et al.*，1992）。这一结论与一些研究数据共同表明，尽管结合之前顺利退役的经验，可以预测未来，也会实现成功的退役转型，但最好在运动员刚成为精英运动员时便实施运动员职业发展计划（Schlossberg *et al.*，1995）。因此，职业发展不能只在运动员即将退役或退役后开展，在运动员退役前就应着手实施（Lavallee *et al.*，2001）。

个案研究 12.1

运动员职业转型：关于澳大利亚原住民精英拳击运动员的案例分析

Megan Stronach
悉尼科技大学

澳大利亚体育比赛已经为一些优秀的原住民职业运动员提供了他们开启职业生涯的机会，但是他们退役后的生活转型依然十分困难。拳击运动吸引了很多职业、业余水平的原住民选手。通过对十四位原住民拳击运动员退役经历的调查，可以了解某职业运动员退役后的决策过程。不难理解，拳击运动员非常依赖自身的身体条件，但这也会限制运动员的职业选择。如果身体状况突然下降，影响则会更大。研究中的原住民拳击运动员都曾受过教育并接受过职业培训，但是他们退役后更渴望得到能增益自身体能的职业，比如私人教练。而且，澳大利亚原住民运动员退役后通常会把对体育文化的信仰、本土亲族观念以及对家庭和社群的义务三个方面联系起来。

多年来，在澳大利亚，原住民在所有社会经济群体中是失业率最高、受教育率最低、健康问题最严重的一个群体。对一些有运动天赋的原住民运动员来说，体育给他们提供了就业机会。拳击这项运动吸引了众多职业水平和业余水平的原住民拳击手。这项运动为他们带来荣耀、地位和奖金，更帮助他们克服种族歧视。澳大利亚的原住民拳击运动员在奥运会上曾获得银牌与铜牌，同时还获得多项国际职业赛事的奖项。光荣历史的背后，很少有人知道原住民拳击运动员是如何适应退役后的生活的。在一项综合性的博士研究中调查了十四位原住民拳击运动员的退役经历，以便理解职业运动员退役后的决策过程。研究数据源自访谈，并使用十分制的运动员身份量表（AIMS）对数据进行量化（Brewer *et al.*，1993）。

运动员身份量表是一份简短的调查问卷，用以测量运动员的身份认同（AI）。身份认同指运动员角色的重要性、影响力和独特性的程度，这些都是运动员尽力维持并受环境影响的一些因素（Li，2006，p. 22）。很多研究人员（Brewer *et al.*，1993；Lavallee *et al.*，1995，1997）发现，运动员的自身优势与较高的身份认同值相关，尤其与追求卓越的决心相关。但是，倘若运动员的身份认同水平过高也会存在很多风险，其中多项风险都与职业转型有关。那些一心投入体育运动而忽视自身其他身份因素的运动员，倘若遭遇诸如职业生涯中止、伤病或者退役，则更容易出现社交困难和心理障碍（Brewer *et al.*，1993；Lavallee and Grove，1997；Li，2006）。

发现的问题

数据源自对十四名拳击运动员的访谈，以及通过十分制运动员身份量表测量的结果，研究发现如下：

（1）澳大利亚原住民一直因为在运动方面敏锐而感到自豪。但是，这只是一种长时间广为流行的有关“体育天赋”的偏见（和个人自信），并没有科学证据能支持这样的说法（Adair and Stronach，2011；Tatz and Adair，2009）。但是这种观念却使澳大利亚原住民更倾向选择从事体育事业，而较少考虑将知识型工作作为他们最有前途的职业发展方向。

（2）不难看出，拳击运动员认为他们“天生”无法胜任体育之外的需要肩负责任或作出决策的岗位。尽管他们对很少有原住民任职行政岗位、教练员以及管理部门的现象表示不满，但是却很少表现出想在体育领域担任高级职位的意愿。

（3）原住民拳击运动员有一套独特的个人价值观：对本民族文化的自豪感，对亲族和族群独特的责任感，通过正式、非正式途径尽力帮助有困难的原住民等。回馈家庭和族群在原住民看来“顺理成章”。一些拳击运动员也描述了自己的困难，但即使自己正遭遇家庭困难，他们还是认为这些经历会给予他们必要的技能，并尽最大努力去援助其他有类似困难的人们。

职业生涯转型的困难

前文提到的各种偏执的看法和独特的价值观影响了这些原住民拳击运动员的职业选择。一旦职业选择的范围变窄，那么就必然伴随着相应的限制和挑战。总体说来，原住民拳击手退役后的职业理想都主要集中在能否提升自身体能，能否捍卫原住民文化价值的问题上。那么这些拳击手在退役后的职业转型中遇到的挑战包括：

（1）拳击手对运动员身份有强烈的认同感，而且身份认同值较高，他们对“与生俱来”的运动能力会有一种强烈的信仰。成为私人教练是最普遍的职业或职业选择。研究中的十四名拳击手中有七人表示他们正在从事或有意从事私人教练这项工作。这项工作要求“健身职业教育训练”（VET）三级证书，“这能使运动员在任何健身房工作时都能有足够的自信”（Fitness Institute Australia，2009）。因此，私人教练这份工作不仅可以保证继续参与体育，而且运动强度合理。但在十四名的受访者中，只有一人完成了职业要求的培训。而且，拳击手们表示，职业运动生涯带来的较为严重的健康问题都可能会使他们无法长时间“承担体育馆内的工作”[1]。

（2）很多受访者都说过，他们想在偏远并且条件艰苦的原住民族群内工作。当然，这是一种高尚的志向。但若真要以此为业却是困难重重，而且经济收入对这些退役运动员来说也非常低。此类社区服务工作很少有不错的（有的没有）薪酬，因此这也不利于未来的职业发展。

（3）澳大利亚体育学院（AIS）的精英拳击队的拳手们已经得到来自“运动员职业与教育”（ACE）计划的人事部门提供的支持和职业咨询服务，同时也参与了“健身职业教育训练”培训计划。事实上，已经有人开始了他们所选职业的培训（大多数是健身三级资格证书或青少年服务工作），并且享受澳大利亚体育学院的奖学金。但仅有两人完成了培训要求。像其他精英运动员一样，拳击手们高强度的体育训练和比赛对他们的学习培训造成了不小的障碍。因此，不少人都提前辍学或放弃受教育的机会。尽管他们会后悔在运动生涯结束前没能拿到真正的学术资格证书，但他们仍会重体育，轻教育，并且认为这是合情合理的。

克服困难的策略

原住民精英拳击手个个都技能高超，十分专注。他们的兴趣与天赋可以拓展到体育领域以外，他们完全有潜质成为榜样。只要条件合适，运动生涯结束后，他们也有能力转向其他的职业领域。但是在他们的运动生涯中需要为其提供适当的支持和职业咨询。在本项研究中，为原住民拳击手提供的支持有时来自于非原住民群体。这些拳击手需要符合其文化特色的帮助，并且他们希望最好得到其他原住民的帮助。尽管这种要求在财力物力方面不太可行，并不是所有澳大利亚原住民拳击手都有渠道咨询那些同为原住民的咨询师，但目前基本的要求是，参与到原住民运动员发展与职业转型计划中的人员需要在文化层面接受过适当的培训，能够帮助不同文化背景的运动员，具体要求如下：

(1) 教练员和管理人员提供鼓励和支持，帮助运动员完成“健身职业教育训练”以及其他教育计划。

(2) 提供更宽泛的职业晋升支持，契合原住民运动员“回馈”族群的价值观，例如教学、医护、警务等工作。

(3) 对很多退役拳击手来说，参与社区工作都凭个人慈善之心，也是完全是自愿参与的。然而，如果原住民运动员具备适当的领导能力和指导他人的技能，例如参与过澳大利亚国家原住民体育机会研究院（NASCA），国家橄榄球联赛（NRL）的“任一团体”或澳大利亚橄榄球联盟（AFL）的“回飞镖”计划，对指导者和被指导者来说，这在社会文化层面意义重大，甚至可以“改变命运”。这些计划中的领导能力培训都很有价值，需要学员准备充分，可用于许多其他领域。拳击组织也可以开展类似计划。

(4) 作为精英运动员，原住民拳击手也可以为相关体育组织做出贡献。比较常见的是运动员转型成为教练员或管理人员。但原住民运动员并不十分愿意选择这条道路。原因似乎与个人潜力或能力无关，而是普遍认为（或纯属个人观点）原住民拳击手能在拳击赛场上表现出色，但是却并不适合当领导、管理员或教练员。因此，高层需要共同努力，摒弃这种偏见，在态度、政策与做法上作出改变。

个案研究中的问题

1. 运动员身份认定（AI）是职业生涯转型质量的重要指标。讨论一下有没有其他因素会对此产生影响。

2. 享誉世界的“运动员职业与教育”（ACE）计划是由澳大利亚体育学院（AIS）和其他地区的从属院校和机构负责运行的。这一项计划都有哪些优缺点？

3. 一般认为，澳大利亚是一个多文化的国家。在此基础上，讨论一下澳大利亚的国家体育组织（NSO）如何在精英运动员临近退役时帮助与培养他们。

4. 《达尔文的运动员》一书的作者约翰·霍伯曼质疑了“黑人运动员先天论”这一说法。结合澳大利亚原住民运动员在关注度高的赛事，如澳大利亚橄榄球联盟（AFL），澳大利亚国家橄榄球联赛（NRL）和拳击比赛中比例过高的现象，对“黑人运动员先天论”这一说法展开讨论。

结　语

研究表明，运动员退役时最常遇到的问题本质都是心理问题（Cecič Erpič *et al.*, 2004），但很少有支持服务是针对运动员心理需求的。因此，对于运动员服务的提供者来说，第一个建议就是提供或发展更多针对运动员社会性发展的服务（例如人际关系训练、团队协作以及社交技能训练等）（Rees and Hardy，2000；Wylleman *et al.*，2006）。或者也可以拓宽运动员的社会身份，鼓励运动员将社会性支持服务拓展到体育领域之外。而且运动员家庭、朋友、同事（如其他曾经的精英运动员）的支持也会帮助退役运动员更好地适应退役的过程（Botterill，1981；Sinclair and Orlick，1993；Werthner and Orlick，1986）。值得注意的的是，前文提及的关键人物必须明确退役的意义，还有他们能为改善退役过程所作出的贡献。

运动员退役通常就意味着运动参与量大幅减少。退役后的运动员由于参加训练和比赛的时间大幅减少而导致身体产生较大的变化（如体重增加，肌肉减少等）。为了准备与应对这些变化，应该鼓励即将退役或已经退役的运动员逐渐“停训”，就是要减少他们的训练量，而不要突然终止运动生涯。除了防止运动员退役时出现身体不适的情况，逐渐减少精英运动参与竞技体育训练及培训也会使退役运动员免受由于身体条件突变而出现自我价值骤降和身份认定缺失的现象（Stephan *et al.*，2003）。因此，第二个建议就是，虽然大多数职业发展计划都能为运动员提供身体与医疗方面的支持，但同时也应让即将退役的运动员认识到逐渐停训的重要性，并为他们提供停训所需的各种支持与设施。

第三，从竞技体育退役后，运动员会突然感到不再有名，变得与常人无异，这就导致运动员对自身价值产生质疑（Stephan *et al.*，2003）。那些全身心投入体育事业的运动员更容易担心自己变得不再特殊（Brewer *et al.*，1993）。Cecič Erpič *et al.*（2004）发现，强烈的运动员身份认定与退役时严重的、频繁出现的心理问题有关，这就表示，为即将退役的精英运动员提供心理辅导是十分重要的，这样才能减少运动员身份中的排他性（Shachar *et al.*，2004）。除此之外，在为即将退役和已经退役的运动员提供服务时更要为其提供生活技能培训的服务，这能直接帮助他们在体育领域之外取得一些成绩（Petipas and Schwartz，1989），因此也能够帮助退役运动员构建新的身份认定。

最后，利益相关者（如国家奥组委、各种国际体育组织和大学等）应当首先认识到运动员退役的意义，还有即将退役和已退役运动员会面临的各种困难。这可以通过开展各种宣传活动，主要针对运动员、教练员以及其他利益相关者（如父母、配偶、运营商以及劳动力市场的企业活动者），提高他们对运动员退役的认识。宣传活动首先要先解决运动员服务提供者最常提及的问题，即无法充分、有效地告知所有运动员、教练员以及运动员家属、朋友有关运动员退役的意义，并让他们知晓运动员职业支持服务的必要性。

其次，宣传活动要持续关注培养运动员学会自我调节和自力更生。运动员应该了解退役的影响与结果，并应鼓励他们考虑参与其他的职业生涯，并且做好退役前的规划。

再次，宣传活动应该鼓励、敦促职业发展计划的提供者优化目前的职业支持服务，正如 Wylleman & Lavallee（2004）的发展模型中提到的，要专注其特殊性、整体性以及终身性（详见第九章）。由于四项不同的发展内容（即运动、心理、心理社会、学术/职业）相互作用，相互影响，如此一来，运动员退役的影响就更容易理解了。举个例子，正如模型所示，从精英体育退役同时也就意味着转入另一职业。在这个例子中，一旦进入劳动力市场，与其他转型（如身份认定的变化、身体情况的变化等）相比，更重要的是出现“退役转型中的运动员”需要面对的一些具体要求（如需要学习新的职业技能，适应新的日常生活，肩负新的职业责任等）。

最后，宣传活动需要强调，要在退役前就提供必要的职业支持服务，即在运动职业生涯期间就要开始提供服务。职业发展计划不仅要能解决问题（如在运动员提出问题后给予支持），更要有教育意义（如主动采取行动）。这样一来，运动员就能更好地应对退役，提高运动员对退役和退役后面对各种变化的控制能力，扩宽渠道管理各种变化（如提高自我效能应对心理挑战，提高资金管控能力等）。

讨论问题

1. 职业生涯规划能在哪些方面帮助精英运动员退役？

职业生涯规划可以从以下几个方面帮助精英运动员退役。第一，为运动员提供退役后的未来职业选择，制订职业目标，并寻找就业机会。通过职业生涯规划发展个人生活技能，有利于积极认识到退役带来的机会，而不是一味消极地应对损失（如将退役视为“社会性的重生”而不是“社会性的消亡”）。职业咨询师可以通过增加对职业的理解，明确职业需求，帮助运动员发展他们的个人生活技能。

除此之外，提前制定退役计划会增加自愿退役的可能性。自愿选择结束运动生涯是最令人满意的结局，因为这是在运动员控制范围内作出的决定（Taylor and Ogilvie，2001）。这种主观控制退役的感受在提升退役过程质量的方面起到很重要的作用。自愿退役与自我效能提高高度关联，这对行为转变与行为适应也十分重要（Bandura，1997）。

2. 从竞技体育中退役会产生怎样的多层级的挑战？

退役所面临的挑战与以下几个方面有关，包括心理、心理社会以及学术/职业层面的需求（Wylleman and Lavallee，2004）。举个例子，在心理层面，即将退役的运动员需面对精英运动员普遍存在的身份缺失问题。对许多运动员来说，运动员身份尤其重要。运动员将全部的资源与时间用于追寻他们的运动目标。因此，由于运动员全身心投入运动员这个角色，运动员可能只有一种身份认定，并没有发展其他的社会角色（Brewer *et al.*，1993）。这会抑制他们的个人发展，使他们不具备在面对新生活和新生活方式时所必要的一些应对策略。

即将退役的运动员要面对的一项心理社会方面的挑战就是社会环境的变化，因为运动员可能会与在其运动生涯中重要的人失联。研究表明，退役转型艰难的运动员经常提到，其支持系统缺失是导致其退役过程艰难的首要原因（Cecič Erpič *et al.*，2004）。

在学术/职业方面，运动员可能会遇到进入劳动力市场受阻的情况。举例来说，由于时间有限以及对体育的恪守与专注，很多运动员并没有像其他同龄人有机会利用暑假去做兼职或实习来获得工作经验。这样一来，与其他不是运动员的同龄人相比，运动员缺少在退役后的职业岗位取得成功所需的相关专业知识。经历这种“职业延后”（Naul，1994）可能是运动员面临的一个特殊的问题。研究显示，雇主在用人时往往更看重相关的工作经验和技能，而不是资格证书（Spilsbury and Lane，2000）。

3. 在优化精英运动员退役方面，利益相关者起到了怎样的作用？

利益相关者，包括国家奥组委以及各类国际体育组织，可能要首先认识精英运动员退役的意义和退役面临的挑战。这需要开展宣传活动，提高对这一问题的认识，帮助运动员实现均衡、全面的职业发展。宣传活动还要鼓励、督促支持服务的提供者去优化当前的职业支持服务，注重运动员的特殊性、整体性以及终身性发展。同时，职业支持服务应在运动员的整个运动生涯中开展。

关键词

- 运动退役
- 运动员退役后的职业生涯
- 运动员职业支持服务
- 职业发展计划
- 原住民
- 运动员身份
- 职业教育
- 文化

注　释

1. 受访者认定的伤患包括骨折、（尤其是手部的）运动损伤型畸形和关节炎、骨关节炎、视网膜破损或脱落、严重的心血管功能紊乱、肾功能损伤以及认知损伤。

参考文献

Adair, D. and Stronach, M. (2011). Natural born athletes? Australian Aboriginal people and the double-edged lure of professional sport. In J. Long and K. Spracklen (Eds), *Sport and challenges to racism* (pp. 117 – 134). London: Palgrave Macmillan.

Alfermann, D. (1995). Career transitions of elite athletes: Drop-out and retirement. In R. Vanfraechem-Raway and Y. Vanden Auweele (Eds), *Proceedings of the ninth European congress of sport psychology* (pp. 828 – 833). Brussels, Belgium: European Federation of Sports Psychology FEPSAC.

Alfermann, D. and Stambulova, N. B. (2007). Career transitions and career termination. In G. Tenenbaum and R. C. Eklund (Eds), *Handbook of sport psychology* (3rd edn, pp. 712 – 736). New York: Wiley.

Alfermann, D., Stambulova, N. and Zemaityte, A. (2004). Reactions to sport career termination: a cross-national comparison of German, Lithuanian, and Russian athletes. *Psychology of Sport and Exercise*, 5, 61 – 75.

Allison, M. T. and Meyer, C. (1988). Career problems and retirement among elite athletes: The female tennis professional. *Sociology of Sport Journal*, 5, 212 – 222.

Australian Institute of Sport. (2004). The National Athlete Career and Education Program (ACE): A balanced approach to sporting excellence. Available at http://ausport. gov. au/ais/ace/about.

Bandura, A. (1997). *Self-efficacy: The exercise of control.* New York: W. H. Freeman.

Blinde, E. M. and Greendorfer, S. L. (1985). A reconceptualization of the process of leaving the role of elite athlete. *International Review for Sociology of Sport*, 20, 87 – 93.

Bolles, R. N. (1996). *What color is your parachute? A practical manual for job-hunters and careerchangers.* Berkeley, CA: Ten Speed Press.

Botterill, C. (1981). What 'endings' tell us about 'beginnings'. In T. Orlick, J. Partington and J. Salmela (Eds), *Mental training for coaches and athletes* (pp. 164 – 165). Ottawa, ON: Coaching Association of Canada and Sport in Perspective.

Brewer, B. W., Van Raalte, J. L. and Linder, D. E. (1993). Athletic identity: Hercules' muscles or Achilles heel? *International Journal of Sport Psychology*, 24, 237 – 254.

Ceci ć-Erpič, S., Wylleman, P. and Zupančič, M. (2004). The effect of athletic and non-athletic factors on the sports career termination process. *Psychology of Sport and Exercise*, 5, 45 – 59.

Coakley, J. (1983). Leaving competitive sport: retirement or rebirth? *Quest*, 35, 1 – 11.

Conzelmann, A. and Nagel, S. (2003). Professional careers of the German Olympic athletes. *International Review for the Sociology of Sport*, 38, 259 – 280.

Danish, S. J., Petitpas, A. J. and Hale, B. D. (1993). Life development intervention for athletes: Life skills through sports. *The Counseling Psychologist*, 21, 352 – 385.

De Knop, P. and Wylleman, P. (2008). 20 jaar Topsport en Studie in publicaties en presentaties (20 years elite sport and study in publications and presentations), unpublished raw data.

De Knop, P., Wylleman, P., Van Houcke, J. and Bollaert, L. (1999). Sports management-A European approach to the management of the combination of academics and elite-level sport. In S. Bailey (Ed.), *Perspectives: The interdisciplinary series of Physical Education and Sport Science* (pp. 49 – 62). School Sport and Competition (Vol. 1). Oxford: Meyer & Meyer Sport.

Fernandez, A., Stephan, Y. and Fouquereau, E. (2006). Assessing reasons for sports career termination: Development of the athletes' retirement decision inventory (ARDI). *Psychology of Sport and Exercise*, 7, 407 – 421.

Fitness Institute Australia (2009). Available at www. fia. com. au/FIAcourses/programs_fr. html, accessed 7 December 2009.

Gardner, F. and Moore, Z. (2006). *Clinical sport psychology.* Champaign, IL: Human Kinetics.

Godwell, D. (1997). Aboriginality and rugby league in Australia: An exploratory study of identity construction and professional sport. Dept of Kinesiology, University of Windsor.

Gordon, S. (1995). Career transitions in competitive sport. In T. Morris and J. Summers (Eds), *Sport psychology: Theory, applications and issues* (pp. 474 – 501). Brisbane, Australia: Wiley.

Gordon, S. and Lavallee, D. (2004). Career transitions in competitive sport. In T. Morris and J. Summer (Eds), *Sport psychology: Theory, applications and issues* (2nd edn, pp. 584 – 610). Brisbane, Australia: Wiley.

Hawkins, K. and Blann, F. W. (1993). *Athlete/coach career development and transition.* Canberra, Australia: Australian Sports Commission.

Hesketh, B. (1997). Dilemmas in training for transfer and retention. *Applied Psychology*, 46, 317 – 386.

Hinkle, J. S. (1994). Integrating sport psychology and sports counseling: Developmental programming, education, and research. *Journal of Sport Behavior*, 17, 52 – 59.

Kail, R. V. and Cavanaugh, J. C. (2008). *Human development: A life-span view (5th edn)*. Belmont, CA: Wadsworth Publishing.

Kerr, G. and Dacyshyn, A. (2000). The retirement experiences of elite, female gymnasts. *Journal of Applied Sport Psychology*, 12, 115 – 133.

Lally, A. (2007). Identity and athletic retirement: A prospective study. *Psychology of Sport and Exercise*, 8, 85 – 99.

Lavallee, D., Gorely, T., Lavallee, R. M. and Wylleman, P. (2001). Career development programs for athletes. In W. Patton and M. McMahon (Eds), *Career development programs: Preparation for life long career decision making* (pp. 125 – 133). Camberwell, Australia: Australian Council for Educational Research Press.

Lavallee, D. and Robinson, H. K (2007). In pursuit of an identity: A qualitative exploration of retirement from women's artistic gymnastics. *Psychology of Sport and Exercise*, 8, 119 – 141.

Lavallee, D., Gordon, S. and Grove, J. R. (1995). Athletic identity as a predictor of zeteophobia among retired athletes. Paper presented at the 12th Annual Conference of Counseling Athletes, Springfield, MA.

Lavallee, D., Gordon, S. and Grove, J. R. (1997). Retirement from sport and the loss of athletic identity. *Journal of Personal and Interpersonal Loss*, 2, 129 – 147.

Li, H. Y. (2006). *Validation of the athletic identity measurement scale with a Hong Kong sample*. Melbourne: Victoria University.

Murphy, S. (1995). Transitions in competitive sport: Maximizing individual potential. In S. M. Murphy (Ed.), *Sport psychology interventions* (pp. 331 – 346). Champaign, IL: Human Kinetics.

Naul, R. (1994). The elite athlete career: Sport pedagogy must counsel social and professional problems in life development. In D. Hackfort (Ed.), *Psycho-social issues and interventions in elite sport* (pp. 237 – 258). Frankfurt: Lang.

Nevid, J. S. and Rathus, S. A. (2005). *Psychology and the challenges of life: Adjustment in the new millennium (9th edn)*. Hoboken, NJ: Wiley.

Ogilvie, B. C. and Howe, M. (1982). Career crisis in sport. In T. Orlick, J. T. Partington and J. H. Salmela (Eds.), *Proceedings of the fifth world congress of sport psychology* (pp. 176 – 183). Ottawa: Coaching Association of Canada.

Ogilvie, B. C. and Taylor, J. (1993). Career termination issues among elite athletes. In R. N. Singer, M. Murphey and L. K. Tennant (Eds), *Handbook of research on sport psychology* (pp. 761 – 775). New York: Macmillan.

Pearson, R. E. and Petitpas, A. J. (1990). Transitions of athletes: Developmental and preventive perspectives. *Journal of Counseling and Development*, 69, 7 – 10.

Perna, F. M., Ahlgren, R. L. and Zaichkowsky, L. (1999). The influence of career planning, race, and athletic injury on life satisfaction among recently retired collegiate male athletes. *The Sport Psychologist*, 13, 144 – 156.

Petitpas, A. J. and Schwartz, H. (1989). Assisting student athletes in understanding and identifying transferable skills. *The Academic Athletic Journal*, 6, 37 – 42.

Petitpas, A. J., Danish, S., McKelvain, R. and Murphy, S. (1992). A career assistance program for elite athletes. *Journal of Counseling Development*, 70, 383 – 386.

Rees, T. and Hardy, L. (2000). An investigation of the social support experiences of high-level sports performers. *The Sport Psychologist*, 14, 391 – 409.

Reints, A. (2011). *Development and validation of a model of career transition and the identification of variables of influence on ending the career among elite athletes*. Brussel: VUB Press.

Scanlan, T. K., Stein, G. L. and Ravizza, K. (1989). An in-depth study of former elite figure skaters: 1. Introduction to the project. *Journal of Sport and Exercise Psychology*, 11, 54 – 64.

Schlossberg, N., Waters, E. B. and Goodman, J. (1995). *Counseling adults in transition: Linking practice with theory*. New York: Springer.

Shachar, B., Brewer, B., Cornelius, A. E. and Petitpas, A. J. (2004). Career decision-making and adjustment difficulties among retired Athletes: A comparison between coaches and noncoaches. *Kinesiologia Slovenica*, 10, 71 – 85.

Sinclair, D. A. and Orlick, T. (1993). Positive transitions from high-performance sport. *The Sport Psychologist*, 7, 138 – 150.

Sinclair, D. A. and Hackfort, D. (2000). The role of the sport organisation in the career transition process. In D. Lavallee and P. Wylleman (Eds), *Career transitions in sport: International perspectives* (pp. 131 – 142). Morgantown, WV: Fitness Information Technology.

Spilsbury, M. and Lane, K. (2000). *Skills needs and recruitment practices in central London*. London: Focus Central London.

Stambulova, N. B., Stephan, Y. and Jähag, U. (2007). Athletic retirement: A cross-national comparison of elite French and Swedish athletes. *Psychology of Sport and Exercise*, 8, 101 – 118.

Stephan, Y., Bilard, J., Ninot, G. and Delignières, D. (2003). Repercussions of transition out of elite sport on subjective well-being: A one-year study. *Journal of Applied Sport Psychology*, 15, 354 – 371.

Sturges, J., Guest, D., Conway, N. and Davey, K. M. (2002). A longitudinal study of the relationship between career management and organizational commitment among graduates in the first ten years at work. *Journal of Organizational Behavior*, 23, 731 – 748.

Tatz, C. and Adair, D. (2009). Darkness and a little light: 'Race' and sport in Australia. *Australian Aboriginal Studies*, 2, 1 – 14.

Taylor, J. and Ogilvie, B. C. (2001). Career termination among athletes. In: R. N. Singer, H. E. Hausenblas and C. M. Janelle (Eds), *Handbook of sport psychology* (pp. 45 – 58). New York: Wiley.

Werthner, P. and Orlick, T. (1986). Retirement experiences of successful Olympic athletes. *International Journal of Sport Psychology*, 17, 337 – 363.

Whitbourne, S. K. (1996). *The aging individual: Physical and psychological perspectives*. New York: Springer.

Wylleman, P., De Knop, P., Menkehorst, H., Theeboom, M. and Annerel, J. (1993). Career termination and social integration among elite athletes. In S. Serpa, J. Alves, V. Ferreira and A. Paula-Brito (Eds), *Proceedings of the eighth world congress of sport psychology* (pp. 902 – 906). Lisbon: International Society of Sport Psychology.

Wylleman, P. and Lavallee, D. (2004). A developmental perspective on transitions faced by athletes. In M. Weiss (Ed.), *Developmental sport and exercise psychology: A lifespan perspective* (pp. 507 – 527). Morgantown, WV: Fitness Information Technology.

Wylleman, P., Alfermann, D. and Lavallee, D. (2004). Career transitions in perspective. *Psychology of Sport and Exercise*, 5, 7 – 20.

Wylleman, P., De Knop, P., Verdet, M-C. and Ceci ć-Erpič, S. (2006). Parenting and career transitions of elite athletes. In S. Jowett and D. Lavallee (Eds), *Social psychology of sport* (pp. 233 – 247). Champaign, IL: Human Kinetics.

Zaichkowsky, L., Lipton, G. and Tucci, G. (1997). Factors affecting transition from intercollegiate sport. In R. Lidor and M. Bar-Eli (Eds), *Innovations in sport psychology: Linking theory and practice* (pp. 782 – 784). Netanya, Israel: The Wingate Institute of P. E. and Sport.

第三部分　高水平竞技体育管理中的问题

第 13 章 商业化和全球化对高水平竞技体育的影响

Hans Westerbeek
维多利亚大学体育、运动与活动研究所（ISEAL）
Allan Hahn
澳大利亚体育学院；维多利亚大学体育、运动与活动研究所

学习目标

阅读本章后，读者将能够：

1. 描述体育全球化的主要趋势；
2. 辨识出主要用于高水平竞技体育的体育产品；
3. 解释体育商业化，特别是高水平竞技体育的商业化，促使其子行业（高水平竞技体育专家和从业人员，例如：体育经纪人、教练员和咨询师）诞生的原因；
4. 解释竞技的压力如何影响运动员和其他参与高水平竞技体育的工作人员；
5. 概述体育企业、体育管理机构和高水平竞技体育组织如何仔细考虑、平衡各方利益和目标。

概　述

本章论述了高水平竞技体育的经济价值是其迅猛发展的动力。体育产业已经发展成为全球产业，全球体育产业通过大众传媒占领了巨大的市场份额。运动员及其国际后援团队可获得巨额奖金，因此，也面临着越来越多的问题和诱惑。我们将阐述高水平竞技体育如何运用综合管理和市场营销模式。在最后的个案研究中，我们将深入分析国际高水平竞技体育的日常运行——尤其关注体育科学研究的商业化，正是这些研究使世界一流的体育竞技成为可能。本章的主要内容是体育全球化，以及由此带来的经济价值增长会对高水平竞技体育产生怎样的影响。有一点我们必须意识到：今天的高水平竞技体育和 100 年前一样，其实只是最高水平的体育竞技，发生改变的，并且将继续发生改变的不过是竞技体育所处的环境和现行的规则。受商业利益的影响，高水平竞技体育的环境和规则仍会继续发生改变。

全球体育产业的出现

许多学者都探讨过体育作为产业和商业领域的出现（Trentberth and Hassan，2011；Westerbeek and Smith，2003）。在英国工业革命时期，生产的机械化促进了体育演变。体育比赛从原来无组织的、非正式的玩耍演变成个人或团队之间有组织的、遵循规则的竞技。当然，后者通常被定义为体育。可以说工业革命标志着体育产业发展的开端。工业革命在很大程度上也是全球化的开端，换句话说，也是全球经济一体化的开端，这均归功于贸易和经济往来。全球化的一个重要标志是人力/劳动资源的跨国流动和知识/技术的跨国流动。在高水平竞技体育领域，跨国流动主要指运动员、教练员、体育科研人员和管理者的流动。高水平竞技体育中很有趣的一个现象是顾客（即观众）也经常出国去现场观看体育赛事。表 13. 1 显示了 Westerbeek and Smith（2003）提出的 13 个体育全球化趋势，这些趋势概括了体育成为全球化商业领域的方式和原因。

表 13. 1　体育全球化趋势

1. 体育在电视和其他媒体/娱乐机构（广播、报纸、杂志、网络、付费电视）中的广泛传播。
2. 真正意义上的全球体育产业（包括运动员）价值日益增长。
3. 体育与娱乐间的界线模糊。
4. 娱乐和媒体公司促进体育企业横向和纵向整合。
5. 体育、休闲、娱乐、电视、电影和旅游产业的整合与融合，成为娱乐产业的一部分。
6. 体育的经济效益和影响力的增长。
7. 国际体育和跨国体育产业风险资本和投资的增长。
8. 体育管理机构重组。
9. 较小的运动项目和联盟的专业化和边缘化同步发生（一方面这些项目的管理和营销将会更加专业化，但另一方面，仅立足于本土的体育企业与全球知名体育企业间的差距进一步加大）。
10. 体育所有权经济掌控趋于集中，越来越少的个体将掌控越来越多的体育资源。
11. 科技的发展和应用。科技提升娱乐价值，也从根本上推进体育走向新市场，并拓展体育市场份额。
12. 资本主义是卓越的经济哲学，以及体育是获取财富的有效途径，这两点在世界范围内受到越来越多的认可。
13. 体育更加“美国化”和“西方化”。

本章不会就这 13 个趋势的具体细节展开讨论。证据足以表明，信息和多媒体技术的影响力迅速扩大，促进了体育产业经济的发展，这使得全球体育产业规模不断扩大，涉猎范围更广，发展机遇更多。普华永道会计师事务所（PwC）2011 年公布的数据表明，我们可以将精英体育赛事的市场份额划分为四个区域：北美地区（41%）、欧洲/中东/非洲地区（EMEA）(35%)、亚太地区（19%）和拉丁美洲地区（5%）。2010年，精英体育赛事方面的全球收益达到了1210亿美元。据普华永道会计师事务所预测，全球收益在2015年将增长至1450亿美元，拉丁美洲将实现4.9%的年增长率，成为增长最快的地区，北美（4%)、亚太（3.9%）和欧洲/中东/非洲地区（2.9%）紧随其后。从这些数据中，我们可以发现，尽管在全球经济萧条时期，体育产业也显示出惊人的韧性和恢复力。有些企业一直为自己的产品和服务推广寻求公众平台，对于他们来说，精英体育赛事似乎是一个“安全可靠”的营销战略。高水平竞技体育为此提供了令人耳目一新的简单命题——渴望成为最好，永远拼尽全力取胜。本章正是在体育高度商业化的背景下进一步讨论高水平竞技体育。

全球体育产业——大众媒体市场——运动员作为“表演者”

可以说，表13.1中的13个体育商业全球化趋势尤其适用于精英体育。尽管精英体育和大众体育通常被认为是一个连续体的不同部分，但高水平竞技体育在很多方面与大众体育截然不同，这一点毋庸置疑。高水平竞技体育的特点使它在商业方面极具吸引力。体育最显著的特点（如竞争性和结果的不确定性），在许多方面都在精英体育中得到更为充分的体现。这种“我们对抗他们”的情景，加上鹿死谁手尚不可知，似乎令人神魂颠倒，神奇地吸引了亿万观众。当然，受欢迎的体育项目需要“赏心悦目”，简单易懂，各个年龄段和不同文化背景的观众都能够看懂。在全球体育观众市场份额的竞争中，率先打开市场的运动项目具有巨大的优势。例如足球就是首批输出的体育项目之一。19世纪中期，足球从英格兰传播到其他国家和其他大洲，成为群众体育运动，这使得足球在全球受欢迎的体育项目中处于领先的不败之地。

媒体技术使高水平竞技体育的经济价值倍增，图13.1为此提供了确凿的证据。图13.1显示了两个最具代表性的全球体育赛事（奥林匹克冬季和夏季运动会）的媒体转播权价格不断攀升。我们将1980年莫斯科夏奥会（8800万美元）和普莱西德湖冬奥会（2100万美元）媒体转播权货币价值作为基线数据，1980年的数据为一个标准分。柱形图表示媒体转播权价格与1980年相比的相对增量。也就是说，2006年冬奥会的媒体转播权价格是1980年的40倍。从中可以看出，尽管夏奥会媒体转播权的实际价值（19×8800万美元）几乎是冬奥会（40×2100万美元）的二倍，但与夏奥会相比，冬奥会的媒体转播权价格增长更为显著。

夏奥会和冬奥会真正实现了全球化，累计观众量达到数十亿，正因为如此，大众媒体为商家提供了无与伦比的品牌曝光机会。由于体育赛事的巨大经济价值，大众媒体的所有者和赞助商则对运动员及其后援团队寄予了极高的期望，同时我们也不能忘记体育迷们的期望，毕竟是他们最终为这一切买单。

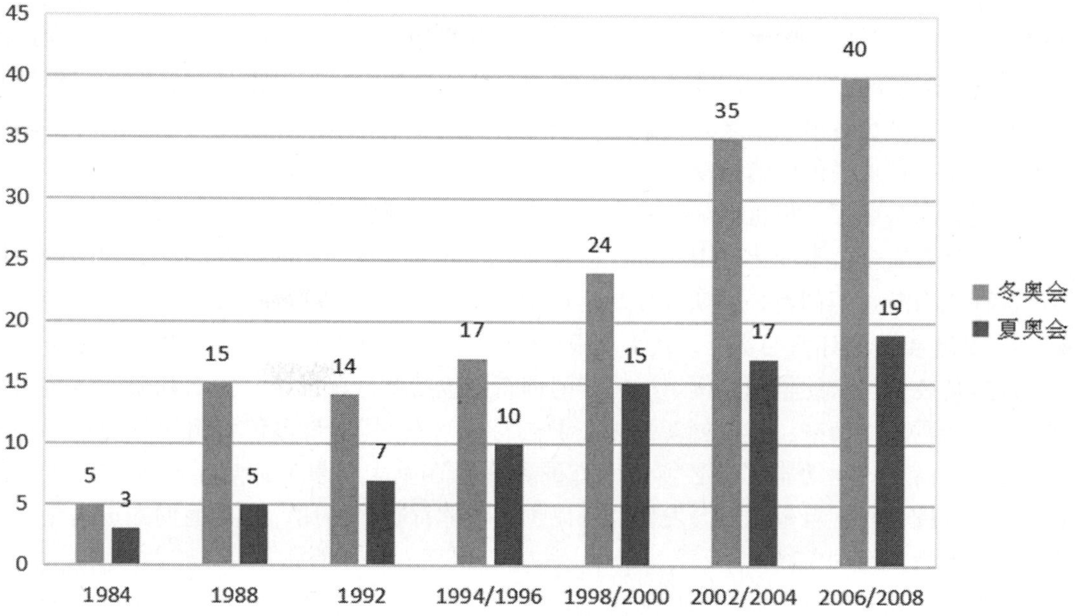

图 13. 1　1980—2008 年冬奥会和夏奥会媒体转播权标准化货币价值
（来源：www. olympic. org）

提高运动成绩的压力

大众体育参与者进行体育活动主要是出于乐趣，也许还为了追求个人最好成绩，而非出于对金钱的追求。然而，职业运动员奋力成为最好则是出于经济利益的考量，同时他们也面临着竞技体育独有的风险。高水平竞技体育生涯通常较为短暂，而在职业生涯中能成为各自项目的佼佼者，进而达到后半生衣食无忧的运动员少之又少，因此，为了在能赚钱的时候尽量多赚，运动员们必然不断挑战生理和心理极限，也越来越多地挑战道德底线。

面对提高运动成绩的巨大压力和巨额奖金的诱惑，有些运动员便会向诱惑屈服，这也是高水平竞技体育的风险。其中最不容忽视的诱惑是提高运动成绩的药物和体育赌博，来自后者的诱惑日益增加。运动员们可能会被迫透露比赛的相关信息，甚至去操纵比赛结果。更大的压力则来源于社会的期望——优秀运动员肩负着为青少年树立榜样的责任。运动员任何不当行为，或者不遂人意的行为表现，都可能会直接影响其商业价值，为其带来可怕的后果。谈到运动员的商业价值，有一点很重要，那就是高水平竞技体育国际市场的发展主要是由体育赞助的增长所推动的（PwC，2011），也就是说，大部分的额外资金来源于商业投资者对体育的赞助，而不是来源于体育观众（据预测，门票的收入将进入停滞期），而商业投资者要求看到他们的投资有所回报（比赛成绩）。

高水平竞技体育的环境越来越复杂，直接的结果就是教练员、经纪人、管理者、顾问、指导师和助理教练这一系列子行业得到发展。在高水平竞技体育竞争激烈的环境里，需要专业人士来帮助运动员达到巅峰状态。一边是个人荣誉和金融财富，另一边是成绩不错但不足够优秀，这二者之间的差异往往就在于那千分之一秒。因此，子行业中帮助运动员提高运动成绩的专业人士同样也面临着压力。众所周知，一直以来足球经纪人将年轻有天赋的非洲球员在各俱乐部之间频繁地转会，收取提成。高水平竞技体育教练员和运动医学医生经常被指责说他们给运动员服用含有违禁成分的营养补品。很显然，不仅是运动员自身，还有那些后援人员也面临着越来越多非法盈利的诱惑。

即使是在完全公平的比赛中，也存在着为了获取物质奖励而取得赛场上成功的巨大压力。这种压力激励了创新，例如，提高运动成绩的训练方法创新和新式运动装备/器材开发。在 1983 年美洲杯帆船赛上，澳大利亚 12 米型帆船创新设计了带翼龙骨，将冠军收入囊中，这是装备创新的早期实例。近些年的创新则包括自行车设计、泳衣和俯式冰橇头盔的改良。问题随之而来：这种创新是否属于“科技兴奋剂”？许多体育组织认为有必要强制规定，任何新式运动器材都必须让所有的参赛者在重大赛事前的规定时期内有机会使用。商业科技公司常希望投资开发新器材以供大型体育赛事使用，因为他们知道高曝光率易于开拓更为广阔的市场。

高水平竞技体育行业的金融激励手段也推动着高度专业化、系统化的训练方法的诞生，促进运动员和运动队备战比赛。如下一节所示，这些方法采用综合管理和营销理念，与其他竞争性行业中的产品开发和创新过程极其类似。

从产品开发/创新到运动员发展/创新

许多企业的成功取决于“致胜”产品的开发和营销。这一过程通常与图 13.2 所展示的模型一致。至关重要的第一步是找到产品必不可少的特点，这通常需要洞悉当今人口趋势，进行大量的市场调研。下一步是为理想产品勾画蓝图，制定生产计划和估算生产成本。然后综合可用的资金和其他资源对蓝图进行评估，也可能要对其进行修订。一旦完成了产品设计和计划，就必须获取必要组件或“原材料”，并组建拥有对口专业知识和工作热忱的生产团队。随后就是产品生产以及测试和改良产品，确保质量。最后，产品投放到市场，并进行大力推广，然后仔细跟踪监管市场效果，从中获取的信息将用于产品改良，或者作为迭代反馈回路的步骤，为设计新产品提供依据。

高水平竞技体育追求回报，上述产品研发和创新模型也同样适用于高水平竞技体育。多层面的高水平竞技体育网络囊括了众多体育项目，对回报的追求体现在这个网络不同层面，包括在高度竞争的环境下运作的各国际体育组织、国家体育组织、地方体育组织和体育俱乐部。

国家体育组织可能被看作是“工厂”或“仓库”，其目标是为了培养世界一流运动员。为了始终达到这一目标，他们得弄清楚，在诸如世界锦标赛和奥运会等巅峰赛事中获胜需要具备哪些特质。要做到这一点，不仅需要了解现任冠军的特点，还需要对成绩走向进行分析，或许还需要综合考虑可能会对成绩产生重大突破的各种建议，这样才能设计出在国际上取胜的运动员或运动队的蓝图，然后对这个蓝图进行可行性分析。这就需要制定详细培养计划及预算开支，有时还需要根据实际预算来调整计划。然后，一个高度专业化的后援团队也需要落实到位，这个团队包括教练员、经纪人、科研人员和医护人员。接着，就必须采集“原材料”（那些与蓝图相吻合的有潜力的运动员），进入到系统生产周期。一旦开始生产，运动员就要参加越来越高水平的比赛，有时还要开展常规体育科学实验，以此来不断评估产品的质量。最后，这个体系所打造的运动员产品被投放到竞争异常激烈的市场中——参加顶级全球体育赛事，密切观察运动员的赛场表现。观测的结果有助于指导下一轮的产品设计和研发过程。很显然，高水平竞技体育与创新型生产企业所使用模型的相类似。

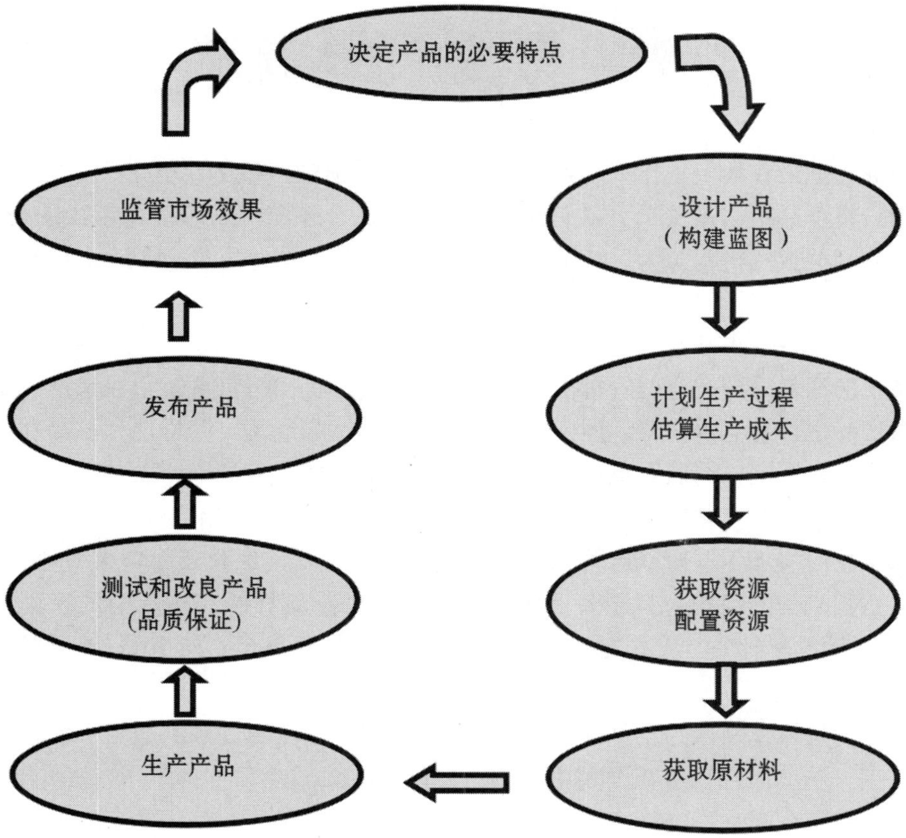

图 13.2　标准工业产品开发流程概览

全球市场的运作规律也同样适用于高水平竞技体育。当今普适的经济原理也同样适用于国家体育组织的产品开发工作。这项工作所需资金大体有三大来源——会员费、政府拨款和合作赞助，至少在澳大利亚是这样。由于支出水平会影响比赛结果（Bloomfield, 2003；De Bosscher *et al.*, 2008；Forrest and Simmons, 2000；Pahl 2006），通常情况下，有些国家体育组织有能力从这三个来源中获取最多的经费，并将其很大一部分用于优秀运动员的培养，这些国家体育组织往往最有可能打造出在国际上获得成功的产品（运动员）。取得的成功又进一步巩固了他们的地位，但是他们仍需时刻保持警觉不能松懈，以确保和赞助商在主要财政决策和社会事宜方面保持一致。

对于国际化的生产企业，很多政府都设有“孵化器”项目，即政府投资扶植和促进能够为国家创造显著效益的产品研发。在澳大利亚和其他一些国家，高水平竞技体育领域也有国家扶持的“孵化器”项目，作为应对体育全球化和商业化更为专业的手段。澳大利亚体育学院（AIS）、各州体育研究所和体育学院实际是产业孵化器，它们在一流的国家体育组织的产品实现方面做出了重大贡献。这些科研院所为优秀运动员和崭露头角的选手开展集训项目，提供先进的训练设施，聘请一流的教练，调动高水平科技及医疗支持，增加运动员参加水平相当的比赛机会。重点是孵化器与国家体育组织的合作力度取决于运动员所展现出来的潜能——是否能被打造成符合国际标准的卓越产品。有些孵化器的媒体出镜率高、形象好，拥有众多的成功案例，也吸引了企业赞助，逐渐具有公私合作关系的特点。

制造业与高水平竞技体育的另一个相似点是二者都有专业团队，将产品推向主要市场并积极推广。国家奥林匹克委员会和残疾人奥林匹克委员会就好比是其他领域的产品经销商和零售商，他们在如下工作中起到了关键作用：运动员产品的“包装”，“品牌推广”，获取赞助，将产品推向最受公众关注的国际“市场”，推广产品，确保市场的最优条件，将成果告知相关权威机构，为后续工作提供建议。诚然，这些委员会本身也由经济因素所驱动，产品业绩决定了组委会获取收入来维持并拓展活动的能力。因此，它们在整个产品研发过程中都可有既得利益。

设备生产通常受到产业监管机构的严格审查，这些机构担负着防止非法产品研发的责任。非法产品也许有竞争优势，但同时也可能对人类造成危害。同样地，在高水平竞技体育领域，也存在着同样的监管机构——世界反兴奋剂机构（WADA）和各国家反兴奋剂机构。体育全球化和商业化导致赢得比赛会获得更多的奖励，通过不正当途径来获取竞争优势的诱惑也相应增加了，所以监管机构的作用则愈加重要，也有必要加大对监管的投入。世界反兴奋剂机构的经费来自于各国政府的资助和国际奥林匹克委员会的配套资金。在2002年世界反兴奋剂机构成立之初，经费预算为1520万美元，到2011年预算增长到近2700万美元（www. wadaama. org/en/About-WADA/Funding/）。

高水平竞技体育领域的竞争越来越激烈，参加奥运会比赛的国家数量不断增长就可以证明这一点——奥运会的参赛国家由1956年（墨尔本）的72个增长至2008年（北京）的204个。希望在高水平竞技体育的国际赛事上取得和/或保持辉煌成绩的国家已经意识到不断提高产品研发系统的效率、效果和整体质量的必要性。产品研发系统与其他产业部门合作，引入更为广博和精深的专业知识。高水平竞技体育日益全球化和商业化对运动员备赛所需的基础设施和训练方法专业化产生深刻的影响。

上述内容的关注点在于国家层面的产品开发过程，是培养世界级运动员的框架，但是这个概念实际上可以应用到高水平竞技体育网络的各个层面。各国家体育组织为了在国际上争得一席之地而互相竞争，同样，各地方体育组织为了在全国崭露头角也会互相竞争。由于可获奖励的增加和竞争压力的增大，越来越有必要采用系统方法并将其不断改进，因此正规的产品开发手段正逐步形成。

甚至负责某一体育项目的国际组织也处于竞争激烈的环境中，也必须不断适应经济形势。这些国际组织争夺市场份额。市场份额与公众兴趣挂钩，也与该项目是否是重大赛事（如奥运会和其他重要赛事）的比赛项目有关。无论是何种情况，整个运动项目就是一个产品，这个产品必须尽可能地吸引现有的和有开发潜力的合作伙伴，尤其是媒体。近年来，很多体育项目为了增加吸引力而力求创新，包括改变规则，改善竞技环境（如配置合成的比赛场地，建立室内设施）以减少赛场表现的多变性；引入新技术来辅助裁定比赛；建造新型比赛场馆，给观众提供最舒适的观赛环境，使观众的参与度最大化；严格执行各项反兴奋剂政策；展现“绿色和干净（指无兴奋剂）”的形象等。产品研发理念在迭代性质上与传统科学方法有很多相似之处，上述举措可以被视为是源于对这些理念近乎无意识的关注。

传统体育参与金字塔——最具天赋的业余体育参与者自然地发展成为精英运动员——已经丧失了直觉逻辑。高水平竞技体育已经发展成为了一个特殊的产业，可以说它已经完全与大众体育脱节了。实际上，在一些职业体育比赛中，如美国职业篮球联赛（NBA）和澳式足球联赛（AFL），杰出的青年运动员培养与职业队伍运营是完全分开的。“原材料”来自于俱乐部、大学、学校或大众体育比赛，只有当这些原材料发展到一定程度，足以满足高水平竞技体育的基本需求时才会被发掘出来。不论在美国，还是在澳大利亚，组织选秀训练营或人才发掘项目都是为了从培养运动员的机构或俱乐部中挑选最具天赋的运动员。换句话说，成功是可以人为制造的，同样，也是可以购买的。

购买成功——政府拨款和企业赞助以及运动队和运动员的所有权

上述培养天才运动员的市场营销手段的核心也体现在政府和商业组织看待高水平竞技体育的角度。在过去的十年内，通过举办体育比赛来营销城市的方式大幅增加。全球的城市都利用体育赛事增加自身吸引力，打造世界旅游胜地。例如，墨尔本市政府和维多利亚州政府共同出资数百万美元，邀请泰格·伍兹参加职业高尔夫锦标赛。像美国国际管理集团（IMG）这样的机构就拥有众多体育赛事的主办权，用来实现多种商业目的。这些私人所有的体育赛事不仅为他们旗下的运动员提供了一展身手的平台，而且美国国际管理集团和其他诸如此类的公司还自产媒体和广播电视产品、赞助商产品、甚至是咨询产品。美国、俄罗斯和阿拉伯的亿万富豪收购欧洲足球俱乐部也广为人知。其中一些是商业投资，但大多数都是为了满足自尊心，主要是为了彰显所有者自身“品牌”。一些组织机构正逐步尝试全面掌控有关运动员或运动队的市场信息，这不是传统意义的“赞助”运动员或运动队（即购买协会的特权）。在荷兰，速度滑冰是最受欢迎的项目之一。像运输保险公司（TVM）等商业机构并不“赞助”滑冰队——他们实际上长期聘用所有运动员、教练员和后援团队成员。这样一来，他们确保可以精心准备、策划和掌控所有和竞技成绩有关的营销传播、训练营和产品投放（Hoye *et al.*，2012）。

个案研究 13.1

维多利亚大学体育、运动与活动研究所（ISEAL）对高水平自行车运动的研究

David Rouffet
维多利亚大学

维多利亚大学体育、运动与活动研究所（以下简称为研究所）成立于2010年，位于澳大利亚墨尔本市。该研究所成立之初则宣称它是运动与科学的未来，标志着澳大利亚进入了高水平竞技体育研究的新纪元。研究所座落在一幢四层楼内，设有耗资七千万美元特制的科研设备，其中有29个定制设计的体育科学实验室。研究所和澳大利亚体育委员会（ASC）以及举世闻名的澳大利亚体育学院建立了战略合作伙伴关系，"随时"可以接触到顶尖运动员和体育科研精英。在如今竞争异常激烈的高水平竞技体育领域，澳大利亚体育管理者不断寻求继续跻身于奥运会前五名国家之列的方法，这种在高水平竞技运动员和教练员训练中融入体育科学的方法便是其中一个重要实例。维多利亚大学体育、运动与活动研究所和澳大利亚体育学院的科学家在很多跨学科项目上均有合作，教授和科研人员在两家机构兼任的情况越来越多，这两家机构致力于共享体育科学实验室。研究所还与很多机构合作：包括地方职业（澳式）足球俱乐部（西部斗牛犬），维多利亚体育学院（VIS），澳式足球联盟（AFL），澳大利亚网球协会（TA），16国SPLISS联盟（国际体育成功之体育政策因素）以及世界足球管理机构国际足球联合会（FIFA），合作的重点是研究有"获胜优势"的精英体育项目。

体育、运动与活动研究所的高水平自行车运动研究致力于三个主要目标：（1）测量一系列人体变量（如人体测量学特征、生理能力）、材料变量（如自行车部件、几何结构）和环境变量（温度、海拔、湿度）对于优秀自行车手在特定比赛和不同项目（公路赛、场地赛、小轮车）中运动成绩的影响；（2）利用综合学科研究法建立一个上述变量如何影响自行车成绩各个方面的模型，该综合学科研究法由具有生物力学、神经科学、生理学和工程学领域的专业知识科研人员研制而成。（3）发明新技术，并运用先进的方法来量化和解读直接在训练和比赛期间测量出的运动表现变化。研究所高水平自行车运动研究的终极目标是发现科学知识、发明独特技术、创新方法，为自行车手提供竞争优势。为了使车手在环法自行车赛和2016年里约热内卢夏季奥运会等比赛中获取成功的机会最大化，澳大利亚场地自行车追逐赛车手和小轮车车手目前参与了一项由研究所组织，澳大利亚体育学院提供数据支持的科研项目。此项目将采用独特的技术，测量顶级澳大利亚车手在备战奥运会时影响运动成绩的关键生物力学变量。这种新方法可以在不影响自行车手最佳发挥的情况下获取最精确的生物力学数据。预计，此项技术能够用来评估赛车手是否在不同赛事前的做好了应战准备。以往研究结果显示，只基于实验室采集的数据来对自行车运动成绩进行的分析具有许多局限性。从更广泛的意义上讲，研究所高水平自行车运动研究的理念正是想打破此局限，指引体育科学走向正确之路：自行车手和自行车与比赛时的特定环

境条件有交互作用。研究所采用这种方法，尽量为车手提供竞争优势。

个案研究13.2

高水平竞技体育中国际商业成功管理的相关问题：以澳大利亚自行车协会为例

Allan Hahn
澳大利亚体育学院

自行车运动如今是一项全球性运动。目前，共有18支职业巡回赛公路自行车队。事实上，这18支队伍组成了一个国际大联盟。这些车队拥有大量的商业赞助，年预算可达到2000万欧元，在全世界范围内招募优秀车手。顶级的自行车手年薪为两百多万欧元。过去，大多数车队的总部设在欧洲大陆，但是近年来这种现象有所改变。现在有些车队总部在美国、英国和澳大利亚。目前，大约有30名澳大利亚车手和外国职业巡回赛队伍签约，绝大部分时间他们都在海外生活、训练和比赛。这给负责全国自行车运动的澳大利亚自行车协会带来了极大的挑战。澳大利亚自行车协会主要目标之一就是在如奥运会、世界锦标赛和英联邦运动会等赛事中取得好成绩。为了达到这个目标，协会主要依赖于澳大利亚职业巡回赛车手，但是和职业巡回赛队伍的薪酬相比，他们能为运动员提供的物质奖励则明显偏低。

最近，澳大利亚自行车协会的赛事成绩主管凯文·塔博塔（Kevin Tabotta）和澳大利亚职业巡回赛车手马修·海曼（Matthew Hayman）概述了一些上述处境的复杂情况。澳大利亚自行车协会对顶尖运动员仅有非常有限的即时使用权。为了使使用权生效，他们需要和职业巡回赛车队建立强有力的合作关系。这要求双方协商达成互利共赢的协议。协议反映出澳大利亚自行车协会对车队的投资水平、需求、义务以及赞助的敏感度。车队的存亡取决于赞助，对于车队来说，取得比赛胜利对于维持车队所需的经费赞助至关重要。因此，他们有时不愿意让旗下的车手入选国家队，甚至也不愿意让车手代表澳大利亚参加奥运会和世锦赛之外的比赛。将国家队的日程与重大的职业巡回赛赛事错开编排以避免赛程冲突尤为重要，同时，采用在国家队装备和队服上展示巡回赛队伍的名字和标识等措施也有助于车队同意合作。

职业巡回赛车队处于商业化的大环境中，所以也不断发展变化，有的车队解散，也有新的车队组建（例如：2012年的车队中仅有7支仍保有原2008年的队名）。因此，澳大利亚自行车协会经常要培养新的国际关系。如果新车队的教练或管理岗由澳大利亚人来担任，这一过程就会相对容易些。

如果要知晓影响职业巡回赛车手发展的因素，包括伤病，就需要定期和身处各地的车手沟通交流，澳大利亚自行车协会有专门的员工负责这项任务。由于有关各方的保密性要求，沟通要小心谨慎。也有必要发展广泛网络，确保车手在需要时不必长途跋涉就可以获得职业巡回赛队伍之外的体育科学支持和医疗保障。澳大利亚自行车协会广泛利用澳大利亚体育学院在意大利设立的专业化的欧洲训练中心，为海外澳大利亚运动员提供便利。

最近澳大利亚职业车队绿刃（GreenEdge）的成立就体现了这项运动的全球化。最初绿刃车队主要由澳大利亚车手组成，所以新车队的成立很可能会减少澳大利亚自行车协会在与国家队未来车手沟通和提供支持时所面临的困难。

尽管与职业巡回赛车队的沟通可能很复杂，但是车手在这样的队伍中所获得的经验和身体素质却可以大大增加他们最终代表国家在高水平赛事中取胜的机会。因此，骑手入选职业车队对澳大利亚自行车协会大有裨益。为了增加车手入选职业巡回赛车队的机会，澳大利亚自行车协会设立了一个项目，组织杰出的年轻车手每年长期驻扎欧洲，参加较低水平的巡回赛。这样，骑手们可以逐渐熟悉职业巡回赛车手的生活方式、环境和相应要求。而且，这也增加了他们被猎头发现的几率，有更多的机会建立可能对未来有益的联系。澳大利亚自行车协会的教练员和其他专业人员也会跟这些年轻车手一起走南闯北，为他们提供帮助。

澳大利亚自行车协会为获取新的有价值的信息开展科学研究，自行车运动的全球化也影响了这些科研活动的方法。协会在国外开展了很多大规模的研究项目，还经常与外国科学家进行合作，这就需要在如何处理合力研发出的知识产权方面达成共识。澳大利亚研究者有时需要每年在欧洲住上几个月收集数据，偶尔也需要安排欧洲本土或在欧洲永久居住的科学家代表澳大利亚自行车协会开展研究活动。

自行车运动的商业化以及相应奖金额度的增加也可能会增大使用非法物质来获取竞争优势的诱惑。这可能会给诸如澳大利亚自行车协会的国家体育组织带来麻烦。因使用兴奋剂受到惩罚而导致的运动员流失可能会大大影响奥运会和世锦赛的成绩，并且有损澳大利亚的国际声誉。然而，历史证明，如果车手被发现使用兴奋剂，职业巡回赛车队将承受更大的损失。兴奋剂丑闻致使赞助商撤销赞助，从而导致车队被迫解散或进行整顿（例如2007年德国电子通讯公司——德电信公司（Deutsche Telekom AG）——就因为一名队员的兴奋剂事件解除了一支车队的赞助合约）。从这个简短的概述中我们可以看出，全球化和商业化带来的压力正在逐渐从根本上改变组织机构（如澳大利亚自行车协会）的运作环境，不断适应新环境的能力则是不断获取成功的关键。

结　语

在观察并探讨体育及体育产品最近的革命性商业化趋势之后，我们很可能会被误导，认为所有的高水平竞技体育注定要屈从于其所有者的商业目的。幸运的是，这种现象只在小部分高度商业化的体育运动中出现，如足球世界杯、奥运会和职业联赛（如英格兰足球超级联赛，印度板球超级联赛，美国职业篮球联赛，美国职业橄榄球联赛和美国职业棒球大联盟）。顾名思义，高水平竞技体育是追求最高水平运动表现的体育，大部分高水平竞技体育都保留了这一本质。很多运动员首先是因为热爱体育运动，热爱挑战自身或运动队的极限而参与体育。然而，运动员并不是促使体育产业发生变化的主力军。体育经纪人、指导师和咨询师（尤其是那些利用运动员来为自己牟利的经纪人、指导师和咨询师）的驱动力是金钱利益的诱惑，而不是不确定的体育成绩。再者，在线和实时的体育赌博等新型商业活动也在入侵高水平竞技体育的领地，威胁着体育运动的公正。本章旨在概述商业化及全球化对高水平竞技体育的影响。毫无疑问，这种影响意义深远，且在不断地迅速深化，但是如果体育管理者能够充分理解这种影响，他们也就可以为此做好准备，也可以在必要时、在可能的情况下采取补救措施。最后，体育商业价值的不断增长也给世界各地的人们提供了绝佳机会，让他们把对体育的热爱转变成事业，这绝对是一件很有意义的事情！

讨论问题

1. 表 13.1 列出了 13 个体育全球化趋势。你认为其中哪三个趋势能够给高水平竞技体育带来最大的发展机遇？哪三个趋势最能危及到高水平竞技体育的公正性？说明你的理由。

2. 优秀运动员一直面临竞技压力，在商业化和全球化的影响下，压力的来源也不断在变化。与两三位同学讨论当今运动员所面临的五大竞技压力是什么。

3. 本章将通用的产品开发过程（市场活动）应用于高水平竞技体育。在你看来，体育及体育产业与其他产业是否类似？这种通用模型是否适用于体育及体育产业？说明你的理由。如果你认为体育产业与其他产业没有可比性，那么你认为体育产业在哪些方面不同于其他产业？

4. 你是刚入行的足球经纪人，有一个极佳的机会来发展全球事业，因为你了解到一位极具天赋的巴西青年球员有意跟你签约。此时，你手上已经有两家欧洲俱乐部希望雇用他。如果你与其中一家俱乐部签订短期合同，然后在来年迅速将该球员转会给另一家俱乐部，这样你可以实现利益最大化，你会怎么做？（三人或四人一组讨论。）

5. 维多利亚大学体育、运动与活动研究所所做的高水平自行车运动的个案研究指出，已经研发出“新技术”能让自行车骑手获得显著的优势。在新科技商业化的环境下，基于高校的研究机构在面对这样的机会时又面临着哪些困境？

关键词

- 体育全球化
- 体育商业化
- 高水平竞技体育产品开发
- 提高成绩的压力
- 高水平竞技体育成效管理

延伸阅读

Hoye, R., Smith, A., Nicholson, M., Stewart, B. and Westerbeek, H. M. (2012). *Sport management: Principles and applications* (3rd edn). London: Routledge.

Provides a broad and comprehensive introduction to the different sectors in the sport industry and how sport management can influence these sectors. Case studies from all over the world are further used to enhance understanding.

Rosner, S. R. and Shropshire, K. L. (2011). *The business of sports* (2nd edn). London: Jones & Bartlett Learning.

Provides an interesting overview of sectors in the sport industry that specifically deal with the business of elite sport. Next to generic insights into the structure of leagues and issues such as competitive balance, the book provides information on one of the world's most highly developed sport business economies-the United States.

网站推荐

www. olympic. org

www. pwc. com/sportsoutlook

www. imgworld. com

www. vu. edu. au/iseal

www. greenedgecycling. com

参考文献

Bloomfield, J. (2003). *Australia's sporting success: The inside story.* Sydney: UNSW Press.

De Bosscher, V., Bingham, J., Shibli, S., Van Bottenburg, M., De Knop, P. (2008). The global sporting arms race: An international comparative study of sports policy factors leading to international sporting success. Oxford: Meyer & Meyer Sport.

Forrest, D. and Simmons, R. (2002). Team salaries and playing success in sports: A comparative perspective. *Zeitschrift fur Betriebswirtschaft*, Special Issue on Real Option Valuation, 72(4).

Hoye, R., Smith, A., Nicholson, M., Stewart, B. and Westerbeek, H. M. (2012). *Sport management: Principles and applications* (3rd edn). London: Routledge.

Pahls, M. C. (2006). Athletics success and program expense in NCAA sports. Doctoral dissertation, University of Kansas, Lawrence, KS.

PricewaterhouseCoopers (2011). Changing the game: Outlook for the global sports market to 2015. Available at www. pwc. com/sportsoutlook/, accessed 21 December 2011.

Trentberth, L. and Hassan, D. (2011). *Managing sport business: An introduction.* New York: Routledge.

Westerbeek, H. M. and Smith, A. (2003). *Sport business in the global marketplace.* London: Palgrave.

第 14 章
风险管理的整体分析
——参与者的视角

Dag Vidar Hanstad
挪威运动科学大学
Svein S. Andersen
挪威商学院和挪威运动科学大学

学习目标

阅读本章后，读者将能够：

1. 从参赛队伍和运动员的视角理解体育赛事中的高水平竞技体育管理的本质；
2. 界定和认清重大赛事前及赛事中风险管理关键因素的本质；
3. 厘清主办方责任及义务与参赛队必须承担的风险之间的界限；
4. 详述有关居住条件、交通、伤病、心理压力、教练指导、领导力及与媒体的关系等重点问题的各个方面。

概　述

本章从参赛队伍的角度探究重大体育赛事的管理。具体来说，就是研究在 2010 年温哥华冬季奥林匹克运动会（冬奥会）之前及冬奥会期间一个国家队是如何（1）发现风险管理的问题；（2）运用应对风险的策略。本研究为质性个案研究，在以往风险管理和战略管理研究成果的基础上，分析参赛队伍的备战方案及其实施情况。最后，本章提供了比赛中参赛队伍处理风险管理问题的框架。

体育比赛中的参赛队伍

极少数的运动员才有机会参加奥运会，而且可能一生只有一次机会。因此，运动员与教练员一道，努力提高身体素质、技术水平和心理素质，以提高奥运会成绩。然而，在任何一项体育比赛中，小到地方赛事，大到如奥运会一样的大型赛事，无论是在备赛过程中，还是在比赛环节，风险无处不在。Chappelet 指出，“重大体育赛事的赛期长、花销大、程序复杂，不免会遇到不可预知的突发事件和挫折，又因为风险因素众多，很多重要领域的不确定性也是不可避免的”（2001，P. 7）。成功的关键在于参赛队伍的赛事经理和领队/教练如何处理这些风险。

以往关于体育赛事中风险研究的内容包括：恐怖主义的影响（Atkinson and Young，2002；Giulianotti and Klauser，2010；Taylor and Toohey，2006，2007；Toohey，2008；Toohey *et al.*，2003），安保问题（Giulianotti and Klauser，2010），人流管理（Appenzeller，2005），运动器材安全性（Ammon*et al.*，2004；Preuss，2004；Walker and Stotlar，1997），与赛事相关的实际损失（Chang and Singh，1990），突发事件（Fuller and Myerscough，2001），运动损伤（Fuller and Drawer，2004），风险因素对利益相关方的整体影响和相关的风险管理问题（Leopkey and Parent，2009a），以及管理策略（Leopkey and Parent，2009b）。

尽管有些研究中将代表团/参赛队视为利益相关方（如 Fuller and Drawer，2004；Leopkey and Parent，2009a，2009b），但却鲜有研究涉及参赛队如何在赛事中进行风险管理。这样的研究需在了解主办方已有哪些风险管理经验的背景下开展。从某种程度上来说，主办方和参赛队的责任有所不同，但并非总是如此。例如，参赛队只能选择相信比赛所用的器材设备都符合国际标准和要求，而在住宿、交通和健康方面，参赛队就有责任保证运动员诸事顺利。

本章旨在（1）从参加奥运会的国家队的角度（挪威队）来认识大型体育赛事中的风险管理问题；（2）分析挪威队如何在 2010 年加拿大温哥华冬季奥运会赛前、赛中运用风险管理策略。

本章分为以下几个部分：第一部分列出参赛队所面临的一般问题，然后是背景介绍与方法部分，随后是研究结果讨论，最后是结语及未来的研究方向。

许多因素会使运动队和运动员不能继续备战或者参赛。地域、气候、基础设施和文化方面的问题也许会造成很大的变数。对于一些领队、教练员、特别是运动员而言，参加大型国际赛事是一次全新的体验。奥运会参赛时的风险管理重点是尽可能地减少消极事件发生的概率，以及一旦发生消极事件该如何处理，但同时，也关注如何取得最好成绩。风险管理的挑战在于任何负面因素都有可能影响运动员的最佳发挥。在许多比赛项目上，优秀运动员之间的差距甚小，这意味着风险管理者在筹备期间必须考虑到所有可能出现的偶然因素，关注那些在其他场合可能被忽略的微不足道的细节。

风险管理必须是一个积极主动的过程（Getz，2005；Wideman，1992）。这其中包括“战略性地预测、防范、减少并制定应对计划消除或减轻已知风险，评估赛事及各利益相关方所有可能遇到的风险”（Leopkey and Parent，2009b，P. 1999）。然而，正如 Perminova 等人指出的那样（2008，P. 77），传统的应对计划和风险分析没能考虑到所有可能发生的意外事件，他们认为，成功的风险管理取决于反思性学习和灵活应对的意识。

精心的准备可能几乎可以彻底规避某些风险。有关后勤和居住条件的实际问题也许能在很大程度上得到控制。患病的风险也许能够降低，但不能被完全消除。如果运动员生病了，问题就会十分棘手。对这些风险的重视和高度警觉甚至可能会对运动员产生负面的心理影响。这表明纠正性措施可能会带来新的风险。同时，赛场内外的严重事故也可能会分散运动员的注意力。以上这些消极事件的影响很容易通过媒体报道而扩大（Andersen and Hanstad，2013）。

总之，奥运会中一些很微小的消极事件以及对这些事件的处理方式可能会对结果产生巨大的影响。备赛和参赛时，运动员和领队需要思虑周全。这样看来，一个国家队应对风险管理挑战的能力取决于日常工作的开展和参加奥运会前的特别准备。

背景与方法

2010 年冬奥会于 2 月 12 日至 28 日在加拿大温哥华举行，来自 82 个国家的 2600 多名运动员参加比赛。赛事由 10,000 名媒体人士跟踪报道，全世界有 30 亿电视观众收看了比赛。除主办城市温哥华外，在里士满和惠斯勒设有分赛场。这届冬奥会取得了圆满成功。国际奥林匹克委员会（国际奥委会）主席雅克·罗格在闭幕式上致辞，称赞“整个城市以极大的热情承办冬奥会，温哥华有一种独特氛围，这让此届冬奥会的气氛无比热烈。”（BBC，2010b，p. xxx）。美国居奖牌榜榜首（37 枚），主办国加拿大推出了“争夺奖牌计划”（Own the Podium），金牌总数第一（14 枚）（Barnes，2010；BBC，2010a）。

挪威名列奖牌榜第四（9 枚金牌，总计 23 枚奖牌），引起全世界媒体的高度关注。《华尔街日报》刊登文章《挪威的奥秘》（Futterman and Helliker，2010），文中写道，挪威只有 470 万人口，而在赛场上却有着高水平表现，这实在令人难以琢磨。参加 2010 冬奥会的挪威代表团共有 99 名运动员（25 女，74 男），共参加了 11 个大项的比赛。其中有 22 名运动员（9 女，13 男）还参加过 2006 年都灵冬奥会。大部分运动员及其后勤保障人员都住在惠斯勒雪山和温哥华的奥运村里，有两支运动队（高山滑雪队和冬季两项队）则住在由“挪威奥运争先计划”项目组（即“奥林匹亚之巅”（Olympiatoppen））租赁的私人住所中。

为了了解冬奥会期间的关键机遇和主要问题、采取的措施和相关结果，我们一共采访了“奥林匹亚之巅”项目组和两个国家体育组织的 16 名重要人物。他们包括“奥林匹亚之巅”的负责人兼冬奥会代表团团长、各奥运会分赛场驻地负责人、后勤负责人、媒体服务人员、医务人员、营养师、心理咨询师、负责整体协调的教练员、以及各分赛场的保障人员和运动员。

挪威奥运团队所面临的主要问题

挪威人对都灵冬奥会的结果大失所望。一些访谈对象认为这仅仅是由于运气不佳，毕竟，胜败乃兵家常事。然而，另一些访谈对象却将失败归咎于计划和准备工作没有达到严格的质量要求。2006 年奥运代表团中的一位主要团部人员讲述了都灵奥运会的经历：

几乎所有可能出错的地方都出了错。期待的结果未能如愿；住宿环境差引发了疾病；负面新闻不断；滑雪用具准备小组成员打拳架，另有一些运动员开派对。有一个体育项目存在合作不善的问题。值得庆幸的是，我们吸取了所有反面的教训，改进了赛前准备工作，改善了“奥运争先计划”项目组和体育队之间的关系。

也许有人认为上述说法不免有些言过其实，但关于都灵冬奥会的讨论似乎明显有助于挪威筹划准备温哥华冬奥会。都灵冬奥会的经历成为学习和进步的关键，不仅如此，两届冬奥会期间的其他重要赛事和日常进行的发展工作也给予了我们启示。一些组织结构上的改进已经在 2008 年北京夏季奥运会之前落实了。下面我们将从知识迁移的角度讨论如何看待和应对这些挑战。

我们从访谈中发现了 14 个具体风险问题：住宿条件、交通、疾病、受伤、营养、意外事故、目标设定、期望所带来的压力、心理因素、教练指导、集体情绪、人际关系、媒体采访和媒体报道。我们把这些风险问题归为五类来探讨该如何降低风险：

1. 日常事务，包括住宿条件和交通；
2. 健康问题，包括疾病、受伤、营养和意外事故；
3. 心理因素，包括设定目标过程和高期望值；
4. 教练指导和领导力，包括集体情绪和整个团队的人际关系；
5. 媒体方面，包括运动员接受媒体采访和媒体报道。

下面我们具体从知识迁移的角度讨论如何看待和应对这些挑战。

日常事务（包括住宿条件和交通）

在都灵，挪威国家队分别住在奥运村外的几个不同地点。然而紧随着负面事件的发生（包括运动员生病），这种特别的住宿安排被看作是不利因素，加剧了疾病带来的不良后果。在温哥华，运动队得益于奥运村的设施，有关居住条件、食品和卫生等风险都有所降低。除了常规检查外，“奥林匹亚之巅”还派一名代表在赛前住在奥运村附近一年（2007－2008），之后这位代表被任命为代表团团长助理兼惠斯勒奥运村的挪威队负责人。因此，她有得天独厚的机会密切跟进奥运会的准备工作。我本人负责接待了所有挪威的来访团，其中包括体育主管和教练员。奥运村良好的基础设施和“奥林匹亚之巅”的准备工作得到了回报。从访谈中得知，运动员的成绩并没有因为比赛期间的居住条件而受到影响。

健康问题（包括疾病、受伤、营养和意外事故）

在都灵冬奥会期间，一些优秀运动员生病，在比赛期间疲于应付疾病对全队产生了负面心理影响（Hanstad and Engebretsen，2007）。住在奥运村外的运动员的食品和营养也出了问题。

在温哥华，常规程序得到了改进，但最重要的还是如何落实到运动队中。在日常训练和赛前准备时更多地接触运动员，给予有特殊需求的队员更多的关注，营造了一个全然不同的局面。我们也可以借鉴 2008 年参加北京奥运会的成功经验。（研究访谈，2010 年 1 月 6 日）。

在温哥华冬奥会上，挪威队队员生病和受伤的几率创下了历史最低纪录。处理突发事件的常规程序也落实到位（Hanstad *et al.*，2011）。有患病迹象的运动员被送走，并且在后勤队伍中配备了营养专家。

心理因素（包括目标设定过程和高期望值）

在都灵冬奥会中，过于宏大的目标都没有实现，而没能达到预期目标动摇了队伍信心，带来了悲观情绪。温哥华冬奥会前，有政策明确指出，领队、教练员和运动员都不要有过高期望，避免期望过高会增加心理压力，并在每项运动中落实政策，确保目标合理。队里加强了心理辅导和心理素质训练。如果开局不利，运动队也做好了心理准备，以减少负面心理影响。“我多次参与奥运会的心理辅导。队友在开赛前几天的比赛成绩不理想显然对其他队员有很大影响”（研究访谈，2010 年 2 月 2 日）。访谈显示，尽管挪威队在比赛的前几天表现不如人意，但这并没有影响团队的信心。“我确信，我们终将赢得奖牌，并且将这份信心传达给了每个队员”（研究访谈，代表团团长，2010 年 4 月 22 日）。

教练指导和领导力（包括集体情绪和整个团队的人际关系）

领队和教练的职责是协调、帮助队内主教练和运动员。都灵冬奥会的教训是领队和教练职责分工不明确，他们的处事方法和交流方式也各不相同。“在都灵，有位“奥林匹亚之巅”的教练我以前从未见过。我们彼此互不了解，因此，很难在至关重要场合通力合作。”（研究访谈，2010 年 1 月 8 日）。不同体育项目队之间缺乏良好的团队精神，引发一些矛盾冲突。和备战 2008 北京夏季奥运会一样，在温哥华冬奥会之前，我们将教练员执教能力和职责培养作为重点。在奥运会期间，这一举措体现了团队新的领导能力。“不同项目队教练和领队间积极的人际关系营造出安全感”（研究访谈，2010 年 4 月 29 日）。如果多数运动员都住在同一地点，整体的团队感就会提升。

媒体方面（包括运动员接受媒体采访和媒体报道）

挪威队和媒体的关系在协议中有着详细规定。尽管如此，在都灵时，挪威队与媒体的关系很紧张。挪威媒体大肆宣扬挪威队没有达到预期的目标，队员的疾病也成为报道的重点。“队员们翻开挪威报纸时，首先看到的就是他们的负面新闻”（研究访谈，2010 年 2 月 2 日）。医护人员的报道占据了过多的版面。在温哥华冬奥会之前的几年时间里，媒体与运动队发言人和运动员间建立了新的协调联系机制。此外，运动员也接受了培训，知道如何应对媒体。2010 冬奥会期间，记者（Hanstad and Skille，2010）和新闻专员（集体访谈，2010 年 4 月 22 日）都发现合作比预想的还要顺利。但是，媒体总爱过度关注某些事件，因此运动员还是觉得媒体是造成压力的因素之一（Kristiansen *et al.*，2011）。

Leopkey and Parent 的研究（2009a）指出，各利益相关方（包括代表团/参赛队）发现有 15 类风险问题。其中一些类别与本章讨论的访谈结果一致：基础设施、媒体、人际关系、人力资源（本文中的教练指导）、相互依存，由于本研究是关于参赛队的，风险当然还有体育本身。Leopkey and Parent 的研究中提到的其他九类（环境、经济、历史遗留问题、运营、组织、参与、政治关系、政策威胁和政治透明度）要么不相关，要么属于更为宏观的筹划。

我们的受访者并没有对上述讨论的五种风险问题进行排序，但他们都指出疾病是挪威奥运代表队的头号风险因素。下面我们将以疾病预防为例阐述风险管理策略。

风险管理策略：如何处理队内疾病

运动员的伤病预防在奥运会前关键几周至关重要。挪威队在都灵冬奥会上表现失常的主要原因是疾病和健康因素（Hanstad，2006；Hanstad and Engebretsen，2007）。基于都灵的经验，“奥林匹亚之巅”制定策略，做好运动员在 2010 年温哥华冬奥会赛前和赛中的疾病预防（Rønsen，2010）。

Leopkey and Parent（2009b）强调制定应对风险策略或战术的必要性。他们从组织者的视角提出七种风险处理策略：减少、避免、重新配置、扩散、预防、法律保护、及关系调解。根据受访者（他们均参与组织温哥华参赛队）的观点，我们认为其中三条策略与本研究相关：减少，避免和关系调解。

减少：针对征战温哥华冬奥会运动员的健康问题，“奥林匹亚之巅”有着清晰的组织目标：挪威队应拥有运动医学、运动营养学和运动心理学领域最一流的专家。因此，选拔出一支拥有最高技术水平、最佳组合的医疗队，由运动医学、运动营养学和运动心理学的专家组成（人员配置）。对减少疾病策略的重视还体现在医疗队领队是预防医学专家，而都灵冬奥会时医疗队领队却是骨科医生。

首席医务官（CMO）对医疗队员进行培训，落实指导方针，在各专项运动队中开展信息宣传活动（Rønsen，2010）。基于都灵冬奥会的失败经历，关于居住条件、单间、整体卫生（包括食品安全）的特殊考虑均在奥运会赛前训练和奥运会期间得到落实。在惠斯勒奥运村中，医疗队需要制定更加细致的规章制度，并时刻提醒运动员和教练员严格遵守制度、防范疾病的重要性。赛后的采访证实了常规工作的有效落实。

一名医疗队员讲述了简单常规工作可以有效预防疾病：

> 比赛和训练后及时补充饮料和食物可以使运动员身体恢复并预防疾病，这是一项成功因素。随行人员还在训练或赛后立即为运动员送上干衣服，因为人体免疫系统此时最脆弱。

所有运动员都注射疫苗（例如甲型 H1N1 流感和季节性流感疫苗注射）。2009 年秋季，挪威整个社会和奥运队都十分重视预防猪流感，运动员则格外小心。队里普遍使用消毒洗手液和湿纸巾，疾病预防方法也在队里广泛流传。所有有望入选温哥华奥运队队伍的成员都接受筛查，有呼吸道疾病的运动员都被继续跟进检查（防控）。同时还建立一套防控系统，一旦发现队中成员（包括教练员和后援人员）有感染迹象，便立即隔离。在奥运会期间，任何教练员和运动员生病或有生病迹象都要搬离奥运村。

避免："奥林匹亚之巅"为运动队配备了在伤病评估和治疗领域卓越的医护专家，同时也配备了与运动成绩相关的营养学与心理学领域高水平专家。在温哥华冬奥会的备赛和比赛期间，在调研和评测的基础上，采取一系列措施避免疾病。这些措施包括跟进检查有呼吸道疾病的运动员，筛查他们是否患有哮喘和过敏，为易生病的运动员安排单独居室。个人项目运动员的评估包括确定运动员对特定伤病防治的特殊需求，采取具体措施使每位运动员达到最佳健康和竞技状态。奥运期间继续采用这些步骤。

关系调解："奥林匹亚之巅"的医疗队员与每个单项体育组织、每个国家队的医疗队团结合作，尽量避免伤病发生（嵌入式合作）。医疗队和运动队间建立了信任和和谐的关系，这似乎是运动队成功备赛和疾病防控的核心要素。在都灵冬奥会前，一些运动队将"奥林匹亚之巅"委派的健康服务人员视为新人或"陌生人"。这些健康服务人员没能与运动员和教练员建立起必要的和睦关系。温哥华冬奥会的准备工作则强调健康医疗队和运动队间关系和谐的重要性。医生、营养师和运动心理学家与运动队至少相处 16 个月，更好地融入队伍中。在都灵冬奥会，受疾病困扰最多的是越野滑雪队。因此，在温哥华冬奥会，他们受到了特别关注。"奥林匹亚之巅"决定让全队的首席医务官兼任越野滑雪健康医疗队的负责人。

一位滑雪运动员因为出现了疾病症状而选择不参加比赛，即使他是夺得奖牌的热门选手。重视建立运动员和医疗队之间的良好关系和信任可以从这一事例中可见一斑（Kvamme，2010）。

"奥林匹亚之巅"的医疗队与越野滑雪队和其他运动队建立了更亲密的合作和更持久的关系，能够确保疾病预防措施的切实落实。在温哥华冬奥会上，还建立了一项新的疾病沟通机制。在都灵，因一些医疗队成员的报道多见于媒体，队员患病的事态进一步恶化；在媒体见面会上，一些运动项目的医生会发布"今日医疗简报"。在温哥华冬奥会前，"奥林匹亚之巅"的医疗队和媒体组都讨论了医疗队成员的"出镜率"。大家最终明确，公开透明固然重要，但也必须适度，避免健康问题引起过多关注。

管理以达到最佳竞技状态

在高水平体育比赛中，成败之间只相差毫厘，略微的优势可能是成功的关键。那些在其他场合可能被忽略的微不足道的细节可能会对结果产生重大的影响。风险可被看作是不确定因素引起的负面结果。没有一项活动是完全没有风险的，风险管理也不能期望将风险水平降为零，那不现实（Fuller，2007）。但是，计划参与者并不使用"风险"一词。即使他们也关注所谓的"忧虑"或"威胁"，但"风险"和"风险管理"等术语已成为他们日常词库的一部分。

在小组访谈中，“奥林匹亚之巅”的一名负责人表示，他觉得用“风险管理”这个词很奇怪：

> 我们在工作中从不用“风险”一词。风险是防御性的，容易让人误解我们在“奥林匹亚之巅”的工作。我认为，我们更关注超越他人的机会。在温哥华冬奥会之前，我从未考虑过风险。我所想的是机遇、机遇和机遇。

领导小组其他成员的措辞虽略有不同，但都认为“奥林匹亚之巅”的筹划和准备工作重点是机遇。对于参加奥运会国家队来说，机遇就是寻找能超过其他国家队的优势，所以机遇应与风险一样，都是工作重点。然而，在访谈中，相对于风险管理，我们弱化了机遇。这也许是因为都灵的惨痛教训，我们必须极尽所能地避免悲剧再次上演。

同样，项目管理领域的相关文献也最关注风险研究，较少关注如何利用机遇（Olsson，2007）。Hopkin 认为，组织机构应继续寻找机遇，并时时认识到“良机充满着风险”（2010，P. 331）。这种观点与以往的研究不谋而合。风险管理也许会发现机遇（Bowdin *et al.*，2006）。

然而，将风险最小化也可能导致错失存在一定风险的良机（Besley and Maitreesh，2005）。对于备战体育赛事（如奥运会）的团队来说，重要的是风险与机遇的权衡意识，有得必有失。

个案研究 14.1

用科技评价体育运动：将成绩评定技术融入高水平单板滑雪 U 型池赛项目

Jason Harding
格里菲思大学

单板滑雪 U 型池赛并不是奥运会的传统项目。比赛要求参赛者在 U 型池雪面上做一系列空中技巧（图 14.1），采用完全主观的“整体印象”评分法评定成绩。这项运动注重美感（Best，1978），运动员完成规定技术动作的方式至关重要（Wertz，1979）。单板滑雪和其他滑板运动一样，是一种体育运动，同时也是一种生活方式和艺术。单板滑雪在 1998 年成为奥运会的正式比赛项目。相对于传统奥运会项目，单板滑雪最初只是一种新兴的体育运动，但这个项目现已发展成熟，和相对传统的比赛项目并驾齐驱（Popovic，2006）。起初，单板滑雪呈现出纷繁复杂的亚文化，与当时的其他奥运会项目大相径庭。然而，这项运动逐渐开始转向传统模式，有正式的规则、组织管理和可接受行为的准则（Popovic，2006）。即使单板滑雪界的超凡技巧依然由核心成员评判界定，但至今这项运动还在继续传统化的进程，尽管单板滑雪运动骨子里还保有着无政府主义、不循规蹈矩和朋克摇滚的意识（Harding *et al.*，2008b），但这项运动已成为被广泛认可的奥运会正式比赛项目。

奥林匹克运动接纳年轻人喜爱的体育项目，这对其维持与世界的关联性具有重要意义。然而，许多登上奥运舞台的此类运动项目都需要主观评定成绩。从奥运会的视角来看，主观成绩评定不一定准确，也不一定可靠，也容易被幕后操纵，滋生腐败。再者，奥林匹克运动过去也出现过主观评判造成的有争议性比赛结果（如拳击、体操和滑冰运动）。鉴于以往的问题，我们需要更客观的成绩评定流程，将技术或其他手段所提供的革新的评判标准纳入成绩评定。所以到目前为止，U型池单板滑雪的教练员如何评估运动员的进步，以及裁判员如何判断比赛成绩的方法仍具有争议，值得进一步商榷（其他所有依赖主观评分的体育项目也是如此）。新科技或新发明的出现会改变比赛规则，而探讨并认清规则改变所带来的结果是成绩评判一体化进程中的重要而又时常被忽视的方面。此外，实践共同体（本文中是指那些与体育项目直接相关人员）不仅应该有机会在论坛中表达观点，影响决策者决策，还应该对制定新规则有一定的影响力。

图14.1　美国职业单板滑雪运动员参加澳大利亚佩里舍U型池锦标赛波顿公开赛
来源：海蒂·巴贝（Heidi Barbay），2008

自2006年以来，单板滑雪评估标准客观化的相关学术研究和产业活动均有所增加。例如，虽然单板滑雪U型池赛依据纯主观标准评分，但是有研究显示，平均腾空时间和平均转体度数的客观关键成绩指标和主观判定的比赛成绩呈强正相关。腾空时间以秒计算，是运动员完成空中技术动作所用的时间，而转体度数以度为单位，是运动员在腾空时间内完成的周数。对澳大利亚单板滑雪U型池锦标赛波顿公开赛男子和女子运动员三年比赛成绩（2006，2007，2008）进行分析发现，平均腾空时间和平均转体度数二者结合可以解释男子运动员主观比赛分数的71%～79%，女子运动员主观比赛分数的80%～94%。此外，最终排名前三（登上领奖台）的运动员和未进前三的运动员相比，他们的平均腾空时间和平均转体度数存在显著差异（Harding and James，2010a）。基于上述研究结果，此类客观数据可以作为改进精英级单板滑雪U型池比赛分数评定的一部分。然而，此项研究采用视频和视频分析软件统计数据。视频数据的采集和后运行处理不是自动完成的，耗时费力，信息反馈的延迟时间较长。因此，通过视频获取的客观数据不能快速地传给裁判员。

然而，得益于近年来的技术进步（如微技术与信号处理技术的结合使用），现在能够自动处理客观数据信息（即腾空时间和转体度数）。两个独立的研究表明，微技术和信号处理技术可以自动计算出精英级单板滑雪U型池赛中的腾空时间和转体度数（Harding *et al.*，2007，2008a），从而解决了通过视频获取同样数据信息的时间延迟问题。这是技术结合的成功案例，它的使用有助于消除这项赛事中可能出现的争议性结果，提高目前主观评分的准确性和可靠性，至少，裁判员可将其用于辅助评分。但是，体育科学技术的进步会去除体育项目的艺术表现部分，从而将表演的吸引力简化为一系列的数学方程，这是许多运动项目圈内人士的主要担忧所在（Brodie，2008；Miah，2000；Morgan，1994；Tenner，1996）。或许体育中此类改革倡议的一个不容忽视的问题是，实施改变后的不可逆性（Miah，1998，2000）。正因为如此，运动员、教练员、裁判员和运动项目管理机构往往不愿意采用新设备和新的成绩评测技术（Chi *et al.*，2005）。

在许多情况下，特定体育项目的规则必须改变，以适应新科技和创新理念。此外，我们常需要说服运动员、教练员和裁判员，使之相信他们之间的合作有助于提高该体育项目的主流接受度和成绩评定可信度（Fuss，2008）。单板滑雪U型池项目的自身特点使这一问题更为复杂。此项运动潜在的意识形态是无政府主义和反极权主义，关注自我表达，彰显个性，圈内人士都非常清楚如何评判运动员的表现。因此，将新技术引入单板滑雪U型池项目（无论是用于训练还是比赛中的成绩评定）都将无疑为执行者和受影响的相关人员带来挑战（Harding *et al.*，2009）。正如Miah and Mitchum（2005）所指出的，在技术改良或其他变革实施之前，都应该充分讨论一个运动项目未来的发展方向，充分论证划定改良界限。确定谁应该拥有运动项目本质的决定权应该不是一件难事。看来当务之急是变革执行者能站在那些受变革影响者的角度，忧其所忧，并确保实践共同体有机会在能够影响决策者的论坛中表达自己的观点（Morgan，1994）。不仅如此，实践共同体还应拥有将任何创新理念融入体育项目的发言权（Fuss，2008，Miah，1998；Miah and Mitchum，2005；Morgan，1994）。

在客观评判奥运会比赛项目呼声越来越高的时代，单板滑雪U型池赛是否能永远采用主观评定成绩的方法还未可知。鉴于此，一些研究人员开始着手征集国际社会的广泛意见，调查精英级单板滑雪U型池赛裁判员对推进改善当前主观评定成绩可能性的看法。本研究的重点是与实践共同体建立并保持联系，主张采用与体育项目的文化精神内涵相一致的平衡方法。此外，本研究还组织精英级比赛的裁判员座谈会，方便他们交流对项目内技术变化的潜在影响和未来管理的看法。在撰写本个案研究报告的同时，这个项目还在继续，但一些重点研究主题正不断涌现。仅采用客观评分法的自动化评判系统遭到强烈反对。一名裁判员的回应反映了大多数人的心声："这将是单板滑雪U型池项目的死期"。对于这一提议的这种普遍反应也许与抽样人群的既得利益有关，裁判员们也许会认为，如果他们可以被自动化评判系统取而代之，那么他们的职业将会受到威胁。这种回应更有可能与既定权利有关——保持单板滑雪的文化精神和实践共同体所提倡的这项运动的本质。

一名裁判员警告道：

> 当我们沿着单板滑雪运动与科技结合的道路上继续前进时，我们必须非常小心谨慎。如果使用不当，此举很有可能毁掉这项运动现有的纯洁性。

然而，将技术和当前主观评判标准相结合受到青睐，前提是这种结合不妨碍运动员自由表达个性。一位裁判员说：

> 我看到了在单板滑雪赛事中不断应用新技术的巨大潜力，这样可以得出更为精确的结果，（但）前提条件是运动员的独立性和创造性不受影响。

最重要的是，赛事裁判员并不反对二者结合，但大家普遍认为，在推进科技和体育进一步融合时，应与这个圈子的内部人士紧密合作，这一进程的推动力应该来自体育项目内部。

结　语

本章阐述了国家队在参加重大赛事时所面临的挑战。我们采用个案研究法，研究挪威国家队如何备战 2010 年温哥华冬奥会，找出风险管理问题和风险处理策略。2006 年都灵冬奥会的失败经历成为学习和进步的重要转折点。挪威国家队找出存在的风险，采取措施有效地避免了消极事件的发生。

本研究丰富了现有的风险管理研究，主要有如下三方面的贡献。

大多数文献都以组织者的视角研究风险管理，包括“战略性地预测、防范、减少并制定应对计划消除或减轻已知风险，以此评估赛事及各利益相关方所有可能遇到的风险”（Leopkey and Parent，2009b，P. 1999）。参与者的视角完善了风险管理研究的视角。从参赛方的角度来看，风险管理不仅仅是积极主动的过程，提高应对突发事件的能力也至关重要。

然而，正如 Perminova 等人指出的那样（2008，P. 77），传统的规划和风险分析不能充分把握所有未来的突发情况。他们认为成功的风险管理的关键是反思性学习和灵活应对的意识。本研究强调了组织结构特点在保障这些步骤顺利运行的重要作用，还格外重视人际关系的本质。一个奥运代表队由许多人、团队和各运动项目队组成，在参加像奥运会这样的大赛过程中，大家都面临巨大压力。有效管理所有已知风险的关键是在对彼此的能力相互信任和了解的基础上，建立良好的人际关系。

最后，虽然本研究的着眼点是风险预防，但在研究过程中发现另一研究主题，即充分利用机遇的能力，这些机遇蕴含在参赛队所面临的不确定因素中。这是另一个风险管理研究的战略维度，本文不能在此展开研究。这一主题在一般项目管理领域也鲜有研究。

讨论问题

1. 设想一下，你是全国或国际比赛中一支参赛队的负责人，你认为主要风险是什么？

2. 找出你所熟悉的赛事中的风险管理问题。假设你是赛事组织委员会的负责人，你可能采取哪些风险管理策略？

3. 这些策略会如何影响机遇？又如何会带来新风险？

4. 规则的变化会对比赛本身、比赛结果或观众参与体育的方式产生正面或负面影响，讨论一下存在这种情况的其他体育项目。

5. 在体育项目中融入科技或改变规则会对运动项目本身、比赛结果或观众参与度产生积极作用。请举一例，并说明你认为这种变化带来积极影响的原因。

6. 在体育项目中融入科技或改变规则会对运动项目本身、比赛结果或观众参与度产生消极作用。请举一例，并说明你认为这种变化带来消极影响的原因。

重要术语

- 风险
- 风险管理
- 体育赛事
- “奥林匹亚之巅”

延伸阅读

Appenzeller, H. (2005). *Risk management in sport: Issues and strategies* (2nd edn). Durham, NC: Carolina Academic Press.

Herb Appenzeller provides a good introduction to risk management issues and strategies in sport.

参考文献

Ammon, R. Jr., Southall, R. M. and Blair, D. A. (2004). *Sport facility management: Organizing events and mitigating risks.* Morgantown: Fitness Information Technology.

Andersen, S. S. and Hanstad, D. V. (2013). Project-based learning in a mindful organization.

Appenzeller, H. (2005). *Risk management in sport. Issues and strategies* (2nd edn). Durham, NC: Carolina Academic Press.

Atkinson, M. and Young, K. (2002). Terror games: Media treatment of security issues at the 2002 Winter Olympic Games. *Olympika*, XI, 53 – 78.

Barnes, S. (2010). Well done, Canada, you Own The Podium. *The Times*. Available at www. timesonline. co. uk/tol/sport/columnists/simon_barnes/article7041547. ece, accessed 20 September 2010.

BBC(2010a). Canada revel in record gold medal haul. *BBC*. Available at http://news. bbc. co. uk/sport2/hi/olympic_games/vancouver_2010/8539912. stm, accessed 10 June 2010.

BBC(2010b). Vancouver bids Olympics farewell. *BBC*. Available at http://news. bbc. co. uk/sport2/hi/olympic_games/vancouver_2010/8542068. stm, accessed 20 June 2010.

Besley, T. and Maitreesh, G. (2005). Incentives, risk and accountability in organizations. In B. Hutter and M. Power (Eds), *Organizational encounters with risk*(pp. 149 – 166). Cambridge: Cambridge University Press.

Bowdin, G., Allen, J., O'Toole, W., Harris, R. and McDonnell, I. (2006). *Event management*(2nd edn) Amsterdam: Elsevier.

Brodie, M., Walmsley, A. and Page, W. (2008). Fusion motion capture: A prototype system using inertial measurement units and GPS for the biomechanical analysis of ski racing. *Sports Technology*, 1(1), 17 – 28.

Chang, P. C. and Singh, K. K. (1990). Risk management for mega-events. The 1988 Olympic Winter Games. *Tourism Management*, 11(1), 45 – 52.

Chappelet, J. -L. (2001). Risk management for large-scale events: The case of the Olympic Winter Games. *European Journal for Sport Management*, 8(Special Issue), 6 – 21.

Chi, E. H., Borriello, G., Hunt, G. and Davies, N. (2005). Pervasive computing in sports technologies. *IEEE Pervasive Computing*, 4(3), 22 – 25, July/September.

Fuller, C. W. (2007). Managing the risk of injury in sport. *Clinical Journal of Sport Medicine*, 17(3), 182 – 187.

Fuller, C. W. and Drawer, S. (2004). The application of risk management in sport. *Sports Medicine*, 34(6), 349 – 356.

Fuller, C. W. and Myerscough, F. E. (2001). Stakeholder perceptions of risk in motor sport. *Journal of Safety Research*, 32(3), 345 – 358.

Fuss, F. K. (2008). Instrumentation of athletes and equipment during competitions. *Sports Technology*, 1(6), 235 – 236.

Futterman, M. and Helliker, K. (2010). The mystery of Norway. *The Wall Street Journal*. Available at http://online. wsj. com/article/SB10001424052748704188104575084093472505542. html? mod = WSJ_olympics_LeftTopHeadlineHighlights, accessed 10 May 2010.

Getz, D. (2005). *Event management & event tourism*(2nd edn). New York: Cognizant Communication Corporation.

Giulianotti, R. and Klauser, F. (2010). *Security governance and sport mega-events*: Toward an interdisciplinary research agenda. Journal of Sport and Social Issues, 34(1), 49 – 61.

Hanstad, D. V. (2006). *Olympiatoppens planlegging og gjennomfφring av vinterlekene i Torino* 2006 [*Olympiatoppen's planning and implementation of the* 2006 *Olympic Winter Games in Turin*]. Oslo: Norwegian School of Sport Sciences.

Hanstad, D. V. and Engebretsen, L. (2007). *Sykdom i OL-troppen i Torino* 2006 [*Illness in the Olympic Team in the* 2006 *Olympic Winter Games in Turin*]. Tidsskrift for Norsk Lægeforening, 127(5), 614 – 616.

Hanstad, D. V., Rφnsen, O., Andersen, S. S., Steffen, K. and Engebretsen, L. (2011). Fit for fight? Illnesses in the Norwegian team in the Vancouver Olympic Games. *British Journal of Sports Medicine*, 45(7), 571 – 575.

Hanstad, D. V. and Skille, E. (2010). *Journalisters syn päsamarbeidet med den norske OL-troppen under vinterlekene i Vancouver* 2010 [*Journalists' views on the collaboration with the Norwegian Olympic Team during the* 2010 *Olympic Winter Games in Vancouver*]. Norsk medietidsskift, 17(4), 348 – 363.

Harding, J. W. and James, D. A. (2010). Performance analysis during three years of The Burton Open Australian Half-Pipe Championships. *International Journal of Performance Analysis in Sport*, 10(1), 47 – 53.

Harding, J. W., Mackintosh, C. G., Martin, D. T., Hahn, A. G. and James, D. A. (2009). Automated scoring for elite half-pipe snowboard competition-Important sporting development or techno distraction? *Sports Technology*, 1(6), 277 – 290.

Harding, J. W, Mackintosh, C. G., Hahn, A. G. and James, D. A. (2008). Classification of aerial acrobatics in elite half-pipe snowboarding using body mounted inertial sensors. In M. Estivalet and P. Brisson (Eds), *The Engineering of Sport* 7, Vol. 2 (pp. 447 – 456). Springer-Verlag, France.

Harding, J. W., Toohey, K., Martin, D. T., Hahn, A. G. and James, D. A. (2008). Technology and half-pipe snowboard competition-Insight from elite-level judges. In M. Estivalet and P. Brisson (Eds), *The Engineering of Sport* 7, Vol. 2 (pp. 467 – 476). Springer-Verlag, France.

Harding, J. W., Small, J. W. and James, D. A. (2007). Feature extraction of performance variables in elite half-pipe snowboarding using body mounted inertial sensors. In D. V. Nicolau, D. Abbott, K. Kalantar-Zadeh, T. Di Matteo and S. M. Bezrukov (Eds), *BioMEMS and Nanotechnology III*, Proceedings of SPIE (Vol. 6799). Bellingham, WA: SPIE, 679917.

Hopkin, P. (2010). *Fundamentals of risk management.* London: Kogan Page.

Kristiansen, E., Hanstad, D. V. and Roberts, G. C. (2011). Coping with the media at the Vancouver winter Olympics: 'We all make a living out of this'. *Journal of Applied Sport Psychology*, 23(4), 443 – 458.

Kvamme, S. (2010). *Hattestad grät da han ga fra seg plassen* [*Hattestad cried when he resigned not available to the competition*]. Dagbladet. Available at www.dagbladet.no/2010/02/23/sport/ol_i_vancouver/ol_2010/10548234/, accessed 20 November 2010.

Leopkey, B. and Parent, M. M. (2009a). Risk management issues in large-scale sporting events: A stakeholder perspective. *European Sport Management Quarterly*, 9(2), 187 – 208.

Leopkey, B. and Parent, M. M. (2009b). Risk management strategies by stakeholders in Canadian major sporting events. *Event Management*, 13(3), 153 – 170.

Miah, A. (2000). New balls please: Tennis, technology, and the changing game. In S. Haake and O. A. Coe (Eds), *Tennis science and technology* (pp. 285 – 292). London: Blackwell Science.

Miah, A. and Mitchum, C. (2005). Sport technology: History, philosophy and policy. *Journal of the Philosophy of Sport*, 32, 223 – 226.

Morgan W. J. (1994). *Leftist theories of sport: A critique and reconstruction.* Urbana, IL: University of Illinois Press.

Olsson, R. (2007). In search of opportunity management: Is the risk management process enough? *International Journal of Project management*, 25(8), 745 – 752.

Perminova, O., Gustafsson, M. and Wikström, K. (2008). Defining uncertainty in projects-A new perspective. *International Journal of Project Management*, 26(1), 73 – 79.

Popovic, M. (2006). From Terje to the flying red tomato: Snowboarding's incorporation into the Olympic Games. *In Proceedings of the 8th International Symposium for Olympic Research, The International Centre for Olympic Studies*, The University of Western Ontario London, Ontario, Canada, 19 – 21 October (pp. 273 – 278).

Preuss, H. (2004). *The economics of staging the Olympics: A comparison of the games 1972 – 2008.* Cheltenham: Edward Elgar.

Rϕnsen, O. (2010). *The CMO's strategic plan on health care for the Norwegian Olympic Team.* Oslo: Olympiatoppen.

Taylor, T. and Toohey, K. (2006). Impacts of terrorism-related safety and security measures at a major sport even. *Event Management*, 9(4), 199–209.

Taylor, T. and Toohey, K. (2007). Perceptions of terrorism threats at the 2004 Olympic Games: Implications for sport events. *Journal of Sport & Tourism*, 12(2), 99–114.

Tenner, E. (1996). *Why things bite back: Predicting the problems of progress*. London: Fourth Estate.

Toohey, K. (2008). Terrorism, sport and public policy in the risk society. *Sport in Society*, 11(4), 429–442.

Toohey, K., Taylor, T. and Choong-Ki, L. (2003). The FIFA World Cup 2002: The effects of terrorism on sport tourists. *Journal of Sport & Tourism*, 8(3), 167–185.

Walker, M. L. and Stotlar, D. K. (1997). *Sport facility management*. Sudbury, MA: Jones & Bartlett Publishers.

Wertz S. K. (1979). Are sports art forms? *Journal of Aesthetic Education*, 13(1), 107–109.

Wideman, M. R. (1992). Project and program risk management: *A guide to managing project risks and opportunities*. Newton Square, PA: Project Management Institute.

第 15 章 高水平竞技体育中对于提高运动成绩的药物管理

Jason Mazanov
新南威尔士大学

学习目标

阅读本章后，读者将能够：

1. 解释体育领域中普遍使用提高成绩药物的原因；
2. 讨论各种解释运动员使用提高成绩药物的模型及其对高水平竞技体育管理者的启示；
3. 描述体育领域中使用提高成绩药物管理实施的政策背景；
4. 讨论《世界反兴奋剂条例》对管理的影响。

概　述

本章旨在为高水平竞技体育管理者提供必要的背景知识，以便他们根据提高成绩药物在各自体育项目中的作用制定政策和实施决策。在此，我们将管理者视为政策领域的参与者，他们不仅影响着其所在的体育项目，还影响着整个高水平竞技体育领域。本章主要研究提高成绩药物使用的普遍性，解释运动员使用该类药物的原因，同时探讨了《世界反兴奋剂条例》对管理的影响。本章讨论的问题包括：反兴奋剂的道德基础；兴奋剂赛外检查对人权的影响；申诉过程中所遇到的各种举证要求；《世界反兴奋剂条例》要求的举报义务与健康专业人员照顾病患的职责间的冲突；以及反兴奋剂的其他政策。

提高运动成绩的药物（PED）

打造当今高水平运动员必不可少的一个环节就是：从选才到训练，再到设备，都采用提高运动成绩的技术。尽管大部分提高运动成绩的技术赢得广泛赞同（如“澳大利亚 2 号”的带翼龙骨），但有些技术被认定为对比赛有负面作用，这些技术则被禁用（如“鲨鱼皮”泳衣）。在高水平竞技体育领域，有一类提高运动成绩技术的管理与其他技术的管理有所不同，那就是药品。有些提高成绩的药物是符合规定的（如咖啡因），而有些则是违禁的（如合成代谢雄性激素类固醇）。这意味着必须要对优秀运动员使用提高运动成绩的药物进行管理，以确保所用药物合法，避免使用违禁药品。

使用提高成绩药物的情况有下列三种。第一，健康运动员为了寻求成绩突破（如个人最好成绩）而使用药物。例如，促红细胞生成素可使越野滑雪运动员增强耐力。第二，健康运动员将使用药物作为一种防范措施，以提高免疫力或避免受伤。第三，患病运动员使用药物将成绩恢复到一定水平。这第三种情况包括使用药物治疗伤病（如合成代谢类固醇），止痛（如局部麻醉注射），或缓解慢性病（如用 β－受体阻滞剂抑制比赛焦虑）。

普遍率

体育界药理学的军备竞赛意味着没有使用药品提高运动成绩的高水平运动员很有可能在竞争中处于劣势。因此，提高成绩药物的使用成为为运动员服务的体育科学的重要部分，使用提高成绩药物的现象十分普遍。在曾经通过了悉尼（Corrigan and Kazlauskas，2003）和雅典（Tsitsimpikou *et al.*，2009）奥运会药检的运动员中，大约有 75% 自我报告称曾使用过至少一种补充剂或药物，由此可以窥见使用合法提高运动成绩物质的普遍性。此类自我报告研究存在固有误差，这意味着实际人群的用药比例在 75% 以上。举一个具体例子：在赛场上任何一组短跑选手中，8 人中至少有 6 人服用了补充剂或合法药品以提高运动成绩。没有服用增强物质的一两名运动员可能在竞技中处于劣势，从而严重影响到对他们投资（如政府或赞助商的财政支持）的回报。

一些提高成绩的药物是治疗用药，可以在医生监督下安全使用。例如，Harmer（2010）声称，在医生监督下使用合成代谢雄性激素类固醇极少引起或根本没有副作用。未在合格监督下用药才会出现问题。例如，教练员出于善意向运动员提供药品，但他们也许并不知道除了提高成绩之外，这些药还有的其他效果。这很可能导致药物滥用（如本着“好东西多多益善”的原则开药过量）。当然，我们希望反兴奋剂会使高水平竞技体育领域杜绝这种做法（见下文“无药体育”的发展），但对于这个问题管理者们还是要时刻警惕。

如果运动员在没有监管的情况下使用此类物质，滥用药物的风险就会增大。有些运动员在此情况下十分谨慎，他们对所用药物进行广泛研究，从而懂得药理知识（Stewart and Smith，2010）。有些运动员不负责任地服用多种药物，在不了解的情况下用药，会导致药物滥用的真正危险——滥用提高成绩的药物会严重影响身体健康。尽管 Harmer（2010）指出，在监管之下使用蛋白同化雄性类胆固醇是相对安全的，但大量研究表明滥用此药物对健康不利（George and Mottram，2011），且这种不良后果会发展成为药物依赖（Kanayama *et al.*，2009）。

大多数药物滥用（如合成代谢雄性激素类固醇）可能会对身体造成严重损害，这些药物已被《世界反兴奋剂条例》列为违禁药物（见下文《世界反兴奋剂条例》概览）。违禁物质的使用率和滥用率基本不为人所知，问题在于对体育界违禁药品使用进行可靠的流行病学分析（Kayser *et al.*，2007；Quirk，2009）。官方基于药检阳性结果比率统计得出的违禁药物使用率非常低。Mottram（2011）发表的国际标准报告显示，1.6%～2.0%兴奋剂检测呈阳性，而这个比例在有些国家更低（如澳大利亚只有0.2%）（ASADA，2010）。

然而，凭借药物检测确定用药率的可靠性不免受到质疑（Mazanov and Connor，2010；Striegel *et al.*，2010），特别是在轶事证据显示的用药率要远高于此的情况下。例如，Lazarus等人（2010）的报告指出，据“曾用过”违禁药物的希腊运动员估计，74.3%的队友曾用过违禁药物；“从未”用过违禁药物的运动员估计52.1%的队友曾用过违禁药物。这组数据与Lazarus等人的研究结果形成鲜明的对比：9.9%的运动员自我报告称“曾用过”违禁药物，2.0%的运动员称“系统地使用”违禁药物。后者与官方数据相符，这说明药检可能只对“系统用药者”奏效，却不太可能检测出其他用药模式。许多研究者致力于开发新的测量方法，建立更为可靠的普遍性指标（如Berglund *et al.*，2007；Simon *et al.*，2006；Uvascek *et al.*，2011），但是到目前为止还没有达成一致。使用违禁药物的比率很有可能高于官方数据，但也没有人们认为的那么高。

用药的压力

将高水平竞技运动员及其后援团队使用提高成绩的药物归因于“为了赢得比赛”（Mazanov and McDermott，2009）的做法过于简单，因为这种药物使用背后的原因更为复杂。一系列心理学、社会学变量有助于我们洞察使用提高成绩药物的压力。本节将描述提高成绩药物使用模型，然后探究这些用药模型（见表15.1）的管理学启示。值得注意的是，这些模型主要用于探究违禁药物使用，因此，也许不能用于解释合法用药。这也说明，这些模型难以解释合法使用提高成绩药物。

表15.1　药物使用模型的管理学启示概述

模型	启示
运动用药控制模型	• 描述是否遵守药物使用管理规定 • 管理（运动员）对药物的支付能力和可获得性会影响用药
运动用药威慑模型	• 管理运动员看待药物使用的成本和效益方式，达到节制用药或使用合法药物的目的
动机模型	• 注重内在动机的体育计划，用药可能性降低 • 注重外在动机的体育计划，用药可能性增加
提高成绩目标周期模型	• 探求药物使用对运动员实现目标的作用 • 使用目标周期来界定干预时机 • 体育计划的社会结构影响药物使用方式（参见动机模型）

续表

模型	启示
社会学模型	• 意识到内部和外部结构对药物使用的影响 • 创建新型的社会结构促进正确行为 • 影响外部结构制约（如游说）
扎根模型	• 完善成绩与报酬间的关系（如养老金） • 提高运动员的药理学素养 • 使运动员意识到管理机构能提供的法律支持 • 正规制裁和非正规处罚相结合，弘扬正气

运动用药控制模型

Donovan 等人（2002）提出运动用药控制模型，这是第一个解释运动员使用提高成绩药物的模型。该模型确立了影响提高成绩药物使用的态度和意图六因素：风险评估（如健康），利益评估（如提高成绩），个人道德准则，执行框架的合法性，关系人群的观点（如资深运动员）和性格特征。这些态度和意图具体表现为遵守或不遵守违禁药品使用规定。是否遵守规定也受支付能力和可获得性的影响。Gucciardi 等人（2011）的研究表明，在抽取的澳大利亚优秀运动员样本中，运动用药控制模型可解释运动员 30% 的用药态度，以及 11% 的用药倾向。还有 70% 的用药态度和 89% 的用药倾向无法解释。

对于管理者来说，运动用药控制模型的价值在于，此模型研究运动员决定是否遵守药物使用管理规定的影响因素，而不研究他们使用何种药物。这一点很重要，因为禁药清单会发生变化。于管理者而言，这一模型的另一重要方面是它提出了支付能力和可获得性的概念。管理者可以通过降低部分药物价格，或者使其更易获得，来控制运动员使用（或考虑使用）的药物类型。这或许是避免处罚的策略，可以有效保护投资回报。

运动用药威慑模型

Strelan and Boec*k*mann 根据威慑理论对遵纪守法的约束提出一个模型（2003：177），该模型仅限于成本效益分析。威慑（成本）包括法律制裁、社会制裁（如排斥）、自我惩罚（如内疚感）和健康问题。还要将这些成本与效益相权衡，包括物质报酬（如奖金）、社会赞誉以及成就满足感。情境因素影响成本与效益的权衡，这些因素包括运动员对用药普遍性的认识（社会规范）、所从事体育项目的竞争激烈度、对于官方执行规定合法性的认识、以及药物种类。权衡过的成本效益分析影响决定。

对运动用药威慑模型的检验显示，运动员会根据不同的假定情景，指出相应的不同用药可能性（Strelan and Boec*k*mann，2006）。道德信念和健康这两个变量解释了自我报告的药物使用可能性 48% 的方差。这说明该模型的基础——法律威慑——并未影响是否用药的决定，整个模型还存在缺陷。然而，这个模型仍指明一系列管理控制能改变的变量。此模型的重点是成本效益分析，这表明，运动员构建变量的方式影响着他们的决定。运动用药威慑模型指出，管理者可通过影响运动员看待成本和效益方式，达到节制用药或使用合法药物而非违禁药物的目的。

动机模型

运动员参与运动的原因会影响其参与方式以及对提高成绩药物使用的态度。基于这个前提，Donahue 等学者（2006）以加拿大国家运动员为样本（年龄 10 – 20 岁），在实证的基础上提出动机模型。研究表明，运动员自称对 30 种（15 种合法，15 种违禁）提高成绩药物使用情况与三个变量相关：内在动机、外在动机和体育精神导向（如遵守正式和非正式规则、尊重官员和尊重对手）。结果表明，内在动机和外在动机二者均影响运动员对公平竞争的重视程度。内在动机与体育精神导向呈正相关，外在动机与体育精神导向呈弱负相关。精神导向与药物使用呈负相关，表明体育精神导向分值越低，越有可能使用提高成绩药物或违禁药物。

动机模型有很大局限性，只探索三个变量（内在动机、外在动机、体育精神导向）的作用，不免忽视其他因素（如运动用药控制模型中考虑的因素）的影响。结果显示，内在驱动型的运动员（如享受参与体育乐趣的运动员）更倾向于遵守正式和非正式规则，因此，使用提高成绩药物的可能性也更低。相反，受工具型动机（外在动机）驱动的运动员更倾向于不遵守正式和非正式规则，也更有可能用药。从管理者角度来看，这些结果表明，若强调内在动机、体育精神以及尊重规则的重要性，使用提高成绩药物的可能性会更低。如若重视物质利益，教条式死守规则则有可能使药物的使用增加。

提高成绩目标周期模型

Petroczi and Aidman（2008）的模型以体育心理学为基础，其核心是考察在实现体育运动目标的过程中，性格因素和系统、情境因素如何影响违禁药物的使用。之所以将用药置于实现目标的框架下，是假设药物使用具有某些功能。也就是说，该模型假设运动员使用提高成绩药物是为了提高运动成绩，而不是出于试验、娱乐消遣或药物依赖等原因。此模型用三个因素解释在实现阶段性目标的周期内（如开始、选择、目标投入、执行、反馈、目标评价与调整、结束或重新开始）的药物使用。这一周期使此模型从描述影响因素（内容），上升为阐明用药行为如何发生（过程）（参见 Huybers and Mazanov，即将发表）。对这些因素的干预可发生在周期中的各个阶段。例如，有一个阶段是目标投入。在此阶段，运动员自问，“我到底多想达到这个目标?”答案因个人性格和系统、情境因素而异。再如，有些运动员也许会“不计一切代价”使用药物，而其他运动员则注重道德，关注比赛成绩的自然性和真实性。此模型目前还没有经过实证检验。

与前几个模型相比，Petroczi and Aidman（2008）的模型有三个重大改进。第一，将药物使用描述为具有目标实现功能，管理者需要考虑各自体育计划中药物使用的不同功能。例如，运动员可能会寻找机会使用提高成绩药物，以延长职业生涯。或者，后援人员可能出于履行与一定成绩要求挂钩的合同而使用药物；如果雇佣合同不包括对成绩的要求，那么后援人员可能就不会提倡运动员使用药物。

第二，此模型可以确定实现目标周期的不同阶段，管理者据此可以了解运动员处于哪个阶段。例如，如果运动员处于“选择”阶段，管理者可以提供一系列提高成绩的方法，影响运动员的决定。提高成绩目标周期模型也基于如下认识：后援人员同运动员一道，发展和执行目标驱动的体育项目，这将改变运动员和提高成绩药物间的关系。

第三，此模型更多强调心理因素，如动机氛围和体育计划文化。例如，Petroczi and Aidman（2008）认为，着力在体育计划中营造良好氛围，营造致力于实现体育运动目标的文化，从而使得用药被公认为不合规范，如此，便会降低药物使用的可能性（参见动机模型）。

社会学模型

Stewart and Smith（2008）提出一个社会学模型。他们认为，使用提高成绩药物是三个结构性制约“圈”共同作用的结果：系统圈、人际圈和人内圈。第一个制约圈（体育系统）是药物使用的背景，包括政府根据“金牌潜力”拨款资助（如运动设施和发展计划），以及民族主义和商业方面对于赛场夺金的期待。这些结构性制约决定了第二个制约圈：人际制约（社会问题），例如体育文化（如为了取胜不惜一切代价）和对越轨行为的社会制裁。在系统制约和社会制约的背景下，第三个制约圈是内在制约，这是对前面模型（如性格，风险评估和道德准则）中提到过的个人因素（心理因素）的自我制约。Stewart and Smith（2010）报告了支持社会学模型的质性证据。

此模型假设管理者不仅需要处理各自体育计划内部关系（如运动员和后援人员），还需要处理与体育计划外各组织机构的关系（如政府机构、全国体育组织或赞助商）。之前的模型都特别重视管理体育计划中的个人或团队。然而，管理者也须留意各自所在的体育计划与其他体育计划的联系，以及建立更广泛的社会联系。例如，高水平竞技体育的管理者可以游说支持或反对禁用清单上某种提高成绩的药物，以此助推自身体育计划的发展（通过使用某种特定药物提高项目的成绩，或禁止竞技对手使用某种药物）。同样，管理者也可以寻求机会开发合法的提高运动成绩药物。再或者，管理者可以调整商业关系，减轻赛场上争金夺银的压力。（这最后一点仍需论证；实际操作也另当别论。）对高水平竞技体育管理者而言，该模型的重要启示是：尽管体育计划受外部因素影响，但管理者可以通过过程政治化（例如：通过游说呼吁修正政策），来控制这种影响。

扎根模型

Mazanov and Huybers（2010）以澳大利亚优秀运动员和后援人员为研究对象，采用扎根理论方法提出一种提高成绩药物使用模型。Mazanov and Huybers 认为，是否用药的决定受四组变量集的影响：（1）用药目的（运动成绩、经济收益以及合同义务）；（2）用药环境（社会影响、信息来源和健康影响）；（3）威慑系统（被检测出用药的可能性，被惩处的可能性）；（4）查处后果（罚款、名誉玷污）。该实证模型与前几个模型中所指出的因素有很强的相关性。

第一组变量集的管理学启示是：需要密切注意体育成绩与报酬间的联系。例如，为减少巨额奖金的诱惑力，专家学者建议运动员的报酬应包括基本工资和存缴的养老金或其他投资（Mazanov *et al.*，2011）。改变成绩与报酬间的关系也许能减少使用提高成绩的药物。

第二组变量集表明，运动员得知药物信息的渠道，尤其是获取药物对自身健康影响信息的途径，会影响他们是否用药的决定。管理者可以尽力确保运动员了解药物对提高成绩的效果和对健康的影响，尤其是要了解药物的相对危险性（见 Gillespie，2011）。这可能要从教授运动员如何认识制药产品披露声明中副作用的危险性开始做起（Huybers and Mazanov，2012）。

第三组变量集表明，健全违禁药品使用的管理制度十分重要。运动员意识到即使他们被发现使用违禁药物，还是有机会侥幸逃脱法律处罚。将信息通告给运动员是必要的，他们应该知道，如果被查出使用违禁药品，他们能从各自所在的体育项目计划中得到哪些法律支持。例如，高水平竞技运动员也许会假定项目中心会动用大笔资金保护在运动员身上的投资，因此使用违禁药物；如果运动员知道实际情形并非如此，也许一些人会打消使用禁药的念头。

最后，运动员应知道被发现用药的结果不仅仅是制裁。例如，除了官方制裁（禁赛），管理者也可在本俱乐部内实行一系列罚款和社会制裁。这可能包括让运动员向自己的队友、粉丝或学校的孩子讲述自己用药的行为，提高成绩药物使用的公开披露的可信度。

“无药体育”的发展

体育界的药物管理方式是由“无药体育”这一社会理想驱动的。个别体育项目一开始就存在着用药问题（如自行车运动；Waddington and Smith，2009），但是有关药物在体育中作用的辩论出现在20世纪20－30年代（Mazanov and McDermott，2009）。尽管在第二次世界大战期间，兴奋剂便用来提高士兵的作战能力（Gahlinger，2004；Houlihan，2002），但是随着药理学、制药技术和电视技术的进步，提高成绩的药物使用才迎来了发展的关键期。奥运会赛事的电视转播见证了用药丑闻曝光，据称是提高成绩药物导致死亡（见 Moller，2010）。滥用药物对健康造成危害，因此，人们越来越反对在高水平竞技体育中使用提高成绩药物。对运动员健康的威胁、对电视转播的收入的影响以及政治环境的共同作用催生了“无药体育”思想的发展。

“无药体育”的理念明确写入由世界反兴奋剂机构监督制定的《世界反兴奋剂条例》（WADA，2009a）。世界反兴奋剂机构一直致力于实现“政策统一”，这样，《世界反兴奋剂条例》才可以始终适用于不同体育项目和不同国家（Houlihan，1999）。政策统一势在必行。在世界反兴奋剂机构成立前期，存在多种体育药物管理方法。例如，田径与自行车运动的政策不同，法国与挪威的政策也不同。政策统一要求政府和体育管理机构，开展一系列活动促进“无药体育”思想的发展，包括赛内和赛外兴奋剂检查、教育和制裁。重要的是，这些活动也扩展到非奥运会项目中，政府对体育项目的支持也可参照是否遵守《世界反兴奋剂条例》的规定（WADA，2009a）。

《世界反兴奋剂条例》概述

《世界反兴奋剂条例》（以下简称《条例》）是高水平竞技体育中如何管理提高成绩药物的起点，在此先说明一下《条例》诞生的政策环境。重要的是，《世界反兴奋剂条例》明确提出，体育相关组织、机构等有责任熟知他们的义务，有效地防止将无知作为违反规定的借口。本节只概述《条例》的基本规定，高水平竞技体育管理者手边应有一份《世界反兴奋剂条例》，以备不时之需，确保自己和员工了解各自的义务，了解致力于“无药体育”的重要意义。

《条例》的目的是保护运动员参加无兴奋剂运动的基本权利，从而增进运动员的健康、比赛的公平与平等，重视兴奋剂探察、遏制和防范（WADA，2009a：11）。条例的主要依据是“体育运动的精神”声明，声明确定了 11 条代表奥林匹克精神本质的价值特征（见表 15.2）。《条例》中没有指明这些价值特征内涵。兴奋剂在根本上与“体育运动的精神”相悖（WADA，2009a：14）。

表 15.2　体育精神价值特征

道德、公平比赛与诚实	奉献和敬业
健康	遵守规则与法律
卓越表现	尊重自己，尊重其他参赛者
人格与教育	勇气
乐趣与愉悦	联合和团结
团队合作	

改编自《世界反兴奋剂条例》

《条例》第 2 条列出了八项可以认定运动员或后援人员构成违犯反兴奋剂规则的情况和行为（见表 15.3）。值得注意的是，第 2.4 至第 2.8 条款也可以影响到后援人员。例如，若后援人员在赛事期间持有违禁药物，则应当受到制裁（第 2.6 条款）。但《条例》没有明确后援人员是否需要像运动员一样寻求治疗用途豁免（Mazanov *et al.*，2008）。同样，如果可以证明明知有人使用违禁药物，却没有上报这一违规行为，那么他也应受到处罚。运动员与后援人员都需要就其责任接受相应的培训。

表 15.3 《世界反兴奋剂条例》第 2 条：违犯反兴奋剂规则

条款	违犯反兴奋剂规则
2.1	药物检查结果为阳性视为违犯
2.2	运动员使用或企图使用某种禁用物质（绝对责任）
2.3	运动员拒绝、未完成或逃避接受样本采集
2.4	违犯赛外检查规定
2.5	篡改或企图篡改兴奋剂检查过程中的任何环节
2.6	拥有禁用物质和禁用方法
2.7	禁用物质或禁用方法的交易
2.8	对任何运动员使用或企图对其使用某种禁用物质或禁用方法，或者是协助、鼓励、辅助、教唆、掩盖使用禁用物质与方法的行为，或其他类型的违犯反兴奋剂规则的行为或任何违规的企图

改编自《世界反兴奋剂条例》

第 3 至第 8 条款规定了检测程序的各项细节。第 9 至第 12 条款说明了违犯反兴奋剂规则的处罚。这些条款分别涉及取消成绩的制裁（包括没收奖牌、积分和奖金）（第 9 条），对个人的制裁（第 10 条），对团体项目中违禁的处罚（第 11 条）和对体育团体的制裁（第 12 条）。第 13 条阐明了上诉流程，第 14 条则列出了对检测结果的保密性和报告的相关内容。第 18 条和第 19 条确立了教育与研究的地位。

高水平竞技体育管理者更关心的是第 20 至 22 条款，这些条款明确了政策领域不同参与者的角色和义务。第 20 条概述了为了使反兴奋剂工作正常运转，各签约方的作用和义务。这些签约方包括国际奥林匹克委员会、各国际单项联合会、重大赛事组织机构和世界反兴奋剂机构。换言之，第 20 条明确了各组织机构承诺该做的（或者不该做的）具体事项。这为我们提供了官方或者非官方消息的来源。第 21 条列出了运动员和后援人员的作用与义务。尽管运动员的作用与义务十分明了（即他们要遵守制度），但管理者需意识到，后援人员面对着更多附加义务。我们将在下文讨论这些义务。第 22 条规定《联合国教科文组织公约》是保证反兴奋剂条例在世界范围内实施的重要因素，并概述了任何不遵守《世界反兴奋剂条例》的惩罚（如违反的国家将被取消申办奥运会的资格）。

《世界反兴奋剂条例》的政策含义和实施

管理体育中提高成绩的药物制度（《世界反兴奋剂条例》和《联合国教科文组织公约》）也带来了新的问题（因此反兴奋剂是“棘手的问题”；Rittel，1972）。本节我们将探讨这些新问题，以及政策本身和政策实施给高水平竞技体育管理者带来的启示。需要注意一点，从高水平竞技体育的角度探讨这些问题和启示与从其他角度（例如社区体育或者兴奋剂检测角度）探讨这些问题和启示有所不同。

《世界反兴奋剂条例》的道德基础

如前文所述，反兴奋剂的道德基础是世界范围内运动员参加无兴奋剂运动的权利，以及促进健康、公平和平等（WADA，2009a：11）。这个道德基础面临重重挑战。第一个挑战是：如果允许运动员使用一些提高运动成绩的药物，他们是否能够真正参加无兴奋剂的运动。使用兴奋剂和合法提高运动成绩药物的唯一区别在于管理层的决策。违禁物质的可变性可以证明这一点；有些物质在过去是违禁药物，然而后来又被允许使用，尽管科学研究表明这些物质有提高运动成绩的效果（例如咖啡因）。第二个挑战是：使用提高运动成绩药物对运动员健康造成伤害的风险实际上小于参加精英体育的风险（例如慢性损伤）（Waddington，2000）。例如，身体接触性运动带来的长期脑损伤就是一个由来已久的问题（Daneshvar *et al.*，2011；Omalu *et al.*，2010）。第三个挑战是：如果体育的目的是追求参与者难以获得的创新（例如背越式跳高技巧），那么体育是否仍旧公平。最后一个挑战是：运动员受到不平等的对待。例如，优秀击剑运动员和职业网球运动员获得的支持（如政府拨款和奖金）大相径庭。体育的本质削弱了兴奋剂的危害，正是这个矛盾动摇了《世界反兴奋剂条例》的道德基础。

由于反兴奋剂缺乏令人信服的道德基础，所以运动员和后援团队便寻求其他的道德理由来反对使用提高比赛成绩的药物。第一个理由是呼吁将体育精神作为一种组织公民行为；运动员应该在体育中做“正确”的事情，也就是维护体育的公正，体育公正高于个人利益（例如按照规定使用提高运动成绩药物）。但是将体育公正放在首位与做“正确”的事情可能不尽相同，特别是在大多数运动员的运动生涯极其短暂，经济回报也不确定的情况下（Mazanov and Connor，2010）。因此，成为一个良好体育公民的道德理由就和高水平竞技体育运动员理性地将个人利益置于体育之上的行为相冲突。

第二个理由是如果对遵守规则没有达成一致意见，体育也就不复存在了（Suits，1973）。问题在于，竞争优势显然可以通过“钻体育规则的空子”来实现。

第三个理由是运动员和后援人员对使用提高运动成绩的药物形成自己的道德观念。正如药物使用模型所示，管理者可能对各自体育计划中的用药规范产生重大影响。同样，管理者也需要对管理机构（例如世界反兴奋剂机构，政府机构和体育联合会）施加影响，构建使用提高运动成绩药物的道德框架，而这一道德框架要符合高水平竞技体育人的“现世经验”（Stewart and Smith，2010）。

赛外检查

一些违犯反兴奋剂规则的行为与实际的药物使用有关，而另一些则与保护反兴奋剂体系的管理机制有关，例如赛外兴奋剂检查。有的药物被新陈代谢，很快就排出体外，但其机能增进作用仍在，为此增设了赛外兴奋剂检查体系。该体系要求运动员提前三个月指定可以进行检测的时间和地点（WADA，2009b）。有些国家要求运动员在一年中任意一天都可以接受检查（包括公共假日和宗教节日）。这样的要求引起了争议——为了保护管理体系而剥夺运动员的权利和福利（Hanstad and Loland，2009；Houlihan，2004；Waddington，

2010)。争论的焦点是，运动员是否与其他公民一样享有隐私权、自治权和自决权（Malloy and Zuckus，2002)。世界反兴奋剂机构的理由是，优秀运动员权利受到限制是打造"干干净净体育"所付出的代价（Hanstad and Loland，2009：6)。更宽泛的问题是运动员是否应该付出这样的代价。

从管理角度看，也许有人会认为运动员签署聘任合同时就放弃了这些权利，正如参军需要放弃一些权利一样。但是，为了保家卫国而放弃一些权利，与为了参与娱乐盈利性产业而放弃一些权利是截然不同的。在工业革命时期，诸如此类的员工剥削促使了工会的形成和规定最低工作条件的劳动法诞生。世界人权宣言建立起保障这些权利的基本框架（UN，1948)，其他司法机构的后继人权宣言对其进行细化补充。管理者的风险在于与赛外检查相关的惩罚可能导致昂贵的法律诉讼，例如比利时网球选手维克梅耶尔和马里斯的案子。他们就没有提交测试信息（向反兴奋剂机构报告自己的行踪）而导致的制裁提出上诉，最后胜诉。尽管胜诉，这个案件衍生出来的后果是对欧盟委员会和欧洲人权法院赛外检测系统合法性的质疑。

相关证据及违犯反兴奋剂规则上诉

对违犯反兴奋剂规则需要提供的证据存在着不同的标准，管理者需要意识到这一点。Coleman and Levine（2011）认为，如果运动员质疑阳性或分析型阳性的检测结果，多种证据标准会使其承担昂贵的法律费用。例如体育联合会只是简单地声称检测结果是绝对可靠的，而越来越多的体育文献表明，事实非并如此（例如 Berry，2008；Mazanov and Connor，2010)。如果检查结果呈阳性，就认定运动员服用了兴奋剂，是否申诉取决于运动员。如果运动员向体育联合会或者国际体育仲裁法庭上诉，他就需要证明由管理者定义的"绝对可靠"检测的不可靠性，或者说明导致阳性检测结果的其他原因，例如接吻（CAS，2009)。如果运动员不向体育仲裁法庭申诉（与具有法律约束力的法院相比，体育仲裁法庭更像一个仲裁者)，而是向法院上诉，那么就要采用不同的证据标准。在美国，法院所规定的证据标准使得驳回服用兴奋剂的控告变得更为容易（Coleman and Levine，2011：42)。如果运动员的检测结果呈阳性，所需证据标准必然会影响体育计划的支持力度，对辩护采取的策略也会产生影响。例如，体育计划或许认为在体育仲裁体系之外上诉的胜算更大。

Coleman and Levine 对分析型阳性的关注引出了另一个问题，那就是非分析型阳性结果应该采取怎样的证据标准。通常，非分析型阳性结果依靠环境证据来证实运动员是否违犯反兴奋剂规则（McClaren，2006)。而违反规则的后援人员所面临的情况还未可知。

管理者和所在的体育计划需要清楚了解提高成绩药物管理的相关背景知识，上述问题也是其中一部分。它也指出了另一个问题：管理者可以通过游说来进行改变。例如，正常法律体系解决问题更为有效，认识到这一点，有助于改变受协议约束必须通过国际体育仲裁法庭受理案件的现状。

政策不一致：医疗专家职责和举报义务

医疗后勤人员（如医师、理疗师和心理医生）有向国家反兴奋剂机构（NADO）举报有违犯反兴奋剂条例行为的义务，这一义务与他们作为医务专家的职责是如何相互影响的受到越来越多的关注。例如，如果运动员为了避免禁忌症而向医生透露使用了提高成绩的药物，医生就有义务将其报告给国家反兴奋剂机构，否则就将面临着被体育界开除的风险。McNamee and Phillips（2011）列出了政府监管机构（例如注册执业许可证）和专业监管机构（例如相关医学会）所规定的专业医护人员职责。这些职责包括对患者所吐露隐私的保密，以及致力于患者的最大利益。McNamee and Phillips 认为，要实现运动员患者的最大利益，医生面临着被指控辅助或教唆使用兴奋剂的（违犯反兴奋剂规则）风险，或者因为泄露患者隐私而被吊销执业资格证。由于医师普遍不了解《世界反兴奋剂条例》所规定的义务，这个问题愈发令人担忧（Backhouse and McKenna，2011）。

《世界反兴奋剂条例》的第 20 条规定，国家奥委会、国家残疾人奥委会、国际单项联合会、国家反兴奋剂机构和赛事组织者有义务进行反兴奋剂教育（在此是指如何遵守《世界反兴奋剂条例》的培训教育）。由于医师对这些问题的了解不足，我们只能大致推断出此类医疗专家（如理疗师和心理医生）以及非医护后援人员（如运动防护师）的反兴奋剂教育水平。这里对管理者有三点启示。第一点启示是，他们需要避免由于不知情所受的处罚，这可能意味着教育的开销要由他们运营的体育计划来承担。如果不这样做，后果可能是对运动员和后援人员不知情而违例的制裁。第二点启示是，他们面临着由于不了解《条例》所规定的义务，而受到制裁的风险。《条例》中明确指出，了解这些义务是后援人员的职责所在，然而外部机构（如医疗机构或者正式法庭）如何监管这个要求的有效性还尚未可知。第三点启示是，管理者可能需要游说相关机构，来提供所需的反兴奋剂教育。

运动员的健康与福利

《世界反兴奋剂条例》似乎是以牺牲运动员的健康和福利作为代价来保护体育的公正（Waddington，2000）。例如，《条例》的管理机制在维护反兴奋剂公正的同时，削减了运动员的权利。有些学者认为，反兴奋剂应该优先考虑运动员的健康和福利。这也被称作基于健康的伤害最小化法（Kayser *et al.*，2007；Mazanov，2011；Smith and Stewart，2008）。伤害最小化是从药物管理文献中循证治疗的最佳方法，也是健康从业人员所倡导的药物管理模型（例如 British Medical Association，2002）。此法纵容药物使用，用它来管理体育中的药物招致非议。然而，《条例》本身就纵容提高成绩药物的使用，也允许使用部分药物。

从准许到禁止使用实际上存在伤害最小化的连续体（Mazanov，2008）。无监管的许可所暴露的问题和禁止所暴露的问题是一样的：在无医药监管的情况下使用提高成绩药物可能使运动员滥用药物，或引起血源性感染（通过共用针头），或服用制药不符合标准规定的药品。这意味着对提高成绩药物使用的医药监管可能更为可取。使伤害最小化的另一种方法是“血液护照”理念。通过核对“血液护照”，血液资料显示出威胁健康（例如血细胞比容超过规定标准）的运动员会被取消比赛资格，直到他们的各项生物指标恢复到安全范围（Savulescu *et al.*，2004）。这些方法本质上准许用药，允许运动员使用提高成绩的药物。

混合型方法（准许和禁止的结合）是药物记录（Bird and Wagner，1997）。依照这种方法，如果运动员服用药物导致测试结果呈阳性，同时，在特定时间段内，未将此记录下来，那么他们就会受到制裁。也就是说，如果在运动员体内发现未知的或未被记录的物质，他们就会受到处罚。这样一来，责任就落在运动员和后援人员身上，而非管理者身上。

伤害最小化的禁止手段就是对药检呈阳性的运动员采取禁赛处罚，直到他们证明自己不可能再次违反规定。这种方法假定用药是异常（病态）行为，需要通过处罚运动员予以纠正，直到他们的行为正常。不幸的是，由于《世界反兴奋剂条例》在违禁物质方面的可变性（见上文，《世界反兴奋剂条例》的道德基础），这种办法并不适用于现行体系。在这种模式下，当咖啡因前一天还是违禁物质时，运动员服用便会被认为是异常行为，要受到惩罚；而咖啡因也许第二天就在违禁清单上消失了，同一个运动员在咖啡因从违禁清单上消失的当天服用，便会被认为是合理行为，而不用受到惩罚。体育中药物控制是一个棘手的问题，这些政策范式的每一个替代方法都会带来新的问题。

高水平竞技体育管理者需要了解伤害最小化和其他替代方法。首先，了解这些方法有助于管理者参与到更广泛的讨论和对话中，进一步探讨他们希冀怎样管理体育中提高成绩药物的使用。其次，如果管理者能够说明自己支持这种反兴奋剂政策而非另外一种的理由，他就能够帮助运动员找到自身支持某种政策的理由。如若在体育计划内建立规范的提高成绩药物使用的管理办法，这可能是更有说服力的依据。第三，了解替代政策使管理者能够制定战略，应对未来可能发生的政策变化（尽管现在看来并不太可能发生变化）。

个案研究 15.1

高水平竞技体育中的纠纷解决及其对优秀运动员运动生涯的影响

Johnny Maeschalsk
万·兰戴特及其合伙人律师事务所（Van Landuyt & Partners）

弗兰德的体育立法不是特别多，只有 1978 年 2 月 24 日颁布的联邦《体育法》（规定了职业运动员的劳动合同），1996 年 7 月 24 日颁布的法令（关于非职业（业余）运动员的地位确立），以及 2007 年 7 月 13 日颁布的法令（关于医学上和道德上健全的体育惯例）。从严格意义上讲，体育立法十分有限。

尽管如此，比利时和弗兰德都“渴望”有法可依。法院和上诉法院的判决有时会考虑神圣不可侵犯法律之外的因素。1995 年 12 月 15 日，欧洲法院对让-马克·波斯曼（Jean-Marc Bosman）的判决就是一个例证。

法院可以、能够且必须监督规则、规定和程序的执行情况。然而，根据“边际司法审查”制度，法院只能检查案件的合法性，不能审查“走后门”，法院巴不得这样做。

然而，越来越多的人正在努力迫使法院开除一些法官，这些法官运用在我看来与长期存在的法理相矛盾、并不应该存在的规则和规章。尽管如此，运动员必须有勇气质疑这些不断出台的规则规章，他们必须振作起来，继续为自己的权利而战。

以（提高成绩的）药物为例。1965 年 4 月 2 日，“比利时”法案出台。但因为各种各样的原因，此法案应用不多。一个可能原因是：法案的道德层面难以证明，更重要的是，它不在检察机关优先考虑的范围。

随着国家改革和权限（公众健康）转移到社区，弗兰德很快采用了 1991 年 3 月 27 日颁布的法令，刑事法院不再拥有审理公众健康的权限，试图赋予体育组织更多的责任，并将这些案件定为非犯罪化案件。这是法令明确规定的，不论是法理还是检察机关的高级官员都要遵守。

后来就出现了（自行车手）弗兰克·范登布鲁克（Frank Vanenbroucke）的案子。如果我们需要案例分析，那么这个案子和弗兰克一方提出的 14 个法律诉讼正好符合要求。2002 年 2 月 27 日，警察要求伯纳德·赛恩斯（Bernard Sainz）先生在路边停车，问询他与范登布鲁克的协议，随后警察便搜查了这名自行车手的家。

搜查人员在他家中发现了三瓶（过期的）红细胞生成素注射液，一盒未开封的克伦特罗（哮喘药，也是违禁药品，用于增强运动员肌肉）以及三剂吗啡。

负责调查此案的地方法官下令逮捕弗兰克。逮捕人员带领自行车手在电视录像机前走了好几次，确保电视的连续画面。电视上现在仍然经常播出这些画面。

尽管调查还远远没有结束，国际自行车联盟就迫使范登布鲁克在比利时皇家自行车协会（KBWB）纪律委员会出庭受审，被判六个月禁赛，2002 年 3 月 21 日起即时生效。

由于这个委员会并没有此权限，也没有获得弗兰德当局的认可（法令上所规定的前提条件），所以范登布鲁克的辩护律师向体育仲裁法庭（TAS）提出上诉。比利时皇家自行车协会的判决于 2002 年 6 月 24 日在洛桑宣告无效。弗兰克·范登布鲁克摆脱了困境。

然而，在自行车协会做出最初的判决后，弗兰德社区接管了这个案子。弗兰德社区的纪律委员会传唤了范登布鲁克先生。2002 年 7 月 4 日，他被判禁赛 18 个月，其中包括 6 个月的实际停赛。

2002 年 8 月 13 日，弗兰德社区纪律委员会处理了对其判决不服进行的上诉。虽然理由不同，但仍然维持原判。比利时皇家自行车协会决定将其判决处罚仅限于弗兰德地区内（地理上的）。

然而，检察机关突然干预，并将这个案子提交至议事厅法庭（Chambre du Conseil）（议事厅所设的法庭）。根据法令的规定，并考虑到将药物相关问题非犯罪化的目的，这样的法律审判程序显然是存在问题的。

范登布鲁克的案子被送交到刑事法院，诉讼由法院公诉科继续审查。公诉科确认提起公诉，将案子送交给登德尔蒙德的刑事法庭。刑事法庭于 2004 年 12 月 6 日宣判，判决他 200 小时社区服务。

范登布鲁克就非犯罪化提出同样的抗辩，控告法庭越过了权限，这个判决被上诉至根特上诉法院。2005 年 4 月 20 日，法院做出“创造性”判决，范登布鲁克先生被判处罚款 25 万欧元。

当然，所有这一切的逻辑后果是被告向上诉法院（比利时最高法院）提起诉讼。2006年2月14日，上诉法院判定根特上诉法院的判决无效，并将这件悬而未决的案子移交给布鲁塞尔上诉法院。2006年12月12日，布鲁塞尔上诉法院宣判范登布鲁克无罪。

检查机关认为这些还不够，又向最高上诉法院提出了新的诉讼。最高法院没有做出最终判决，宣布就1991年3月27日法令中第44条的争议，将此案件送交给了宪法法院。

2008年4月10日，宪法法院对此案进行公开审理，做出裁决，并将案件转交回至最高法院。最高法院在接到宪法法院的回复之后，将案件转交给安特卫普上诉法院。该法院重新审理此案，要求重新提交抗辩。

2009年10月12日，也就是安特卫普法院宣判的前三天，弗兰克决定终止一切诉讼。然而，这个案件充分显示了各方渴望限制（提高成绩的）药物使用。

早在登德尔蒙德刑事法院审判此案期间，就有人建议将此案送交给（当时的）仲裁法庭。然而这个建议没有被采纳，检查机关也一直拒绝将这个争议案件上交给上级法院。只有到最后一刻，当最高上诉法院再次审理此案时，其检察院才请求上交给宪法法院。

这超级漫长的诉讼程序不是范登布鲁克之过。诉讼过程有时候比案件本身更复杂难解。更何况，在修改诉讼程序的同时，仍有许多问题悬而未决，导致这个案子争议犹在。这其中的法律问题是：（1）第三方，即没有涉及到的一方，（2）用另一种语言，（3）在另外一个国家，（4）可以用特殊的，比双方预期都长的时间，（5）上诉，而不仅仅是对判决的抗议。（6）首次诉讼所涉及到的双方必须共同指定一名仲裁员，所有这些都通过（7）仲裁程序，（8）由机构（先前指派的）仲裁委员裁决。

这样的肥皂剧继续上演着，因为从世界反兴奋剂机构发起诉讼程序开始，只有（9）体育仲裁法庭的规则适用，在此过程中，（10）瑞士法律适用，前提是在瑞士联邦法院复核。

或许体育并不是生活中最重要的事情，但是运动员的权利又将何去何从？

个案研究15.2

反兴奋剂组织的发展

Dag Vidar Hanstad
挪威体育科学学院

自20世纪90年代以来，反兴奋剂运动就经历了全方位的变革。1998年环法自行车赛的兴奋剂丑闻是一个分水岭（Houlihan，2002），因为这件事反映出（1）兴奋剂普遍存在于许多体育项目中；（2）体育运动并不具备自我整顿的能力；（3）西方政府决定积极干预。1999年，世界反兴奋剂机构（WADA）成立，奥林匹克运动和各国政府是同等参与主体。在过去十年中，世界反兴奋剂机构是反兴奋剂领域的诸多“新秀”之一。无论是各国反兴奋剂机构，还是国际或世界反兴奋剂机构，都从消极被动变为积极参与。此个案分析旨在探索“反兴奋剂产业”的机构数量是如何增加的，并分析在世界反兴奋剂机构成立后，它们之间的联系是如何变得越来越紧密的。

在 20 世纪 80 和 90 年代，也就是世界反兴奋剂机构成立之前，只有少数机构参与反兴奋剂活动。其中大部分的机构（例如国际奥委会）缺乏公信力；另一些机构的人员数量少；例如，大部分政府都没有参与到反兴奋剂活动中，而另一些实际参与的是国家资助的兴奋剂活动（Houlihan，2002）。甚至，几乎没有国家奥委会和国际单项联合会参与反兴奋剂活动。例如，绝大部分体育组织都没有设立审判和上诉委员会，或专门处理反兴奋剂事宜的特别委员会。

当然，在 20 世纪 90 年代，还是出现了一些具有公信力的举措，例如，西方国家签署《备忘录》，达成《国际反兴奋剂协定》（IADA），通过国家反兴奋剂运动的发展和实施来促进国际协调，仅有约 10 个国家参与。另一个具有公信力的反兴奋剂组织是欧洲委员会（CoE，简称欧委会）。欧委会从 20 世纪 60 年代开始反兴奋剂工作，1989 年创建《反对兴奋剂公约》，同年，成立了监察机构（Houlihan，2002）。

1998 年，体育界出现两件丑闻（环法自行车赛兴奋剂丑闻和盐湖城贿赂丑闻）。在这之后，1999 年在洛桑召开世界体育反兴奋剂大会。此次会议被视作分水岭，因为此次会议提出在同年晚期成立世界反兴奋剂机构。在接下来的几年里，反兴奋剂机构数量大幅增加。体育组织、政府、政府（间）机构和其他单位（例如赞助商、播音员和记者）都对反兴奋剂有了更强的意识，并参与进来。

因为这么多的单位参与进来，我们有必要重点关注几个主角及他们之间的关系：各国政府和体育组织。体育界有 650 多个体育组织（包括由政府资助的组织，如国家反兴奋剂组织）接受了《世界反兴奋剂条例》（WADA，2011）。这一核心文件为体育组织和政府机构统一反兴奋剂政策及规章制度提供了框架（WADA，2009a）。遵守这些规章制度不仅仅意味着各国政府和体育组织的进步，还意味着世界反兴奋剂机构对运动员遵守和执行条例的评价手段也有所提升。此外，变化还体现在兴奋剂检测的数量增长上。1998 年，经认证的反兴奋剂实验室分析的检测（A 样本）数量为 105，250；1999 年为 118，259；2009 年为 277，928（WADA，2010）。

政府机构参与度的大幅增长是主要变化。1998 年以前，只有少数国家政府参与，与此相比，越来越多的国家如今在反兴奋剂工作中扮演着更为积极的角色。除了加入世界反兴奋剂机构之外，他们还将公共政策转变为《反对在体育运动中使用兴奋剂国际公约》（以下简称《反兴奋剂公约》），该公约为所有国家处理药物使用的有关事宜提供了法律框架（UNESCO，2005），获得了全球 150 多个国家的正式批准（UNESCO，2011）。政府机构（例如警察局和海关）严厉打击药品使用，例如美国的巴尔科实验室事件和西班牙的港口行动。这似乎将反兴奋剂工作推入一个新方向。政府机构和世界反兴奋剂机构，联同新兴的、不够强大的体育组织，建立了权力平台，推进了反兴奋剂工作。

结　语

提高成绩的药物影响着高水平竞技体育，主要体现在用药的普遍性上。管理者的职责是在不违反现有制度的情况下，确保各自的体育计划能够驾驭药物影响。提高运动成绩药物使用模型指出了高水平竞技体育管理者在建立、维持和修正现有制度上发挥的重要作用。现有管理提高成绩药物的制度带来了一系列其他问题，这些问题很有可能占用大量的时间和资源。

根本问题在于当前制度是否合理，是否需要改变。有证据表明，《世界反兴奋剂条例》易于改变。后援人员通常与运动员在使用兴奋剂一事上串通一气，如果人们意识到这一点，就会对《条例》进行修订（WADA，2009a），修订后的版本就会规定这样的后援人员现在也可能受到处罚。这表明，《条例》不是一成不变的，可能受管理者的影响而不断变化。高水平竞技体育管理者及其所在的管理机构有能力影响提高成绩药物的管理。此外，他们也应该影响提高成绩药物的管理。下一步就是制定出具体步骤。

讨论问题

1. 在制定提高成绩药物管理的国家和国际政策方面，高水平竞技体育管理者应该扮演什么样的角色？

2. 当前的混合型模型（有些提高成绩的药物可以使用，有些不可以）是提高成绩药物管理手段的致命缺点吗？

3. 体育公正和运动员个人福利相比，孰轻孰重？

4. 《世界反兴奋剂条例》是否应该与高水平竞技体育领域之外的标准（例如法律证据和公开披露）相吻合？抑或是高水平竞技体育应该被当成“特殊情况”，社会规范对此不再适用？

5. 对于使用提高运动成绩药物处以罚款和制裁的体系应该是什么样的？这一体系是如何运行的？

关键词

- 反兴奋剂
- 使用兴奋剂
- 药物控制
- 伤害最小化
- 提高运动成绩的药物

■《世界反兴奋剂条例》

延伸阅读

Waddington, I. and Smith, A. (2009). *An introduction to drugs in sport: Addicted to winning*. Abingdon, UK: Routledge.

This book is an essential introduction to the sociology of drugs in sport. It provides a comprehensive discussion of the issues involved for anyone seeking to engage with the role of drugs in sport at a deeper level.

Mottram, D. R. (2011). Prevalence of drug misuse in sport. In D. R. Mottram (Ed.), *Drugs in sport* (5th edn). Abingdon, UK: Routledge.

This book deals with the science behind how PEDs work. It summarizes the necessary information on what PEDs are, their expected effects and their unexpected effects.

Mazanov, J. (Ed.). (2011). *Towards a social science of drugs in sport*. Abingdon, UK: Routledge.

This book provides an overview of the different ways that social science informs the role of drugs in sport. Key authors have written on the ways in which philosophical, sociological, legal, economic and psychological analyses of the issue inform the debate.

网站推荐

www. wada-ama. org

The best place to go for information is the primary source. The WADA site provides all the official information you need to engage with this topic.

www. doping. au. dk

This is the website for the *International Network for Humanistic Doping Research*. It presents a diversity of views about performance-enhancing drug use in sport, and in society more broadly.

The editorial series are thought-provoking pieces by experts in the field.

参考文献

ASADA (2010). *ASADA Annual Report* 2009 – 2010. ASADA, Canberra, Australia.

Backhouse, S. and McKenna, J. (2011). Doping in sport: A review of medical practitioners' knowledge, attitudes and beliefs. *International Journal of Drug Policy*, 22, 198 – 202.

Berglund, B., Ekblom, B., Ekblom, E., Berglund, L., Kallner, A., Reinebo, P. and Lindeberg, S. (2007). The Swedish Blood Pass Project. *Scandinavian Journal of Medicine and Science in Sports*, 17, 292 – 297.

Berry, D. A. (2008). The science of doping. *Nature*, 454, 692 – 693.

Bird, E. J. and Wagner, G. G. (1997). Sport as a common property resource. A solution to the dilemmas of doping. *Journal of Conflict Resolution*, 41(6), 749 – 766.

British Medical Association (2002). *Drugs in sport: The pressure to perform*. London: BMJ Publishing Group.

CAS (2009). CAS 2009/A/1926 International Tennis Federation v Richard Gasquet, CAS 2009/A/1930 WADA v

ITF & Richard Gasquet at [2. 17]. Available at www. tas-cas. org.

Coleman, J. E. and Levine J. M. (2011). The burden of proof in endogenous substance cases: A masking agent for junk science. In M. McNamee and V. Moller (Eds), *Doping and anti-doping policy in sport* (pp. 27 – 49). London: Routledge.

Corrigan, B. and Kazlauskas, R. (2003). Medication use in athletes selected for doping control at the Sydney Olympics(2000). *Clinical Journal of Sports Medicine*, 13, 33 – 40.

Daneshvar, D. H., Nowinski, C. J., McKee, A. C. and Cantu, R. C. (2011). The epidemiology of sport-related concussion. *Clinics in Sports Medicine*, 30(1), 1 – 17.

Donahue, E. G., Miquelon, P., Valois, P., Goulet, C., Buist, A. and Vallerand, R. J. (2006). A motivational model of performance-enhancing substance use in elite athletes. *Journal of Sport and Exercise Psychology*, 28, 511 – 520.

Donovan, R. J., Egger, G., Kapernick, V. and Mendoza, J. (2002). A conceptual framework for achieving performance-enhancing drug compliance in sport. *Sports Medicine*, 32(4), 269 – 284.

Gahlinger, P. (2004). *Illegal drugs: A complete guide to their history, chemistry, use and abuse*. New York: Plume.

George, A. J. and Mottram, D. R. (2011). Anabolic agents. In D. R. Mottram(Ed.), *Drugs in sport*(5th edn, pp. 49 – 81). Abingdon, UK: Routledge.

Gucciardi, D. F., Jalleh, G. and Donovan, R. J. (2011). An examination of the Sport Drug Control Model with elite Australian athletes. *Journal of Science and Medicine in Sport*, doi: 10. 1016/j. jsams. 2011. 03. 009.

Hanstad, D. V. and Loland, S. (2009). Elite athletes' duty to provide information on their whereabouts: Justifiable anti-doping work or an indefensible surveillance regime? *European Journal of Sports Science*, 9(1), 3 – 10.

Harmer, P. A. (2010). Anabolic-androgenic steroid use among young male and female athletes: Is the game to blame? *British Journal of Sports Medicine*, 44, 26 – 31.

Houlihan, B. (1999). Policy harmonisation: The example of global anti-doping policy. *Journal of Sport Management*, 13, 197 – 215.

Houlihan, B. (2002). *Dying to win. Doping in sport and the development of anti-doping policy* (2nd edn). Strasbourg: Council of Europe Publishing.

Houlihan, B. (2004). Civil rights, doping control and the World Anti-Doping Code. *Sport in Society*, 7(3), 420 – 437.

Huybers, T. and Mazanov, J. (2012). What would Kim do: A choice study of projected athlete doping considerations. *Journal of Sport Management*.

Kanayama, G., Brower, K. J., Wood, R. I., Hudson, J. I. and Pope, H. G. (2009). Anabolic-andro-genic steroid dependence: An emerging disorder. *Addiction*, 104, 1966 – 1974.

Kayser, B., Mauron, A. and Miah, A. (2007). Current anti-doping policy: A critical appraisal. *BMC Medical Ethics*, 8(2), doi: 10. 1186/1472 – 6939 – 8 – 2.

Lazarus, L., Barkoulis, V., Rodafinos, A. and Tzortbatzoukis, H. (2010). Predictors of doping intentions in elite-level athletes: A social cognition approach. *Journal of Sport and Exercise Psychology*, 32, 694 – 710.

Malloy, D. C. and Zakus, D. H. (2002). Ethics of drug testing in sport-An invasion of privacy justified? *Sport, Education and Society*, 7(2), 203 – 218.

Mazanov, J. (2008). The death knell of the anti-doping policy. *Bulletin of Sport and Culture*, 29, 5 – 6.

Mazanov, J. (Ed.) (2011). *Towards a social science of drugs in sport*. Abingdon, UK: Routledge.

Mazanov, J. and Connor, J. (2010). Rethinking the management of drugs in sport. *International Journal of Sport Pol-*

icy,2(1),49 – 63.

Mazanov,J. and Huybers,T. (2010). An empirical model of athlete decisions to use performanceenhancing drugs: Qualitative evidence. *Qualitative Research in Sport and Exercise*,2(3),385 – 402.

Mazanov,J. and McDermott,V. (2009). The case for a social science of drugs in sport. *Sport in Society*,12(3),276 – 295.

Mazanov,J. ,Hemphill,D. and Connor,J. (2008). Fearless research and frank advice on antidoping policy. *Sport Health*,26(1),8 – 10,15.

Mazanov,J. ,Huybers,T. and Connor,J. (2011). Qualitative evidence of a primary intervention point for elite athlete doping. *Journal of Science and Medicine in Sport*,14(2),106 – 110.

McClaren, R. H. (2006). An overview of non-analytic positive and circumstantial evidence cases in sports. *Marquette Sports Law Review*,16(2),194 – 212.

McNamee,M. and Phillips,N. (2011). Confidentiality,disclosure and doping in sports medicine. *British Journal of Sports Medicine*,45,174 – 177.

Moller,V. (2010). *The ethics of doping and anti-doping:Redeeming the soul of sport*? Abingdon,UK:Routledge.

Mottram,D. R. (2011). Prevalence of drug misuse in sport. In D. R. Mottram (Ed.),*Drugs in sport* (5th edn, pp. 373 – 385). Abingdon,UK:Routledge.

Mottram,D. R. (2005). Prevalence of drug use in sport. In D. R. Mottram(Ed.),*Drugs in sport*(4th edn,pp. 357 – 380). London:Routledge.

Omalu,B. ,Bailes,J. ,Hammers,J. L. and Fitzsimmons,R. P. (2010). Chronic traumatic encephalopathy,suicides and parasuicides in professional American athletes:The role of the forensic pathologist. *American Journal of Forensic Medicine and Pathology*,31(2),130 – 132.

Petroczi,A. and Aidman,E. (2008). Psychological drivers of doping:The life-cycle model of performance enhancement. *Substances Abuse Treatment,Prevention and Policy*,3(7).

Quirk,F. (2009). Health psychology and drugs in sport. *Sport in Society*,12(3),375 – 393.

Rittel,H. (1972). On the planning crisis: Systems analysis of the ‘first and second generations’. *Bedrifts Okonomen*,8,390 – 396.

Savulescu, J. , Foddy, B. and Clayton, M. (2004). Why we should allow performance-enhancing drugs in sport. *British Journal of Sports Medicine*,38,666 – 370.

Simon,P. ,Strigel,H. ,Aust,F. ,Dietz,K. and Ulrich,R. (2006). Doping in fitness sports:Estimated number of unreported cases and individual probability of doping. *Addiction*,101,1640 – 1644.

Smith,A. C. T. and Stewart,B. (2008). Drug policy in sport:Hidden assumptions and inherent contradictions. *Drug and Alcohol Review*,27,123 – 129.

Spitzer,G. (2004). A Leninist monster:Compulsory doping and public policy in the GDR and the lessons for today. In J. Hoberman and V. Mϕller(Eds),*Doping and public policy*(pp. 133 – 144). Odense,Denmark:University Press of Southern Denmark.

Stewart,B. and Smith,A. C. T. (2008). Drug use in sport:Implications for public policy. *Journal of Sport and Social Issues*,32(3),278 – 298.

Stewart,B. and Smith,A. (2010). Player and athlete attitudes to drugs in Australian sport:Implications for policy development. *International Journal for Sport Policy*,2(1),65 – 84.

Strelan,P. and Boeckmann,R. J. (2003). A new model for understanding performance-enhancing drug use by elite athletes. *Journal of Applied Sport Psychology*,15,176 – 183.

Strelan, P. and Boeckmann, R. J. (2006). Why drug testing in elite sport does not work: Perceptual deterrence theory and the role of personal moral beliefs. *Journal of Applied Social Psychology*, 36(12), 2909 – 2934.

Striegel, H., Ulrich, R. and Simon, P. (2010). Randomized response estimates for doping and illicit drug use in elite athletes. *Drug and Alcohol Dependence*, 106(2 – 3), 230 – 232.

Suits, B. (1973). The elements of sport. In R. Osterhoudt (Ed.), *The philosophy of sport*. Springfield, IL: C. C. Thomas Publisher.

Tsitsimpikou, C., Tsiokanos, A., Tsarouhas, K., Schamasch, P., Fitch, J., Valasiadis, D. and Jamurtas, A. (2009). Medication use by athletes at the Athens 2004 Summer Olympic Games. *Clinical Journal of Sport Medicine*, 19(1), 33 – 38.

UN(1948). *The Universal Declaration of Human Rights*. Available at www. un. org/en/documents/udhr/.

UNESCO(2005). *International Convention against Doping in Sport*. UNESCO. Paris: United Nations Educational, Scientific and Cultural Organization.

UNESCO(2010). *Milestone reached with Anti-Doping Convention*. UNESCO. Available at www. unesco. org/new/en/social-and-human-sciences/themes/sport/anti-doping/sv15/news/fiji_becomes_150th_state_to_tackle_doping_in_sport/, accessed 25 June 2011.

Uvascek, M., Nepusz, T., Mazanov, J., Naughton, D., Ranky, M. and Petroczi, A. (2011). Selfadmitted behaviour and perceived use of performance-enhancing versus psychoactive drugs among competitive athletes. *Scandinavian Journal of Medicine & Science in Sports*, 21(2), 224 – 234.

WADA. (2008a). Matter for WADA Executive Committee/Foundation Board. Code Compliance and Implementation Report. Montreal, Canada: World Anti-Doping Agency.

WADA(2008b). *World Anti-Doping Code*, 2009. Montreal, Canada: World Anti-Doping Agency.

WADA(2009a). *The World Anti-Doping Code*. Montreal, Canada: World Anti-Doping Agency.

WADA(2009b). *The International Standard for Testing*. Montreal, Canada: World Anti-Doping Agency.

WADA(2010). Adverse analytical findings and atypical findings. World Anti-Doping Agency.

Available at www. wada-ama. org/Documents/Science_Medicine/Anti-Doping_Laboratories/Lab_Statistics/WADA_2009_LaboratoryStatisticsReport_Final. pdf, accessed 25 June 2011.

WADA(2011). Code acceptance. *World Anti-Doping Agency*. Available at www. wadaama. org/en/World-Anti-Doping-Program/Sports-and-Anti-Doping-Organizations/The-Code/Code-Acceptance/, accessed 10 November 2009.

Waddington, I. (2000). *Sport, health and drugs*. London: E & FN Spon.

Waddington, I. (2010). Surveillance and control in sport: A sociologist looks at the WADA whereabouts system. *International Journal of Sport Policy*, 2(3), 255 – 274.

Waddington, I. and Smith, A. (2009). *An introduction to drugs in sport: Addicted to winning*. Abingdon, UK: Routledge.

后 记

David Lavallee
斯特灵大学

撰写编后记是作者反思的机会，也是回顾已有成果的机会，或许还是思考还能再补充些什么的机会。通常这种反思只跟书的内容有关。然而，我认为用下面的方式写后记将会非常有趣：首先跳出前面所述的高水平竞技体育的研究范围，利用这个机会来思考在高水平竞技体育的标签下，本书在浩瀚书海中处于何种地位。

在学界，高水平竞技体育研究还处于发展初期，但是该领域的相关文献却发展迅猛。早期的研究详尽地综述了当时可获得的文献，但是仅限于几个特定的领域（例如体育政策和体育治理，精英体育发展，体育风险管理）。同早期著作相比，《高水平竞技体育管理》有其独特的贡献，想到这里，我不由地觉得过去几年我们是多么幸运。我们不仅完成了之前设定的期望值，还超出了预期，取得了即便是在十年前也会被认为难以企及的成就。我认为，如今想要将现存的有关高水平竞技体育的文献总结在一册书中是一项艰巨的任务，然而，出人意料的是，本书实现了这一目标。

本书涉及的高水平竞技体育研究课题广泛、研究方法多样、学科基质多元，相信读者也深有同感。退一万步讲，近来对高水平竞技体育的研究兴趣迅速增长也说明了本书的作者、编者勇于开拓创新。但这种多样性也引发了疑问：我们的胃口是否太大？我认为并非如此。高水平竞技体育之“桥”还处于修建期，仍需要进行许多思考和付出许多努力才能使之坚固。本书展现了许多基本观点和实用的研究方法，但是，尽管本书所提及的一系列研究课题具有代表性，却没有涵盖所有的问题。尽管如此，编者们促进了研究者间的学术交流，否则他们就只能在管理或组织机构等各自的专业领域彼此孤立。书中的几个章节都体现了这种交流的协同效应，广义上而言，这也是整本书的特点。可以说，不同领域的跨界交流对充分理解高水平竞技体育起着至关重要的作用。

本书汲取了北美、英国、欧洲、澳洲、新西兰、中东和亚洲的研究成果，全球范围内适用。这本书填补了空白，适应不断增长的市场，有助于进一步提升读者对该领域的兴趣。可读性是本书的一大优势，适用于高水平竞技体育管理者、学者、科研人员、学生、政策制定者和本领域中的其他从业者。此外，本书还适用于高水平竞技体育之外的其他领域中对此感兴趣的读者，有助于他们全面了解高水平竞技体育的管理过程。

书中有一个研究课题：体育中的变迁。变迁涉及到优秀运动员，是指导致运动员改变对自己和周围世界的预设的事件或非事件，从而会引起个人行为和人际关系发生相应的改变。可以说，高水平竞技体育领域正处于快速、面广的变迁期。虽然导致这种变迁的并不是某个特定的事件，但该领域在发展的过程中不断对自身产生新的假设。因此，要求高水平竞技体育作为一个领域行使变革，也要求改变该领域与其他领域的关系。我认为，高水平竞技体育管理者、教练员、体育科学家、以及其他相关的高水平竞技体育组织和机构需要继续齐心协力，一起应对当前和未来的挑战。

最后，我想回到本书编者们在前言中所提到的高水平竞技体育管理的“漏斗”模型。漏斗显示了本书所包含的三个层面（高水平竞技体育管理，高水平运动员管理和高水平竞技体育环境管理）是怎样互相影响的。我认为，本书的三个部分介绍的知识与科研、教学和实践自然地融为一体（见图 B）。

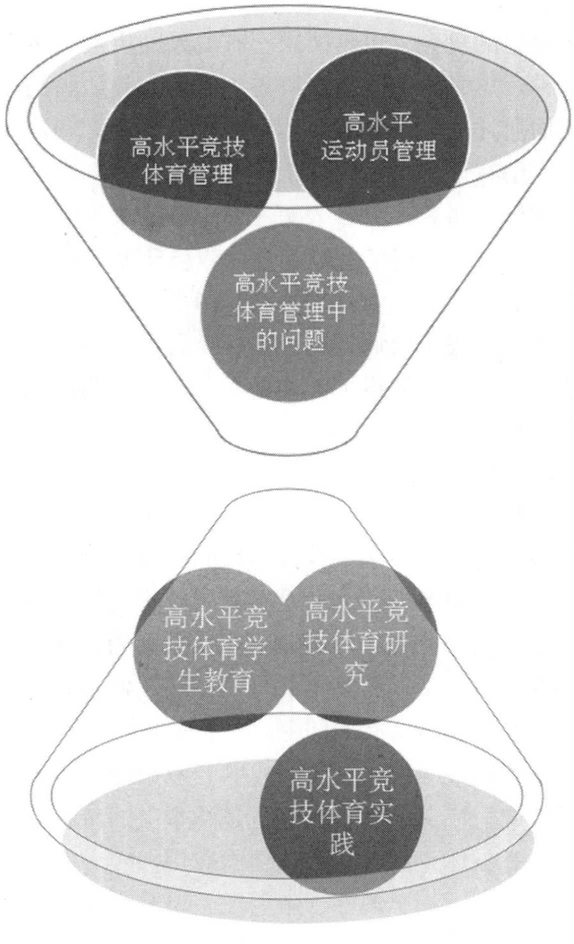

图 B　高水平竞技体育管理视角拓宽后所产生的影响

在科研方面，本书囊括了高水平竞技体育各类相关研究课题的前沿研究。为了推进该领域的研究向前发展，科研人员需要了解已知，探索未知，推动知识进步。本书构建了理论框架，有助于对此感兴趣的研究者回顾文献，寻找研究空白。在教学方面，在高水平竞技体育领域任职的人员需要继续学习，还有一些有志于投身于高水平竞技体育的人员也需要继续学习。大学在课程设计方面发挥了重要作用，特别在研究生阶段。

在实践方面，尽管教练指导、训练、体育科学和运动医学领域都拥有丰富的资源，在打造成功运动员和运动队的过程中，管理的作用还未受到重视。本书整理的资料有关精英体育成功的重要方面，即高水平竞技体育管理，供从业者参考。在有些章节中，实践占据了中心地位，但是这丝毫没有削弱、反而实际上增强了这些章节对科研和教学重大意义。正因如此，我将本书看作是高水平竞技体育管理的“资料大全”，它可以抛砖引玉，激发此领域的思想和后续研究。本书的设计理念是将一系列著名学者有关高水平竞技体育的思想收录到一本书中。我们之所以遴选这些篇章，邀请这些作者执笔，目的是呈现出不同学科领域中有关高水平竞技体育目前最值得关注的研究。《高水平竞技体育管理》涵盖的研究课题广泛，执笔的学者都在积极地从事科研项目，我认为当今任何一本著作无出其右。

附录 I
SPLISS 研究（2011）国家政策层面关键成功因子（CSF）列表

支柱 1：对体育、竞技体育的财政支持

国家体育财政支持充足

CSF 1.1 国家体育总支出（以现金计算）（包括竞技体育）：国家体彩、中央政府和国家奥委会（总支出、人均支出）

CSF 1.2 国家体育总支出占国家总支出比重

CSF 1.3 过去 12 年间（3 个奥林匹克周期）国家体育支出增加/减少

CSF 1.4 地方政府体育总支出：省、自治市政府

国家竞技体育财政支持充足

CSF 1.5 国家竞技体育总支出（以现金计算）：国家体彩和中央政府（总支出、人均支出）

CSF 1.6 国家竞技体育支出占国家体育总支出比重

CSF 1.7 过去 12 年间（3 个奥林匹克周期）国家竞技体育总支出增加/减少：国家体彩和中央政府

CSF 1.8 地方政府竞技体育总支出（若有较大支出）：省、市、自治市政府

CSF 1.9 赞助商竞技体育总支出

CSF 1.10 媒体竞技体育总支出

通过国家单项体育协会（NGB）和/或体育俱乐部，每项运动获得充足的国家集体来源（国家体彩、中央政府和 NOC）财政支持

CSF 1.11 每项运动获得国家体彩、中央政府和 NOC 的资金支持总额（以现金计算）：对 NGB 及体育俱乐部的支持（总支出、人均支出；每个单项协会或每项运动支出）

通过 NGB 和/或体育俱乐部，每个竞技体育项目（分项）均获得国家体彩/中央政府和 NOC 充足的财政支持

CSF 1.12 每个竞技体育项目获得国家体彩/中央政府和 NOC 的资金/财政支持总额：

对 NGB 和/或体育俱乐部的支持（以现金计算）

CSF 1.12B 每个竞技体育项目（分项）获得集体来源的竞技体育资金支持平均额度（见 CSF1.12）

CSF 1.13 每个竞技体育项目资金/财政支持总额占体育财政支出总额的比重

支柱2：竞技体育的管理、组织和结构：政策发展综合视角

竞技体育各方协调有力，工作职责清晰，分工明确

CSF 2.1 资金投入（横向）与活动统筹协调：国家竞技体育支出与活动都记录在案，由中央组织/机构统筹协调，不发生重叠

CSF 2.2 资金投入（纵向）与活动统筹协调：地区竞技体育资金分配及活动管理：若有较大资金投入，则记录在案，并由国家统筹

CSF 2.3 由某一国家组织专门负责竞技体育管理（不负责群众体育管理）

CSF 2.4 竞技体育是政府官员职责的重要组成部分

制定竞技体育长期发展规划，竞技体育和职业竞技体育发展均享有补贴

CSF 2.5 专门针对竞技体育发展设立长期规划（至少4－8年），并对公众公开，定期评估，投入资金支持

CSF 2.6 政策定期评估，评估过程应正式邀请运动员、教练员、成绩主管参与

CSF 2.7 NGB（至少）获得为期4年（一个奥林匹克周期）的补贴

CSF 2.8 对于发展竞技体育事宜，政府/国家体育管理机构（NSA）对 NGB/体育俱乐部/运动项目实施一系列计划和组织结构要求

CSF 2.9 单项体育协会需有长期政策计划方可获得资金支持

CSF 2.10 NGB 中有运动员和教练员代表

CSF 2.11 NGB 董事会由职业运动员组成，制定竞技体育政策

CSF 2.12 采用正式的目标实施情况评估工具对 NGB 资助标准进行评估，评估由第三方机构进行

资源投入相对少数优势项目

CSF 2.13 获得竞技体育发展资助的 NGB 数量

NSA 配备全职管理人员管理竞技体育发展

CSF 2.14 NSA 中配备全职管理人员，专门负责优秀教练员、优秀运动员、体育科学、NGB、营销与合作的发展和支持

有效沟通：体育各方沟通体系顺畅

CSF 2.15 各级别均设有高效、及时的竞技体育政策决策机制

CSF 2.16 董事会由职业运动员组成，制定竞技体育政策；NOC 或国家体育组织的管理委员会规模较小，决策迅速

CSF 2.17 运动员和教练员代表参与 NSA 决策过程

CSF 2.18 NGB 获得竞技体育发展不同方面的信息和支持服务（除资金支持外）

CSF 2.19 运动员和教练员十分熟悉国家政策、支持服务和其他方面信息

拥有与其他国家、商业合作伙伴、媒体合作与沟通的结构性战略

CSF 2.20 拥有与商业合作伙伴合作与沟通的结构性战略

CSF 2.21 拥有与媒体合作与沟通的结构性战略

CSF 2.22 在运动员训练和器材设施定期使用上，建立结构性国际合作战略

支柱3：体育参与

儿童在校期间拥有参与体育锻炼的机会：体育课上或课外活动

CSF 3.1 国家规定幼儿园体育必修时长

CSF 3.2 国家规定小学体育必修时长

CSF 3.3 国家规定中学体育必修时长

CSF 3.4 幼儿园周平均体育课时总量较大（以分钟/周计算，至少 100 分钟）

CSF 3.5 小学周平均体育课时总量较大（以分钟/周计算，至少 100 分钟）

CSF 3.6 中学周平均体育课时总量较大（以分钟/周计算，至少 100 分钟）

CSF 3.7 所有年级的体育教师均有执业资格

CSF 3.8 小学定期举办课外（校外）学校体育比赛（至少每月两次）

CSF 3.9 中学定期举办课外（校外）学校体育比赛（至少每月两次）

CSF 3.10 有组织/人员负责定期组织和协调课外学校体育比赛

CSF 3.11 学生放学早，白天有机会参与体育锻炼（或学校课程表中包括放学后的体育锻炼）

国民体育参与率高

CSF 3.12 参与（有组织和无组织的）体育的人口比重高

CSF 3.13 体育俱乐部（注册）会员（有组织参与）数量很大（总人数、每人）

CSF 3.14 体育俱乐部数量很大，遍布全国各地

CSF 3.15 体育比赛参赛运动员数量较多

国家制定政策鼓励在体育俱乐部的群众体育和运动员培养方面实施（全面）质量管理

CSF 3.16 政府和/或 NOC/NSA 实施改进体育俱乐部质量的国家政策

CSF 3.17 有工具评估俱乐部青少年体育质量

CSF 3.18 NGB 因俱乐部的质量管理改进项目而获得资金支持

CSF 3.19 国家制定政策鼓励改进体育俱乐部运动员培养质量

CSF 3.20 有工具评估体育俱乐部运动员培养质量

CSF 3.21 NGB 因俱乐部改进运动员培养质量管理而获得资金支持

支柱4：运动员选材与培养体系

采用有效体系进行青少年运动员选材，以适时（适龄）汇集最大数量的潜力顶级运动员

CSF 4.1 采用系统的运动员筛选程序，旨在从非特定专项体育人口中选拔潜力优秀运动员（无专项体育锻炼，如学校选拔），或者通过运动员转项（运动员从一种体育专项转到另一专项）选拔人才

CSF 4.2 NGB 获得专款资助进行青少年运动员选材（人才识别、发掘），并在其运动员选材的规划和组织中获得支持

CSF 4.3 运动员选材有综合计划。为获得资助，NGB 需制定书面政策计划，包括运动员选材与培养的长期规划，并列明其专项人才识别、发现和选拔步骤

CSF 4.4 科学研究（包括儿童社会心理发展，以及如何形成分阶段、个性化、平衡的选材策略）以运动员选材体系为研究内容，并向其提供科学信息支持

CSF 4.5 NGB 获得体育科学支持，以形成一套测试体系（测试识别青少年运动员），并建立具有明确标准的各项目运动员选材监控体系

CSF 4.6 NGB 建立一系列测试体系进行运动员选材，并通过监控体系不断发展完善。期间获得科学研究支持

CSF 4.7 NGB 在完善其运动员选材计划上获得信息、知识和支持服务

CSF 4.8 人才发掘结果存储于数据库中，并（至少）每年进行更新

CSF 4.9 国家建立运动员选材和筛选过程框架体系（包括早期专项化训练，选材过程多样化，儿童性成熟期，相对年龄的影响，形成分阶段、个性化、平衡的选材策略，以及运动员选材和培养的长期计划等）

为 NGB 建立运动员培养有效体系制定国家协同计划

CSF 4.10 NGB 和/或体育俱乐部获得运动员培养专款资助

CSF 4.11 制定运动员培养短期及长期协同计划。为获得资助，NGB 需书面制定从俱乐部到区级、国家级运动员发展步骤政策规划

CSF 4.12 NGB 在其运动员培养计划上获得信息、知识和支持服务（除资金支持外）

CSF 4.13 国家建立运动员培养过程框架体系（包括刻意练习、早期专项化训练、训

练培养过程多样化、优化训练等）

青少年运动员获得适合其年龄和运动水平的多维支持服务，以最大限度支持青少年运动员发展

CSF 4.14 青少年运动员在不同运动水平均获得多维支持服务，包括训练和竞赛支持、医疗/护理支持和生活方式支持

CSF 4.15 青少年运动员获得适龄训练和竞赛支持，由专业教练员执教，可使用高质量器材设施

青少年运动员获得国家协同的运动训练和文化教育支持：中学教育阶段（12－16/18周岁），以及（必要时）小学教育阶段（为早期专项化训练项目提供）

CSF 4.16 建立法律法规，保障青少年运动员适龄时，其优秀运动员身份以合同形式为政府部门或国家体育与教育部门所认可

CSF 4.17 国家建立中学教育阶段运动训练和文化教育协同机制（因此学生/运动员无需依赖于当地相关项目）

CSF 4.18 国家建立小学教育阶段运动训练和文化教育协同机制【因此（早期专项化训练）学生/运动员无需依赖于当地相关项目，是否需要此支持依具体情况而定】

CSF 4.19 政府或国家体育组织认可中小学运动训练和文化教育所需费用，并提供资金和人员支持

青少年运动员在高等教育阶段（大学/学院）获得国家协同的运动训练和文化教育支持

CSF 4.20 建立法律法规，保障青少年运动员高等教育阶段，其优秀运动员身份以合同形式为政府部门或国家体育与教育部门所认可

CSF 4.21 国家建立高等教育阶段运动训练和文化教育协同机制

CSF 4.22 政府或国家体育组织认可高等教育阶段运动训练和文化教育所需费用，并提供资金和人员支持

CSF 4.23 青少年运动员在竞技体校（中学和大学阶段）的各类测试结果（认知能力、人体测量、运动能力）存储于数据库中

支柱5：运动员运动生涯及职业发展支持

国家对所有运动项目的“优秀运动员”有明确定义

CSF 5.1 对于哪些运动员能够获得支持，并有可能获得直接资助，国家有适用于所有项目的标准化定义

运动员具备良好的生活条件，能够全时专注于训练

CSF 5.2 运动员月收入总额（年收入总额）和体育活动收入充足

CSF 5.3 运动员的雇主对运动员运动生涯提供支持

CSF 5.4 竞技体育对优秀运动员而言，是一项全时的、主要的活动

CSF 5.5 运动员获得资金支持以专注于其运动训练（维持生活的同时进行竞技体育训练、比赛）

优秀运动员享受协同支持项目

CSF 5.6 优秀运动员享受协同支持项目（除资金支持外），包括职业指导、法律咨询、媒体培训、教练员配备（专家教练员）、训练与竞赛支持（器材设施、集训营）、体育科学支持（体能训练、运动营养、心理指导）和运动医学支持（医学专家、物理治疗等）

CSF 5.7 运动员职业生涯获得专人指导和帮助

运动员获得职业发展支持，为退役后的生活做好充分准备

CSF 5.8 政府/国家体育组织向运动员提供职业发展支持项目，以帮助运动员为退役后的生活做好充分准备。如：退役后的资金支持（退役早期）、文化教育支持（面向计划开始学业或计划完成学业的运动员）、就业机会、帮助运动员退役后找到合适的工作的就业指导和个人就业辅导（退役早期）、生活方式指导、求职指导、心理咨询服务等

CSF 5.9 NSA拥有专业合作伙伴（招聘公司、中介公司等）为运动员在运动生涯期间及退役后提供指导和帮助

支柱6：体育设施

国家协同规划：全国体育器材设施和竞技体育器材设施均已登记，运动员和教练员需求被清楚了解、详细陈述

CSF 6.1 国家建立群众体育/草根体育器材设施数据库，并纪录其质量与供给情况（以备竞技体育训练所用）

CSF 6.2 国家建立竞技体育器材设施数据库，并纪录其质量与供给情况

CSF 6.3 有可用的优秀运动员和教练员器材设施需求（科研）数据

CSF 6.4 有可用的优秀运动员和教练员来往器材设施处的路途时间（科研）数据

CSF 6.5 运动员和教练员往来路途时间尽可能短

建立高质量国家/地区竞技体育训练中心/设施网络体系，供优秀运动员在任何时间、在适当的环境中训练

CSF 6.6 提供数量充足（不缺少）的高质量器材设施，且为优秀运动员专享，或优秀运动员优先使用

CSF 6.7 建立高质量国家/地区竞技体育训练中心/设施网络体系，包括管理中心、宾馆设施/夜宿处所；与运动医师密切合作；与体育科学专家/与大学科研机构密切合作；与少年运动员文化教育机构密切合作

CSF 6.8 运动员可全时使用高质量器材设施

CSF 6.9 建立专门的国家计划，使运动员任何时间都可优先使用某些常规运动器材

设立器材设施建设与更新专款

CSF 6.10 NGB（或体育俱乐部）可获得资助以建设、更新其专项器材设施及竞技体育器材设施

支柱7：教练员的供给与培训

国家拥有数量充足的业务水平高、经验丰富的优秀教练员

CSF 7.1 建立教练员与优秀教练员数据库并每年进行更新，包含执业资格详细记录及授证日期

CSF 7.2 国家拥有数量充足的业务水平高的优秀教练员

数量充足的优秀教练员获得执业资格认证：他们已通过授证机构组织的教练员培训或其他竞技体育专项复修培训，和/或通过国际教练员培训

CSF 7.3 教练员曾作为运动员参加过竞技体育训练和比赛

CSF 7.4 NSA 为 NGB 制定战略吸引国外优秀教练员和专家来培养优秀运动员，且提高国内教练员业务水平

CSF 7.5 运动员在其发展阶段及成为优秀运动员后，都对教练员的业务水平及执教能力很满意

教练员获得充足的培训机会，以晋升为世界级高水平教练员

CSF 7.6 国家建立全国协同机构（通常是 NSA 内部机构）负责教练员培训，尤其是优秀教练员培训。该机构与 NGB 各等级培训课程相协调，并协助 NGB 组织教练员培训、明确教练员职责

CSF 7.7 建立完善的教练员培训体系：从最低等级（休闲体育教练员培训）到最高等级（优秀教练员培训）

CSF 7.8 为教练员持续提高业务水平提供多种服务（如定期复修培训、与其他优秀教练员交流机会等）

CSF 7.9 教练员能够获取其他学科的专业建议，以提高运动员的运动水平（如运动心理、运动营养、运动生理、运动生物力学、数据分析）

CSF 7.10 优秀教练员可与其他优秀教练员（不限项目）沟通、讨论优秀教练员个人

发展及优秀运动员发展问题

教练员个人生活条件良好，可供其担任职业教练员

CSF 7.11 教练员月收入总额（年收入总额）和体育活动收入较多，足以保障较高生活水平

CSF 7.12 竞技体育执教对高水平优秀教练员而言，是（或可以是）一项全时的、主要的活动。教练员可获得直接资金支持，且设有教练员协同支持计划，以使教练员专注于指导运动训练，并能够对优秀运动员和有运动潜力的青少年运动员进行足够长时间的指导训练

CSF 7.13 教练员的雇主对教练员执教需求提供支持

教练员社会地位：举国均认可教练员价值

CSF 7.14 教练员工作获得国内普遍认可，职业前景良好

CSF 7.15 教练员签订书面执教合同；教练员工作以合同形式获得认可和保护

CSF 7.16 设有教练员工会

CSF 7.17 教练员获得职业发展项目支持，为退役后的生活做好充分准备、提供帮助

CSF 7.18 在体育俱乐部执教于青少年运动员的教练员，必须获得执业资格认证

支柱8：国内与国际比赛

国家设有举国协同规划，以增加本国在诸多运动项目上主办国际体育比赛的数量

CSF 8.1 国家制定赛事组织及资金支持的举国协同长期规划

CSF 8.2 NGB、市/自治市或其他单位获得组织重大国际体育比赛的协助和建议

CSF 8.3 NGB、市/自治市或其他单位获得申办及举办重大国际体育比赛的资金支持

CSF 8.4 过去五年中，本国曾在（诸）多运动项目上多次主办国际比赛（青少年运动员或优秀运动员参加）

运动员经常参加（高水平）国际比赛

CSF 8.5 青少年运动员常有参加适龄国际比赛的机会

CSF 8.6 优秀运动员常有参加国际比赛的机会

CSF 8.7 青少年运动员、运动员及教练员就其国际比赛参赛费用得到偿付

国内比赛水平与国际比赛接近

CSF 8.8 各项目的国内比赛体系为各年龄段的运动员提供与国际比赛水平相当的竞争环境

支柱9：科研与创新

研究成果得以汇集、统筹，并在教练员和NGB中传播

CSF 9.1 竞技体育获得充足的科研与创新资金支持

CSF 9.2 建立国家科研中心来组织竞技体育应用研究，并协调全国竞技体育科研活动

CSF 9.3 与高校和（运动）科研中心密切合作，共同提供体育科学支持

CSF 9.4 NSA/国家科研中心担负明确职责来发展和统筹竞技体育科研创新

CSF 9.5 建立定期更新的科研数据库，且教练员和NGB均可访问

CSF 9.6 科研信息可经由分支体系传播至NGB、俱乐部、优秀运动员和教练员。教练员从NGB及其他组织获得科研信息并将其应用于训练中

CSF 9.7 教练员在竞技体育训练中应用其运动专项的体育科学信息

CSF 9.8 教练员培养体系中开设体育科学研究课程，并教会教练员如何查找体育科学信息、如何在训练中应用科研成果

竞技体育发展的每个阶段都获得体育科学支持

CSF 9.9 优秀运动员培养的各方面都获得应用科学、创新项目的支持，包括运动员选材、培养、优秀运动员阶段（包括其运动器材、器材设施等）、体育政策和教练员相关事务等

CSF 9.10 在竞技体育训练中心建立“实地实验室”并/或配备体育科学专家。体育科学专家与教练员和运动员密切配合，开发、测试和/或应用新技术

附录 II
人才发现与选材中的关键成功因子（CSF）

人才发现与选材

CSF 4.1 国家田径协会（NGBA）可以通过专家团队及行政支持，管理和支持潜力优秀运动员选材与培养

CSF 4.2 针对运动员选材和培养制定综合政策规划

CSF 4.3 NGBA 设立潜力优秀运动员选材和培养专项资金和其他支持服务

CSF 4.4 俱乐部获得潜力优秀运动员选材和培养的组织支持和专项资金支持

CSF 4.5 俱乐部有能力管理和支持潜力优秀运动员培养

CSF 4.6 针对各运动分项制定不同的运动员培养方案

CSF 4.7 潜力运动员拥有个人发展提升途径

CSF 4.8 小学、中学与当地田径俱乐部合作，通过学校比赛发现人才

CSF 4.9 NGBA 与小学、中学合作，通过学校比赛发现人才

CSF 4.10 各级别组织均建立标准化选材测试体系

CSF 4.11 运动员选材基于不同测试的多维特征进行

CSF 4.12 国家建立潜力运动员及优秀运动员的选材测试结果数据库

CSF 4.13 建立全国人才发掘体系以供后续人才选拔

人才选拔与培养

CSF 4.14 有潜力的青少年运动员可享受专项支持计划

CSF 4.15 有潜力的青少年运动员获得适龄训练和竞赛支持，由专业教练员管理，并可使用高质量训练设备

CSF 4.16 建立国家和地区各年龄组运动员后备人才库

CSF 4.17 国家和地区后备人才库选拔标准清晰明确并周知各方

CSF 4.18 建立中学和高校运动员训练的国家协同体系，使运动员不只依靠自己的学校/学院或大学进行训练

CSF 4.19 建有田径运动小学/中学，将学员的运动训练和文化教育相结合

CSF 4.20 青少年田径运动员在其教育机构获得适龄训练支持

CSF 4.21 学院及大学为潜力运动员提供特定文化教育支持服务

CSF 4.22 学院及大学为潜力运动员提供特定运动训练支持服务

CSF 4.23 学院及大学为 NGBA 和俱乐部运动员培养提供支持服务

CSF 4.24 政府、NSA 和 NGBA 认可高等教育阶段竞技体育训练和文化教育所需费用，并提供资金和人员支持